선禪의 발자취를 따라서

선禪의
발자취를
따라서

달마 이전부터
청대까지
선문화의 역사를
따라 걷다

현견 炫見

담앤북스

선(禪)이란 무엇인가? 부처님의 교법을 실천에 옮기는 과정이다. 또 선이란 문사수(聞思修) 가운데서 수(修)를 실천하는 하나의 방법·수단이자 자신의 본래 모습을 찾아가는 과정이기도 하다. 곧 회광반조(回光返照)해서 자신을 해탈하고 자유자재한 삶을 살아가는 것이 목적이다. 우리들의 본성은 본래 청정하고 청정해서 순진무구하며 그 어디에도 걸림이 없는 공적(空寂)의 상태라는 것이다. 그래서 참선은 곧 밖으로는 모든 경계가 끊어지고, 안으로는 적정(寂靜)한 상태에 도달하는 것을 목적으로 하며 또 '공적지심(空寂之心) 영지불매(靈知不昧)'를 실현하는 것이다.

중국 선종은 당나라 중엽부터 말엽까지 선학의 황금시대를 이어가면서 다시는 모방할 수 없는 걸출한 인물을 다수 배출했다. 선종은 여기서 그치지 않고 동북아시아까지 그 위력을 떨치면서 미미하게나마 현재에도 이어져 오고 있다.

일반적으로 중국에 선법을 전한 인물로 달마대사를 말하지만, 사실 중국에서 달마 이전에 이미 선법이 전해져서 유행하였다. 물론 달마 이전의 선법과 이후의 선법은 그 성격이 현저하게 다르지만, 그 근간은 모두 인도불교를 기초로 하고 있다.

따라서 중국불교의 근간은 두말할 것도 없이 인도불교이다. 또 중국선도 그 연원은 인도불교에서 비롯한 것이다. 불교가 인도로부터 중국에 유입되어 인도불교의 수행법을 바탕으로 여러 시대의 역사적 환경에 적응하면서 새롭게 중국 풍토에 적합하게 중국식으로 변모되어 재탄생된 수행방법이 바로 중국선이며 곧 조사선이다.

그 후 조사선 역시 각 시대의 역사적 과정을 거치면서 정치·문화·사회·경제 등 다양한 환경을 배경으로 그들만의 독특한 시대에 부합하는 수행방법으로 위치를 굳혔고, 곧 이 선법수행은 공안선→ 문자선→ 묵조선→ 간화선→ 염불선 등으로 각 시대를 대변하는 선법수행으로 시대를 선도하고 풍미했다. 이 조사선은 한반도에도 많은 영향을 주었고, 나름 걸출한 선사를 배출했다.

한국불교의 선법수행은 주로 임제종 수행법인 간화선에 치중된 경향이 있고, 기타 제 종파의 선법에 관한 내용과 인물에 대해서는 거의 소개되어 있지 않다. 게다가 대한불교조계종은 선법수행을 표방하고 있지만 대부분 당나라 선법 내지 북송 초 간화선에 멈추어 있고, 송대 이후 원·명·청대에 걸출했던 선종의 제 종파 사상, 인물 및 선법이 소개되어 있지 않다. 물론 명대의 사대 고승 등 몇몇 선사에 대해서 간간이 소개되었지만 명 · 청대의 다양한 선법 사상, 인물이나 동태에 관한 연구는 전무후무한 편이다.

한편 한국불교는 당대(唐代) 선종과 임제종에 관한 선법 및 인물에 대한 자료는 비교적 풍부한 편이지만 선종의 기타 제 종파에 대한 자료는 매우 희소하다. 비록 법안종이 고려 때 잠시 유행한 적이 있지만 단편적으로 간혹 인물이 소개되었을 뿐이며 역시 매우 미미한 편이다. 사실 중국 선종사에서 임제종과 조동종은 서로가 서로에게 영향을 주면서 부침을 거듭하여 청나라 말까지 면면히 각자의 선맥(禪脈)을 이어 왔다. 또 중국 선종사에서 '조동반 임제천하'라는 말로 두 종파를 표현하기도 하지만 웬일인지 한국불교에서 조동종 선법은 크게 알려지지 않았다.

특히 선종은 송대를 기점으로 '선교일치(禪敎一致) · 선정일치(禪淨一致) · 삼교합일(三敎合一)'로 방향을 설정하였고, 이러한 역사적 흐름을 주도하면서 그 물결을 거역하지 못하고 시대의 사조에 부응하면서 간화선도 많은 변화를 겪게 되었다. 우리는 현재도 간화선 위주의 선법으로 수행을 이어 가고 있지만, 사실 중국 선종사에서 대혜종고가 창시했던 간화선은 시대적 변화와 함께 역사의 부침을 겪었다. 그래서 간화선은 각 시대를 거치면서 새로운 환경에 적응해서 새롭게 재탄생되기도 했다.

이 책은 본인이 〈현대불교신문〉에 2년간 격주로 선종에 관련된 사상, 인물 등 다양한 주제를 가지고 기고했던 내용을 엮은 것이다. 그리고 이 책의 주제 또한 선종에 관련된 문제로서 각 시대를 대표하는 시대적 배경을 바탕으로 인물, 선법, 내용을 골자로 하였다. 그래서 미력하나마 한국 선종사에서 다루지 않았던 선법과 인물을 소개하고, 각 시대의 사회, 정치, 문화 환경 아래 선종의 명맥을 잇기 위해서 어떠한 변천사를 겪어 왔으며 선법 사상은 어떻게 변화되었는지에 대해서 밝히고, 동시에 인물 및 선법 사상의 다양성을 알리고자 하는 목적과 선학을 전공하는 후학들에게 조금이나마 보탬이 되었으면 하는 바람으로 책을 출간하게 되었다.

　이 책을 출간할 수 있도록 도와주신 담앤북스 대표님을 비롯한 편집위원 여러분들께 심심한 감사를 드리며 언제나 부처님의 가피가 충만하기를 기원합니다.

　나무아미타불! 감사합니다.

2022년 11월 30일

미국 일리노이주 시카고 불타사에서 현견 합장

목차

III 선종의 불성론

IV 송대 선승

VIII 기타

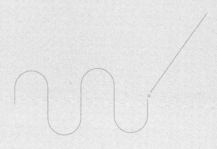

I

중국 달마 이전의 선법

1
선문화란
무엇인가

선은 중국선종의 독창적 산물이 아닌
인류의 정신문화 유산이다

일반적으로 문화란 무엇인가 자문을 해 보면 인류가 축적한 진선미 덕행(眞善美 德行)을 말한다고 할 수 있다. 여기에 선문화는 하나 더 보태서 선경(禪境)을 현실적으로 표현한 것이 아닐까 생각해 본다.

먼저 문(文)에 대해서 살펴보면 문화라는 단어는 고대 중국 언어 계통에 이미 존재했던 어휘이다. 문의 본뜻은 갖가지 색상이 이리저리 뒤섞여서 생긴 무늬를 가리킨다[交錯紋理]고 했다. 『역경(譯經)』「계사편(系辭篇)」(下)에 보면 "물체의 모양이 서로 섞인 것을 고로 가로되 문이라고 한다[物相雜, 故日文]."고 했고 『예기(禮記)』「악기편(樂記篇)」에서도 "오색으로 문양을 이루었지만 어지럽지 않다[五色成文而不亂]."고 했으며 『설문해자(說文解字)』에서도 "문은 그림을 섞은(여러 가지 그림) 것으로 모양이 교차한다[文, 錯畫也, 象交叉]."고 했다. 모두 비슷한 의미로 대동소이하다.

화(化)의 본뜻은 개역(改易), 생성(生成), 조화(造化)라고 했다. 『장자』의 「소요유편」에서도 말하기를 "북명에 고기 한 마리가 있었는데 이름이 곤이다. 곤의 부피가 너무 커서 정말이지 몇 천 리에 이르는지 알 수가 없다. 변해서 새가 되었는데 그 이름이 붕이다[化而爲鳥 其名曰鵬]."라고 했으며 『주역(周易)』「계사편(系辭篇)」(下)에서도 "남녀구정으로 만물이 화해서 생한다[男女構精[1] 萬物化生]."라고 했다. 화(化)는 사물의 형태 혹은 성질의 변화를 가리키며 동시에 '도' 교육을 통해서 '선' 한쪽으로 변화시키는 뜻을 가지고 있다.

문화는 문(文)과 화(化)의 합성어로 한어 계통에서 문화(文化)의 본뜻은 이문교화(以文敎化: 문으로써 교화한다)로 사람들의 성정을 연마하고 인품과 교양을 도야하는 것을 표시하는 것으로 정신적 영역의 범주에 속한다. 따라서 문화는 시간이 지남에 따라서 변천을 거듭했고 공간의 차이를 따라서 또 다른 문화 습관을 생산하면서 점점 풍부한 내용을 내포한 하나의 사상적 개념으로 재탄생한 것이다. 때문에 문화는 지금도 끊임없는 발전을 거듭하면서 많은 사람들의 연구 대상이 되기도 하며 다양성과 복잡성을 내포하고 있기 때문에 문화를 한마디

---

1 양성이 교합해서 정을 모으고 회를 모은다[兩性交合. 聚精會神].

로 정의하기는 더욱 어렵다.

선종 역시 이러한 맥락에서 복잡한 문화적·사상적 배경을 함축하고 있기 때문에 어느 한 부분을 가리켜서 딱히 선문화라고 할 수는 없다. 그저 모종의 각도와 입장에서 정의할 수밖에 없다. 또 문화 내부의 구성 요소를 살펴보면 인류가 생존해 오면서 정신적 방면과 물질적 방면 및 기타 생존방식인 생활방식, 풍습, 습관 등이 누적되어 오늘의 문화를 형성하였기 때문에 문화의 구성 요소를 해부해 보면 두 가지로 나누어 볼 수 있는데 물질문화와 정신문화이다. 이런 의미에서 선문화는 정신문화 범주에 속한다고 할 수 있다.

어떤 인류학자는 문화를 세 가지로 나누고 있다. 하나는 고급문화(High culture)로 철학, 문학, 예술, 종교를 포함하고 있으며, 두 번째는 대중문화(Popular culture)로 관습, 습관, 의식 및 의식주와 인간관계의 생활방식을 가리키며, 세 번째는 심층문화(Deep culture)로 사람들의 가치관인 미추의 각도 및 생활방식의 가치관이다.

심층문화는 대체적으로 문화 혹은 사회활동 쪽에 초점을 둔다고 한다. 고급문화와 대중문화는 모두 심층문화에 뿌리를 두고 있기 때문에 대중문화는 심층문화의 반영이라고 할 수 있다. 어떤 의미에서 예술적 행위와 생활방식의 취향인 문학, 미술, 음악 등 문화적인 주제는 고급문화의 반영이라고 하겠다. 비록 종교를 고급문화로 분류하고 있지만 종교의 체험세계는 이 세 가지의 단계를 뛰어넘은 세계라고 볼 수 있다. 이 체험의 세계는 곧 인류의 희로애락의 근원인 마음에 대한 뿌리를 통달하는 경계이기 때문이다. 따라서 선문화는 선의 체험을 통해서 표현되는 세계라고 하겠다. 즉 오묘하고 심층적인 정신영역[心]을 지혜의 바탕 위에서 문화적으로 풀어 놓은 것이다.

선(禪)은 중국선종의 독창적인 창작물이 아니다. 인도에서 부처님께서도 선수행을 하셨고 이 선수행을 통해서 성불하셨다. 이 외에도 인도의 외도들도 선수행을 통해서 본인들이 목적하는 바를 성취했다. 인도불교가 중국에 유입되어 경전 번역에 많은 시간을 할애하면서 마침내는 교상판석을 통해 경전의 심천을 가려서 그것을 근거로 학파 및 종파가 성립되기도 했다.

대체로 위진시대에 반야공 사상이 유행했다면 남북조 시대에는 불성론이 유행하였으며 달마대사가 중국에 오면서 대승선이 서서히 태동하기 시작하였다. 수당시대에 이르러 8대 종파가 형성되기 시작했고, 당나라 중엽에 접어들면서 8대 종파 가운데 선종이 유행하기 시작하면서 중국불교에 지각변동이 일어나기 시작했다. 이때 유행하기 시작한 선종은 비록 풍파를 겪기는 했지만 여전히 중국불교의 주류가 되어 지금까지 면면히 이어 오고 있다. 그러나 중국선이 처음부터 중국에서 유행했던 것은 아니다.

중국선종은 시대의 변화를 따라서 각 시대마다 새로운 수행법을 창시했다. 물론 부처님의 근본 수행법을 바탕으로 해서 말이다. 달마선 이전에 인도선이 들어와서 여러 가지 많은 초기선법을 유행시켰다. 달마선은 곧 조사선이라는 새로운 수행법을 탄생시켰고 시간이 지나면서 조사선은 공안선이라는 수행의 방편을 제시했고 또다시 시간이 흐르면서 공안선에 대한 해석으로 문자선이 유행하기 시작하자 문자선에 대한 반감으로 간화선이 창시되는 과정을 겪었다. 물론 간화선과 같은 시기에 묵조선이 유행하기도 했다.

이렇듯 중국의 장구한 역사와 함께한 선은 급기야는 선을 빼놓고 중국문화를 말할 수 없는 상태에 이르게 되었다. 특히 송대의 사대부들이 한 축이 되어 이루어 낸 독특한 선문화는 중국문화의 역사이자 자랑거리가 되어 있다. 물론 여기서 선사(禪師)들의 깊은 선경에서 나오는 격식을 뛰어넘은 호방한 행위도 한몫하였다.

선(禪)은 넓은 의미에서 일체불법의 심요(心要)가 되며 좁은 의미에서 경전 이외의 또 다른 가르침으로 실천을 강조해서 체험을 통해 해탈하도록 가르치는 것이다. 명나라 때 4대 고승 가운데 한 분인 지욱선사는 "선은 불심이고 교는 불어이고 율은 불행이다."[2]라고 했다. 또『능가경찬(楞伽經纂)』에서도 "부처님이 말씀하신 마음으로 종을 삼고 무문으로 법문을 삼는다. 이것을 성취하는 자는 모든 불심이 제일이 된다."[3]고 했다.『심부주(心賦注)』에서 영명연수선사도 "석가 출세는 일대사 인연과

---

2 『靈峰蕅益大師宗論』권23,『嘉興藏』권36, p. 285b06. "禪者佛心, 教者佛語 律者佛行."
3 『楞伽經纂』권1,『卍新續藏』권17, p.84c16. "楞伽. 以佛語心為宗. 無門為法門. 所以成之者…, 諸佛心第一."

20 │ 선禪의 발자취를 따라서

중생심 가운데 불지견(佛知見)을 열기 위해서이며 달마가 서쪽에서 온 것도 오직 이심전심(以心傳心)을 위해서이다."라고 했다. 여기서 마음이란 각자 중생들의 마음이다. 선종의 종지는 오직 자기의 본래마음 즉 본래면목을 깨닫는 데 초점이 맞추어져 있다.

중국선 하면 떠오르는 몇 가지의 문구가 있는데 불립문자(不立文字), 교외별전(教外別傳), 직지인심(直指人心), 견성성불(見性成佛)이라는 구호이다. 선종은 불립문자를 표방했지만 사실 중국불교에서 그 어느 종파보다 많은 전적을 남겼다. 『단경』에서는 "직도(直道), 문자를 세우지 않는다. 곧 이 양자(兩字)를 세우지 않는데 또한 이 문자(文字)이다."[4]라고 했다. 이 뜻은 문자에 집착하지 말라는 의미의 강력한 메시지라고도 할 수 있다. 실제로 경전의 문자는 '손가락으로 달을 가리키는 것으로 달을 보았으면 손가락은 잊어야[因指見月, 得月亡指]' 하는 것이다.

달마대사가 중국에 당도했을 때는 중국불교 교리가 매우 성행할 때였다. 교리에 너무 집착하고 실천 수행을 하지 않는 것에 대한 경책적인 의미일 수도 있다. 위진 때는 경전 강설이 유행을 한 시기로서 이론적인 면은 풍부한데 실천적인 면에서 약했다. 또 선종에서 정통성을 말할 때 쓰는 핵심 언어 중에는 "나에게 정법안장이 있으니 열반묘심으로 실상무상 미묘법문이다. 불립문자 교외별전으로 마하

4　『단경』, "直道不立文字, 即此不立兩字, 亦是文字."

가섭에게 부촉한다."[5]고 했는데 혹자는 이 구절을 가리켜서 선종의 기원이라고도 한다. 그러나 사실 '오유정법안장 열반묘심(吾有正法眼藏 涅槃妙心)' 등의 구절은 모두 송대 이후 전적에 나타나고 있다. 또 '영산회상 염화시중(靈山會上 拈花示衆)'을 인도선의 기원이라고 중국에서는 말하고 있는데 역시 경전에 나타나는 것이 아닌, 중국의 스님들이 저술한 전적에 최초로 등장하는 단어들이다.

위에서 살펴본 몇 가지의 사례들은 모두 중국에서 선이 유행하면서 생겨나기 시작한 어구들이다.

선이란 무엇인가? 선은 본인의 체험의 경계(境界)이다. 즉 '사람이 마치 물을 마셨을 때 차가운 물인지 뜨거운 물인지 알 수 있듯이[如人飲水 冷暖自知]' 자기의 체험이 중요하다. 즉 자수용(自受用)의 경계로서 자기가 느끼는 경계이기 때문에 타인과 공유할 수 없으며 만져지지도 보이지도 않고 감각적인 것으로 설명되는 것이 아니다.

「법성게」에서도 말했듯이 '증득한 자만이 아는 경계요, 체험하지 못하면 알 수 없는 경계이다[證智所知非餘境].' 단지 그 깨달음의 경지는 현실을 떠나서 생기는 것은 아니다. 선은 직관력을 중시하며 직하에 알아차릴 것을 강조하기도 한다. 선은 일종의 생활 예술이라고 할 수 있다. 현실을 초월한 자유자재한 삶의 태도는 인생을 관조할 수 있는 힘을 갖게 한다. 특히 선종에서 강조하는 뛰어난 직관력은 선경의 아

---

5 "吾有正法眼藏, 涅槃妙心, 實相無相, 微妙法門, 不立文字, 教外別傳, 付囑摩訶迦葉."

주 탁월한 지혜를 발휘하게 하며 그 지혜의 힘은 어디에도 얽매임이 없는 상태에 머물게 한다. 선문화가 이러한 바탕을 토대로 생겨나기 시작했으며 중국 역사는 선문화를 창조하는 원동력이 되었다.

한마디로 선문화는 불변하는 불성청정 자성청정의 진의를 깨달았을 때 각자의 경계에 차이점이 존재할 수밖에 없는 상태가 된다. 때문에 선사들은 이러한 각자의 깨달음의 세계를 때로는 게송으로, 그림으로, 사상으로, 행위로 표현한 다양한 세계를 형성하게 되었고 그렇게 표현된 세계는 곧 선문화라는 장르를 탄생시켰다고 할 수 있다.

2
초기선법의
형성 배경 및 안반선

오문선 및
수식관이 유행했다

 불교가 중국에 전해지면서 중국선종이 성립된 것은 누구나 다 주지하고 있는 사실이다. 역시 인도불교가 중국에 전해질 때부터 중국선법이 바로 형성된 것은 아니다. 여기까지도 많은 사람들이 알고 있는 부분이라고 생각한다. 또 많은 사람들이 중국선종 하면 가장 먼저 떠올리는 것은 아마도 보리달마(?-536 혹은 532, 528)일 것이다. 그러나 중국에서는 보리달마가 오기 전에 이미 선법이 유행하고 있었다. 즉 달마선법이 중국에 전해진 전후로 해서 중국에서 유행하던 선법은 교를 의지해서 마음을 닦는 수행법이 주류였다. 즉 안반선(安般禪) 혹은 수식선(數息禪), 오문선(五門禪), 염불선(念佛禪), 실상선(實相禪) 등이 이에 속하며 달마선법도 일정 부분 이러한 선법의 내용을 계승했을 것이라고 추론해 본다. 따라서 위의 선법들은 보리달마가 중국으로 가기 전에 이미 중국에서 꽤 오랜 기간 동안 유행했다. 이러한 선법들의 토대 위에서 소위 말하는 중국선 즉 조사선이 뿌리를 내리기 시작했다.

외래문화가 처음으로 다른 환경에 전해져서 뿌리를 내리자면 반드시 새로운 환경에 적응하기 위한 과정을 거친다. 따라서 때로는 원형의 변화를 감수하기도 한다. 처음에 인도불교가 중국에 전해져서 토착화되는 과정에서 기존의 전통문화와 때로는 충돌을, 때로는 조화를 이루면서 발전해 왔다. 특히 외래문화가 기존의 문화와 유사점이 존재하면 새로 유입된 문화와 기존의 문화는 충돌하지도 거부당하지 않고 자연스럽게 동화된다. 양한[東漢 西漢] 이래로 당시 중국에서는 도술(道術)이 크게 유행하고 있었는데 당시 사람들은 노장학 및 방술사(方術士)를 통칭해서 도술이라고 불렀다. 서한(西漢) 말엽으로부터 동진에 이르러서 인도불교가 처음으로 중국에 유입되기 시작했을 때 중국 사람들은 불교를 도교의 방술(方術: 道術) 정도로 생각했다. 그래서 불교는 양한 때 당시 유행하고 있던 도술의 일종으로 전파하고 있었다. 즉 도술에 편승해서 불교를 전했다고 전해진다. 그래서 처음에는 불교도조차 도교와 불교를 분명히 가려서 알지 못했다.

중국 선진(先秦)시대에 원기(元氣)설이 상당히 유행하고 있었으며 양한에 이르러서 대성하였다. 특히 원기(元氣)와 정신 및 신체는 서로 연관이 있다고 보았다. 즉 형체[身體]는 거친 기(氣)로 형성되었고 정신은 정밀한 기(氣)로 구성되었다고 여겼으며 도교에서 신선이 되기 위한 양생술(養生術)로 널리 애용되었다. 그런데 안세고 계통의 소승선법을 번역한 사람들은 오음(五陰)과 원기를 끌어들여서 원기배합이 잘 이루어지면 곧 마음이 평온해지고 질병이 없어지고 만약에 원기배합이 잘 이루어지지 않으면 음양오행의 부조화로 신체에 병이 생긴다고 하였다.

당시 중국 사람들이 가졌던 이러한 관점을 초기소승선법에서도 아무 무리 없이 수용하고 혼합해서 사용하였다. 사실 이러한 관점은 오나라 때 축율염(竺律炎)과 지월(支越)이 번역한 『불의경(佛醫經)』에도 자세한 내용이 들어 있다. 이 점 역시 한나라 때 유행했던 의학(즉 교리 교학을 말한다) 이론과 매우 흡사하다. 이와 같이 신체 내부의 원기가 조화를 이루면 반드시 바른 방향으로 원기를 인도해서 삿된 방향으로 흘러가지 않도록 해서 심신이 평안해지면 가지가지의 욕망과 번뇌가 생성되지 않는다고 보았다.

『안반수의경(安般守意經)』에서 "일으키지 않는 것이 수의가 된다. 만약 이미 일으켰다면 지키지 못한 것이 된다[以未起爲守意 若己起便爲不守]."라고 하였다. 여기서 수의(守意)는 오직 일념으로 한곳에 집중하는 것을 말한다. 도안도 『안반주서(安般注序)』에서 '시고안반기식이성수

(是故安般寄息以成守)'[6]라고 하는데 즉 수의(守意)할 수 있으면 곧 심신(心神)이 명정(明靜)해지고 심신이 명정하면 곧 성불할 수 있다고 했다. 이렇듯 약간의 유사점 혹은 공통점은 당시의 사람들로 하여금 불교를 큰 거부감 없이 받아들이게 하는 데 일조했다.

위에서 살펴보았듯이 안세고 계통의 소승선법은 당시 중국에서 유행하고 있던 황노신선방술(黃老神仙方術)의 사상을 약간 채용해서 전파하였던 것을 알 수 있다.

당시 한나라 때 전해진 불교의 내용은 대체로 '신불멸(神不滅)'과 '인과응보(因果應報)' 등이었다. 『후한기(後漢記)』에 보면 "불교는 사람이 죽으면 정신은 죽지 않고 다시 다른 형상을 받는데 생시의 선악 행위에 대한 모든 응보가 있다."라고 하고 있다. 그런데 이와 유사한 관점이 중국에 본래 존재하고 있었는데 『회남자(淮南子)』「정신훈(精神訓)」[7]에서 "형체는 이미 산실되었지만 정신은 여전히 존재한다."고 했다. 이 외에도 각양각색의 귀신론[有鬼論] 및 신불멸(神不滅)이 보편적으로 전해지고 있었다.

물론 이 관점을 강력하게 반대한 사람도 있다. 왕충(王充: 동한시대 인물)은 『논형(論衡)』에서 "세상 사람들은 사람이 죽으면 귀신이 된다고 하는데 사람을 해쳤다는 것을 아는 것이 있는가?"라고 비평하는 인

---

6 『出三藏記集』권6, 『大正藏』권55, p. 43c05.
7 『淮南子』는 또 『淮南鴻烈』 또는 『劉安子』라고도 한다. 서한 황족인 회남왕 유안과 그의 문객들이 공동으로 편집한 하나의 철학 저작으로 잡가(雜家)의 작품이라고 한다.

사불위귀(人死不爲鬼)설을 주장했다. 또 불교의 인과응보론과 비슷한 관념들이 존재하였는데 즉 복선화음(福善禍淫) 및 『역경(易經)』에서 말하는 "선을 쌓은 집은 남은 경사가 있고 악을 쌓은 집은 반드시 재앙이 따른다[積善之家, 必有餘慶. 積不善之家, 必有災殃]."라고 하는 것들이다. 이와 같이 유사한 관념들이 서로 상통하는 부분이 기존에 존재하고 있었기 때문에 인도에서 유입된 불교가 큰 문제 없이 서서히 중국에 뿌리를 내리는 토대가 되어 주었다. 물론 불교의 관점과 중국의 기존의 문화가 내포하고 있는 관점이 모두 일치하거나 유사점이 존재했던 것은 아니지만 최소한 소통의 기틀을 마련해 주었다고 할 수 있다.

중국의 한(漢)나라 말·위진(魏晉) 초에 불교가 점진적으로 많이 유입되면서 불전의 번역도 시간이 지날수록 더욱더 많이 이루어지기 시작했다. 특히 이때 소승경전과 대승경전이 번역되었는데 하나는 후한(後漢)의 안세고(安世高) 계통으로 소승불교 계통인 수행 방면에 치중하는 선법을 중시했다. 다른 하나는 후한(後漢)의 지루가참(支婁迦懺) 계통으로 대승불교 계통인 반야학 위주로 강학했다.

안세고는 많은 소승경전을 번역하였는데 그중에서 『안반수의경(安般守意經)』, 『십이문경(十二門經)』과 『음지입경(陰持入經)』이 가장 많은 영향을 주었다. 『안반수의경』의 내용은 호흡수의(呼吸守意)의 뜻을 지닌 선법수행의 지침서이며 『음지입경』은 불교 용어 및 개념 등을 해석한 책이다. 『십이문경』은 삼독심을 대치하는 수행 내용을 골자로 하고 있다. 안세고는 중국에서 소승선(호흡관 수식관)을 최초로 홍양한 사람이다. 그는 승가나찰(僧伽羅刹)의 선법을 전승했다고 전해진다.[8] 그는 본래 안식국(安息國)의 태자였는데 출가해서 선정을 닦았으며 아비담학에 정통했다. 한나라 환제(桓帝) 건화 초년(147)에 낙양에 이르러 중국에서 대략 30여 년을 홍법하였는데 전후로 번역한 경전이 모두 35부 41권이라고 『중경목록(衆經目錄)』[9]에 기록되어 있다.

안세고의 경전 번역은 비교적 소승선에 관련된 경전 위주였다.[10] 특히 『안반수의경』과 『십이문경』 등은 소승선법에 많은 영향을 주었다. 전자는 안반선을 소개한 것으로 의역하면 수식관이고 후자는 사정려(四靜慮)·사무량심(四無量心)과 사무색정(四無色定)으로 이 세 가지를 통일한 내용을 포함한 선법으로 모두 수식관에 중점을 둔 선법이며 특히 삼독심을 대치해서 생사를 초탈하는 데 중점을 두었다.

『안반수의경』은 안나반나선(安那般那禪)을 소개한 경전으로, 안나(安那)는 출식(出息)이 되고 반나(般那)는 입식(入息)이 된다. 안나반나를 간

---

8 吳立民 주편, 徐孫銘 부주편, 『선종종파원류』, 중국사회 과학출판사, p. 26.

9 한역 경론의 목차를 분류한 것으로 약칭 경록(經錄)이라고 한다. 중국에서 최초의 경록은 삼국시대의 주사행(朱士行)이 기록한 한록(漢錄)이다. 그 후 동진 시기 도안(道安)이 종리중경목록(綜理衆經目錄)을 완성한 후에 조금씩 형식을 갖추어서 또 다른 경록이 생겨나기 시작했다. 그러나 양대(梁代)의 보창(寶唱), 북위의 이곽(李廓), 북제(北齊)의 법상 등이 지은 중경 목록은 이미 다 산실되었다. 현존하는 것은 오직 수대의 이종(二種) 및 당대의 일종(一種)이 있으며 또 당대 측천무후 때 편집한 경론 목록이 있는데 특별하게 대주간정중경목록(大周刊定衆經目錄)이라고 칭한다.

10 黃夏年 편집, 『禪宗三百題』, 上海古籍出版社, p. 22.

단하게 안반(安般)이라고 하며 호흡(呼吸: 수식관)관이다.

동진 도안(314-385)은『십이문경』「서」에서 십이문선에 관해서 자세하게 내용을 해석하였는데 "정(定)에는 세 가지의 뜻이 있다. 선(禪)이고 등(等)이고 공(호)이다. 삼독의 끈끈한 중독을 치료하는 데 사용한다."라고 했다. 또 선·등·공에 각각 네 가지가 있어서 이른바 십이문(十二門)이 된다고 하고 있다. 즉 선은 사정려(四靜慮)를 말하는데 특히 여기서 주목할 것은 주로 금욕 수행에 중점을 둔 것이다. 등은 사무량심 또는 사범행(四梵行)으로 성냄을 대치하는 수행법이다. 공은 사공(四호) 혹은 사무색공(四無色호)이라고 하는데 곧 어리석음을 대치하는 수행법이다. 초기소승선법 가운데서 안반선법은 중국에서 가장 오랫동안 영향이 이어졌다.

또 강승회(?-280)는『안반수의경』「서」에서 안반선의 특징을 개괄해서 말하기를 사선육사(四禪六事)라고 하였는데 사선(四禪)은 선법을 닦는 네 가지 단계로 사정려에 대한 이해이기도 하다. 육사(六事)는 식[數息]·상수(相隨)·지(止)·관(觀)·환(還)·정(淨) 등이다. 즉 강승회는 안반선의 과정을 여섯 가지로 묘사하였지만 여기서 핵심은 지·관이 된다고 하였다.[11]

위에서 살펴보았듯이 조사선에 비해서 초기선법은 수행의 대상이 비교적 구체적이며 동시에 교를 의지해서 수행을 이어 갔음을 알 수

---

11 杜繼文, 魏道儒 지음,『中國禪宗通史』, 江蘇人民出版社, p. 31-32.

있다. 또 달마선법이 중국에 도래하기 전까지는 이러한 초기선법이 당시의 사람들에게 많은 영향을 주었다. 특히 안세고가 전해 준 안나 반나(安那般那)는 불교 도입기의 초기선법의 형태라고 해도 무리는 없을 것이다.

특히 이러한 선법인 수식관을 홍양하고 수행한 사람들로서 한나라 말엽 및 삼국시대의 진혜(陳慧)·강승회(康僧會) 등이 있으며 동진의 사부(謝敷)·도안(道安) 등이 있다. 이들은 모두 초기선법 가운에서도 특히 안반선(수식관)을 수행한 사람들이다. 물론 이 가운데는 염불선을 중복해서 수행한 사람도 있다.

3
오정심관(五停心觀),
오문선(五門禪)

오정심관은 사람들의 근기 및
상태에 맞게 설해진 초기선법이다

　오정심관(五停心觀)은 오종관법의 명칭으로 비교적 중국 초기선법에 해당되며 역시 달마 이전의 선법 중 하나로 장기간 유행하였던 선법이다. 오정심관을 오문선(五門禪)이라고 하는데 즉 다섯 가지로 잘못된 과실과 번뇌를 멈추게 한다는 의미를 가지고 있다. 사실 모든 사람들이 알고 있는 것처럼 선정(禪定) 수행 방법은 석가모니부처님께서 창조하신 것은 아니다. 즉 불교에서 창조한 것이 아니다. 선정의 원류는 인도의 고유 종교인 바라문 및 기타 외도 유가(瑜伽: 요가)로부터 유래하였다. 따라서 석가모니부처님께서도 성불하시기 전에 일찍이 외도들이 수행하는 사선(四禪)과 사무색정(四無色定)을 배우신 적이 있다. 즉 부처님께서 불교 수행을 전파하는 과정에서 외도들의 수행 방법 내지 일종의 요가 수행법을 불교에 흡수함과 동시에 상당 부분 개조해서 불교의 체계적인 선법을 창시했다. 선(禪)은 본래 특수한 삼매의 일종으로, 불교의 선(禪)은 대체로 삼학(三學: 계정혜) 가운데서 정(定)을 말한다.

소승불교와 원시불교의 선관(禪觀)의 문제에서 매우 큰 차별이 존재한다. 소승선관의 관법은 종류가 매우 많다. 중요한 몇 가지만 열거해 보겠다. 즉 사제(四諦)・오정심관(五停心觀: 오문선)・팔념(八念: ① 念佛 ② 念法 ③ 念僧 ④ 念戒 ⑤ 念舍 ⑥ 念天 ⑦ 念出入息 ⑧ 念死)・팔배사(八背捨: 팔해탈)・팔승처(八勝處)・구상관(九想觀)・십상(十想)・십육특승(十六特勝)이다. 그러나 많은 소승선관이 있었지만 그 가운데서 중심은 수식관과 부정관이라고 한다. 그래서 당시 사람들은 수식관과 부정관을 두 가지의 감로문이라고 불렀다. 이 두 가지는 모두 오정심관 가운데에 포함된 선법이다.

소승선의 최고의 경지는 멸진정(滅盡定)이라고 한다. 소승은 회신멸지(灰身滅智)[12] 혹은 외고염신(畏苦厭身: 고를 두려워하고 신체를 싫어한다)하는 개인적 해탈에 목적을 두는 것을 강조한다. 여기서는 오정심관에 대해서 집중적으로 분석해 보겠다.

---

12   黃夏年 편집, 『禪宗三百題』, 上海古籍出版社, p. 29. 隋・智顗《四教儀》: "若灰身滅智, 名無餘涅槃."

오정심관은 안반(安般)·부정(不淨)·자비(慈悲)·관연(觀緣)·염불관(念佛觀)[13]을 가리킨다. 또 혹은 부정관·자비관·인연관·계분별관·수식관 등의 순서를 가지고 있기도 하다. 오정심관은 번역본마다 조금씩 순서가 다른 이본이 존재하는데 물론 약간의 기타 경전도 인용하겠지만 전체적인 사상의 흐름은『오문선경요용법(五門禪經要用法)』에 나타난 내용을 중심으로 설명하겠다.

오정심관에 관한 구체적인 내용을 살펴보면 이 다섯 가지의 선법이 함축하고 있는 내용은 사람의 근기 혹은 성향에 맞도록 잘 짜인 선법이라는 것이다.

안반선(安般禪)은 수식관이라고도 하는데 즉 산란한 사람들에게 이 선법수행하기를 권하고 있다. 즉 산란한 사람들의 집중력을 향상시킬 수 있다고 한다. 또 이 수행을 하면은 반드시 16단계의 과정을 거친다고 한다. 때문에 십육특승이라고 칭하기도 한다.

부정관(不淨觀)은 사람의 신체가 부정하다고 관하는 선관으로 특히 남자가 여색을 탐하는 것 혹은 여자가 남자에 대한 욕정이 많은 사람과 지나치게 재물을 탐하는 사람들에게 권하는 수행법이다. 좀 더 구체적으로 살펴보면 구마라즙이 번역한『선법요해경(禪法要解經)』에서 "중생에게는 6종의 욕이 있다. 색(남녀가 서로를 탐착하는 것)에 집착하고 모양(形容: 아름답고 잘생긴 것)에 집착하고 위의(威儀: 자태에 대한 것)에 집착

---

13 『五門禪經要用法』『大正藏』권15, p. 325c11.

하고 소리에 집착하고 피부(細滑: 피부가 미끄러운 것 등)에 집착하고 인상 (人相)에 집착한다."는 것이다. 전의 5종에 집착하는 사람들로 하여금 사람의 신체의 부정함을 관하게 하고 마지막 인상에 집착하는 사람들을 위해서 백골관을 관하기를 권하였다.

또 『대지도론』에서는 신체의 오종부정(五種不淨)을 관하기를 권하고 있다. 즉 생처부정(生處不淨: 태중에 있을 때 어머니의 더러운 오물과 함께 주한다), 종자부정(種子不淨: 부모의 정자와 난자가 종자가 된다), 자성부정(自性不淨: 신체의 전체가 부정하다), 자상부정(自相不淨: 몸의 아홉 개의 구멍이 모두 부정하다), 구경부정(究竟不淨: 사망 후에 신체가 소멸되면서 생기는 여러 가지 부정한 모양) 등이다. 이 외에도 부정관에 대한 다른 내용이 매우 풍부하지만 여기서는 생략하겠다.

자비관(慈悲觀) 혹은 자민관(慈湣觀)은 화내고 분노하는 것을 대치하는 수행법으로 불교 수행의 근본 덕목이 되기도 한다. 본래 자비가 함축하고 있는 언어 개념을 심층 분석해 보면 자(慈)는 고를 벗어나게 해 주고 비(悲)는 낙(즐거움)을 주는 뜻을 함유하고 있다. 사람들은 왕왕 타인과 나를 비교해서 타인이 나보다 좀 더 유리한 조건을 가졌거나 혹은 유리한 위치에 있거나 재물이 많거나 나보다 인물이 출중하면 그 사람을 질투하거나 싫어하고 심지어는 비방하고 헐뜯는다. 그러다 보면 자신은 더욱 괴로워지고 고통 속에서 지내게 된다. 질투, 분노, 성냄으로 인한 고통이 가중되고 심하면 우울증에까지 이르게 한다. 이러한 상태를 멈추게 하고 벗어나게 하는 수행관법으로 불교에서는 자비수행법을 적극 권장한다.

또 『좌선삼매경』에서 처음에 이 선법을 수습하는 자에게는 반드시 자비와 친애를 가르칠 것을 강조한다. 즉 자기와 가장 가까운 주변 사람들을 중심으로 곧 부모 형제 자매 친척과 멀리는 타인에게까지, 더 나아가서 일체 모든 중생들은 물론이거니와 심지어는 원수에게조차 자애로운 마음을 확장시켜 가는 관법이다. 특히 선정을 닦는 가운데서 세상의 모든 존재들이 영원히 부귀하기를, 행복하기를, 편안하기를 등등 좋은 긍정적인 염원을 그들을 위해서 발원하는 관법이기도 하다. 온전히 이타심이 충만한 상태로 완성해 가는 수행법이라고 할 수 있다.

비록 자비관 관법이 소승관법 수행이라고 하지만 사실 자세히 관찰하고 분석해 보면 대승불교의 이타행 내지 보살도 정신과도 일맥상통하는 부분이 있다. 즉 대승불교에서 주장하는 무량중생들이 모두 낙을 얻고 이고득락하기를 주장하는 사상을 관통하기도 한다. 때문에 이 자비관 수행선법은 안으로는 자기의 진에심(瞋恚心: 화내는 마음), 분노의 마음을 소멸시켜 주고 밖으로는 타인을 위한 이타행, 애민심을 양육하는 좋은 수행법이다. 특히 화가 많고 자주 분노하는 이들이나 분노조절장애인에게 권할 만한 수행법이다.

관연관(觀緣觀) 혹은 인연관(因緣觀)은 윤회의 근본 원인인 무명의 어리석음[愚癡]을 멈추게 하는 수행법이다. 인연관은 생사의 근본 도리를 일깨워 주면서 생사의 근본 도리인 12인연을 관찰하게 해서 삼세(과거·현재·미래)를 상속하는 과정을 자세하게 관하게 해서 세상의 일체법이 모두 인(因)으로부터 연(緣)이 생하는 과정 및 전인후과(前因後果)가 분명함을 알게 하는 관법이다. 이 세상의 만물은 절대적인 존재도 영원한 존재도 아니며 서로 상대적으로 의존하는 관계이다. 이러한 인과관계의 이치를 깨닫고 어리석은 대장정의 윤회를 멈추게 하고 종식시키는 관법수행이다. 즉 12인연을 통해서 인생의 현상이 많은 인연화합으로 서로 의존하고 생존하는 잠깐의 인연으로 이루어진 무상한 현상임을 통찰하게 하는 선법이다.

염불관(念佛觀)은 응신(應身)·보신(報身)·법신(法身) 등 삼신을 염하는 것으로 혼침암색장(昏沉暗塞障: 혼침을 막게 한다)·악념사유장(惡念思惟障: 삿되고 악한 생각을 멈추게 한다)·경계핍박장(境界逼迫障: 어떠한 경계에도 흔들리지 않게 한다)[14] 등 세 가지의 장애를 대치하기도 한다. 그래서『좌선삼매경(坐禪三昧經)』에서 염불문은 "등분행 및 중죄인(等分行[15]及重罪人)을 위해서 시설한 법문이다."라고 하고 있다.

처음 이 염불문을 닦는 자는 불상 앞에서 일념으로 부처님의 장엄하고 훌륭한 상호를 관해서 분명해지면 곧 눈을 감고 명료해진 부처

---

14   『釋禪波羅蜜次第法門』권6,『大正藏』권46, p.501a10.
15   『瑜伽論記』권7,『大正藏』권42, p.457a13. "景雲. 等分行者具有貪瞋癡慢尋思等行."『思益梵天所問經簡註』권3,『大正藏』권20, p.823c19. "等分行者即於貪瞋癡等分也."

님의 장엄한 상호를 마음에 새긴다. 만약에 명료해지지 않았으면 눈을 뜨고 불상을 자세하게 명료해질 때까지 관해서 명료해지면 고요한 곳에 이르러서 하나하나 상호를 관하면서 불상을 바라보고 불상의 상호를 일념으로 놓지 않고 이어 가다 보면 자신이 곧 진불색신(眞佛色身)과 다름이 없는 상태에 이른다고 한다. 그런데 여기서 말하는 염불관은 관상(觀像: 장엄한 상을 관하는 것)과 관상(觀想)의 염불을 말한다. 송명 이후의 지명염불(持名念佛: 나무아미타불 명호 및 기타 불보살 명호를 부르는 것)과는 다른 것이다. 그러나 그 염불의 공덕은 모두 염불삼매를 얻을 수 있다. 또 송대 이후의 이 염불명호의 염불선은 송대 선종의 화두인 염불시수(念佛是誰)라는 화두를 탄생시키기도 했다.

한편 『오문선경요용법(五門禪經要用法)』에서 염불관(念佛觀)을 계분별관(界分別觀)으로 대신하기도 한다. 계분별관은 또 계차별관(界差別觀)이라고 칭하기도 한다. 중생의 구성요소 및 생존하는 환경인 18계(육근·육식·육경) 등을 관상하게 해서 사대오온(四大: 지·수·화·풍, 五蘊: 색·수·상·행·식)으로 이루어진 아(我)에 대한 한계성 내지 무상성을 관찰·분석하게 하는 관상법(觀想法)으로 아(我)에 대한 집착을 버리게 하는 수행법이다.

비록 오정심관의 수행법이 초기선법이라고 하지만 중요한 것은 대승불교의 경전 가운데서 이 오정심관의 수행법이 자주 등장한다. 특히 부정관과 수식관이 그러하다. 그래서 이 두 가지를 가리켜서 '두 가지 감로문'이라고 칭하기도 했다.

　오정심관의 수행법은 현대사회에서도 매우 유용하다고 본다. 특히 현대인들의 다양한 특성 및 다양한 근기에 적용시킬 수 있는 적당한 선법이며 현재 한국에서 유행하고 있는 다양한 명상에서도 오정심관을 응용해서 사용하고 있는 것을 볼 수 있다.

4

지루가참과
대승삼매선법(염불선)

염불삼매는 대소승 모두
수행 과정에서 필요로 하는 수행법이다

염불선은 염불로써 삼매(三昧: 선정)를 수행하는 초기선법 가운데 하나이다. 후한 말엽 월지국 사문 지루가참이 번역한 『반주삼매경(般舟三昧經)』은 『불립삼매(佛立三昧)』라고 칭하기도 하는데 반주삼매의 염불선법을 수행하면 능히 시방제불이 현전(나타난다)하고 깊은 삼매를 얻을 수 있다고 한다. 즉 앉지도 눕지도 않고 아침부터 저녁까지, 혹은 7일 내지 90일 동안 아미타불을 지속적으로 염하면 아미타불을 친견할 수 있다고 한다.[16]

---

16 『般舟三昧經』 권1, 『大正藏』 권13, p.899a27. "佛告颰陀和. 持是行法便得三昧. 現在諸佛悉在前立. 其有比丘, 比丘尼, 優婆塞, 優婆夷. 如法行. 持戒完具, 獨一處止. 念西方阿彌陀佛今現在. 隨所聞當念. 去此千億萬佛刹. 其國名須摩提. 一心念之. 一日一夜若七日七

한말 위초(漢末 魏初) 중국에 불교가 점점 유입되기 시작하면서 안세고(安世高) 계통은 소승선법을, 지루가참(支婁迦讖)은 대승불교 반야 계통을 번역하였다.

지루가참은 안세고보다 조금 늦게 중국에 왔다. 그는 반야 계통의 대승경전류인 『도행반야바라밀경(道行般若波羅蜜經)』을 역출했고 이 외에도 『반주삼매경』 및 『수능엄삼매경(首楞嚴三昧經)』을 번역하였다. 이 가운데서 『반주삼매경』은 현존하지만 『수능엄삼매경』은 이미 유실되었다. 다만 현존하는 『수능엄삼매경』은 구마라즙이 번역한 이본이다. 위의 세 가지 경전은 모두 대승반야 연기성 공사상(緣起性空思想)을 바탕으로 구성된 대승삼매선법의 내용을 골자로 하고 있다. 때문에 그는 반야 계통의 경전을 번역함과 동시에 또한 대승선법을 소개한 인물로 기록하고 있다. 여기서 오랫동안 중국에 영향을 준 것은 반주삼매(般舟三昧)와 수능엄삼매(首楞嚴三昧)이다. 이 선법은 안세고 계통에서 선양한 선법과는 매우 다른 양상의 선법이다.

대승불교는 소승불교를 바탕으로 해서 발전해 온 것이 사실이다. 따라서 대승선의 내용 중에는 소승선의 내용을 포함하고 있을 뿐만 아니라 어떤 면에서는 소승불교보다 더욱더 풍부한 내용을 가지게 되었다. 위에서 언급한 것처럼 지루가참이 번역한 『반야도행경』, 『반주삼매경』, 『수능엄삼매경』 등은 대승경전에 속하는 경전들로서 공성

夜. 過七日已後見之."

이론과 삼매실천의 내용을 포함하고 있었으므로 대승삼매선법이 중국에 뿌리를 내리게 하는 촉진제 역할을 한 중대한 작용을 했다.

반야공의 뜻과 위진시대의 현학 간에 유사점이 존재했던 관계로 당시의 서역승들이 부단히 중국에 와서 불교를 전파하고 불교 경전을 번역할 수 있는 토대를 마련해 주었다. 즉 지겸, 구마라즙 등이 중국에 이르러서 다량의 대승경전을 역출하면서부터 대승삼매선법이 또한 중국 전역에 널리 유행하게 되었다.

이른바 삼매는 선정(禪定)의 이명이다. 『대지도론』에서 말하기를 "일체의 선정을 또한 정(定)이라고 하고 또한 삼매라고 한다."라고 했다. 반주삼매는 의역하면 불전현정(佛現前定)이라고 한다. 즉 온 마음을 집중해서 염불을 하면 부처님께서 염불하는 자의 전면에 출현한다는 것으로, 일종의 선정(禪定) 상태를 말한다.

『반주삼매경』에 보면 "오직 한곳에서 지금 바로 서방 아미타불을 염하면 들은 바 당염(當念: 바로 당하에 염하다)을 따라서 이 천만억불찰에 갈 수 있으며 그 나라의 이름이 수마제(須摩提: 극락세계의 이명)이다. 또 일심으로 이를 염하되 일일일야(一日一夜) 혹은 칠일칠야(七日七夜), 칠일(七日)일 경과한 후에 이것을 본다(나타난다)."[17]라고 했다. 여기서 '이것을 본다'는 것은 곧 극락세계 및 아미타불을 말한다. 즉 앞에서 말한 '불현전정(佛現前定)'의 상태를 가리킨다. 그러나 『반주삼매경』의 기

---

17 두계원, 위도유 지음, 『중국선종통사』, 강소인민출판사, p.33.

본 사상은 연기성공(緣起性空)이기 때문에 제불현전은 실유(實有)가 아니라고 한다.

이 점에 대해서『수능엄삼매경』에서 해석하기를 대체로 뜻은 이러하다. 즉 일체제법은 모두 공해서 환과 같다. 화합되어서 존재하는 것이며 짓는 자도 없고 모두 기억 속의 분별로 일으키는 것이며 주재하는 자도 없고 뜻에 따라 나타난다."[18]라고 했다. 즉 성공환유(性空幻有) 상태를 말하는 것이다. 여기서 수능엄삼매를 의역하면 건행정(健行定), 건상정(健相定) 혹은 일체사경정(一切事竟定)이다. 이러한 선정은 다만 더욱더 빠르게 성불을 가속시키는 역할을 한다고 한다.

대승삼매에서 하는 염불은 석가모니부처님에게만 한정된 것이 아니라 시방제불은 모두 대승염불삼매의 대상이 되기도 한다. 다만 모든 경전에서 많이 설하는 것은 역시 극락세계의 아미타불이 중요한 대상이 된다. 대승삼매는 또 세 가지의 삼매로 나누어지는데 곧 실상염불(實相念佛),[19] 유심염불(唯心念佛)과 타력염불(他力念佛) 등이다.

이 세 가지는 후래의 각종 대승삼매의 염불법문이 되기 때문에 또 각각 편중된 부분이 있다. 그런데 여기서도『아미타경』『기신론』등은

---

18 『佛說首楞嚴三昧經』권상,『大正藏』권15, p.630c21. "一切諸法皆空如幻, 從和合有, 無有作者, 皆從憶想分別而起. 無有主故隨意而出, 是諸如來皆是真實. 雲何為實? 是諸如來本自不生, 是故為實; 是諸如來今後亦無, 是故為實; 是諸如來非四大攝, 是故為實; 諸陰入界皆所不攝, 是故為實; 是諸如來如先中後等無差別, 是故為實."

19 『十住毘婆沙論』권12,『大正藏』권26, p.086a09. "是故行者先念色身佛. 次念法身佛. 何以故. 新發意菩薩. 應以三十二相八十種好念佛. 如先說. 轉深入得中勢力. 應以法身念佛心轉深入得上勢力. 應以實相念佛而不貪著."

타력염불을 주장하는데 즉 일심으로 염불함으로 인해서 타방정토인 불국토에 왕생할 수 있다는 것이다.

『아미타경』에서 설하기를 "아미타불의 설법을 듣고 아미타불 명호를 부르되 혹은 일 일 혹은 이 일 내지 칠 일을 하되 마음이 산란하지 않으며 그 사람이 임종할 때 아미타불 및 모든 불보살들이 그 앞에 나타난다. 또 사람이 임종할 때 마음이 전도되지 않으며 곧 아미타불 극락정토에 왕생한다."[20]라고 했다.

『대승기신론』에서도 "오직 염불한 인연으로, 원하는 바를 따라서 타방불토에 나며 영원히 악도를 여의고 항상 부처님을 친견하고…, 만약에 사람이 오로지 서방극락세계 아미타불을 염하면…, 곧 왕생을 얻으며 항상 부처님이 나타나는고로 마침내 퇴전이 없다. 만약에 저 진여법신을 관하고 항상 부지런히 수행하면 마침내 왕생을 하고 바른 삼매에 주한다."[21]고도 했다. 『화엄경』과 『반주삼매경』에서는 유심염불을 주장했다.

『화엄경』에서 말하기를 "내가 만약에 안락세계 아미타불을 친견하고자 한다면 그 뜻에 따라 나타난다.…, 일체제불과 나의 마음이 다

20　『佛說阿彌陀經』권1, 『大正藏』권12, p. 347b09. "聞說阿彌陀佛. 執持名號. 若一日・若二日・若三日・若四日・若五日. 若六日. 若七日・一心不亂. 其人臨命終時. 阿彌陀佛與諸聖眾現在其前. 是人終時. 心不顛倒. 即得往生阿彌陀佛極樂國土."

21　『大乘起信論』권1, 『大正藏』권32, p. 583a12. "謂以專意念佛因緣. 隨願得生他方佛土. 常見於佛永離惡道. 如修多羅說. 若人專念西方極樂世界阿彌陀佛. 所修善根. 迴向願求生彼世界. 即得往生. 常見佛故. 終無有退. 若觀彼佛眞如法身. 常勤修習畢竟得生. 住正定故."

꿈과 같음을 알고 일체불이 마치 영상과 같고 자심이 물과 같음을 알고 일체불소에 있는 색상(色相)과 내지 자심이 모두 다 환과 같음을 알고 일체불과 내지 자기의 마음이 모두 메아리와 같음을 알아서 내가 이와 같이 알고…, 제불은 모두 자심을 인해서 나타난다."[22]라고 했다.

『반주삼매경』에서도 "자염불은 온 곳이 없으며 나도 또한 이르는 곳도 없다. 자염욕처(自念欲處), 색처(色處), 무색처(無色處) 등 이 삼처는 모두 뜻[意]의 작용일 뿐이다. 내가 염한 것이 곧 나타난다. 마음으로 불(佛)을 지으면 마음에 스스로 나타난다. 심은 불심(佛心)이며 불심(佛心)은 아신(我身)이다."[23]라고 했다.

『반야경』계통에서는 실상염불을 주장한다.『소품반야바라밀경(小品般若波羅蜜經)』에서 말하기를 "만약에 분별이 없으면 이 사람은 곧 제법실상으로써 여래를 관한다."[24]고 했다.

중국에서 최초로 타력염불을 제창한 인물은 동진 시기의 혜원선사(慧遠, 334-416)이다. 그는 일찍이 많은 사람들과 함께 염불결사를 하기

---

22 『大方廣佛華嚴經』권63,『大正藏』권10, p.339c19. "我若欲見安樂世界阿彌陀如來. 隨意卽見…, 然彼如來不來至此. 我身亦不往詣於彼. 知一切佛及與我心. 悉皆如夢. 知一切佛猶如影像. 自心如水. 知一切佛所有色相及以自心. 悉皆如幻. 知一切佛及以己心. 悉皆如響. 我如是知. 如是憶念. 所見諸佛. 皆由自心."

23 『般舟三昧經』1권,『大正藏』권13, p.899b23. "自念佛無所從來. 我亦無所至. 自念欲處 · 色處 · 無色處. 是三處意所作耳. 我所念卽見. 心作佛. 心自見. 心是佛心. 佛心是我身. 心見佛. 心不自知心. 心不自見心. 心有想爲癡. 心無想是涅槃. 是法無可樂者. 設使念爲空耳. 無所有也. 菩薩在三昧中立者. 所見如是."

24 『小品般若波羅蜜經』권10,『大正藏』권8, p.584b18. "若不分別. 是人則以諸法實相而觀如來."

도 했다. 『염불삼매보왕론(念佛三昧寶王論)』에 보면 "모든 삼매는 그 이름이 매우 많다. 공은 높지만 들어가기 쉬운데 염불이 우선이 된다."[25]고 했다. 당시 고승 도안은 매우 유명하였으며 혜원선사는 도안에게 귀의하였다. 그는 도안을 참배하고 나서 도안이야말로 진정한 자기의 스승이 된다고 생각했다. 그 후 도안이 『반야경』을 강의하는 것을 듣고 활연개오하여 감탄하면서 말하기를, "유교·도교·법가·묵가·명(名)·잡(雜)·농(農)·종횡(縱橫)·음양(陰陽) 등 구류(九流)의 학문이 있지만 모두 쌀겨만도 못하다고 하였다."고 하는 이야기가 전해지고 있다. 그 후 혜원은 도안을 따라서 경전을 배우고 수행하면서 정토염불 수행법을 창시하는 중국불교사에서 업적을 남겼다. 그뿐만 아니라 이 외에도 혜원은 『사문불경왕자론(沙門不敬王者論)』 및 역사적으로 유명한 백련사 염불결사 등을 하였다.

선종에서 선정에 들고 깨달음을 얻는 것이 쉽지 않음을 시사하기 위해서 최상근기와 상근기 내지 하근기를 말하는데 이것 역시 선정에 드는 것도, 깨달음에 이르는 것도 쉽지 않다는 점을 부각시킨 관점 중 하나라고 하겠다.

한편 근기법을 중국선종에서는 선종의 우위를 나타내기 위한 강력한 무기로 사용하기도 했다. 동시에 선종은 이것을 근거로 해서 기

---

25 『念佛三昧寶王論』 권중, 『大正藏』 권47, p.140b01. "諸三昧. 其名甚眾. 功高易進. 念佛為先."

타 종파 내지 선법을 하열시하는 태도를 취해 왔다. 하지만 위에서 살펴보았듯이 염불삼매에 들어가는 것도 그리 쉬운 것이 아니듯이 선종의 조사선에서 주장하는 돈오법을 증득하기도 또한 쉽지 않을 것이다. 이러한 관점에서 염불삼매를 논해 본다면 염불삼매에 들어가는 것도 쉬운 것은 아닐 것이다.

일반적으로 염불선 수행은 마치 근기가 하열한 사람만이 행하는 수행법인 양 인식되어 있지만(물론 지금은 약간의 관점이 수정되기는 하였지만), 사실 선정에 든다는 각도에서 바라볼 때 선종의 수행법이나 염불 수행법 모두가 그리 녹록한 수행법은 아니라고 여겨진다.

다만 목적지는 같으나 목적지에 도달하는 방법과 수단 등에 대한 차이점은 인정되지만 삼매를 닦는 데 있어서 근본적인 차이점이 존재하는 것 같지는 않다. 때문에 염불선이 하근기가 하는 수행법이라고 말하는 것 자체가 모순이고 편견이라 사료된다.

5

대승삼매선법(염불선)이
초창기 선종에 미친 영향

**염불은 선종의 역사와
늘 함께해 왔다**

염불선법은 초창기 중국불교에서 매우 중요한 수행방편 중 하나였
다. 특히 염불삼매는 대소승의 수행 시기를 거치면서 중국에서 뿌리
를 내리게 되었다. 또 각각의 시대를 지나면서 조금씩 변화하기 시작
했다. 이 염불삼매 수행법은 중국 초창기의 선종은 물론이거니와 후
대 선종에도 많은 영향을 주면서 선종의 역사와 함께 지금도 면면히
이어져 오고 있다.

대승삼매는 염불로 인해서 정(定, 삼매)에 들어갈 수 있다고 하는 것
이 공통된 주장이다(여기서 달마선법 내지 중국의 선종에서 주장하는 것과는 수행
과정에서 약간의 차이점이 존재하는 것 같다). 당나라 때 도작(道綽)이 지은 『안

락집(安樂集)』에 보면 "만약에 보리심 가운데 염불삼매를 행하면 일체 악신, 일체 모든 장애가 이 사람에게 나타나지 않으며 가는 곳마다 모두 장애를 없애고 막을 수 있다…. 이 염불삼매는 일체삼매 중에 왕이 되기 때문이다."[26]라고 했다.

『문수반야경(文殊般若經)』에서도 "일행삼매에 들어가고자 한다면 반드시 조용한 곳에서 모든 산란한 뜻을 버리고 모양을 취하지 말고 일심을 놓지 않고 부처님을 염하되 오로지 명자만 칭하면…. 과거 현재 미래 제불들께서 나타나신다."[27]라고 하고 있다.

『대지도론』에서도 "염불삼매는 대복덕이 있다. 때문에 능히 중생을 제도할 수 있고 모든 보살이 이것으로 중생을 제도하고자 한다. 모든 나머지 삼매는 이와 같은 염불삼매의 복덕이 없다. 또 모든 죄업을 신속하게 소멸하게 한다."[28]라고 하고 있다. 즉 염불삼매 공덕에 대한 내용으로, 염불삼매도 역시 일반적인 수행과 같이 많은 공덕을 지니고 있다는 의미이다.

달마가 전한 선법은 원래는 벽관안심(壁觀安心)법이다. 때문에 염불삼매와는 크게 다르다. 다만 4조 도신 대에 이르러서 『능가경』은 물

---

26 『安樂集』권상, 『大正藏』권47, p.5b26. "若能菩提心中行念佛三昧者. 一切惡神. 一切諸障不見是人. 隨所詣處. 無能遮障也. 何故能爾? 此念佛三昧即是一切三昧中王故也."

27 『文殊師利所說摩訶般若波羅蜜經』권하, 『大正藏』권8, p.731a26. "欲入一行三昧. 應處空閑. 捨諸亂意. 不取相貌. 繫心一佛. 專稱名字. 隨佛方所. 端身正向. 能於一佛念念相續. 即是念中. 能見過去. 未來. 現在諸佛."

28 『大智度論』권7, 『大正藏』권25, p.109a10. "念佛三昧有大福德. 能度眾生. 是諸菩薩欲度眾生. 諸餘三昧無如此念佛三昧福德. 能速滅諸罪者."

론이거니와『문수사리반야경』을 더 첨가해서 의지했다.『문수사리반 야경』은 실상염불을 주장하는데 "이와 같이 일행삼매에 들어가는 자 는 항상 제불 법계의 차별상을 모두 안다." [29]라고 설하고 있다.

한편 도신은『능가경』과『문수사리반야경』에서 수립해서 제정한 염불방편을 의지하기도 했다. 즉 실상염불(實相念佛)과 유심염불(唯心念 佛)의 합일이며 동시에 염불과 성불의 합일이기도 하다. 도신의 선법 의 강령은 '심정즉불(心淨卽佛), 불즉시심(佛卽是心)'으로서 후대 선종의 즉심즉불(卽心卽佛)의 시효라고 할 수도 있다. 그는『인도안심요방편법 문(人道安心要方便法門)』에서 "나의 이 법요는『능가경』의 모든 불심이 제 일이라는 것[30]을 의지했으며 또『문수사리반야경』의 일행삼매(一行三 昧)는 곧 염불하는 마음이 곧 불(佛)이고 망념이 곧 범부이다." [31]라고 하는 것을 의지했다고 했다.

『문수사리반야경』에서 일행삼매(一行三昧)는 염불삼매의 일종이라 고 했다. [32] 실제로 일행삼매는 바로 법계일상(法界一相), 계연법계(繫緣

29   『文殊師利所說摩訶般若波羅蜜經』권하,『大正藏』권8, p.731a26. "如是入一行三昧者. 盡 知恒沙諸佛. 法界. 無差別相."

30   『入楞伽經』권1,『大正藏』권16, p.519a28. "大乘諸度門. 諸佛心第一."

31   『楞伽師資記 』,『大正藏』권85, p.1286c19. "一行三昧. 卽念佛心是佛… 妄念是凡夫."

32   『文殊師利所說摩訶般若波羅蜜經』권하,『大正藏』권8, p.731a26. "善男子善女人. 欲入一 行三昧. 應處空閑. 捨諸亂意. 不取相貌. 繫心一佛. 專稱名字. 隨佛方所. 端身正向. 能於 一佛念念相續. 卽是念中. 能見過去・未來・現在諸佛. 何以故? 念一佛功德無量無邊. 亦 與無量諸佛功德無二. 不思議佛法等無分別. 皆乘一如. 成最正覺. 悉具無量功德. 無量辯 才. 如是入一行三昧者. 盡知恒沙諸佛. 法界. 無差別相. 阿難所聞佛法. 得念總持. 辯才智 慧於聲聞中雖爲最勝. 猶住量數. 則有限礙. 若得一行三昧. 諸經法門. 一一分別. 皆悉了 知. 決定無礙. 晝夜常說. 智慧辯才終不斷絕. 若比阿難多聞辯才. 百千等分不及其一. 菩

法界)이다. 만약에 일행삼매를 성취하고자 한다면 법계의 무차별상으로서 지속적으로 생각을 놓지 않고 성취하는 삼매이다. 즉 도신은 일행삼매를 달마선으로 도입하였기 때문에 동산법문의 특색이 되었다고 한다.

사실 도신 문하는 대부분 이 특색을 계승하였다. 예를 들면 정중선(淨衆禪)의 무상스님이 선법을 전개할 때 "먼저 인성염불(引聲念佛)을 가리켜서 기를 다하고 염을 끊고 소리를 멈춘다.'[33]라고 했다. 즉 염불을 활용한 선법이라는 것이다.

종밀은『원각경대소초(圓覺經大疏鈔)』에서 당시 중국선종의 각 지파에 대해서 평론하기를 "북종은 번뇌를 털고 청정을 보고 방편으로 경전을 통용한다[拂塵看淨, 方便通經]고 했고, 정중종(淨衆宗)은 삼구 용심으로 계정혜를 삼았다[三句用心爲戒定慧]고 했고, 보당종(保唐宗)은 교를 행하되 집착하지 않고 식을 멸했다[敎行不拘而滅識]고 했고, 홍주종(洪州宗)은 촉하는 것마다 도이기 때문에 마음에 맡긴다[觸類是道而任心]고 했고, 우두종(牛頭宗)은 본래 일이 없고 정을 잊는다[本無事而忘情]고 했고, 하택종(荷澤宗)은 적지는 체를 가리키고 무념으로 종을 삼는다[寂知指體, 無念爲宗]고 하였고, 선습종(宣什宗)은 향을 전하는 것을 의지해서 부처님

薩摩訶薩應作是念. '我當雲何逮得一行三昧不可思議功德無量名稱?' 佛言: '菩薩摩訶薩當念一行三昧. 常勤精進而不懈怠.' 如是次第漸漸修學. 則能得入一行三昧. 不可思議功德作證. 除謗正法不信. 惡業重罪障者. 所不能入."

33　『歷代法寶記』,『大正藏』권51, p.184c17. "先教引聲念佛盡一氣. 念絶聲停. 念訖雲. 無憶無念莫妄. 無憶是戒. 無念是定. 莫妄是惠. 此三句語即是總持門."

이 존재한다[藉傳香而存佛]."[34]고 하였는데 선습종을 곧 남산염불산선종(南山念佛山禪宗)이라고 칭하기도 한다. 여담이지만 여기서 재미있는 것은 석두종의 평가가 빠져 있다.

사실 『단경』에서도 "만약에 일체처 행주좌와에 오직 직심(直心)으로 동하지 않으면 도량이 정말로 정토를 이룬다. 이 이름이 일행삼매이다."[35]라고 하고 있다. 물론 이『단경』이 원대에 지어진 종보본으로 이미 많은 첨삭을 당했기 때문에 처음의 의미와는 다를 수도 있을 것이다. 하지만 의도하는 바는 바로 일행삼매의 중요성에 대한 일깨움일 것이다.

또 전하는 바에 의하면 오조홍인의 제자들 중에는 정토(淨土)를 수행한 경향이 적지 않다. 『정토왕생전(淨土往生傳)』에 보면 "법지스님은 황매의 홍인대사를 의지해서 심을 얻었다…. 정토를 가지고 놓지 않고(계속해서) 염하기를 9년 동안 모든 행동을 멈추고 반드시 관상(觀想)만 하였다."[36]라고 하고 있다. 즉 법지스님이라는 분은 만년에 오로지 정토의 관상(觀想)을 행하였으며 타력염불에 치우친 경향이 있었다

---

34 『圓覺經大疏』권상 3, 『大正藏』권9, p.334b20. "有拂塵看淨方便通經. 有三句用心謂戒定慧. 有教行不拘而滅識. 有觸類是道而任心. 有本無事而忘情. 有藉傳香而存佛. 有寂知指體無念為宗."

35 『六祖大師法寶壇經』, 『大正藏』권48, p.361a26. "若於一切處行住坐臥, 純一直心, 不動道場, 真成淨土, 此名一行三昧."

36 『淨土往生傳』권중, 『大正藏』권51, p.119c24. "釋法持. 俗姓張潤州江寧人也. 九歲事青城山方禪師. 天機秀發. 動臻淵致. 十三依黃梅忍大師得心焉. 尋歸青城. 事方禪師. 更明宗極. 自是四方學徒. 翕相歸慕. 聲望日隆聞於海外. 黃梅謝世. 嘗與眾曰. 後之傳吾法者十人. 金陵法持即其一也. 持於淨土. 以繫於念. 凡九年. 俯仰進止. 必資觀想."

고 전해지고 있다.

혜가로부터 육조까지는 두말할 것도 없이 달마 계통의 선법을 이었으며 동시에 염불(念佛) 및 정심(淨心)을 방편으로 사용하기도 했으며 또 한편으로는 불염불(不念佛) 불간정(不看淨) 등을 주장하는 등 다양한 방편을 제시하였다. 즉 타의든 자의든 염불수행은 선종에 영향을 미쳤고 선종의 역사와 함께 그 발자취를 이어 왔다고 하겠다. 또 그 공통적인 목표는 모두 성불이며 해탈 열반에 중점을 두었다는 것이다.

선종이 당대에 이르러서 서서히 도약하면서 당대 중엽에 이르러서 비약적인 발전을 거듭하였지만 당대 말엽 오대십국을 거치면서 점점 쇠락하기 시작하였다. 하지만 선종이 역사의 무대에서 완전히 사라진 것은 아니고 또 다른 변모된 모습으로 역사의 전면에 나타났다.

오대 송초의 영명연수가 『종경록』에서 선과 정토가 일치한다는 선정일치(禪淨一致)의 주장을 펼치면서 이 선정일치 사상은 송대 이후 선종의 역사 발전에 새로운 방향을 설정해 주었다. 물론 여기서 영명연수가 주장했던 정토는 역시 타방정토(他方淨土)를 구하는 것이 아닌, 바로 자성미타(自性彌陀) 혹은 유심정토(唯心淨土)를 말한다. 이후 영명연수의 선정일치 사상은 선정겸수(禪淨雙修)를 통한 수행방편을 지향했으며 송대 이후 선종에서 중요한 하나의 과제로서 대부분의 선사들이 선정겸수를 주장했다. 여기서 몇 사람만 추려서 소개해 보면 다음과 같다.

송대 운문종의 명교계승(明教契崇: 1007-1072), 천의의회(天衣義懷: 989-1060), 혜림종본(慧林宗本: 1020-1099), 장로응부(長蘆應夫: 생몰연대 미상)와 조동종의 진헐청료(眞歇清了: 1089-1151) 및 임제종의 사심오신(死心悟新: 1044-1115) 등이 선정겸수를 주장하였다. 원대로 오면서 선정겸수 및 선정쌍수를 제시한 사람이 더욱더 많아지기 시작한다.

임제종의 중봉명본(中峰明本)을 비롯한 명말 사대 고승들도 또한 선정겸수를 주장했으며 청대의 철오선사(徹悟禪師)도 선정겸수를 주장했다. 특히 근대 허운선사(虛雲禪師: 1840-1959)도 선정겸수를 주장했는데 그는 직접적으로 연수선사의 사료간(四料簡)을 해석하기를 "염불하는 사람의 마음이 청정하면 국토가 청정해지고 곧 자성미타가 드러난다. 이 정토와 선은 둘이 아니지만[淨土禪不二] 오직 지금 사람들은 도리어 염불은 정(淨)이 되고 참선은 선(禪)이 된다고 구분한다."[37]고 하며 또 "선(禪)은 정(淨) 중의 선이며 정(淨)은 선(禪) 중의 정이다. 선과 정은 본래 상부상조를 행한다."[38]라고 힐책하면서 "참선 염불 등 법문은 본래 모두 석가가 친히 설하신 것으로, 도(道)는 본래 둘이 아니지만 다만 숙생 인연과 근기가 다르기 때문에 응병여약(應病與藥: 병을

---

37 "念佛人心淨佛土淨. 即見自性彌陀. 這淨土與禪是不二的. 但今人卻必限於念佛為淨. 參禪為禪."
38 淨慧 主編,『虛雲和尚全集』第1冊, 中州古籍出版社, 2009. p.157. "禪者淨中之禪. 淨者禪中之淨. 禪與淨. 本相輔而行."

대해서 약을 처방한다)의 방편을 삼았다. 방편으로 많은 법문을 시설해서 중생을 교화한다."[39]고 선정일치를 분명하게 표명하였다.

이 외에도 천태종 몇몇 스님들도 선정쌍수(禪淨雙修)를 제창하였는데 예를 들면 지예(智禮)·준식(遵式)·지원(智圓)·종효(宗曉)·원효(元曉)·원조(元照) 등이 있다. 물론 이들이 주장했던 선정쌍수는 초기 중국불교에서 주장한 염불삼매 수행법과는 아주 같지는 않지만 선정(禪定)삼매를 향한 근본수행은 그 맥이 같다고 할 수 있다.

전통적으로 불교에서는 염불을 매우 낮은 근기가 행하는 수행법으로 간주하는 경우를 종종 볼 수 있다. 이유는 염불, 특히 칭념염불[稱念佛名]은 타력을 의지해서 깨달음을 추구하기 때문이라고 하기도 한다. 따라서 염불을 심천(深淺)의 각도에서 볼 때 타력을 의지하는 염불은 천(淺: 얕다)하다는 입장이다.

염불이 표면상에서는 타력을 강조하지만 사실 엄밀히 살펴보면 곧 타력과 자력을 모두 포함하고 있다고 하겠다. 다시 말해서 타력은 곧 자력을 바탕으로 이루어지기 때문이다. 좀 더 심도 있는 분석을 해 보면 본인이 열심히 염불을 하지 않으면 타력의 힘(아미타불 혹은 제불보살)이 절대 나타날 수도 느낄 수도 없으며 최소한 이념(離念) 혹은 무념(無念)의 상태에 이르렀을 때 비로소 타력을 발휘할 수 있다고 하겠다. 이러한 의미에서 본다면 위에서 언급한 것처럼 타력은 곧 자력을 바

---

39   淨慧 主編,『虛雲和尙全集』第1册, 中州古籍出版社, 2009. p.156.

탕으로 하기 때문에 염불도 곧 자력이라고 할 수 있다. 그러하다면 선종에서 주장하는 자력을 의지한 수행인 자수자증(自修自證) 혹은 자수자오(自修自悟), 자성자도(自性自度: 스스로 자기를 제도한다)와 큰 차이점이 존재하는 것 같지 않다.

6

선종 이외의 선사들

(초기선법의 선사)

초기 선사들의 선법은
밀주를 결합해서 수행한 것이 특징이다

　동한 말엽에 안세고가 전한 안반선과 12문 등 소승선법, 지루가참이 전해 준 반야선과 수능엄삼매 등 대승삼매선법(염불선)은 중국불교사 및 선종사에서 단 한 번도 중단된 적이 없다고 해도 과언은 아니다. 다만 당시의 정황을 비교해 볼 때 안세고의 초기선법인 안반선은 상대적으로 시대를 주도했던 것 같다. 때문에 이러한 선법들은 중국 선법에 용해되어 지금도 면면히 이어져 오고 있다. 이러한 초기선법이 중국에 전해져서 중국선(조사선)이 형성되는 과정에서 중요한 인물들이 중국불교 역사에는 존재한다.

　특히 초기선법에 있어서 각 방면에 영향을 주었던 당시의 선사는 승조(僧稠), 현고(玄高), 담무참(曇無讖), 담요(曇曜) 등이다. 당시 이들은 순수한 선법수행만 한 것이 아니고 각자 수행법에 밀주(密呪)를 결합해서 수행한 특징이 있으며 신이(神異: 신통력)한 능력을 가진 선사들이었다.

초기선법이 중국에 들어와서 유통되는 과정을 고찰해 보면 불교가 중국에 들어와서 얼마 지나지 않아서 불전들이 번역되기 시작하면서 한편으로 다량으로 선법에 관련된 경전들이 번역되었고 또 다른 한편에서는 여러 가지 종류의 선법이 구체적으로 실천되고 유행하였다. 그래서 어떤 학자들은 남북조 시기에 유행했던 선법을 세 가지 종류로 압축해서 말하기도 한다.

첫 번째는 안반선 위주인 소승선법으로 수식관 혹은 호흡법 종류이다. 일반적으로 중국 학자들은 이러한 선법을 선수학(禪數學)이라고 부르기도 한다. 왜냐하면 수식관 내지 호흡관 등의 초기선법은 숫자를 세는 방법으로 선법을 지도했기 때문이다.

두 번째로 관불(觀佛) 혹은 관상(觀想) 위주로 번뇌의 성향에 맞도록 수행을 대소승 선법을 겸용해서 지도했던 수행법이다. 즉 오정심관 등을 꼽을 수 있다.

세 번째로 대승불교의 여래장 불성인 여래선을 깨닫는 것이라고 하기도 한다. 이러한 선법들이 중국 토양에 씨를 뿌리면서 중국선의 밑그림이 되었다.

앞서 언급한 것처럼 불교가 중국에 전해진 이래로 안세고의 소승 경전 번역을 필두로 지루가참의 대승경전에 이르기까지 많은 불교경 전이 전해지면서 동시에 실천수행도 따라서 유입되었는데 그 가운데 북위에 이르러서 중국 낙양의 소림사를 중심으로 해서 두 가지의 선 법이 전해졌다.

하나는 불타발타라선사(佛陀跋陀羅禪師) 계통의 선법으로 그의 제자 인 승조(僧稠)에게 전승되었고 다른 하나는 달마선사(達磨禪師) 계통의 선법이다. 당시 승조 및 현고 등은 관선(官禪)의 대표적 주자로서 그들 의 선법은 우세한 위치에 있었으며 동시에 매우 유행하고 있었다. 불 타발타라선사가 전한 선법과 달마대사가 전한 선법에 작은 차이점이 드러났고 시간이 지나면서 서로 쌍방 간 대등한 위치가 되었지만 사 실은 처음부터 그러했던 것은 아니다. 또 불교가 중국에 전해진 이 후 크게 두 지역에서 각기 다른 형태로 발전하기 시작했다. 이 가 운데서 주로 북방에서 비교적 풍부하고 다양한 방편의 선법이 초 석을 이루면서 발전해 가고 있었다.

특히 북위 때의 잦은 전란으로 인해서 사회가 혼란스러웠다.『위 서』「석로지」에 의하면 태무제가 태연(太延: 439) 5년 양주(涼州)를 멸망 시키고 양주의 승려 삼천 인을 평성(平城)으로 이주시켰다고 한다. 양 주는 본래는 불교가 매우 발달하였고 동시에 선법도 매우 발달하였 다. 당시 초기선법의 중요한 선사들이 계속해서 동쪽으로 이주해 오면서 북위 때 선법은 더욱 발전하게 되었다. 동쪽으로 이주해 온 선사들을 살펴보면 승조·현고·담무참·담요 등이 있다.

여기서 담요는 현재 산시성의 대동오굴(大同五窟)을 조성한 인물이며 대체로 북위의 황제들은 선법수행을 독려하기도 했다.[40] 당시 남방에서는 중국 전통 사상인 현학(玄學)이 유행하고 있었다. 북방의 선학이 홍기하고 발전하면서 북위 시기의 선법은 이미 체계적인 전승법이 출현하였으며 한편 그것과 상응하는 규모를 갖추기도 했다.

『위서(魏書)』「석로지(釋老志)」의 기록에 의하면 태무제(太武帝) 때 사문 혜시(惠始)가 있었는데 "백거북에서 좌선을 하는데 낮에는 성에 들어가서 강의를 하고 저녁에는 돌아와서 정좌(靜坐)한다."[41]라고 하고 있다. 즉 선수행을 하고 있는 당시의 풍경을 기록한 것이다. 그러나 대부분의 승려들은 서역불교의 영향을 많이 받은 관계로 대체로 신이(神異: 신통력)한 색채를 띠기도 했다. 즉 밀주(密呪)와 결합한 선법을 겸해서 수행을 하고 있었다. 그러다 보니 신이한 행동을 보여 주기도 했다.

담무참(曇無讖)은 "처음에는 소승을 배우면서 겸해서 오명제론(五明諸論)을 열람했다."라고 하며 "후에 백두선사(白頭禪師)를 만나서 담무

---

40 潘桂明, 吳忠偉 작, 『중국천태종통사』, 江蘇古籍出版社, 2001, p. 43.
41 潘桂明, 吳忠偉 작, 『중국천태종통사』, 江蘇古籍出版社, 2001, p. 44. (坐禪於白渠北, 晝則入城聽講, 夕則還靜坐)

참과 함께 논의를 했다."고『고승전』「담무참전」에 기록하고 있다. [42]
백두선사의 선법도 역시 서역불교의 영향을 받았기 때문에 밀교의
밀주(密呪)를 서로 결합한 수행을 하였다. 비록 이러한 선법들이 선의
본뜻에는 부합하지 않았지만 다만 북방지역에서는 매우 환영받았으
며 매우 유행하기도 했다. 이러한 비정통의 선법이 당시는 상당 부분
유행하였고 많은 사람들로부터 환영받은 이면에는 아마도 당시의
사회 환경 내지 사람들의 마음 상태와 밀접한 관계가 있을 것이다.

추측건대 당시의 사회 환경이 잦은 전란으로 인해서 앞날은 불투
명하고 안정된 미래를 보장할 수도 없을 뿐만 아니라 당장 내일을 기
약할 수 없는 상황에서 사람들은 신비적인 신통력을 신봉할 수밖에
없는 상황이었을 것이다. 특히 전쟁의 동란이 끊이지 않았던 당시의
상황을 비추어 보면 쉽게 이해할 수 있을 것이다.

현고(玄高)는 12세에 출가한 후 오로지 선법을 닦았고 그는 관중에
불타발타라가 석양사(石羊寺)에서 홍법을 하고 있다는 소리를 듣고 그
에게 가서 참배하고 스승으로 삼았다고 한다. 그러나 불타발타라는
현고가 선법을 깊이 익혀 조금도 손색이 없다고 여겨서 스승의 예를
받지 않았다고 한다. 그가 정확하게 불타발타라에게서 선법을 전수
했는지에 대한 기록은 불분명하다. 그 후 현고가 맥적산(麥積山: 지금의

---

42 『高僧傳』권2,『大正藏』권50, p.335c16. "初學小乘兼覽五明諸論. 講說精辯莫能詶抗. 後
遇白頭禪師. 共讅論議."

감숙성)에 은거하자 많은 사람들이 그를 추종하고 그 선법을 배웠다고 『고승전』「현고전」에 기록하고 있다.

그 후 현고의 선법을 전수받은 제자들이 주축이 되어서 현고를 수장으로 하는 북방선학의 승단이 수립되었다. 일명 북방의 관선(官禪)이라고 한다. 그 후 현고는 양주(涼州)를 유역하다 북양(北涼) 저거몽손(沮渠蒙遜)의 중시를 받기도 했으며 북위의 탁발도(拓跋燾)가 평성(平城)을 점령하였을 때 현고를 평성으로 영접해서 태자의 스승으로 삼기도 했다. 후에 태무제(太武帝)의 훼불 때 해를 당했고 현고의 선법은 안반수의선(安般守意禪)에 속한다. 이는 안세고가 소개한 선법과 같은 것이다. 그는 신이승(神異僧)으로 많은 이적을 보이기도 했다. 역시 당시의 많은 선사들이 선법을 겸해서 밀주(密呪)를 염하고 신통력을 발휘하였듯이 그도 예외는 아니었다.

승조(僧稠: 480-560)선사는 속성은 손 씨이며 현재의 하북성 형대시 거록현(邢台市 巨鹿縣) 사람이다. 그는 출가 전 이미 모든 경서 및 역사에 통달하였고 이러한 그의 명성이 조정에까지 알려지게 되면서 태학박사(太學博士: 벼슬의 일종)가 되었다.

그는 어느 날 불경을 열람하다 마음에 의문이 확 사라지면서 거록(鉅鹿)의 경명사(景明寺)에 식(寔)[43]스님에게 출가하였다.[44] 즉 그는 처음

---

43 이식.

44 『續高僧傳』권16, 『大正藏』권50, p.553b25. "釋僧稠姓孫. 元出昌黎. 末居鉅鹿之瘦陶焉. 性度純懿孝信知名. 而勤學世典備通經史. 徵為太學博士. 講解墳. 索聲蓋朝廷. 將處器觀

에 도방선사(道房禪師)에게서 지관(止觀)을 수행했다고 전해지며 법맥을 살펴보면 불타발타라(佛陀跋陀羅→ 불타제자: 慧光)와 도방선사(道房禪師)→ 승조선사(僧稠禪師)로 이어지고 있다. 승조가 이은 선법은 비교적 복잡하다. 물론 기본 바탕은 불타발타라를 근원으로 하고 있지만 그는 먼저 도방선사(道房禪師)에게서 지관(止觀)을 전수받고 최후에 불타발타라에게서 인가를 받았다고 전해진다. 때문에 승조의 선법은 불타발타라의 선법을 계승하고 발전시켰다고 할 수 있다.[45]

승조의 기본선법은 사념처(四念處) 및 십육특승법(十六特勝法)이다. 사념처 수행법은 소승선법으로 오정심관(五停心觀)을 수행한 후 수행하는 관법이다. 그런데 사념처에 대한 순서 내용은 각 경전에서 설명하는 것이 조금씩 차이가 있다. 하지만 근본 뜻은 모두 동일한 내용이다. 십육특승법은 조심(調心)·수식(數息)·관상(觀想) 등 구체적인 수행방법으로 최종에 역시 깨달음을 증득하는 것을 목적으로 한다.

그는 자주 입정에 들었는데 '9일을 일어나지 않는다.'[46]고 전해진다. 그리고 승조의 선법의 특징 중 하나는 고행의 수행법인데 그는 고행을 통해서 해탈을 가장 중요한 수단으로 삼았다. 물론 부처님 당

國羽儀廊廟. 而道機潛扣欻然厭世煩. 一覽佛經渙然神解. 時年二十有八. 投鉅鏕景明寺僧寔法師而出家. 落髮甫爾便尋經論. 悲慶交並識神厲勇. 因發五願. 所謂財法通辯. 及以四大常敬三寶普福四恩. 初從道房禪師受行止觀. 房即跋陀之神足也. 既受禪法北遊定州嘉魚山."

45 潘桂明, 吳忠偉 작,『중국천태종통사』, 江蘇古籍出版社, 2001, p. 46.

46 『續高僧傳』권16,『大正藏』권50, p. 553b25. "七日爲期, 九日不起."

시의 외도들이 한 고행수행법이 아닌, 즉 성욕을 전면적으로 금지하는 금욕・식욕 절제・사상(死想) 등의 수행이다. 비록 승조의 선법은 소승선법을 기본으로 하고 있지만 비교적 수행의 대상이 구체적이고 단계적인 수행법으로 쉽게 접근할 수 있었던 관계로 당시의 승려들은 물론이거니와 일반적인 사람들에게도 열렬한 지지와 환영을 받았을 뿐만 아니라 특히 고행수행법은 상층부 통치자들의 지지와 추종을 받았다고도 한다.

이와 같이 승조선사의 명성은 타의 추종을 불허하는 상태였으며 당시의 보리달마 및 혜가선사 등은 그의 명성에 미치지 못했다고 한다. 당나라 도선이 지은 『습선편 총론(習禪篇・總論)』에서 승조가 선법에 편애가 있다고 적고 있으며 달마선에 대해서는 적지 않은 불만이 있었다고도 한다. 승조가 사념처와 십육특승법을 의지해서 수행한 비교적 이해하기가 간명하고 쉬웠기 때문에 일반적인 신도들의 입장에서는 받아들이기가 용이했을 것이며 동시에 광범위하게 유행했던 것 같다.

반면에 달마선법은 자심을 직관을 의지해서 깨닫는 것을 주장했으며 특히 망언망념 무득정관(忘言忘念 無得正觀)을 위주로 최종에는 여래장불성에 대해서 자오자증(自悟自證)하는 것을 골자로 하였기 때문에 이 수행법은 비교적 높은 수준의 문화적 소양 내지 직관의 능력이 출중한 사람들에게 적합한 수행법으로, 통상적으로 일반적인 수준의 사람들이 용이하게 파악할 수 있는 수행법은 아니었을 것이다.

결론적으로 승조의 선법은 중국의 북방 지역사회에서 실제적으로 필요한 선법으로, 당시의 북방 사람들의 심리상태에 적합한 수행법이었던 것 같다. 반면에 달마선법은 상대적으로 당시 북방 사람들의 심리적 상태 및 환경에 부합되지 않는 그 어떤 거리감이 존재했던 것 같다. 특히 달마선은 당시로서는 반 전통의 입장에 해당하였기 때문에 달마 및 그의 제자들이 활동에 제약을 받았던 것 같고 특히 달마의 독살설, 양무제와 만남에 대한 전설, 숭산의 십년면벽 등은 이러한 당시의 풍토를 잘 반영한 예라고 하겠다.

Ⅱ

달마선과 초기선법의 형성 배경

1
선종 형성의
역사적 배경

**선종이 지나온
발자취**

불교에서 선(禪)은 번뇌를 극복하고 지혜를 계발하고 세속의 모든 잡된 인연을 끊고 피안에 도달하는 중요한 방식이라고 여긴다. 불타가 보리수나무 아래에서 정각을 이루시고 최고의 지혜를 획득하신 것도 역시 선정(禪定)을 통해서였다. 따라서 불교가 중국에 전해질 때 선법도 함께 전해져서 중국에서 특수한 대접을 받게 되었다.

당나라 때 규봉종밀선사는 선정[三昧]은 불교도들 모두에게 매우 중요한 수행법이 된다고 하였다. 그는 『도서』에서 말하기를 "선정을 행하는 것이 최고의 신묘가 되고 성품상에서 무루지혜(無漏智慧) 및 만행만덕을 발하고 일으키게 하며 내지 신통광명에 이르게 한다. 이러한 것들은 모두 정(定: 삼매)으로부터 일어나는 것이다."⁴⁷라고 했다. 즉 선은 성불의 중요한 수단 및 방편이자 과정이라는 것이다.

한나라가 멸망하고 중국 대륙은 크게 세 나라로 분열된다. 즉 삼국시대(220-265) 45년의 기간으로, 위(魏)·오(吳)·촉(蜀)에 해당하는 시기이다. 이때의 불교는 기본적으로 한대(漢代)의 불교를 계승 발전해 오고 있었다. 한나라 말엽에 중국에 유입된 불교는 삼국시대를 거쳐서 동진 때에 이르러 널리 유포되기 시작하였다.

인도불교가 중국에 들어와서 중국의 전통문화와 충돌하고 모순을 겪으면서 중국불교문화 및 중국문화 발전에 촉진제 역할을 하면서 면면히 계승 발전되었다. 비록 인도불교가 중국에 전해질 때 선법도 함께 유입되었지만 중국인들이 처음부터 선법을 흔쾌하게 받아들이지는 않았던 것 같다.

앞에서도 언급하였듯이 도교의 양생술 내지 도술의 한 지류로 받아들였다. 기록에 의하면 양진(兩晉)시대가 되어서야 비로소 선법을 수행했다고 전해지고 있다. 게다가 초기선법이 그리 체계적인 것도 아니었고 또 어느 스승에게 선법을 계승했다는 기록도 없다. 많은 사람들은 만족하지 못했고 비로소 선사상에 통달했던 구마라즙과 불타발타라(佛陀跋陀羅: 覺賢)가 중국에 이르러서야 중국선학은 새로운 발전

---

47 『注大乘入楞伽經』권4, 『大正藏』권39, p.460a24. "禪定一行最爲神妙. 能發起性上無漏智慧. 萬行萬德. 乃至神通光明. 皆從定發."

단계를 맞았다.

구마라즙이 중국에 오면서부터 각종 선법에 관한 전적들을 번역하기 시작하였고 특히 중국에서 초기선법의 근거가 되고 있는 『좌선삼매경(坐禪三昧經)』, 『선법요해(禪法要解)』를 번역하였다. 구마라즙은 교학적으로 볼 때 반야 계통의 전문가이기도 하지만 선법 계통에서는 구체적으로 누구의 선법을 계승했는지 그 원류가 불분명하며 선법에 대한 전문적인 영역을 구축하지는 않은 것 같다. 그래서 몇몇의 고승들로부터 비난을 받기도 했다.

이때 선학의 대가인 불타발타라가 중국에 오면서 장안에서 전문적인 선법을 전하기 시작하였다. 『고승전』 「불타발타라전」에 보면 "사방에서 청정을 좋아하는 자들이 풍문을 듣고 모여들었다."라고 적고 있다.

그 후 라즙의 문하의 배척으로 인해서 부득이하게 남방의 여산으로 가게 되었다. 불타발타라는 전문적인 선법을 전한 것 이외에도 『달마다라선경(達摩多羅禪經)』[48] 등 선수(禪數: 수식관(호흡관) 계통 경전)에 관한 경전 등을 다수 역출하였다.

『달마다라선경』은 전통적으로는 대승선적(大乘禪籍)에 속하는 선법을 소개하고 있지만 사실은 소승 설일체유부(說一切有部)의 대사인 달

---

48 동진천축삼장(東晉天竺三藏)인 불타발타라(佛陀跋陀羅) 번역.

마다라(達摩多羅: 法救)[49]와 불대선(佛大先)[50]선법 위주로서 대소승선법을 융화해서 수립한 것이다. 이 선법의 특징은 순차적이고 점진적으로 단계를 거치는 수행법이었기 때문에 당시 승속을 막론하고 불교도들의 깊은 환영을 받았다. 그러나 불타발타라가 전한 선법은 소승의 오종관법(五種觀法) 위주였으며 그중에서도 불타발타라는 일찍이 선법을 수행(학)하는 고정적 장소와 선을 집중적으로 수련하는 풍토를 마련하기도 했으며 라즙과 불타발타라 이후에 비로소 점점 중국선학이 흥기하기 시작했으며 동시에 모모선사를 중심으로 하는 수행단체가 생기기도 했다.

그중에서 서서히 두각을 나타낸 단체가 바로 달마선이었다. 이미 세속적인 중국의 종법제도(부계의 혈통으로 적자가 계보를 잇는 제도)를 채용해서 법맥체계를 정비한 시대이기도 하며 후세에 달마가 동토 초조가 되는 기틀이 되기도 했다. 특히 선종은 사자(師資) 계승법을 중요하게 여겼으므로, 선종이 토착화되는 과정에서 중국인들의 전통문화와 융화된 하나의 실례라고 하겠다.

오래지 않아서 구나발타라(求那跋陀羅)가 금릉(지금의 남경)에서 번역

---

49 달마다라(達摩多羅) 또는 담마다라(曇摩多羅)라고도 하며 의역하면 법구(法救)이며 설일체유부(說一切有部)의 논사이다. 바수밀(婆須蜜: 世友)의 법을 계승했다고 한다. 이 외에『법구경』을 편집한 대덕의 이름도 법구(法救)인데 그와 동일 인물인지는 알 수가 없다. 이 내용은『俱舍論光記』와『出三藏記集』에 기록되어 있다.

50 불대선(佛大先)은 범어(梵名, Buddhasena)이며 음역하면 불타선(佛馱先) 혹은 불타사나(佛陀斯那)이고 의역하면 불군(佛軍) 혹은 각군(覺軍)이다. 5세기 북인도 계빈국 사람이며 설일체유부의 인물이다.

한『승만경』,『능가경』을 역출하면서 사람들은 선법에 대한 분류가 한층 더 분명해졌다. 많은 사람들이 알고 있듯이『능가경』에서는 네 가지로 선법을 분류하고 있다. 즉 범부소행선(凡夫小行禪: 소승 및 외도선), 관찰의선(觀察義禪: 아공 법공을 관하는 것), 반연여선(攀緣如禪: 진여 및 실상을 관하는 것), 여래선(如來禪 혹은 자각성지)으로 여래선의 최상승 경계이다.

이후에 규봉종밀은『도서』에서 선을 외도선, 범부선, 소승선, 대승선, 여래최상승선 다섯 가지로 분류하였다. 종밀의 이러한 선법에 대한 분석은 아마도『능가경』의 선법 분류와 밀접한 관계가 있을 것이다.

동진 말엽부터 유송 초(劉宋初)까지 불교의 대소승 각파의 학설이 균등하게 수입되었다. 불전이 점점 많이 번역되었고 따라서 불전에 대한 해석이 홍기하기 시작하였으며 동시에 경사강론(經師講論)이 홍성하기도 했다. 또 위진시대에 접어들면서 중국의 전통 사상 가운데 하나인 이른바 노장 사상을 뼈대로 하는 현학(玄學)이 유행하기 시작했다. 당시 현학이 토론하였던 중심 문제는 본체론에 관한 유와 무 관계에 대한 것이었다. 즉 한나라에서 우주론을 논했다면 이때 현학에서는 본체론에 대한 토의를 진행하였다.

이때 불교의 반야학이 중국에 유입되면서 반야학에서 토론했던 공과 유의 관계에 대한 문제는 현학의 유무론 사상과 유사점이 존재했다. 동진시대에 일부의 반야학파는 왕왕 격의의 방법을 가지고 불교를 해석하기도 했는데 중국의 현학 사상 내지 노장 사상을 가지고 반야학을 이해하고 해석하였다. 그 흔적은 당시의 반야학의 전체 내용이라고 할 수 있는 오가칠종에서 그 예를 찾아볼 수가 있다. 즉 오가칠종 가운데 담제(曇濟)의 본무종(本無宗)은 사실 왕필(王弼)과 하연(何晏)이 주장했던 귀무(貴無 崇無論)로 반야학을 표현하였고 심무종(心無宗)은 계강(稽康)과 완적(阮籍)이 주장했던 무심(無心) 사상과 근접해 있고 즉색종(卽色宗)은 배위(裵頠)의 숭유론(崇有論) 사상과 관계가 없지 않다.

동진 말엽에 이르러서 승조라는 걸출한 승려가 역사의 전면에 나타나면서 이러한 격의식 방법의 불교 해석을 배격하면서 불교는 진정한 반야학의 의미를 역사의 무대에 올려놓았다. 특히 승조는 본무종(本無宗), 심무종(心無宗), 즉색종(卽色宗) 등 삼가에 대해서 비평을 했으며 동시에 그는 현학의 각 파에 대해서 비평을 가하기도 했다. 그러나 승조대사가 전면적으로 역사의 무대에 나서면서부터 현학을 통해서 반야학을 해석하였던 격의불교는 역사의 무대에서 사라지게 되었다.

남북조 시대에 이르러서 불교문화와 중국의 고유한 전통문화의 충돌 현상이 각계각층으로 표출되기 시작한다. 특히 정치·경제·종교 방면의 이익에 관한 문제에서 충돌이 심했다.

『홍명집』의 기록에 의하면 정치적인 측면에서 당시 중국의 봉건체제와 불교가 충돌하는데 중국불교 역사에서 유명한 동진시대 혜원법사가 주장한 「사문불경왕자론(沙門不敬王者論)」 등도 이 문제가 연결되어 있으며 결국 출세(出世)와 입세(入世), 충군(忠君), 효부모(孝父母) 등에 관한 문제와도 직간접적으로 연관이 되어 있다.

사상적 · 철학적 방면에서 역시 신멸(神滅)과 신불멸(神不滅)의 문제, 인과보응에 대한 문제 등은 결국에는 인과(因果)와 자연(自然)의 문제, 사람과 중생의 문제, 『주역』에서 주장하는 인(人) · 천(天) · 지(地) 등 삼재(三才) 문제, 화이(華夷) 간의 차별적인 문제 등등은 그 당시의 논쟁대상이 되는 중요한 문제들이었다.

또 이 시기에 발생했던 북위 태무제(太武帝)와 북 주무제(北 周武帝)의 훼불사건 등이 있다.[51] 즉 정치적인 의도로서 불교를 말살하려고 하였지만 위정자들의 희망은 이루지도 성공하지도 못한 채 역사의 오점만 남기는 결과를 가져왔다. 이러한 역사적 격변 속에서 선법은 중국불교사의 한 모퉁이에서 서서히 싹을 틔우고 있었다. 이러한 문제들은 곧 중국불교 발전사에서 많은 문화적 충돌과 모순 속에서도 그 생명을 잃지 않고 굳건하게 중국이라는 거대한 대지에 불교의 종자를 뿌리내리는 토양이 되었고 한편 지나온 역사적 과정 속에서 얻어진 교훈 및 경험을 축적하고 계승해서 수당이라는 역사적 여정을 거

---

51 湯一介 작, 『불교와 중국문화』, 宗教文化出版社, p. 4-5.

치면서 불교는 또 다른 변신을 꾀하기 시작하였다.

　인도불교가 수당 이후 점점 중국의 문화를 흡수하면서 먼저 태동된 것이 바로 중국화된 종파의 수립이었다. 수나라의 대륙 통일을 바탕으로 정치·경제·문화는 당나라에 이르러서 각 분야에서 전성기를 이루면서 불교에 전례가 없는 성황을 맞이한다. 급기야는 8대 종파를 형성하면서 그야말로 불교문화의 화려한 꽃을 피우기에 이른다.

　당시 8대 종파 가운데서 삼론, 천태, 화엄, 법상 등이 비교적 이론에 치중한 경향이 있었다면 정토종과 선종은 비교적 실참수행에 근간을 두면서 서서히 민중에 퍼져 가고 있었다. 선종이 위진시대로부터 당나라 초까지의 비주류를 청산하고 당나라 중엽에 이르러서 비약적인 발전을 하면서 대략적으로 200여 년 동안 중국불교의 주류가 되었고 최고의 전성기를 맞이하게 되었다. 그러나 그렇게도 승승장구하면서 찬란한 선종의 문화를 탄생시켰던 중국의 선종도 당나라 말엽 오대십국시대로 접어들면서 서서히 퇴락하기 시작하였고 송대이후의 선종은 또 다른 모습으로 변모하면서 새로운 형태의 선법 및 선종의 기틀을 마련한다.

2
북조 시대 선을
수행한 양대 집단

중국 초기 선승단은 관선과
하층민선의 양대 대결 구도였다

중국에서 남북조 시대(420-589)는 중국이 분열되었던 상황이 아주 복잡한 시대였다. 이때 선을 수행했던 양대 집단으로 관선(官禪)과 하층민선(下層民禪)이 있었다.

먼저 관선은 중국의 남북조 시대의 선정(禪定)수행을 하던 승려들을 가리키며 이들은 통치계급으로부터 각 방면에서 지지를 받으면서 집단 선수행의 활동을 하기도 했다. 이러한 활동의 경제적 지원은 당연히 통치자들로부터 원조를 받았고 일상생활의 각 방면에서도 역시 통치자들의 공양을 받았다. 때문에 종교 활동을 실천하는 가운데 은연중에 통치자의 의지가 반영되기도 했다. 이렇게 통치와 밀접한 관계 속에서 선수행을 한 승려집단을 세칭 관선이라고 부른다.

물론 학계에서 이 개념에 대해서 인정을 한 것은 아니지만 편의상 그렇게 부르며 이 관점은 일부 학자들의 새로운 관점을 제시한 것일 뿐이다.[52] 하층민선은 반대로 모든 조건에서 매우 열악하였고 의식주를 모두 자체로 해결하는 단체였다.

종교활동은 사람들의 정신적인 영역의 문제로서 정신활동을 구성하고 있는 중요한 요소 가운데 하나이다. 종교는 대체적으로 사람이라면 지위고하를 막론하고 누구나 매우 신성시하거나 혹은 의지의 대상으로 삼는다. 이 점은 통치자들도 벗어날 수 없는 부분이다. 남북조 시대에 불교가 유행하면서 통치자들도 심리적으로 불교를 의지하려는 강렬한 종교적 감정을 가지고 있었다. 때문에 그들이 사원을 건립하고 승보를 돕는 것은 당연한 종교적인 활동이었을 것이며 한편으로 그러한 불사 행동은 곧 자신의 공덕을 쌓는 것과 무관하지 않았을 것이다.

공덕을 지으면 자연히 그 공덕이 고스란히 자기에게 다시 돌아온다는 철저한 믿음도 있었을 것이다. 왜냐하면 불교가 중국에 들어온 이래 지금도 사회 저변의 곳곳에 침잠되어 있는 사상 가운데 중요한 것 중 하나가 바로 인과응보 사상이다. 즉 인과불허(因果不虛)로서 각자의 내생과도 직결된다는 믿음이 있으며 윤회 사상을 절대적으로

52　黃夏年 主編,『禪宗三百題』, 上海古籍出版社, 2000년, p. 482.

믿고 있었기 때문이기도 하다.

현재도 중국의 연속극을 보면 결말은 항상 인과응보, 권선징악 등이 기본 줄거리이다. 매번 결말에 악인이 파멸하면서 내뱉는 말이 있는데 바로 보응(報應)이라는 말로 자신을 저주하는 장면을 종종 보게 된다. 이 보응이라는 말은 곧 '과보를 받았다.'라는 말로 자신에 대한 응징이자 절규이다. 이러한 관념의 시작은 아마도 불교가 중국에 들어오면서부터 유구한 역사와 함께 선악징벌이 하나의 문화가 된 것 같다. 따라서 당시의 통치자들 역시 불교 승려들을 부양하고 지원한 이면에는 종교적인 정신을 흡수하고 받아들여서 때론 종교를 통한 정신적인 함양을 위해서 또 때로는 통치하는 데 이용하기도 했을 것이다.

이른바 하층민선은 다름 아닌 일반 백성들로 형성된 선수행 집단을 말한다. 즉 통치계급으로부터 어떠한 정치적 권리도, 사회적 우대도, 경제적 지원도 받지 않고 민간에서 자생한 자립적 선정수행 단체이다. 하층민선을 관선과 비교해서 몇 가지로 정리해 보면 다음과 같은 결론을 얻을 수 있다.

첫 번째, 선수행을 하는 데 있어서 통치자들로부터 특별한 대우 및 경제적 원조가 없었기 때문에 그들의 간섭을 받을 필요가 없었으며 또한 정치적으로 멀어져 있었기 때문에 매우 자유로운 종교 활동을 이어 갈 수 있는 장점도 있었다.

두 번째, 이들은 심리적으로 부담을 가질 필요가 없었고 종교에 대해서 의식적으로 매우 자유로웠고 그들의 종교적인 의식 활동도 대부분 개인사에 국한된 것으로 가깝게는 친지 혹은 친구 등에 관련된 문제를 해결하려는 지극히 사적인 목적이었기 때문에 그야말로 정치적으로 눈치를 볼 필요가 없었다.

세 번째, 종교 활동을 하는 데 있어서 규모와 영향력은 관선과 비교할 때 상대적으로 매우 부족했던 것도 사실이다. 게다가 이들의 구성원도 관선의 집단과는 상당한 차이가 있었다. 즉 이들은 대부분 하층민으로 어쩌다 문화적 소양을 갖춘 사람도 있었지만 지극히 미미했다.

네 번째, 당시 전쟁이 빈번한 관계로 백성들은 자주 이동을 해야 했고 생활 또한 극히 불안정한 상태였다. 때문에 이들 집단은 주로 민간에게 많은 영향을 주었고 지역 종교 및 문화적으로 영향을 크게 받기도 했다.

다섯 번째, 이 집단은 자발적으로 구성되었기 때문에 안정적이지 못했다. 자생자멸(自生自滅)하기가 부지기수였고 게다가 일단 이 단체에 세력이 증가해서 힘이 생기면 통치계급으로부터 이용을 당하기도 했으며 때로는 그들로부터 타격을 받았다.

남북조 시대는 중국 역사에서 전쟁이 자주 일어났던 아주 불안정한 시기였다. 각국의 황제들이 세력을 확장하기 위해서 자주 전쟁을 일으켰고 신하가 황제를 죽이고 황제의 지위를 찬탈하는 일들이 빈번하게 일어났다. 이러한 폐해는 고스란히 백성들의 몫이 되었다.

백성들의 입장에서 볼 때 전쟁은 끊이지 않고 일어났고 흉년과 기근으로 거처할 곳도 없는 지경에 이르러서 아침에 저녁의 일을 보장할 수 없었다. 통치자들 역시 본인들의 미래를 예측할 수 없는 지경에 이르렀고 정권을 지속적으로 유지하기란 매우 어려웠다.

북위(北魏·東魏·西魏·北齊·北周)는 상대적으로 남조(宋·齊·梁·陳)에 비해서 더욱더 많은 전쟁을 거쳤다. 전쟁은 많은 사람들에게 재해를 안겨 주었으며 원래 생업인 농업을 위주로 삶의 터전을 이루어 가던 백성들은 하루아침에 땅과 집을 잃게 되는 경우가 빈번해졌고 부득이하게 삶의 터전을 떠나서 유랑생활을 해야 했다.

당시 불교는 이러한 시대적 문제를 안고 발전하기 시작하였다. 비록 당시 사회가 매우 불안정하기는 했지만 불교의 역사적인 각도에 볼 때 이때 불사 활동이 매우 번창하였고 사원을 건립하고 불상을 조성하는 등의 활동도 매우 활발하였다. 또 땅과 집을 잃은 유랑민들은 연이어서 출가하기 시작했다. 『위서(魏書)』 「석로지(釋老志)」에 의하면 북위 태화 원년(477) 위나라 경내에 사찰이 6,478소, 승니가 77,258명이나 되었다고 한다. 북위 말년에는 이미 승려의 숫자가 200만 인이 되었다고 하며 사찰도 3만여 곳이 있었다고 한다.

한편 이렇게 많은 승려들 가운데 일부는 황실의 구성원에 속하는 사람들로부터 공양을 받는 이들이었다. 이들은 두말할 것도 없이 관선에 속하는 승려들이었다. 그 외 대다수의 승려들은 모두 세력이 없는 하층민에 속하는 이들이었다.

관선은 통치자들의 지지를 받으면서 정치적으로도 특권을 누렸고 경제적으로도 특별한 우대를 받았다. 게다가 전체 승단 내부에서 통치권마저 가지게 되었으며 불교 전체 불사에 대한 권한과 임무도 가지게 되었다. 때문에 관방의 의지를 대신하기도 하면서 일체 승려들의 실생활에 대해서도 제재를 가할 수 있는 권리를 가지게 되었다.

반대로 하층민선은 이러한 조건이 형성되어 있지 않다 보니 왕왕 일상생활 및 불사 관계에 있어서 관선과 모순이 발생하기도 했다. 즉 조정에서 국가의 발전과 생산력을 늘리기 위해서 엄격하게 승려들의 출가 수를 제한하는 정책을 펼 때 하층민은 당연히 관선들의 간섭과 통제를 받을 수밖에 없었다. 또 조정에서 불교를 통치하기 위해서 승려들로 하여금 고정된 장소에서 선수행 하기를 요구하기도 하였지만 하층민선들은 이러한 조건을 충족할 수 없었다. 때문에 많은 승려들은 사방각처를 운유(雲遊)하면서 유랑생활을 하였다. 때로 유랑승들은 관선들의 질책을 받고 매우 호되고 엄격한 처벌을 받기도 했다.

관선들의 대체적인 구성원은 모두 당시의 지식인들로서 일정한 지식과 문화적인 소양을 갖추고 있었고 불교에 대해서도 일정한 수준을 충족하고 있었다. 그들은 전체 불교문화 발전의 주체가 되었고 동시에 불교교리 및 해석과 계율에 대해서 장악하면서 제재도 가할 수 있는 권한을 가지고 있었다.

반면에 하층민선 가운데 문화적 소양이라든가, 불교교리 및 계율에 관한 모든 지식을 갖춘 이가 아주 없었던 것은 아니지만 상대적으로 그 비율이 매우 낮았다. 그러나 이들은 일상생활에서 직접적으로 체험하고 경험한 것을 바탕으로 그들만의 안목을 갖추었다. 즉 이들 구성원들은 대체적으로 사회의 가장 저층에 속하는 사람들로서 몸소 현실의 생활에서 체험한 것이 아주 큰 자산이 되었다. 따라서 이들의 사회를 바라보는 시각 내지 사물을 바라보는 시각에는 통치계급 혹은 상층부 사람들이 느끼지 못하는 또 다른 인생의 관점을 가지기도 했다.

하층민들의 이러한 관점을 관선들은 당연히 반길 리가 없었고 때문에 이들 사이에는 시종 모순이 존재할 수밖에 없었다. 하층민선은 유랑민 혹은 유랑승의 특징을 지닌 신분으로 타격을 피하기 위해서 산중에 은거하기도 하고 기타 지방을 유역하기도 했다.

북조시대의 관선과 하층민의 관계는 비교적 긴장 상태로 사실 이들 쌍방 간의 모순은 곧 관방과 백성 간의 모순을 반영한 것이기도 하다. 비록 초기선종의 구성원을 관선과 하층민선으로 나누지만 숫자적으로 단연코 하층민들이 우세하였기 때문에 하층민선은 하층민들의 이익을 대표하기도 했다. 선종의 고유한 언어인 '불립문자 견성성불'은 어떤 의미에서 보면 하층민들의 현실을 반영한 것은 아닌지 한 번 생각해 볼 필요가 있다.

3
중국 초기의
선승(禪僧) 단체의 실태

중국에서 달마 이전의 선수행은
대체로 통치계급으로부터 지원과 존경을 받았다

중국의 선종 하면 제일 먼저 달마대사의 커다란 눈과 덥수룩한 수염, 소림면벽이 떠오른다. 특히 한국에서는 달마 이전의 중국선법 및 단체에 관해서는 크게 알려진 바도, 많이 연구가 된 것도 없다. 하지만 중국불교사를 심층적으로 들여다보면 중국선종이 태동하기 전 불교가 중국에 유입된 초기에 여러 종류의 선법과 선승단체가 지속적으로 유행하였고 많은 사람들로부터 관심을 받기도 했다.

물론 중국에 유입된 초기선법은 이후 중국선종에서 발생된 달마선 → 조사선 → 공안선 → 문자선 → 간화선 → 묵조선 등과는 차별이 있지만 사실 엄밀히 들여다보면 중국선종에는 분명히 초기선법의 잔해 및 자양분이 투영되어 있을 것이다. 다만 우리들이 발견하지 못했거나 아니면 관심이 없었던 것은 아닌지 생각해 본다.

세존께서 선정을 통해서 성불하셨듯이, 선수행은 일체중생들이 고해에서 벗어나 해탈을 하고자 할 때 반드시 거쳐야 할 중요한 관문이다. 경전에 보면 세존께서 깨달음을 성취한 후에도 항시 많은 상수대중들과 함께, 또 때로는 많은 보살들과 함께 아란야에서 결가부좌로 선정에 들곤 하시었다.

아란야(阿蘭若)는 범어 aranya의 음역이다. 의역하면 적정처(寂靜處), 공한처(空閑處), 무정처(無淨處), 원리처(遠離處), 공처(空處)이며 세존의 제자들이 항상 모여서 수행하던 장소로 지금의 불교사원을 말한다. 이러한 정황으로 볼 때 초기불교에서도 사람들이 집단수행을 실행한 것으로 보인다.

물론 경전의 말미에는 항상 부처님과 제자들이 함께 있는 전경이 그려지곤 하는데 그것이 바로 이러한 상황을 표현한 것이다. 또 한편 인도의 불교 유적지에서도 집단적으로 수행한 흔적을 쉽게 찾아볼 수 있다. 즉 아잔타석굴 등을 예로 들 수 있는데 중국의 신장자치구에는 지금도 인도의 아잔타석굴과 같은 크고 작은 석굴의 유적이 남아 있다. 비록 석굴 안의 벽화가 퇴색되기는 했지만 당시 승려들이 수행하는 모습을 그린 회화가 남아 있다.

중국에 불교가 유입되고 나서 처음부터 선수행을 했다는 기록은 전해지지 않지만 아마도 산발적으로 선수행이 이루어진 것 같으며 뜻있는 사람들이 함께 집단적으로 모여서 선수행을 했다는 기록이 전해진다.

물론 처음부터 선종이라는 용어를 쓴 것은 아니고 후에 중국선종에서 표방했던 조사선의 성질을 지닌 선법은 더더욱 아니다. 그러면 중국에서 최초로 선수행을 하는 단체가 생겨난 시기는 언제일까? 기록에 의하면 동진시대 인도승 각현(覺賢: 佛陀跋陀羅)이 일찍이 장안성에서 선업(禪業)을 일으켜 많은 사람들의 이목을 집중시켰다고 한다.[53]

그때 구마라즙 또한 장안에 있었는데 그를 따르는 문도가 3,000여 명이나 되었다고 한다. 이후 각현은 남방에 이르러서 여산혜원의 도움으로 사찰 내에 선림을 건립했다. 이것이 중국 남방에 최초로 수행하는 집단이 출현한 것이다. 혜원(慧遠: 334-416)은 이미 많은 대중과 염불정토결사를 하고 있었다.

당시 중국 북방에서는 선수행을 하는 것을 매우 중시하였다. 구마라즙을 따르는 무리들 이외에 북위시대에 일찍이 현고(玄高)라는 승려가 주도하는 선수행 무리들이 출현한 적이 있다. 현고는 각현의 제자로서 『고승전』에 보면 수백 명이 넘는 무리들로 구성된 선수행자들을 지도하는 영도자였다고 기록하고 있다.[54] 이 승단은 선수행을 하는

---

53   杜繼文, 魏道儒, 지음, 『中國禪宗通史』, 江蘇人民出版社, 2008년, p. 39-40.
54   黃夏年 主編, 『禪宗三百題』, 上海古籍出版社, 2000년, p. 480.

일정한 장소가 없었고 또 때로는 기이한 의식 내지 행동으로 대중을 현혹해서 문제를 일으키기도 했다고 한다. 게다가 때로는 누차 통치자들에게 환대를 받기도 했으며 때로는 여러 번 통치자들에게 내몰림을 당하기도 했다. 현고 본인이 조정의 간섭으로 인해서 마침내는 위나라 태무제(太武帝)에게 죽임을 당했다. 그의 제자들도 쫓김을 당해서 각자 분산되었으며 최후에는 모두 남방으로 가서 새롭게 발전하였다. 그의 제자들 가운데 현고의 법을 계승한 인물로 일대 명승인 불타발타, 혹은 발타(跋陀: 위의 각현과는 다른 인물)라고 칭했던 인물이 있다.

북위 효문제(孝文帝) 때 현고의 뒤를 계승한 불타(佛陀: 跋陀)가 이끄는 하나의 승단이 생겨났다. 불타발타는 선종의 발원지인 소림사를 창건한 인물이다. 그러나 그는 중국선종과는 직접적인 관련이 없다. 5세기에 중국에 온 그는 먼저 북위의 평양(平壤) 구도(舊都)에 머물렀으며 효문제의 예경을 받았고 황제는 그를 위해서 선림을 건립했다. 또 국가가 재원을 충당해서 그로 하여금 제자들을 양성하게 해서 선수행을 실천하도록 도왔다. 북위가 수도를 낙양으로 천도한 후에 불타발타도 함께 따라 갔다. 효문제는 그를 위해서 사원을 건립하였는데 그곳이 바로 그 유명한 숭산 소림사이다.[55]

불타발타가 이끄는 승단과 현고(玄高)가 주도했던 승단은 근본적

---

55   杜繼文, 魏道儒 지음, 『中國禪宗通史』, 江蘇人民出版社, 2008년, p.49.

으로 다르다. 즉 불타발타의 제자들은 모두 정해진 장소에서 전문적으로 선수행을 하였다. 때문에 비로소 통치계급으로부터 재정적인 지원과 적극적인 보살핌을 받을 수 있었다. 이것은 꼭 통치계급이 본인들의 국가의 안정적인 통치를 위한 수단으로 그랬던 것은 아닌 것 같다.

역사적으로 북위 정권의 통치자 대부분은 불교를 매우 신봉하였다. 비록 그들이 통치자의 계급에 속하지만 다만 불교도의 입장에서 보면 그들도 역시 나약한 중생으로, 신앙적으로 승보를 공양하는 등 공덕을 쌓는 행위는 당연한 것이었을 것이다. 특히 효문제가 불타발타를 위해서 사원을 건립한 것은 기타태자가 기원정사를 지어서 세존께 기증한 것과 같은 예라고 생각한다.

불타발타의 제자 승조(僧稠) 역시 당시 승단의 유명한 인물이었다. 그는 불타발타에게서 선을 배웠다고 전해진다. 불타발타는 그를 높이 평가했는데 『속고승전』에 의하면 "총영의 동쪽에서 선학의 최고는 그 사람뿐이다."[56]라고 했다.

위나라 효문제 역시 그를 특별하게 대하였으며 그를 위해서 전문적으로 선수행을 할 수 있는 공간을 지어 주고 그의 제자들과 함께 오로지 선수행에 전념할 수 있도록 해 주었다. 승조는 선수행에 있어서 매우 높은 경지를 보여 주었기 때문에 많은 신도들로부터 존경을 받

---

56 『續高僧傳』권16, 『大正藏』권50, p.553b25. "跋陀曰: 蔥嶺已東, 禪學之最, 汝其人也."

았으며 사방에서 명성을 듣고 그를 따르는 사람들이 날로 늘어났다. 또 그는 위(魏), 제(齊) 두 나라 조정으로부터 예경을 받았고 황실로부터 30여 년 동안 공양을 받은 인물이다.

북위시대에 승단의 영도자로서 승실(僧實)이라는 인물이 있었다. 승실은 인도승인 륵나마제(勒那摩堤)의 제자였다. 륵나마제를 의역하면 보의(寶意)이며 그가 주도했던 선수행은 안심법문[安心禪法]이다.

이 수행법은 어떤 때는 염불선(혹은 관세음을 염하는 것)으로 선수행을 하였다. 역시 황실의 지지와 공양을 받았으며 북방에서 매우 성행하였다고 한다. 다만 달마대사가 말하는 안심법문과 문자는 같지만 전혀 다른 내용의 안심법문인 것을 알 수 있다.

이 밖에도 천태종의 실상선(實相禪)의 기초도 이 시기에 발생했다. 즉 실상선은 천태종의 수행법으로 보리달마의 수행법이 유입되기 전부터 이미 중국에서 태동하였고 초기선법을 토대로 나름대로 선법을 체계화시키고 발전시켜 왔기 때문에 언급하지 않을 수가 없다. 실상선의 내용 및 사상, 역사 등 자체에 대한 분량이 너무 방대하기 때문에 개요와 중요한 핵심 의제에 대해서만 언급하겠다.

실상선은『중론』『지도론』『반야경』『법화경』『유마경』을 바탕으로 공관(실상관)을 닦는 선법이다. 라즙이 전한 선법이라고 하기도 한다.

혜문(惠文: 535-557), 혜사(慧思: 514-577), 지의(智顗: 583-597)선사가 서로 전승하고 계승해서 설립한 중도실상선(中道實相禪)이다. 즉 혜문은『중론』『지도론』을 의지해서 선법을 창시했는데 그 가운데서도 『중론』을 바탕으로 하는 공(空), 가(假), 중(中) 등은 이경(理境: 이치를 체현하는 경계)을 수행하는 관법이고 『지도론』을 바탕으로 하는 삼지일심(三智一心) 혹은 일심삼관(一心三觀)을 바탕으로 일경삼제(一境三諦), 즉 삼제원융(三諦圓融)인 제법실상(諸法實相)에 이르는 체험 관법수행이다. 지의선사는 혜문·혜사의 이러한 관법수행을 계승해서 본인의 지관수행법 체계를 확장 발전시켰다.

지의선사는 『수습지관좌선법요(修習止觀坐禪法要)』에서 '두 가지의 수행관이 있는데 하나는 대치관(對治觀)으로 오정심관 가운데의 부정(不淨), 자비(慈悲), 계분별(界分別), 수식(數息)관을 가리키고 다른 하나는 정관(正觀)으로 제법무상을 관하는 것[觀諸法無相]이다. 즉 인연화합으로 이루어진 형상은 모두 자성이 없는 무자성이며 실존하는 자성이 없는 관계로 인연이 다하면 흩어지고 소멸하기 때문에 영원한 나도 영원한 경계도 존재하지 않는다는 실상을 깨닫는 것이다.

곧 실상을 관하기를 권하는 수행법이다. 즉 유상관(有相觀: 현상)을 통해서 무상관(無常觀: 본질 실상)에 진입하게 하는 관법수행을 말한다. 그러니까 유아(有我)의 집착으로부터 무아(無我)의 해탈에 이르게 하는 것이 실상선(實相禪)의 핵심 의제이다.

결론적으로 중국 초기에 나타난 문자로 기록된 선승단의 중요한 시기는 남북조(南北朝)시대였다. 이것은 북방에서 선수행이 유행하던 풍조로, 곧 선정을 중시했던 그 당시의 사조와 무관하지 않다.

이러한 풍토가 조성된 이면에는 의심할 나위 없이 조정의 지지가 있었기에 가능했을 것이며 당시의 통치 계급의 지지와 존경을 받았기 때문일 것이다. 이렇게 초기선법에 대해서 황실의 구성원 및 조정 사대부들의 관심과 지원이 있었던 것은 아마도 당시의 선승들이 초기선법을 수행하면서 나름대로 계율이라든가 승려로서 직분을 충실히 소화했다는 것을 방증하는 사례이기도 하다. 그러나 비록 위에서 언급한 승단들이 통치계급 및 황실의 보호와 지원을 받은 것은 사실이지만 항상 여일하게 그들의 외호와 우대 내지 예경을 받았던 것은 아니다. 그들은 때로는 조정으로부터 압력과 제제를 받기도 했다.

4
보리달마의
선법

달마선은
명심견성 견성성불 자성자도의
초석을 다져 주었다

안세고(安世高: 대략 2세기) 이래로 중국에서는 선학에 관련된 대소승 경전이 번역되면서 유행하기 시작했다. 사실 달마선법은 당시 유행하고 있는 선법 가운데 하나에 지나지 않았다. 달마가 처음 중국에 왔을 때는 남북조 시대였다. 남조 시대 비록 송초(宋初)에 일찍이 선법의 풍조가 성행하고 있었지만 다만 남조의 불교는 현학인 청담현학(淸談玄學)의 영향을 받고 있었으며 점점 의리(義理: 교학) 방면에 편중된 연구와 변론이 유행했다.

이른바 '강동불문, 홍중의문(江東佛門, 弘重義門), 불화수융(佛化雖隆), 다유변혜(多遊辯慧)'라고 하기도 한다. 이러한 풍토를 바탕으로 일시적이나마 비담사(毗曇師)·성실사(成實師)·삼론사(三論師)·섭론사(攝論師)·열반사(涅槃師) 등이 홍성하기도 했다. 게다가 남조불교는 전계(傳戒)·지재(持齋)·독송·참회 등 종교의식 활동이 주를 이루고 있었다. 즉 불교의 의식이자 형식이 유행하고 있었다.

이와 상반된 것으로 북조불교는 실참수행하는 것을 중시하였다. 북조의 북위 태무제(太武帝: 423-452)와 북주의 무제(武帝: 560-578)가 불교를 배척한 것 이외 기타 제왕들은 모두 불교를 숭상했으며 이들은 또 모두 선학을 중시했다. 특히 당시 북방에는 많은 외국 승려들이 와 있었다. 그들은 경전 번역은 물론이거니와 대다수 선법을 전교하였다. 그 가운데서도 출중한 세 사람이 있었는데 즉 보리유지(菩提流支), 불타선다(佛陀扇多), 륵나마제(勒那摩提) 등으로 이들을 가리켜서 삼대가(三大家)라고 칭했다.

당시 중국인들은 이들에게서 선법을 배우고 수행했다.[57] 북위의 현고(玄高: 402-444)는 유년에 관중의 불타발타라(佛陀跋陀羅)에게 가서 정통선법을 수학했으며 그 후 맥적산에 은거하였다. 그와 함께 선법을 수학한 무리가 100여 명이나 되었다고 한다. 북제(北齊)의 승조(僧稠)는 항상 숭산에서 두타행과 좌선을 행하였으며 불타선다(佛陀扇多)가 "총령으로부터 동쪽까지, 선학의 최고[自蔥嶺以東, 禪學之最]"가 된다고 칭찬하였다. 북주(北周)에 승실(僧實: 476-563)이 있었는데 그는 륵나마제를

---

57 黃夏年 主編,『禪宗三百題』, 상해고적출판사, 2000년, p.33.

만나서 선법을 전수받고 그 심요를 얻었다고 전해진다. 이 외에도 천태종의 초조, 2조 혜문(惠文), 혜사(惠思)도 또한 정혜관법을 중시하였으며 선가의 존중을 받기도 했다. [58]

달마선사가 남쪽에서 북쪽으로 간 것은, 당시 남조불교가 청담을 숭상하는 것과 종교의식 및 형식에 치우친 것에 대한 불만을 가졌고 북방에서 크게 선법을 중시하는 환경으로 인해서 달마대사는 북방으로 옮겨왔다고 한다. 그러나 처음에는 달마선 역시 많은 선법 가운데 하나로서 그렇게 큰 주의를 끌지는 못했다.

달마선을 여래선 혹은 능가선이라고 칭하는데 달마선이 중국에 전파되기 전인 북조시대까지는 여전히 많은 선승들이 신통을 사용했다. 제왕은 물론이거니와 일반 백성도 이 신기한 이적에 매료되어 갔다. 그러나 달마대사가 중국에 출현하면서 이러한 신비적 요소들이 자취를 감추게 되었다. 이것은 곧 벽관안심(壁觀安心)과 밀접한 관계가 있다. 벽관선법은 안심을 얻기 위한 수단이 되며 안심은 곧 반야실상과 불성(심성) 사상을 결합한 선법체계로 자성불성을 스스로 체득하는 것을 골자로 하고 있다.

즉 이적·신통·대상[觀象, 觀想] 및 단계적인 수행법에 의지한 깨달음이 아닌, 내면의 진정한 자아[本性淸淨 本性寂靜]의 세계를 깨닫는 것, 즉 자성자도(自性自度), 자수자오(自修自悟)이다. 그래서 선종의 핵심은

---

58 黃夏年 主編,『禪宗三百題』, 상해고적출판사, 2000년, p.33-34.

명심견성(明心見性) 혹은 견성성불(見性成佛)이다.

달마의 저술이 후대에 많이 전해져 내려오는데 즉『이입사행론』
『파상론』『혈맥론』『오성론』및 둔황의 출토본으로『달마화상절관론
(達摩和尚絕觀論)』『석보리달마무심론(釋菩提達摩無心論)』『남천축보리달마
선사관문(南天竺菩提達摩禪師觀門)』등이 있다. 그러나 대다수가 위작이
라고 한다. 이 가운데서『이입사행론』만이 달마의 저작으로 고증되었
으며 내용은 벽관안심에 대한 것이다. 달마에 대한 최초의 기록은 도
선율사(596-667)가 지은『속고승전』에서 "벽관사행(壁觀四行)은 달마의
가르침"이라고 되어 있다.[59]

정각(淨覺)이 지은『능가사자기(楞伽師資記)』에도 벽관사행이 기록되
어 있으며『경덕전등록』에서도『능가사자기』의 기록을 인용해서 벽
관사행을 전하고 있는데 내용은 거의 비슷하다.

보리달마가 해로를 통해서 중국에 도착한 후 얼마간 지금의 광동
성 광주에서 머물다가 건강(建康: 지금의 남경)에 도착해서 양무제와 역
사적인 만남이 이루어졌지만 시절인연이 도래하지 못해서인지 서로
가 원하는 바를 성취하지 못한 채, 지금의 하남성의 숭산 소림사로 들
어가서 9년 동안 면벽하면서 시절인연이 성숙되기를 기다렸다. 그
후 혜가의 구법을 통해서 안심(安心)이라는 법인(法印)과 이입사행(二入

---

59 『續高僧傳』권16,『大正藏』권50, p. 551b27. "如是安心謂壁觀也. 如是發行謂四法也. 如是
順物教護譏嫌. 如是方便教令不著. 然則入道多途."

四行) 및 『능가경』 4권을 전수해 주었다. 달마대사가 원적한 후에 혜가는 한동안 은적했다고 전해지며 그 후 도속을 막론하고 각계각층의 스승을 찾아다니면서 배움을 구한 후에 전법을 펼쳤다고도 하고 혜가는 승찬에게 법을 전한 후 개황(開皇, 581-600) 때 앉아서 입멸에 들었다고 한다.

전하는 바에 의하면 혜가와 동시대의 인물로서 도항(道恒)이라는 유명한 스님이 있었는데 그의 문하에 천여 명이나 되는 승려들이 모여 있었다. 그들은 당시 혜가의 가르침을 마설(魔說)이라고 하였다. 그래서 도항의 제자 가운데 한 사람을 몰래 혜가에게 보내 논쟁하게 하였다. 그러나 그 제자가 도리어 혜가에게 설복당해서 도항스님에게 불만을 가지게 되었다. 그 사실을 안 도항스님은 마음으로 더욱더 혜가를 원망하게 되었고 심지어는 관리들에게 뇌물을 주어서 암살을 기도하기도 했다고 기록되어 있다. 이것은 혜가가 전한 유송역(劉宋譯) 『능가경』의 내용과 관계가 있다고 한다.

달마대사가 『능가경』을 혜가에게 전하면서 했던 말씀은 "내가 중국 땅을 관하니 오직 이 경이 필요하다. 인자는 이 경을 의지해서 행하고 스스로 얻어서 세상을 제도하라."[60]라고 했다. 혜가는 스승의 유지를 받들어서 이 경을 선양했다고 한다. 그러나 유송역(劉宋譯) 『능가경』은 문체가 비교적 난해하고 어려웠다고 하며 반면에 북위 때

---

60 『景德傳燈錄』권3, 『大正藏』권50, p. 219c19. "我觀漢地唯有此經. 仁者依行自得度世."

보리유지(菩提流支)가 번역한 『10권 능가경』은 비교적 문체가 수려하고 유창해서 쉽게 이해할 수 있었다고 한다.

당시 북위의 학승 내지 사대부들은 유송역(劉宋譯) 『능가경』을 멸시하고 능멸하였다고 한다. 이 관점은 후세 당나라 때 지거(智炬: 혹은 혜거 勝持가 공동으로 편찬했다고 하기도 한다)가 지은 『보림전(寶林傳)』[61]에 나오는데 『보림전』에서는 보리유지가 선학 사상이 같지 않다는 이유로 달마를 독살했다고 기록하고 있다. 이 부분은 곧 유송역 『능가경』과 북위 때 『능가경』의 쟁론을 근거로 보리유지를 관련시켜서 이야기하고 있다.

참고로 현재까지 한역으로 번역된 『능가경』은 세 종류가 있다. 곧 유송(劉宋) 때 중천축(中天竺) 사문 구나발타라(求那跋陀羅)가 번역한 『능가아발다라보경(楞伽阿跋多羅寶經)』 4권으로 최초의 역본이고 북위 때 북천축(北天竺) 사문 보리유지가 번역한 『입능가경(入楞伽經)』 10권이 있고 당나라 때 우전국(於闐國) 삼장법사 실차난타(實叉難陀)가 번역한 『대승입능가경(大乘入楞伽經)』 7권이 있다. 그 외에도 산동성 대승정사에서 발견된 『능가경회역(楞伽經會譯)』이 있다.

---

61 당대의 승려인 지거(智炬)가 지었다고 하는데 혹은 혜거(惠炬) 승지(勝持)의 공동 편찬이라고도 한다. 북위 때 길가야(吉迦夜)와 담요(曇曜)가 공동 번역한 『부법장인연경(付法藏因緣經)』에서는 24조설을 말하는데 24조인 사자비구(師子比丘) 후에 본서인 『조계보림전(曹溪寶林傳)』에서는 바사사다(婆舍斯多)·불여밀다(不如密多)·반야다라(般若多羅)·보리달마(菩提達摩) 등을 더해서 28조를 주장한다. 이 책이 번역되어 유행하고 나서 중국 불교의 종파 형성 및 건립에 지대한 영향을 미쳤다. 특히 수당시대의 천태종과 선종의 법통은 모두 이 책을 근거로 삼고 있다.

비록 보리달마의 정확한 사자전승(師資傳承)은 고증할 수 없지만 다만 후래인들이 남긴 몇 가지의 기록을 통해서 그의 행적을 추론해 볼 수 있다. 먼저『능가사자기』에 의하면 구나발타라(求那跋陀羅: 394-468)가 초조가 되고 보리달마가 2조가 되고…, 이하 신수가 7조가 된다고 하고 있다. 그러나 하택신회는 남종이 전통이 된다고 굳게 주장하였다. 하지만 남종선은 대체로 달마가 중국선종의 초조(初祖)가 되고 이어서 혜가(慧可)→ 승찬(僧璨)→ 도신(道信)→ 홍인(弘忍)→ 혜능(慧能)이 육대(六代)가 되어 일맥상승(一脈相承)했다고 한다.

그러나 길가야(吉迦夜)가 짓고 담요(曇曜)가 번역한『부법장인연전(付法藏因緣傳)』에서는 서천세계(西天世系)의 계맥이 있다. 당나라 지거(智炬)가 지은『보림전(寶林傳)』(801)에서는 인도의 가섭존자로부터 사자비구가 24세가 되고 바사사다(婆舍斯多), 불여밀다(不如蜜多), 반야다라(般若多羅)에 이르기까지 법을 전승해서 보리달마는 28세가 된다고 한다.

이 설은 오대 남당(五代南唐)의 정(靜)·균(筠) 두 스님이 집성한『조당집(祖堂集)』(952), 영명연수(904-975)가 지은『종경록(宗鏡錄)』(957)에 기록하고 있다. 또 송나라 도원(道原)스님이 지은『경덕전등록(景德傳燈錄)』(1004)과 명교계숭(明敎契嵩: 1007-1072)스님이 지은『전법정종기(傳法正宗記)』(1061)에도 이와 같이 기록하고 있다.

후래에 이 설은 선종의 정통설로 굳어졌다.『전법정종기』와『경덕전등록』에서도 달마대사가 선종의 창시인이라고 기록하고 있다.[62] 구나발타라가 초기 선종에 기여했지만 그에 대한 기록은 매우 희소한데 아마도 후대 제자가 번성하지 못해서 그런 것 같다.

달마의 수행법이 처음에 중국에 들어와서 전통 선법과 다른 형식에 구애받지 않고 기존의 복잡하고 번다한 선법을 단순화시켜서 누구나 다 참여할 수 있는 간단한 방식의 선법을 주장했던 이면에는 안심(安心), 벽관(壁觀)이라는 수행법의 기여가 컸던 것 같다.

안심, 벽관의 수행법은 초기 선법의 수행법과 같은(차제 수행법과 선정을 중시하는 것) 듯 다른 모습(차제 타파)은 기존의 수행법을 행하던 사람들과 필연적인 마찰을 불러 왔고 이로 인해서 배척과 비방을 감수해야 했고 급기야는 소림 9년 면벽이라는 역사적인 행적을 남겨야 했다. 이렇듯 벽관안심 사상이 점점 발전을 이루면서 마침내 선종의 중요한 표석인 '명심견성 자성자도(明心見性 自性自度)'의 초석을 다지는 동기를 부여해 주었다고 하겠다.

위에서 언급한 것처럼 『능가사자기』에서 구나발타라를 초조로, 달마를 2조로 기록하면서 달마선법의 요체는 안심법문이라고 명시하고 있고 그 내용은 다음과 같다. 즉 여시안심(如是安心), 여시발행(如是發行), 여시순물(如是順物), 여시방편(如是方便)이라고 하였는데 이것이 대승의 안심법[此是大乘安心之法]이라고 하면서 이것들에 대해서 좀 더 구

---

62 『景德傳燈錄』권30, 『大正藏』51, p.460a15. "第一迦葉首傳燈. 二十八代西天記. 法東流入此土. 菩提達磨為初祖. 六代傳衣天下聞."

체적으로 설명하기를 "이와 같은 안심이라는 것은 벽관이며, 이와 같은 발행은 사행이며, 이와 같은 순응이라는 것은 비난하고 혐오하는 것을 방비하고 보호하는 것이며, 이와 같은 방편이라는 것은 그 집착을 보내는 것이다."[63]라고 했다.

이것에 대한 좀 더 구체적인 내용이 바로 우리가 알고 있는 이입사행론[64]이다. 비록 『혈맥론』이 위작이라고 하지만 사상적으로는 달마의 선법과 일맥상통하는 내용을 담고 있다. 즉 선법의 요체는 심(心)을 닦는 것으로 역시 안심(安心), 벽관(壁觀), 이입사행(二入四行)을 골자로 하고 있다.

달마는 인간의 의식(정신)적 활동 및 일체 행위를 관장하는 것을 마음으로 보았다. 즉 "각성(覺性: 일체중생이 모두 다 구비하고 있다)이 곧 부처와 동일하며 행주좌와 어묵동정 등 일체 행위가 모두 자기의 영각지성(靈覺之性) 자체이며 성(영각지성)이 곧 마음이며[性卽是卽心], 마음은 곧 부처이며[心卽是佛], 부처가 곧 도[佛卽是道]이며 도는 곧 선[道卽是禪]이다. 만약에 본성을 보지 못하면 선이 아니다."[65]라고 강조하고 있다. 또

---

63 『楞伽師資記』『大正藏』권85, p. 1284c21. "如是安心者. 壁觀, 如是發行者. 四行, 如是順物者. 防護譏嫌, 如是方便者. 遣其不著."

64 『續高僧傳』권16, 『大正藏』권50, p. 551b27. "深信含生同一眞性. 客塵障故. 令捨僞歸眞. 疑住壁觀. 無自無他凡聖等一. 堅住不移不隨他敎. 與道冥符寂然無爲名理入也. 行入四行萬行同攝."

65 『少室六門』『大正藏』권48, p. 375a02. "佛是西國語. 此土雲覺性. 覺者靈覺. 應機接物. 揚眉瞬目. 運手動足. 皆是自己靈覺之性. 性卽是心. 心卽是佛. 佛卽是道. 道卽是禪. 禪之一字. 非凡聖所測. 直見本性. 名之爲禪. 若不見本性. 卽非禪也."

달마는 "본성이 곧 이 마음이다. 마음은 곧 성이다. 곧 이 마음은 제
불의 마음과 같다. 전불후불이 오직 이 마음을 전했을 뿐이다. 이 마
음을 제하고 밖에서 부처를 얻을 수가 없다."[66]라고 했다. 이후 이 관
점은 선에 대한 선종의 기본적인 태도가 되었다.

규봉종밀(780-841)은 『선원제전집도서(禪源諸詮集都序)』에서 "달마는
벽관으로써 사람들에게 안심을 가르친다."[67]고 했다. 그는 다시 안심
법에 관해 요약하기를 "밖으로 모든 인연을 쉬고 안으로 헐떡거림을
쉬어서[外息諸緣 內心無喘], 마음이 장벽과 같이 되면 도에 들어갈 수 있
다[心如牆壁 可以入道]."[68]고 하고 있다.

이 관점을 다시 요약해 보면 주관[我執]과 객관[法執]이 끊어지면 깊
은 선정을 통해서 도에 진입할 수 있다. 이 상태는 곧 공적지심(空寂之
心)의 상태로서 곧 "모든 인연화합으로 인해서 생겨난 인연들은 자성
이 없는 자성으로, 마치 거울 속의 모양과 같다."[69] 곧 존재의 실상인
공의 실상을 깨닫는 것과 일맥상통한다고 할 수 있다.

이렇듯 달마선법은 초기 선법과는 사뭇 다른 주장을 펼쳤다. 여
러 번 언급하였듯이 인도선은 주로 수식관 등 고요히 몸을 조복하

---

66 『少室六門』『大正藏』권48, p. 374b05. "本性即是心. 心即是性. 即此同諸佛心. 前佛後佛
    只傳此心. 除此心外. 無佛可得."

67 『禪源諸詮集都序』권상(2), 『大正藏』권48, p. 402b15. "達摩以壁觀敎人安心."

68 『禪源諸詮集都序』권상(2), 『大正藏』권48, p. 402b15.

69 『大智度論』권6, 『大正藏』권25, p. 104c26. 『大寶積經』권89, 『大正藏』권11, p. 508c29.
    "諸法從緣生. 無自性. 如鏡中像."

고 금욕 등의 차제 수행법을 강조했다. 그러나 달마선법은 차제를 거치지 않은 바로 마음의 본성을 직관하는 수행법으로, 마음의 본성을 깨치는 것을 중시하는 수행법으로 인도선과는 현저히 다른 수행법이었다.

이 마음의 본성을 중시하는 가풍이 바로 달마의 가풍이라고 할 수 있으며 역시 중국선종의 가풍이라고 하겠다. 때문에 달마가 주장한 안심(安心)·벽관(壁觀) 수행법 등은 기본 전통 인도선을 배척하지는 않지만 강조하지도 않았다. 즉 안심, 벽관 선법은 자심의 본래청정심을 의지해서 밖으로 형상에 집착하지 않고 안으로 근본번뇌인 삼독심을 끊어 버리고 무념(無念), 무착(無著) 상태인 본성청정, 자성청정의 경지에 도달하는 것으로 안심의 종지를 삼았다. 그러나 안심법문의 주장은 달마가 최초가 아니며 구나발타라도 안심법문을 주장했다. 구나발타라의 안심 사상은 『능가사자기』와 『종경록』에 수록되어 있다.

구나발타라를 의역하면 공덕현(功德賢)으로, 마하연(摩訶衍)이라고도 칭하며 중인도 사람이다. 그는 어려서부터 이미 오명(五明)을 배웠고 널리 천문학, 수학, 의학, 주술 등을 배웠다. 어느 날 『잡아비담심론(雜阿毗曇心論)』을 읽다가 불법을 믿고 출가하게 되었다고 한다. 먼저 소승을 배웠고 삼장에 정통했으며 후에 대승교법으로 전환했다. 많은 대승경전을 연구하고 정독하였으며 후에 그의 부모가 감화를 받고 불교로 귀의하였다고 한다.

그는 유송(劉宋: 435)년에 현재의 스리랑카에서 광주에 이르렀다. 송문제(宋文帝)가 직접 파견한 사신의 영접으로, 지금의 남경 지원사(祇垣寺)에서 번역 작업을 하였다. 당시 남조시대의 명사인 안연지(顔延之), 팽성왕 유의강(彭城王 劉義康), 남초왕 유의선(南譙王 劉義宣) 등에게 모두 스승의 예를 받았다. 그가 한역으로 번역한 경전은 『잡아함경(雜阿含經)』, 『대법고경(大法鼓經)』, 『승만경(勝鬘經)』, 『능가경(楞伽經)』, 『상속해탈경(相續解脫經)』, 『무량수경(無量壽經)』 등이 있다. 잠시 『종경록』에 나타난 그의 사상을 살펴보면 다음과 같다.

즉 "발타삼장이 이르되 이심(理心)이라는 것은 심은 이 밖에 있는 것도 아니고 이는 심 밖에 있는 것도 아니다. 심이 곧 이며 이가 곧 심이다. (그래서) 심과 이는 평등하다. 이름이 이가 되며 이를 비추어 밝히면 이름이 심이고 각이 된다. 심과 이가 평등한 것이 불(佛)이 된다. 심은 실성(實性)을 알며 생사와 열반이 차별이 있다고 보지 않으며 법성이 다르지 않으며 경지(境智)가 일여(一如)해서 이사가 모두 원융하고 진제를 동시에 관해서 원융무애하다. (이것을) 명해서 대도(大道)를 닦는다고 한다."라고 했다.[70]

이 내용으로 볼 때 구나발타의 사상은 중국의 선사들이 늘 주장하

---

70 『宗鏡錄』권100, 『大正藏』권48, p.953a13. "跋陀三藏雲. 理心者. 心非理外. 理非心外. 心即是理. 理即是心. 心理平等. 名之為理. 理照能明. 名之為心. 覺. 心理平等. 名之為佛. 心. 會實性者. 不見生死涅槃有別. 凡聖無異. 境智一如. 理事俱融. 真俗齊觀. 圓通無礙. 名修大道."

는 명심견성의 사상과 일맥상통한다고 볼 수 있다.

결론적으로 초기 선법의 차제 수행 및 번다한 종교의식 등에 비추어 보면 선종에서 강조하는 자성자도(自性自度)의 수행법도 사실은 달마선법의 직관사유의 간단하고 단순한 원리의 수행법에서 기인했다고 해도 지나친 말은 아닐 것이다. 즉 후세의 선종에서 자주 사용했던 배고프면 밥 먹고 졸리면 잠자는[饑來吃飯 困來卽眠] 일상생활 속에 응용된 실생활의 수행 자세가 곧 안심 수행법의 계승은 아닐까.

5
승찬과
『신심명』

『신심명』에 나타난
도란 무엇인가

　승찬대사의 저술 『신심명(信心名)』은 그의 깨달음의 정수를 기록한 것으로 중국 초기선종의 자료로 매우 중요한 가치를 지니고 있으며 그의 업적으로도 빼놓을 수 없을 것이다. 『신심명』의 내용은 전체적인 불교의 사상을 관통하고 있을 뿐만 아니라 특히 도교의 자연회귀 사상[71]까지도 담아 내고 있다. 또한 우리들은 『신심명』을 통해서 3조 승찬대사의 선의 경지를 엿볼 수 있다. 『신심명』[72]과 유사한 이름의

71　『信心銘』『大正藏』권48. "任性合道, 逍遙煩惱."

72　전하는 바에 의하면 승찬이 지은 『信心銘』은 『祖堂集』에서 언급하지 않고 있다고 한다. 그러나 『景德傳燈錄』과 『五燈會元』에는 『信心銘』 전문이 실려 있다고 한다. 한편 『信心銘』은 승찬이 지은 것이 아닌, 후래인들이 승찬의 이름을 빌려서 지었다는 설도 존재한다. 다만 그 뜻이 심오하고 문장과 언어가 우수하기 때문에 선종의 중요한 전적으로 취급한다. 중

우두종 법융선사의 저작으로『신명(信銘)』이 있다. 물론『신심명』이 승찬이 지은 것이 아니라는 설도 있다.

3조 승찬대사는 처음에 거사의 신분으로 혜가를 배알하였다. 당시 승찬의 나이는 이미 40세였다. 그 후 그는 서주 환공산(舒州 晥公山)에 은거했으며 북위 무제(560-578)가 훼불 때는 태호현 사공산(太湖縣 司空山)에 은거했다고 한다. 승찬대사에 대해서 여러 가지 전설과 고사가 전해져 온다.

2조 혜가를 배알하기 전 그는 몸에 중병을 앓고 있었는데 병고로 인해서 본인이 지은 업장이 너무 두터워서 이러한 고통을 받는다고 생각하고 반드시 철저한 참회를 하리라고 결심하였다. 그래서 그는 혜가대사에게 말하기를 "제자의 몸에는 질병이 감싸고 있습니다. 화상에게 죄를 참회하기를 청합니다."라고 하자 혜가가 대답하기를 "너의 죄를 가지고 와서 너와 더불어 참회하라."라고 했다. 이에 승찬이 한참을 망설이다가 "죄를 찾기가 어렵습니다."라고 했다고 한다. 이 고사는 지금도 중국선종의 유명한 공안 중의 하나로 전해져 내려오고 있다.

『신심명』은 6세기 후기 혹은 7세기 초기에 저술되었다. 이미 불교

국 근대의 유명한 중국불교학자인 여징(呂澂)선생은『단경』과 건주어서 말하기를 "삼조 승찬은『信心銘』을 지었고 육조혜능은『壇經』을 구술했다. 이 두 종류는 모두 선종의 중요한 전적이 되었다. 물론 진위(真偽)시비의 문제는 있지만 후래 사람들에게 깊은 신심을 일으키게 했고 실제로 선종 사상의 발생에도 많은 영향을 주었다. 특히 남종의 근본적인 사상의 근거가 되었다."라고 평가하고 있다.

가 중국에 들어오고 수백 년이 지난 후이다. 이 기간에 불교는 외부적으로는 중국 본토의 문화와 서로 영향을 주고받으면서 많은 발전과 변화를 이어 가고 있었고 내부적으로도 각종 의학파(義學派: 남북조 시대)[73] 내지 종파가 파생되는 새로운 시대를 열었다. 때문에『신심명』은 역사를 아우르고 시대의 배경 및 변화 과정을 흡수해서 지어진 문헌이라고 하겠다. 따라서『신심명』은 달마선의 기본 사상을 바탕으로 하면서 여래장 사상과 반야 사상을 조화롭게 융화하면서 당시 남방에서 유행하고 있는 현학까지도 흡수한 독특하고도 매우 선명한 중국적인 색채를 띠고 있다.

『신심명』의 내용을 분석해 보면 기본적으로는 달마대사의 벽관수행법을 계승하면서 일종의 여래장불성을 직관으로 자증(自證)하는 새로운 수행법이었다. 그 때문에 인도선의 주축이 되었던 전통차제 수행법과는 분명 거리가 있었다. 달마선법은 여래장인 자각성지(自覺性智)할 것을 고도로 중시했다[是諸如來自覺聖智所得].[74] 달마가 주장했던 이입(理入)은 비록 아주 성숙된 돈오의 특성을 지닌 것은 아니지만 본질상에서 직각내증(直覺內證)을 주장했다. 때문에 자각성지(自覺聖智)는 본체론적인 경향이 농후하다.

어떤 측면에서 여래장(自覺性智: 自覺聖智)은 위진 남북조 시대의 본체

73 　中國佛教協會編, 《中國佛教》, 東方文化出版中心, 1996年, p. 46~50. (毗曇師. 成實師. 攝論師. 涅槃師. 地論師. 四論師. 四分律師. 淨土師. 楞伽師)

74 　『注大乘入楞伽經』권3,『大正藏』, 권39, p. 451c14.

론과 수당의 심성론과 유사점이 있고, 불교의 불성론과 밀접한 관계가 있다. 이러한 현상은 반드시 혜가와 승찬에게도 일정 부분 영향을 주었을 것이고 이러한 사상적 계승의 바탕 위에서 본인의 사상을 심화시키고『신심명』에도 어느 정도의 영향을 미쳤을 것이다.

『융흥편년통론(隆興編年通論)』[75]에서 승찬스님의 평가를 보면 "『신심명』은 자심을 청정히 하고 언상을 여읜 달마의 안심법문과 혜가의 '만법개여, 신불불이(萬法皆如, 身佛不二)'[76]의 바탕 위에서 자성청정여래장설을 결합했고『유마경』의 불이법문과 반야론 사상을 흡수하고 통합해서 자기만의 독특한 사상을 확립했다."라고 평하고 있다.

개괄적으로 말하면 세 가지로 요약해 볼 수 있다. 첫 번째는 실상불이관(實相不二觀: 眞如法界. 無他無自)이고, 두 번째는 중도실상관(中道實相觀: 一心不生. 萬法無咎)이고, 세 번째는 자연수행관(自然修行觀: 一種平懷, 泯然自盡)이다.

『신심명』의 내용을 좀 더 구체적으로 분석해 보면 먼저 수행강령으로 "반연을 따르지 말 것이며 억지로 자기를 억누르지도 말고 구

---

75 『隆興編年通論』 권18,『卍新續藏』, 권75, p.197a13. "是歲淮南節度使楊州牧禦史大夫張延賞. 狀舒州三祖行實. 請諡於朝. 夏四月天子賜諡曰鏡智禪師. 刺史獨孤及製賜諡碑曰. 按前志. 禪師號僧粲. 不知何許人. 出見於周隋間. 傳教於慧可大師. 摳衣鄴中. 得道於司空山. 謂身相非真. 故示有瘡疾. 謂法無我. 故居不擇地. 以眾生病為病. 故所至必說法度人. 以一相… 不在內外中間. 故心言不以文字. 其教大略. 以寂照妙用. 攝群品流注生滅. 觀四維上下. 不見法. 不見身. 不見心. 乃至心離名字. 身等空界. 法同夢幻. 無得無證. 然後謂之解脫. 禪師率是道也."

76 『續高僧傳』 권16,『大正藏』 권50, p.551c27. "當知萬法即皆如. 滑此二見之徒輩. 申詞措, 筆作斯書. 觀身與佛不差別. 何須更覓彼無餘."

태여 생각을 일으키지 않으면 마음이 평안해지고 스스로 다해서 소멸될 것이다…. 진(眞)을 구할 필요도 없으며 오직 쉬면 나타난다."[77]라고 했다. 즉 도는 대상, 경계를 초월하는 것으로 심과 경계가 서로 대립해서 들어가는 경계도 아니고 심식분별의 관찰로 획득할 수 있는 것도 아니다. 오직 도에 들어갈 수 있는 것은 직하에 심성여여(心性如如)를 체현해서 일체 망견을 소멸하면 자연히 청정본성이 드러난다는 것이다. 즉 진을 구하지 않고 오직 망상만 쉬면 나타난다는 것이다.

다음은 수행관으로 "육진을 싫어하지 말라. 육진을 싫어하지 않으면 도리어 정각과 같다. 지자는 무위하고 어리석은 자는 스스로 얽어맨다."[78]라고 하였다. 그는 현실 생활 속에서 스스로 자유스러울 것을 노래했는데 번뇌와 보리가 둘이 아닌 불이(不二)를 깨닫기를 주장했다. 즉 육진의 경계는 우리들이 살아가는 현실이다. 현실의 주체인 육진(대상: 현상)을 싫어하지 않으면서 위에서처럼 쉬기만 하면 곧 정각으로 돌아갈 수 있다고 했다. 그래서 "지자는 무위하고 어리석은 자는 스스로를 자박한다."고 하였다.

그다음은 수행실천관으로 "구속에서 자연스럽고 체에 주하는 것이 없으면 자연스럽게 도에 계합하고 스스로 자적해서 번뇌가 끊어진

---

77 『信心銘』『大正藏』권48. "莫逐有緣, 勿住空忍, 一種平懷, 泯然自盡…, 不用求眞, 唯須息見."
78 『信心銘』『大正藏』권48. "勿惡六塵, 六塵不惡, 還同正覺, 智者無爲, 愚人自縛."

다."[79]고 하였는데 이 부분은 노장의 현학의 색채가 농후하다. 즉 노장 사상의 현학화 표현이라고 한다. 대만의 인순스님도 무창법난 이후 달마선은 중국화, 특히 노장화 · 현학화되었다고 한다.

『신심명』의 첫 구절에 나오는 '지도무난, 유겸간택(至道無難 唯嫌揀擇)'에서 도(道)는 두 가지의 의미를 포함하고 있다. 첫째는 불교의 도(道)를 말하는데 통상적으로 "적멸 · 진여 · 열반 · 불생불멸 등 해탈의 최고봉인 정각의 원만한 상태를 말한다. 즉 본연여실(本然如實)한 자타내외(自他內外) 등의 무분별지(無分別智)의 불이(不二)경계이다. 두 번째는 중국 전통철학인 노장학에서 말하는 도(道)로서 여기서 도(道)는 만법(만물)의 근원이며 형이상학의 최고봉을 말한다. 『신심명』에서는 이 두 가지의 의미를 모두 포함하고 있다고 한다. 여기서 불교의 도(道)는 생략하고 도교의 도(道)에 대해서 간략하게 논해 보겠다.

도(道)는 노자의 『도덕경(道德經)』의 핵심 개념이며 노자 사상의 전체적인 중심 사상이 되고 특정한 상황에 따라서 내포하고 있는 의미가 각기 다르며 세 가지의 중요한 의미가 있다. 첫째, 형이상(形而上)의 실존자이며 곧 우주 만물의 최초 본원의 구성자이다. 즉 감각적으로 느끼거나 눈으로 볼 수 있거나 소리로 듣거나 촉각으로 만질 수 있는 대상이 아니며 둘째, 우주 만물의 발생, 존재, 운동의 규칙을 가리키며 셋째, 인류사회의 준칙, 법칙, 표준이 된다.

---

79 『信心銘』, 『大正藏』 권48. "放之自然, 體無去住, 任性合道, 逍遙絶惱."

또 도(道)에는 세 가지의 특징이 있는데 첫째, 도(道)는 무상(無狀)·
무상지물(無象之物), 간불견(看不見: 보아도 보이지 않는다), 모불착(摸不著: 만져
도 잡히지 않는다) 등의 특징을 가지고 있다. 둘째, 도(道)는 만물을 생한
다고 한다. 즉 "도는 하나를 생하고 하나는 둘을 생하고 둘은 셋을 생
하고 셋은 만물을 생한다. 만물은 음양을 포함하고 있으며 (음양)기가
화합해서 (만물의) 조화를 이룬다."[80]라는 것이다. 여기서 도(道)는 곧
하나[一]를 가리키는데 곧 시작과 생산을 말한다. 셋째, 도(道)는 운동
을 응용하는 속성을 가지고 있으며 천하의 만물은 유(有)에서 생하고
유(有)는 무(無)에서 생한다고 한다. 무(無)는 곧 만물(萬物)을 시작하는
원자(原子)이며 유(有)와 무(無)의 대립의 통일체가 바로 도(道)라는 것
이다. 즉 우주 만물이 생산한 현상세계와 그 발전은 모두 무(無)에서
유(有)로 시작해 가는 과정이라는 것이다. 곧 무중생유(無中生有: 무의 가
운데서 유가 난다)[81]라는 것이다.

또 도(道)의 개념을 대표하는 두 가지 성질이 있다. 하나는 내재적
존재성이라고 부르며 또 하나는 초월성이라고 부른다. 도(道)의 내재
적 존재성은 어떠한 사물도 도(道)를 여의고 존재할 수 없으며 더욱더
유지할 수도 없다는 것이다. 도생만물(道生萬物)이기 때문이다. 다른
하나는 만물이 다시 어떠한 모양·형상으로 변하거나 혹은 소실되거

---

80 『老子』「42章」. "道生一, 一生二, 二生三, 三生萬物, 萬物負陰而抱陽, 沖氣以爲和."
81 虛虛實實: "無中生有"는 손자병법의 36계 중의 하나에 속한다.

나 증가해도 도(道)는 완전히 불변하며 절대로 영향을 받지 않는다는 것이다. 즉 도(道)의 초월성이다. 그 때문에 곧 도(道)는 구경진실(究竟眞實)을 대표하며 최후(最後), 최종(最終)을 말하며 진정으로 유일하고[眞正唯一] 절대적인 구경이 된다고 한다.

그렇다면 도(道)가 사람들의 의지로 전이(轉移)되는 객관적인 규율이 아니면 전체 우주는 오직 물질과 객관적 규율만 존재하는가? 불교는 단독적인 객관을 인정하지 않는다. 모든 것은 마음의 조작이라고 여긴다. 객관적 세계는 각자 주관적 세계가 투영된 세계 즉 환(幻)이라는 것이다.

유식에서도 유식무경(唯識無境), 만법유식(萬法唯識)이라고 한다. 그렇기 때문에 선종은 '즉심즉불(卽心卽佛), 심외별법(心外別法), 심리별법(心離別法)이라고 강조한다. 또 유교에서 인(仁)을, 도교는 도(道)를 최고의 경지로 삼지만 불교는 연기론인 공성(空性)이 존재의 근원이라고 여기기 때문에 이 존재의 근원인 공성(空性), 존재의 근원을 확실히 깨달으면 바로 구경이고 최고의 정각열반이며 해탈이라는 것이다.

한편 『신심명』에서는 불교는 심(心)을 강조하면서 무분별심(無分別心)을 최고의 도(道)로 삼았다. 그러나 『신심명』에서 도(道)는, 개념상으로 볼 때 불교의 도(道)와 도교의 도(道)가 혼합된 사상적 개념이라고 혼동할 수 있다. 즉 논리적으로 보면 그렇다는 것이다. 하지만 그가 말한 도는 분명히 불교의 공성을 말했을 것이다.

6

일행삼매와
도신의 선법 내용

동산법문은 도신과 홍인이 일구어 낸
역사적인 장면이다

도신의 행적에 대한 기록이 최초로 보이는 곳은『속고승전(續高僧傳)』·『도신전(道信傳)』이고 그 외에도『정법보기(傳法寶記)』·『역대법보기(曆代法寶記)』·『전등록(傳燈錄)』등에서 그에 관한 행적을 기록하고 있는데 내용은 대체로 비슷하다.

4조 도신은 중국 선종사에 한 획을 그은 인물로서 중국선종의 진정한 창시자라 하기도 한다. 농선병중(農禪並重)을 주장했고 두타행을 이어 오던 초기 승단을 안정된 주거로 전향하는 체제를 도입했으며 동시에 5조 홍인과 함께 동산법문(東山法門)을 창시한 인물이기도 하다.

도신에 대한 고사도 많이 전해지고 있다. 사미인 도신이 승찬대사를 처음 참알하고 "화상께서는 자비로써 해탈법문을 베풀어 주기를 원합니다."라고 하자 승찬대사가 "누가 너를 속박하느냐?"라고 했다. 도신이 대답하기를 "아무도 속박하지 않습니다."라고 하자 승찬대사가 "(그렇다면) 어찌 다시 해탈할 필요가 있는가."라고 하니 도신이 대오를 했다고 전해진다.[82] 그런데 『불설전여신경(佛說轉女身經)』에도 이와 비슷한 고사가 기록되어 있는데 사리불과 한 여인의 대화에 나오는 이야기와 매우 닮아 있다.

"(여인이 사리불에게 묻기를) 존자는 해탈을 얻었는가?"라고 하자 사리불이 말하기를 "나는 해탈을 얻었다."라고 했다. 여인이 말하기를 "누가 존자를 속박했다고 해탈을 얻었다고 하는가?" 하니 사리불이 말하기를 "속박한 자가 없기에 해탈을 얻었다고 하며 그리고 그 본성이 해탈상이다. 이런 연고로 나는 해탈을 얻었다고 말할 뿐이다."[83]라고 하고 있다.

도신은 승찬에게서 10여 년 동안 선법을 수행했다고 전해진다. 그후 그는 남방을 20여 년 유역하면서 전후로 해서 반야 사상과 천태

---

82 『景德傳燈錄』권3, 『大正藏』권51, p. 221c14. "願和尚慈悲乞與解脫法門. 師曰. 誰縛汝. 曰無人縛. 師曰. 何更求解脫乎. 信於言下大悟服勞九載. 後於吉州受戒侍奉尤謹. 師屢試以玄微. 知其緣熟乃付衣法."

83 『佛說轉女身經』권3, 『大正藏』권14, p. 918b09-918b11. "女問舍利弗言. 尊者得解脫耶? 舍利弗言. 我得解脫. 女言. 誰縛汝者. 言得解脫? 舍利弗言. 無有縛者. 而得解脫. 而其本性是解脫相. 是故我言得解脫耳."

선관의 깊은 영향을 받았다고 전해진다.[84] 이러한 점은 동산법문을 건립하는 중요한 관건이 되었을 것이다.[85] 반야 사상은 양진(兩晉: 동진·서진) 이래로 남방의 현학과 서로 보안을 이루면서 발전해 오고 있었다.

도신과 반야 사상에 대한 한 가지의 고사가 전해져 오는데 그가 당시 길주(吉州: 지금의 江西省 吉安)에 있을 때 도적들이 성을 에워싸고 물러가지 않자 도신은 군중들에게 '마하반야(摩訶般若)' 염하기를 권했다. 군중들이 '마하반야'를 모두 다 같이 염하자 도적의 무리들이 물러갔다고 한다. 이 고사는 남방에 『반야경』이 유행하고 있었음을 증명하는 대목이다.

이 사건을 계기로 도신은 많은 명성을 얻게 되었다고 한다. 그는 또 40세 때에 점주황매(蘄州黃梅)의 쌍봉산에 돌아왔다. 이때 그는 달마 이래로 선종 선사들의 두타행 및 무거주의 형태를 탈피하는 안정적인 주거에서 수행하는 체제를 확립했다고 한다. 그가 쌍봉산으로 돌아온 후 크게 법석을 열었는데 그의 명성을 전해 듣고 많은 학자들이 먼 곳을 마다하지 않고 몰려들었다고 하며 함께 참학을 하는 자가 500여 인이나 되었다고 한다. 그 때문에 선종사에서는 이때부터 달마선이 비로소 빛을 발하기 시작한 시기라고 한다.

---

84 黃夏年 主編, 『禪宗三百題』, 상해고적출판사, 2000년, p. 32.
85 黃夏年 主編, 『禪宗三百題』, 상해고적출판사, 2000년, p. 32.

또 그는 일찍이 제방을 참방하면서 선종의 실태를 파악해서 크게 초기선종의 형태 세 가지를 고쳤다. 첫 번째는 달마 때부터 이어 온 두타행과 무거주의 형태의 수행풍토를 바꾸어서 고정적인 주거를 마련하고 집단적인 단체생활의 체제로 돌입하게 했으며, 두 번째는 유일하게 『능가경』위주의 수행 지침서를 신봉하던 것을 기타 대승경전을 겸하게 함으로써 선종의 사상적 체계를 풍부하게 했을 뿐만 아니라 그 사상적인 틀을 넓혔으며, 세 번째는 오로지 불립문자(不立文字)만을 주장하지 않았다.

즉 도신은 먼저 외부적으로 선종의 주거를 확립해서 집단생활을 통한 승가의 외형적인 기틀을 마련했다면 내부적으로는 초기선종의 사상적 확장 및 체계를 수립했으며 동시에 문자의 중요성을 인지하고 새로운 선종의 지평을 열었다고 하겠다. 이 점은 그가 선종사에 남긴 하나의 공헌이라고 할 수 있다.

또 그의 선법에는 세 가지의 특징이 존재하는데 첫 번째는 『능가경』과 『반야경』의 합일이고, 두 번째는 염불과 성불의 합일이고, 세 번째는 선(禪)과 계(戒)의 합일이다. 특히 이 가운데서도 『능가경』과 『반야경』의 융합은 동산법문의 초석을 다지는 저술 『입도안심요방편(入道安心要方便)』을 탄생시켰으며 그 후 『입도안심요방편』은 동산법문을 조성하는 바탕이 되었다.[86]

---

86   黃夏年 主編, 『禪宗三百題』, 상해고적출판사, 2000년, p.33.

또 위의 세 가지의 특징은 도신과 홍인의 동산법문을 구성하는 결정적인 요소가 되었으며 특히 동산법문은 선종 형성의 과도기적 단계라고 할 수 있다. 그 가운데서 『능가』와 『반야』를 결합한 것은 능가사 계통의 중요한 전환점을 이루게 했으며 선종에도 직접적인 영향을 주었다.

도신 이전의 북방에서 달마선이 사회적인 주목을 받지 못한 상태에서 주무제(周武帝)의 훼불 및 기타 요인으로 인해서 대부분 선종의 승려들도 남하하게 된다. 도신이 장기적으로 은거하면서 활동했던 지역은 장강 유역의 안휘성, 호북성 일대로 이 지역은 남북조 시대에 삼론종이 유행했던 지역이고 아울러 천태종 전교의 중심지였다. 그 때문에 위에서도 언급하였듯이 도신은 천태 사상의 영향을 받았을 것이며 그가 말하는 일행삼매(一行三昧)는 입도(入道)의 방편법문으로 천태종이 온 힘으로 제창한 것이기도 하다.

또 일행삼매는 『천태지관』의 4종 삼매 가운데 상좌삼매(常坐三昧)라고 하기도 하며 그 때문에 그가 말하는 일행삼매와는 연관성이 있다고도 한다.[87] 그러나 도신의 일행삼매의 근본적인 사상적 뿌리는 『능가경』과 『문수설반야경(文殊說般若經)』 등이다.

『역대법보기』에서 도신의 일행삼매(一行三昧)에 관해서 말하기를 유심염불(唯心念佛)과 실상염불(實相念佛)을 결합했으며 『능가경』의 여래

---

87 潘桂明 작, (道信的禪學一思想), 安徽大學學報(哲學社會科學版), 1985년, 第3期, p.89.

장불성 사상과 『반야경』의 반야학설을 융합했다고 한다. 또 혹자는 일행삼매는 정토 사상을 융합한 것으로 선정합류(禪淨合流) 사상의 체현이라고 하기도 한다. 사실 선정합류의 시조는 동진혜원스님이라고 할 수 있다.

위진 시대에 반야학설이 유행했다면 남북조 시대에는 여래장불성 사상이 중국불학에 중요한 지위를 점유하면서 중국불교의 실천 수행으로 반본정심(返本淨心)을 주장했는데 이것이 바로 선종에서 주장하는 명심견성(明心見性)과 거의 동일한 내용이다. 이렇듯 일행삼매에 대한 많은 논쟁은 아직도 진행 중이다.

또 도신은 능가사(楞伽師: 달마 계통 선법)의 전통인 안심(安心)법문을 계승해서 새롭게 안심법문을 개조해서 말하기를 "또한 염불도 아니며 마음을 잡는 것도 아니며 마음을 보는 것도 아니며 마음을 분별하는 것도 아니며 마음을 사유하는 것도 아니며 또한 관을 행하는 것도 아니며 또한 산란한 것도 아니며 직관으로(바로) 임운하는 것이다."[88]라고 하였고, 또 "염불하는 마음이 부처이며 망념은 범부이다."[89]라고 하였는데 도신은 염불을 통해서 안심에 도달할 수 있으며 입도(入道)는 최종의 목적이라고 하였다. 그러나 여기서 염불은 단지 방편일 뿐

---

88 『楞伽師資記』『大正藏』권85, p.1286c19. "亦不念佛, 亦不捉心, 亦不看心, 亦不計心, 亦不思惟, 亦不觀行, 亦不散亂, 直任運."

89 白冰, 〈從禪淨合流的角度分析道信的 "一行三昧" 思想〉, 許昌學院學報, 2015년, 第6期, p.117. (念佛心是佛, 妄念是凡夫)

이라는 것이다.

대체로 선종의 청규 하면 백장청규와 백장선사를 먼저 떠올리지만 사실 청규의 모태는 4조 도신이라고 해도 과언은 아니다. 선종은 당나라 초에 이르러서 중대한 변화가 시작되는데 그것은 작여좌(作與坐)를 병행하는 것이었다.

『전법보기(傳法寶紀)』의 「도신조」에 의하면 "도신의 구호는 작무에 종사해서 스스로 의식주를 해결하자는 것이었다."고 하고 있다. 즉 능작삼산오년(能作三山五年)이라고 하였는데 여기서 작(作)은 작무(作務) 또는 작몰(作沒)이라고 하며 일체의 생산노동을 가리킨다. 그의 문하에 집결한 500인들로 하여금 신도의 시주에 의존하지 않고 산야를 개간해서 득일구요기창(得一口療飢瘡), 즉 스스로 각자의 의식주를 책임지게 하였다.[90] 물론 그렇게 할 수밖에 없는 환경적인 요인도 존재했지만 이것은 전체 불교사에서 매우 창의적이고 획기적인 사건으로 선종은 물론이거니와 불교 역사에서 혁명적인 의의를 지니고 있다고 할 수 있다. 그러나 선종이 이렇게 집단적으로 단체가 모여서 노동을 의지해서 생활을 영위했던 것은 맞지만 사실은 당시 이미 불교에서는 산간을 개간하고 상업 및 무역업에 종사했던 사례가 있다. 따라서 이러한 현상이 당시에 보편적으로 행하여졌던 것 같다.

동진도안스님은 12세에 출가하였는데 "농가에서 부역한 지 삼 년

90　杜繼文 魏道儒, 著, 『중국선종통사』, 江蘇人民出版社, 2008년, p.86.

에 이르렀고 부지런히 노동하였다."라고 하였고 법현(法顯)은 사미니 때 "항상 동학 수십 인과 더불어 농가에서 벼를 베었다."라고 하고 있으며 요진(姚秦) 때 도항(道恒)이 지은 『석교론(釋敎論)』의 기록에도 사미 중에는 "혹은 황무지를 개간해서 채소를 심고 농부와 함께 교류하고 혹은 장사와 무역을 하면서 많은 사람들과 더불어 이익을 다투었다."라고 하였고 "혹은 가축을 기르고 재물을 모으고 보양해서 나머지가 있다. 혹은 축적하였다."라고 하였다.[91] 물론 이러한 행위는 전통불교와는 상충되는 것이지만 위의 내용을 축약해 보면 당시의 일부 승려들은 생업에 종사하면서 수행을 병행한 것 같다. 다만 "진실로 마땅하지 않았지만 상황이 어쩔 수 없었다."[92]라고 기록하고 있다. 물론 이러한 일에 종사했던 승려들은 사미니와 하층 승려들이었다.

그리고 도신에 대한 전설이 전해지고 있는데 기록에 의하면 "수나라 개황 15년(595)에 황제의 모친이 불치의 병에 걸려 백약이 무효하였다. 황제는 모친의 병을 낫게 하기 위해서 전국 각지에 명령을 내려서 방을 붙이게 했다. 만약에 황제 모친의 병을 고쳐 준다면 삼급(三級)에 해당하는 관직을 줄 것이며 상금도 은 만 냥(萬兩)을 주겠다고 했다. 당시 도신은 황제가 내린 방을 보게 되었다. 도신은 곧 본인이

---

91 杜繼文 魏道儒, 著, 『중국선종통사』, 江蘇人民出版社, 2008년, p.86. "驅役田舍, 至於三年, 執勤就勞. 嘗與同學, 數十人於田中刈稻. 或墾殖田圃, 與農夫齊流, 或商旅博易, 與衆人競利. 或聚畜委積, 頤養有餘."

92 杜繼文 魏道儒, 著, 『중국선종통사』, 江蘇人民出版社, 2008년, p.86. "誠非所宜, 事不得."

살고 있는 근처의 산에서 오가피, 전삼칠(田三七) 등의 약재를 구해서 인편으로 성에 보내어 황태후의 병을 낫게 해 주었다. 그 후 황제가 도신을 국사로 봉하려 하자 도신은 모두 거절하였다. 그는 원래대로 수행을 하였고 황궁에도 가지 않고 상금 만 냥도 받지 않았다. 그러자 황제는 친히 도신에게 대의조사(大醫祖師)로 봉했다."고 한다. 그래서 도신을 대의조사라 하기도 한다.

7
동산법문

무엇이
동산법문인가

5조 홍인(601-675) 하면 먼저 떠오르는 것은 동산법문의 가풍일 것이다. 그는 도신이 건립한 도량을 재정비하는 한편 대중이 모여서 수행하는 풍토를 조성하였다. 홍인[93]은 7세에 출가해서 13세에 사미계

---

93 중국선종은 달마 이래로 『능가』로서 심인(心印)을 삼았고 4조 도신에 이르러서 "一行三昧"의 수행방법을 증가시켰다. 홍인은 도신의 제자로서 4조의 전통선법을 계승했지만 그도 역시 『金剛經』을 더한 심인으로 새로운 내용을 더했다. 이 점은 선종이 부단히 발전하는 과정을 반영한 것이기도 하다. 홍인 이전의 선종에서는 고정된 장소에서 집단적인 생활이 아닌 산발적으로 '一衣一缽'의 형태인 두타행 위주로 생활했다. 그 후 도신과 홍인 때에 이르러서 선종의 일상생활에 변화가 생겼다. 즉 집단적으로 거주함과 동시에 고정적인 거주지에서 안정적인 생활을 하면서 시주에게 의존하는 생활방식을 탈피하고 스스로의 노동으로 의식주를 해결하는 방향으로 변모했다. 즉 나무 하고 채마밭을 직접 갈고 하는 등의 노동행위를 그들은 통칭 불사(佛事)를 짓는 것이라고 여겼다. 주로 산속에 거주하는 형태로 바뀐 상태가 되었다. 이것은 선종사에 엄청난 변화를 가져다 주었으며 선종은 날로 일신하는 모습이 되었고 중국불교사에도 엄청난 영향을 주었다. 후래에 마조

를 받았고 도신이 입적하자 바로 법석을 계승하고 도량을 건립한 것 이외에 그가 지향한 동산법문은 자교오종(藉教悟宗)과 교외별전(教外別傳) 등 점수돈오를 겸한 수행 형태로 선종의 남돈(南頓)·북점(北漸)을 나눈 분기점의 초석을 다졌으며 그를 통해서 초기선종 구성의 단면을 엿볼 수 있다.

홍인[94]은 동산법문의 개창자로 선종의 5조가 되며 본적은 심양(潯

와 백장이 총림과 청규를 세우면서 깊은 산중으로 이동해서 생활하는 형태로 완전히 탈바꿈하였다. 그 후 선종도량을 총림(叢林)이라고 칭하면서 농선병중(農禪並重)을 제창하였고 선종사에서 그 유명한 문구인 "一日不作, 一日不食"의 명언을 남겼다. 즉 이러한 변화는 모두 도신과 홍인 대에 이루어진 선풍이다.

94 홍인선법의 특징: 홍인이 도신의 선법을 얻은 전후로 해서 동산사(東山寺)에서 십 년 동안 주하면서 한 번도 하산을 하지 않았다고 한다. 당 고종(高宗)이 두 번이나 사신을 보내서 경성에 오기를 청했지만 모두 완곡하게 거절하였다고 한다. 고종은 그 후에도 그의 덕과 이름을 추앙하고 사모해서 의복과 약을 보내서 공양하였다고도 한다. 홍인은 도신의 법을 계승한 후에 중요한 두 가지를 의지하였는데 하나는 『능가경』을 의지해서 심법으로 종을 삼는 것이고[以心法爲宗], 다른 하나는 『文殊師利般若經』의 일행삼매(一行三昧)를 의지하는 것이다. 『종경록』에서도 홍인의 말을 인용하고 있는데 즉 "欲知心要, 心是十二部之根本…, 諸佛只楚以心傳心, 達者印可. 更無別法."라고 소개하고 있다. 이상으로 볼 때 홍인은 심을 매우 중시하고 있음을 볼 수 있다. 한편 홍인이 지은 『修心要論』이 세상에 유포되고 나서 『楞枷師資記』를 지은 정각(淨覺)은 인정하지 않았다. 정각은 이 책은 다른 사람이 홍인의 이름을 빌려서 지은 것이라고 생각했다. 그 이유는 홍인은 "不出文記"라고 하면서 다만 "口說玄理, 默授與人"이라고 하였다. 이 점에 대해서 후래인들이 평하기를 아마도 홍인이 설한 것은 현리(玄理)이며 즉 청법한 제자가 기록 정리한 후에 책을 만들어서 『修心要論』이라고 했을 것이라고 추론했는데 이 모든 것은 그저 추측일 뿐이다. 아무튼 홍인이 중시한 것은 심법인데 우리들의 잡염심(雜染心)이 아닌 진심을 말한다. 혹은 청정심이라고 하기도 하며 이 마음은 본래 청정원명(淸淨圓明)한데 오직 번뇌에 덮여서 드러나지 않는다는 것이다. 참선의 목적은 바로 이 번뇌를 걷어 내고 청정심(진심)을 드러내기 위한 작업이라는 것이다. 즉 번뇌를 제거하고 단멸해서 자기의 진심을 체증(體證)하는 것이며 곧 명심견성(明心見性)하는 것이라는 것이다. 홍인의 선법의 관점을 잘 드러내고 있는 부분이다. 『般若心經疎』, "夫言修道之體. 自識當身本來淸淨. 不生不滅. 無有分別. 自性圓滿. 淸淨之心. 此是本師. 乃勝念十方諸佛. 故知法要. 守心第一. 此守心者. 乃是菩薩之根本. 入道之要門. 十二部經之宗. 三世諸佛之祖."

陽: 지금의 강서성 구강(九江))이다. 후에 기주(蘄州) 황매, 현재의 호북성 황매(黃梅)로 이주했다. 수나라 인수 원년(仁壽 元年)에 태어났으며 속성은 주(周) 씨이다. 당나라 고종(674) 때 향년 74세로 입적했으며 당 대종은 시호를 대만선사(大滿禪師)라고 했다. 도신 입멸 후에 홍인은 쌍봉산 법석을 계승했으며 그 후 그를 따라서 참학하는 자가 점점 많아졌고 쌍봉산 동쪽 빙무산(馮茂山)에 또 다른 도량을 건립해서 동산사라고 불렀다. 후세에 이러한 그의 정황을 통틀어서 동산법문이라고 일컫는다.

도신과 홍인 대에 이르러서 중국선종이 정식으로 형성되었다고 한다. 그들은 달마 이래로 중생의 심성에 관한 것을 곧 불성이라는 기본적인 개념으로 대체하였고 많은 배척과 반대에 부딪치면서도 굳건히 본인들의 신념을 유지시켜서 초기선종 승단의 초석을 마련하면서 비교적 안정된 승단의 단체생활을 보장받기도 했다. 이후로 이들의 구성원은 불교의 내외 및 조야의 상하가 모두 주목하는 대상이 되었고 오래지 않아서 당나라 왕조는 정식으로 선종을 승인하기에 이른다.

홍인은 아마도 지식분자에 속하는 선사가 아니었던 것 같다. 그가 오조가 되고 대중의 영수가 되었던 것은 아마도 선림의 생활 방면에 출중한 재주가 있었던 것과 궤를 같이하는 것 같다. 왜냐하면 당시에는 홍인과 같은 조건을 가진 승려들이 적지 않았다. 예를 들면 천태종의 2대 조사인 혜사(惠思)는 곧 "승려를 경영하는 것을 업으로 삼아서 여름과 겨울에 공양하였다."고도 전해진다. 즉 사찰 경영에 탁월한 재주가 있었던 것 같다. 따라서 홍인 시대에 이르러서 중국선종은 획기적 발전 단계에 진입하게 된다. 선수행자가 점점 늘어났으며 따라서 홍인 문도도 많아지게 되었다. 그러나 그의 법을 전할 만한 자격을 갖춘 사람은 그리 많지 않았다. 『능가사자기』와 『역대법보기』에는 11명이라고 전하고 『전등록』은 13명이라고 하고 종밀의 『원각경대소초』에서는 10명이라고 전하고 있다. 각각 다르게 설명하는데 문도 숫자에 비하면 법을 펼 수 있는 조건을 구비한 사람이 그리 많지 않다는 것을 방증한 것이다.

그중 신수(神秀) · 지선(智洗) · 유주부(劉主簿) · 혜장(惠藏) · 현약(玄約) · 노안(老安) · 법여(法如) · 혜능(慧能) · 지덕(智德)과 의방(義方) 등이 있으며 특히 신수(능가: 점수: 북종)와 혜능(반야: 돈오: 남종)이 가장 영향력이 있었다. 여기서 지덕(智德)은 고려의 승려로서 그의 법을 계승했다.

동산법문의 중요한 내용은 도신과 홍인의 선법이다. 동산법문의 중요한 내용을 알고자 한다면 『입도안심요방편문(入道安心要方便門)』과 『수심요론(修心要論)』을 보면 된다. 『입도안심요방편문』의 명확한 종지는 즉 입도안심(入道安心)으로 여러 가지 방편 법문을 형성했다. 또 입도안심은 직접적으로 달마의 뜻을 전승하였다고 한다.

달마의 입도(入道)는 이입(理入)과 행입(行入) 및 안심벽관(安心壁觀)이다. 그러나 도신의 『입도안심요방편문』의 중요한 사상은 도리어 『문수사리반야경(文殊師利般若經)』을 의지해서 건립하였기 때문에 그의 선법은 『문수사리반야경』의 일행삼매 가운데 안심(安心)법이 주를 이룬다고 할 수 있다. 이 점은 『능가사자기(楞伽師資記)』에 일찍이 기록되어 있던 것으로 "나(도신)의 이 법요(法要)는 『능가경』의 '모든 불심이 제일이다[諸佛心第一].'를 의지했으며 또 『문수사리반야경』의 일행삼매를 의지했다."고 했다. 일행삼매에서 일행(一行)은 법계일상(法界一相)을 가리킨다.

도신은 법계는 일상(一相)으로 차별이 없으며 무차별의 일상법계(一相法界)의 소연(所緣)은 곧 삼매를 성취할 수 있다고 여겼다. 이것은 『문수사리반야경』에서 말하는 법계일상(法界一相)[95]이며 "이와 같은 일행삼매이자 항사 제불법계의 무차별상을 다 아는 것이다."[96]라고 했다.

일행삼매의 경계에 들어가는 방법은 여러 가지의 방편이 있지만 그 가운데서 가장 중요한 방법은 염불과 안심을 이용해서 일행삼매에 도달하는 것이다. 도신은 "염불즉시염심(念佛卽是念心), 구심즉시구불(求心卽是求佛)이라고 여겼다. 왜냐하면 식은 형상이 없고[識無形], 부처는 형상이 없고[佛無形], 부처는 모양이 없기[佛無相貌]"[97] 때문이라고

---

95 『文殊師利所說摩訶般若波羅蜜經』권하, 『大正藏』권8, p.731a26

96 『文殊師利所說摩訶般若波羅蜜經』권하, 『大正藏』권8, p.731a26. "如是入一行三昧者, 盡知恒沙諸佛, 法界, 無差別相."

97 『天竺國菩提達摩禪師論』권하, 『藏外佛敎文獻』권2, 권8, p172.a09. 《無量壽觀經》云: 「是心是佛, 是心作佛.」《念佛三昧經》云: 「念佛卽是念心, 求心卽是求佛.」所以者何? 心識

생각했다. 만약에 이와 같은 도리를 안다면 곧 그것은 안심이 된다고 여겼다. 그러나 도신이 주장하는 염불 안심법문은 정토종에서 주장하는 염불과는 크게 다르다.

비교하자면 정토종에서 주장하는 염불을 통해서 성취하는 삼매는 곧 현전삼매(現前三昧)를 말하며, 도신이 주장했던 염불은 곧 부처가 없는 것을 보는 것이며[無佛可見], 즉 상이 없는 부처이며 그래서 부처가 없는 염불을 하는 것[無佛可念]이라고 했다. 이 점에 대해서 도신은 『입도안심요방편문』에서 좀 더 부연하기를 "무소념자 시명염불(無所念者, 是名念佛)"[98]이라고 했다. 위에서도 언급하였듯이 사실 도신의 이러한 염불안심방편법문은 『능가경』의 여래장심과 『반야경』의 실상염불을 바탕으로 건립된 것이다.

도신은 또 『능가경』에 의지해서 오종 관심(觀心) 방편법문을 건립하였는데 이것은 동산법문의 기본 내용이다. 이 다섯 가지는 모두 심(心)과 관계가 있는데 그 내용은 아래와 같다.

첫 번째는 지심체(知心體), 두 번째는 지심용(知心用), 세 번째는 상각부정(常覺不停), 네 번째는 상관신공적(常觀身空寂: 항상 몸이 공적한 것을 관하는 것), 다섯 번째는 수일불이(守一不移)이다. 이 가운데서 가장 중요한 것은 수일불이의 수행법이라고 한다.

無形. 佛無相貌."

98　『楞伽師資記』, 『大正藏』 권85, p.128c19, "無所念者. 是名念佛. 何等名無所念. 即念佛心 名無所念. 離心無別有佛. 離佛無別有心. 念佛即是念心. 求心即是求佛."

달마선법과 수일불이의 수행법을 비교해 보면 대체로 닮아 있다고 한다. 달마가 응주벽관(凝住壁觀), 무자무타(無自無他), 범성등일(凡聖等一), 견주불이(堅住不移), 무유분별(無有分別), 적연무위(寂然無爲)[99]를 주장했다면 도신의 수일불일(守一不移)는 곧 상관자신공정(常觀自身空淨),[100] 이차공정안(以此空淨眼), 임의간일물(任意看一物), 종일간불이(終日看不已), 민연심자정(泯然心自定)[101]이라고 하였다.

비록 홍인이 도신의 선법을 계승했다고 하지만 좀 더 면밀히 살펴보면 조금은 차이가 있다. 도신은 『반야경』의 깊은 영향을 받았다고 전해지며 전통적으로 『능가경』을 의지해서 선법을 건립하는 동시에 『반야경』의 일행삼매를 용합해서 염불심시불(念佛心是佛), 정심시불(淨心是佛)이라는 자기만의 독특한 선법을 수립했다고 한다. 그러나 홍인은 도신의 『입도안심요방편문』을 계승할 때 도리어 수심(守心)을 중시했다. 이것이 바로 도신의 수일불이(守一不移)의 부분이라고 하겠다. 이러한 점으로 미루어 볼 때 홍인시대에 이르러서 도리어 전통적인 『능가경』을 의지한 관심(觀心)의 선법으로 회귀한 것이라고 할 수 있다. 왜냐하면 관심(觀心)은 곧 수심(守心)의 또 다른 표현이기 때문이다. 홍인은 이외에도 수일(守一)・수본진심(守本眞心)・수본정심(守本淨

---

99 『六門少室』, 『大正藏』 권48, p. 369c20. "凝住壁觀. 無自無他. 凡聖等一. 堅住不移⋯. 無有分別. 寂然無為. 名之理入."

100 黃夏年 主編, 『禪宗三百題』, 상해고적출판사, 2000년, p. 35.

101 『楞伽師資記』, 『大正藏』 권85, p. 1286c19.

心) 등의 표현을 사용하기도 했다.

한편 도신이 수일불이에 대해서 피상적으로 언급했다면 홍인은 비교적 구체적으로 언급하였다. 홍인은 "이 수심이라는 것은 이에 열반의 근본이다. 입도요문의 12부경의 종지는 삼세제불의 근본이다."[102]라고 하였다. 이것은 홍인의 심(心)의 중요성을 가리키는 것으로, 한편 그가 말하는 수심(守心)을 닦는 것에 대한 선행조건으로 본인 스스로가 본래청정하다는 것을 인식하고 그러한 연후에 비로소 수본진심(守本眞心)·수본정심(守本淨心)을 하면 망념이 불생하고 아소심(我所心)이 멸하며 자연스럽게 불과 같이 평등해질 것이라고 여겼다. 수심(守心)을 닦는 구체적인 방법으로는 "단정히 앉아서 기를 조절하는 것이다[端坐正身, 令氣息調]."라고 했다.

이와 같이 동산법문은 홍인의 많은 제자들에게 전승되어서 정중종(淨衆宗), 선습종(宣什宗), 노안선문(老安禪門), 법여선문(法如禪門) 등의 종파를 파생시켰다. 더욱이 혜능과 신수로 대표되는 남돈북종이라는 선종의 역사적인 분기점을 마련하는 초석을 다졌으며 이러한 홍인의 선법은 중국선종이라는 거대한 흐름에 용해되어 지금도 면면히 이어지고 있다.

---

102 『最上乘論』,『大正藏』 권48, p.337c05. "此守心者, 乃是涅槃之根本. 入道之要門. 十二部經之宗. 三世諸佛之祖."

8
정중선 및
보당선

보당선의 특징은
무념을 바탕으로 형성되었다

중국선종은 8-9세기를 기점으로 비약적인 발전과 전파를 하면서 홍기하기 시작했다. 한편 남종과 북종의 강력한 라이벌 구도를 형성하고 있을 때 사천성 일대에서 정중(淨衆), 보당(保唐), 우두종 등 기타 유파가 출현하였다.

보당선(保唐禪)은 우두선이 한창 성행하고 있을 때 지금의 사천성 일대에서 활약하고 있던 오조홍인의 문하 가운데 한 지류를 말한다. 보당선의 시조는 자주 덕순사 지선(資州 德純寺 智詵)으로 알려져 있다. 그러나 실제로 창시자는 성도 보당사 무주(成都 保唐寺 無住)라고 한다. 무주(無住)의 스승이 바로 신라인으로 유명한 정중사(淨衆寺)의 무상(無

相: 684-762)이다. 정중선의 창시자는 무상선사이고 보당선의 창시자는 무주선사이다. 다만 보당선과 정중선이 서로 밀접한 연관성이 있기 때문에 학계에서는 정중보당계라고 칭하기도 한다.

보당선의 법맥 체계는 다음과 같다. 오조홍인(五祖弘忍)→ 덕순사 지선(德純寺 智詵)→ 덕순사 처적(德淳寺 處寂)→ 정중사 무상(淨衆寺 無相)→ 보당사 무주(保唐寺 無住) 순이다. 종밀이 지은『원각경대소초(圓覺經大疏鈔)』에 의하면 동시대에 선종의 7가(七家)를 말하고 있는데 그 가운데 양가(兩家)가 바로 보당선과 정중선이다.

먼저 간략하게 정중선을 살펴보면 정중선은 무억(無憶)·무념(無念)·막망(莫忘) 등 삼구로써 종(宗)을 삼았고 보당선은 무망(無妄)으로써 종을 삼아서[以無妄爲宗] 마음을 일으키면 곧 망(妄)이고 (마음을) 일으키지 않은즉 곧 진(眞)이다. 그러나 무심(無心)을 귀하게 여겨서 묘극(妙極)으로 삼는다고 하고 있다.[103] 또『역대법보기』에 의하면 무상선사는 일찍이 본종을 개괄적으로 소개하기를 무억·무념·막망이라고 하면서 무억시계(無憶是戒)·무념시정(無念是定)·막망시혜(莫忘是慧)라고 계정혜에 배대시켜서 이 삼구를 설명하고 있다. 이 삼구에 대해서 종밀은『원각경대소석의초(圓覺經大疏釋義鈔)』에서 자세하게 해석하였는데 "삼구라는 것은 무억, 무념, 막망이다. 뜻으로 하여금 이미 지난 경계는 추억하지 않게 하는 것이며 미리 예측으로 부정이나 긍정적인 생

---

103   黃夏年 主編,『禪宗三百題』, 상해고적출판사, 2000년, p. 328.

각 등을 하지 않는 것이며 항상 이 지(智)와 더불어 상응해서 산란하거나 혼란하지 않은 것이 막망(莫忘)이다."[104]라고 하고 있다. 그러나 이 삼구의 선법에서 중점은 바로 무념과 무억에 있다고 한다.

이에 대해서 무주선사(無住禪師: 714-774)도 "불억(不憶)·불념(不念)은 일체법을 회의(집착)하지 않는 것으로, 불법도 또한 집착하지 않는 것이고 세간도 또한 집착하는 것이 아니다."[105]라고 하고 있다. 이러한 정중선의 관점으로 볼 때 보당선의 선법과는 거의 유사 내지 대동소이하다고 하겠다.

보당선의 실질적인 창시자는 무주선사라고 한다. 왜냐하면 보당선의 사상적 특징이 모두 무주선사의 선법 사상에 집중되어 있기 때문이다. 우선 무주선사는 선학의 기본 입장을 무념에 입각해서 설립했다고 한다. 그는 『역대법보기(曆代法寶記)』에서 이 점을 비교적 상세하게 설명하고 있다. 즉 "염을 일으키지 않으면 계문이 되고, 염을 일으키지 않으면 정문이 되고, 염을 일으키지 않으면 혜문이다. 무념은 곧 계정혜를 구족하는 것이다."[106]라고 하였다. 즉 무념의 반대로 염(念)은 일체법을 일으키는 근간으로 보았기 때문에 무념의 중요성을 강조하고 있다고 하겠다.

---

104 『圓覺經大疏釋義鈔』권3, 『卍新續藏』권9, p.553c08. "言三句者. 無憶無念莫忘也. 意令勿追憶. 已過之境. 勿預念慮. 未來榮枯等事. 常與此智相應. 不昏不錯. 名莫忘也."

105 黃夏年 主編, 『禪宗三百題』, 상해고적출판사, 2000년, p.329.

106 『曆代法寶記』 『大藏正』권51, p.186a15. "念不起戒門. 念不起是定門. 念不起惠門. 無念卽戒定惠具足."

본래 이 무념위종(無念爲宗)이라는 사상적 개념은 혜능과 그의 제자 및 신회의 주장으로 무주선사의 무념설도 당연하게 이 전통을 계승한 것이라고 한다.

무주선사는 무념은 곧 진여문이며 이 진여문은 일체법을 포함하고 있으며 또한 해탈의 이명(異名)이 된다고 보았다. 또 그는 본체론의 입장에서 보면 무념은 곧 실상이며 해탈론의 입장에서 보면 무념은 곧 열반이 되며 인식론에서 보면 무념은 곧 무분별지가 된다고 여겼다. 이러한 여러 가지 정황으로 미루어 볼 때 무주선사가 당연히 혜능의 사상 및 하택신회의 사상을 흡수하고 운용한 것은 분명한 것 같다.[107]

그는 또 성불과 견성, 무념의 사이에 본질적인 연관성이 존재한다고 여겼다. 그는 『역대법보기』에서 "중생의 본성인 성품을 보면 곧 불도를 이룬다."[108]고 하였는데 무념의 상태에 이르게 되면 곧 중생의 본성이 자연히 드러나게 되고 불도를 이룰 수 있다는 견해이다.

이 점은 그의 스승인 무상선사의 관점에서도 잘 드러나고 있다. 무상선사도 『역대법보기』에서 무념이라는 것도 상대적인 것이라고 강조하고 있다. 즉 "염이 있으면 중생이다. 무념도 가설이다. 유념(有念)이 만약에 없다면 무념도 스스로 없으며 삼계심이 멸하고 적지(寂地)에 거하지 않고 사상(事相)에 주하지 않는다. 용공(功用)이 없는 것은

---

107   黃夏年 主編, 『禪宗三百題』, 상해고적출판사, 2000년, p. 329.
108   『曆代法寶記』『大藏正』권51, p. 186a15. "眾生本性見性即成佛道. 著相即沈輪. 心生即種種法生. 心滅即種種法滅. 轉經禮拜皆是起心. 起心即是生死. 不起即是見佛."

아니지만 다만 허망을 여의었기 때문에 해탈이라고 이름한다."[109]라고 했다.

비록 보당선이 법통상으로 볼 때 남종선과 밀접한 관계가 있으며 동시에 이론상으로도 조계혜능의 사상과 하택신회의 영향을 받은 흔적이 보이는 것은 사실이지만 보당선이 그리 간단하게 남종선의 영향만을 받은 것은 아니다.[110] 보당선도 당시에 유행했던 기타의 선종의 지파들과 마찬가지로 깊이 들어가 분석하고 비교해 보면 그들만의 독특하면서도 고유하고 독립적인 사상적 체계 및 수행체계의 원칙이 존재한다.

『역대법보기』에 보면 보당선에 관한 선법 및 수행에 관련된 방식과 도가의 내용과도 밀접한 관계가 있는 것을 발견할 수 있는데 크게 노장의 무위(無爲)의 영향을 받았다고 할 수 있다. 무주선사는 일찍이 유불도에 대한 해석에 대해서 비판한 적이 있으며 이를 바탕으로 본인의 선리(禪理)를 발휘했다.

예를 들면 그는 노자의 도가도비상도(道可道非常道)를 곧 중생의 본성으로 이해하였고 비상도(非常道)는 말로는 이르지 못한다고(말로는 표현할 수는 없는 것) 하였다. 또 명가명비상명(名可名非常名)도 또한 중생의

---

109 『曆代法寶記』『大藏正』권51, p.184c17. "爲衆生有念. 假說無念. 有念若無. 無念不自. 滅三界心. 不居寂地. 不住事相. 不無功用. 但離虛妄. 名爲解脫. 又雲. 有心即是波浪. 無心即是外道. 順生死即是衆生垢依. 寂滅即是涅槃. 不順生. 不依寂滅. 不入三昧. 不住坐禪. 無生無行. 心無得失. 影體俱非. 性相不立."

110 黃夏年 主編, 『禪宗三百題』, 상해고적출판사, 2000년, p.329.

본성이 되며 그러나 언설은 있을지언정 모두 실질적인 의의(意義)가 있는 것은 아니라고 했다. 다만 명자(名字)는 법으로 말할 수 없기 때문에 곧 비상명(非常名)이 된다는 것이다.

또 "만약에 어떤 학인이 오직 생사의 노역을 싫어하면 이것은 이익이 없다. 도에도 손해가 된다…. 무위에 이르면 곧 무위가 유위가 되며 도에 즉한 본성이 된다."[111]라고 해석했다. 그리고 또 이어서 말하기를 "도에 이르면 말이 끊어지고 망념이 불생한다. 곧 이것은 이익이 된다. 심왕을 관할 때 일체를 모두 다 버리고 여의면 이것도 이익이 있으며 이로써 무위에 이른다."[112]라고도 했다.

그는 무위는 곧 성공적멸(性空寂滅)이며 무불위(無不爲)는 곧 "무위에 주하지 않고 무기의 수행을 하며 무기를 쓰지 않는 것으로 증을 삼는다. 공을 쓰지 않고 증을 삼는다. 곧 이것은 무불위(無不爲)의 뜻이다."[113]라고 하면서 또 장자의 말을 인용해서 불교와 도교의 연관성 내지 관점의 대동소이를 주장하고 있다. 즉 "또 장자가 말하되 생생자는 불생이고 망념이 일어나지 않으면 곧 불생이다. 살생자는 불사자이고 곧 불사의 뜻이다."[114]라고 하고 있다. 노장학 특유의 은유법

111　『曆代法寶記』『大藏正』 권51, p.186a15. "若有學人. 惟憎塵勞生死. 此是不益也. 爲道日損…, 至於無爲. 無爲無不爲. 道卽本性."

112　『曆代法寶記』『大藏正』 권51, p.186a15. "至道絕言. 妄念不生. 卽是益之. 觀見心王時. 一切皆捨離. 卽是有益之. 以至於無爲."

113　『曆代法寶記』『大藏正』 권51, p.186a15. "不住無爲. 修行無起. 不以無起爲證. 修行於空. 不以空爲證. 卽是無不爲義也."

114　『曆代法寶記』『大藏正』 권51, p.186a15. "又莊子雲. 生生者不生. 妄念不起. 卽是不生. 殺

내지 반어법으로 진리를 구사하거나 내지 표현한 것을 그대로 인용하고 있다. 이 점은 중국인들의 독특한 화법의 표현이기도 하다. 아무튼 무주선사는 해탈의 관건을 도가의 무위(無爲)의 개념을 빌려서 해석하고 있다. 그는 이 외에도 도교의 개념을 이용해서 불교의 개념을 표현하였는데 "법을 알면 곧 불보이고 상을 여의면 곧 법보이고 무위를 알면 곧 승보가 된다."[115]고 하는 독특한 삼보관을 제시했다.

굳이 사족을 달자면 여기서 무주선사가 이야기하는 무위(無爲)는 진공(眞空)을 가리키고, 무불위(無不爲)는 묘유(妙有)의 차원을 말한 것이 아닐까 생각해 본다. 물론 이 점은 좀 더 깊이 연구해 보아야 하겠지만…!

결국에 그는 해탈의 의미 상정을 불교의 무념(無念)과 도교의 무위(無爲)와 연관지어서 그의 해탈관을 말하고 있다. 그는 세간은 본래 하나의 실상(實相)이며 천하도 본래가 동정(動靜)이 없는 무사(無事)태평한 상태, 즉 본래 청정무구한 상태지만 사람들이 스스로 번뇌를 조작하고 조작한 번뇌를 집착해서 고통을 불러온다는 것이다. 그 때문에 무위로써 수행의 원칙을 삼고 임운자연(任運自然) 및 순기자연(順其自然)하면 자연히 환지본처(還至本處) 즉 반본귀진(返本歸眞: 본을 돌이켜서 진에 돌아

生者不死. 不死義也. 即是無生."
115   『曆代法寶記』『大藏正』권51, p. 186a15. "知法卽是佛寶, 離相卽是法寶, 無爲卽是僧寶."

간다)할 수 있으며 그러나 비록 무소득(無所得: 얻는 것이 없지만)이지만 반드시 성불을 할 수 있다고 여겼다. 따라서 무위로써 성공적멸(性空寂滅)의 경계에 이를 수 있으며 이것은 곧 도가에서 말하는 무위이무불위(無爲而無不爲: 하는 것이 없지만 하는 것)의 경지가 된다는 것이다. 무주선사는 곧 불교의 무념을 강령으로 삼으면서 도가의 무위를 관통해서 설명하고 있다.

물론 무주선사가 도가의 개념과 사상만을 인용한 것은 아니고 유교 사상을 흡수해서 사용했으며 동시에 보당선의 사상적 체계 및 독립성을 유지하기도 했다. 한편 그가 위의 내용과 같이 유불도를 사용해서 서로의 뜻이 다르지 않다는 것을 증명해 보였지만 유불도 삼가(三家)의 사상을 혼용해서 사용했거나 혹은 인용한 것은 절대 아니다. 그는 『역대법보기』에서 "장자·노자는 모두 무위무상(無爲無相)을 설하고 하나를 설하고, 깨끗함을 설하고, 자연을 설한다(說一, 說淨, 說自然). 그러나 부처님은 이와 같지 않다. 이러한 인연, 자연은 모두 희론이 될 뿐이라고 하였다."[116] 또 말하기를 "일체 현성들은 다 무위법(無爲法)으로써 차별법을 쓴다. (그래서) 부처님은 곧 무위에 주하지 않고 무상에 주하지 않으면서 무상(無相)에 주한다."[117]라고 하였다.

다시 불교와 유교의 차이점을 강조해서 말하기를 "이승인(二乘人)

---

116 『曆代法寶記』『大藏正』권51, p.186a15.
117 『曆代法寶記』『大藏正』권51, p.186a15. "佛即不住無爲. 不住無相. 以住於無相."

은 삼매(三昧)의 술에 취해 있고 범부인은 무명의 술에 취해 있고 성문인(聲聞人)은 진지(盡智, 灰身滅智: 심신의 번뇌를 완전하게 단멸한 상태, 즉 소승 아라한과의 경계)에 주해 있고 연각인(緣覺人)은 적정지(寂淨智)에 주해 있고 여래지혜의 생기(生起)는 무궁무진하다. 장자와 노자의 설은 성문 등의 설과 같다. 부처님이 성문인(聲聞人)을 꾸짖기를 맹인과 같고 농아와 같다고 했다. 예류일래과 불환아라한(預流一來果 不還阿羅漢) 등 모든 성인의 그 심(心)은 다 미혹(迷惑)하다. (때문에) 부처님은 중수(衆數)[118]에 떨어지지 않는다. 일체를 초과했기 때문에 법의 구정(垢淨)도 없고 법의 형상(形相)도 없고 법의 동란(動亂)도, 법의 처소(處所) 및 법의 취사(取捨)도 없다. 이로써 공자·노자·장자를 초월하는 것이다. 불법은 항상 세간에 있으나 세간법에 물들지도 않고 세간을 분별하지도 않는다. 고로 예경을 관하는 바가 없다(공자는 신분의 차등에 근거한 예법 내지 처세법을 말했다). 공자가 설한 많은 것은 집착을 바탕으로 이루어졌다."[119]고 평했다.

위에서도 언급하였듯이 그는 유불도를 회통하고 인용하였지만 불교와 혼용해서 사용한 것이 아니라 불교와 도교, 유교의 분기점이 어

---

118 필자주:『성실론』에 보면 부파불교시대에 논쟁의 쟁점 가운데 하나인 부처님도 승려의 숫자에 해당하는가, 아닌가에 대한 논쟁이 있었다. 아마도 그것을 말하는 것 같다.

119 『歷代法寶記』『大藏正』권51, p.186a15. "不見於大乘. 二乘人三昧酒醉. 凡夫人無明酒醉. 聲聞人住盡智. 緣覺人住寂淨智. 如來之智惠生起無窮盡. 莊老夫子說與共聲聞等. 佛呵聲聞人. 如盲如聾. 預流一來果不還阿羅漢. 是等諸聖人其心悉迷惑. 佛即不墮衆數. 超過一切. 法無垢淨. 法無形相. 法無動亂. 法無處所. 法無取捨. 是以超過孔丘莊老子. 佛常在世間. 而不染世法. 不分別世間. 故敬禮無所觀. 孔丘所說多有所著."

디인지 정확하게 알고 인용하였다. 이러한 점을 현대에 비추어 보면 요즈음은 불교의 정확성을 모르면서도 현대의 기타 학문과 혼용해서 사용하는 경우가 많은데 한 번쯤 반추해 볼 필요가 있지 않을까 생각된다.

9
여래선과
조사선

조사선의 연원은
여래선을 바탕으로 이루어졌다

중국선종사에서 육조혜능선사(638-713)의 출현에는 선종의 중국화 내지 탈인도선법의 요인 등 수많은 수식어가 따라붙는다. 특히 혜능 스님의 출현은 『능가경』에서 『금강경』으로 자리 전환 혹은 위치 전환의 분기점이라고도 한다.

또 『능가경』은 신수 계통의 선법과 연관을 짓고(점수: 북종), 『금강경』은 혜능 계통의 선법과 연관을 짓는(돈오: 남종) 분수령이 되는 지점이다. 그만큼 혜능스님 이후 선종은 많은 변화를 겪게 된다. 따라서 중국선종이 선법의 우열을 논하는 표준을 삼을 때 크게 여래선과 조사선으로 나누어서 분류한다. 그리고는 조사선을 우위에 두는 액선을 취한다. 그러나 이 관점은 조금은 어불성설이다. 왜냐하면 중국선의 뿌리는 어디까지나 여래선 즉 부처님의 수행법을 근간으로 이루어졌기 때문이다.

만약에 이 점을 부정한다면 곧 불법에 대한 부정이다. 다만 이 수행법의 차이는 수행상의 방법론에 차이가 있을 뿐이지, 우열의 차이는 아니다. 오직 근기를 수순하면서 그 시대의 환경과 사람들의 수준을 고려한 것일 뿐이다.

중국선종이라는 거대한 산이 형성되기 전에 당시 승조(僧稠) 계통의 선법이 북방지역에서 널리 유행하고 있었고 후세 선종의 초조인 보리달마 및 혜가도 또한 숭산 일대에서 선법을 수행하고 있었다. 그들의 선법은 독립적인 계통의 선법으로 능가사선(楞伽師禪)이라고 칭했다. 능가사선이 전개되면서 기존의 북방선(승조 현고 등의 관선)의 선사들은 위기를 느끼기 시작했다.

중국선종은 중국적인 요소가 매우 짙은 종파로서 인도불교의 모든 것을 흡수하고 융화해서 자기만의 독특한 사상적 체계와 수행실천 체계를 완성시킨 종파이다. 인도불교 초기선법의 실천수행 면의 각도에서 보면 일찍이 바라문교 등 외도들의 선법을 일정 부분 받아들였고 역시 불교만의 독특한 수행법을 수립했다.

특히 인도선학의 발전 과정과 그 구성요소를 살펴보면 먼저 소승선수학(禪數學: 수식관), 대승삼매 및 밀교의 진언선(眞言禪: 밀주) 등으로 구성된 선법이다.[120] 소승선은 석가모니 부처님이 불교를 창시한 시대로부터 부파불교 시대의 몇몇 부파 및 대승불교가 흥기하기 전까지의 시기를 말한다. 이러한 선법의 중요한 특성은 순서에 따라서 단계적으로 수행하는 것으로 최고의 경지는 아라한과에 이르는 것이다.

대승삼매(이 내용은 앞에 자세하게 언급했다)는 지혜를 개발하는 것을 중심으로 하며 이 선법은 비교적 단순하지만 역시 최고의 경지는 성불하는 것이 목적이다. 밀교의 선은 인도교와 융합된 선법으로 밀주[眞言]·수지밀인(受持密印: 결인 혹은 수인)을 내용으로 하며 역시 성불을 목적으로 한다. 이런 종류의 선법들이 중국에 유입되어서 풍부한 중국선법의 밑거름이 되었다.

처음에 전해진 인도선법은 대부분 사람들을 매우 곤혹스럽게 했다. 인도선법은 비교적 번다한 관심선법으로 종류도 다양했다. 중국인들의 전통적인 사유 방식은 비교적 직관을 중시하는 사유에 익숙해져 있었기 때문에 매우 적응하기가 어려웠다. 게다가 인도불교의 전통은 깊은 산속 사람이 없는 조용한 곳에서 선법을 닦고 걸식을 위주로 수행 생활을 영위하였다. 그러나 중국의 수행풍토는 그러한 환경이 아니었다. 그러다 보니 중국인들은 자기들 나름대로의 선법을 실천하는 환경을 조성하였고 수행방식도 여러 가지로 개조하기에 이

---

120   黃夏年 主編,『禪宗三百題』, 상해고적출판사, 2000년, p. 10.

르렀다. 그렇다고 불교의 근본적인 사상을 버린 것은 아니었고 인도 불교의 기본적인 선법의 바탕 위에서 새롭게 건립했다.

사실 달마대사도 처음에는 두타고행(頭陀苦行)을 행하기도 했으며 2조 혜가(487-593) · 3조 승찬(510-606)도 역시 두타행을 실천했던 것으로 전해지며 4조 도신(580-651)도 처음에는 두타행을 하다가 어느 시기에 이르러서 일정한 주거를 정해서(도량을 세움) 수행하기 시작하였으며 5조 홍인(601-675) 때에 이르러서 도신이 건립한 도량을 재정비하는 한편 대중이 모여서 수행하는 풍토를 조성하면서 더욱더 선농병중(禪農並重)을 공고히 하였다. 즉 5조 홍인 대에 이르러서 밖으로는 인도선법의 주거 풍토 내지 두타행 등의 풍토를 완전하게 벗어나고 안으로는 인도선의 번다한 선법의 이론 및 종교의식 등에서 벗어나서 서서히 중국선의 독특한 가풍이 자리를 잡기 시작한 때이기도 한다.

그 후에 다시 마조대사가 총림을 건설하였고 백장회해는 백장청규를 제정하면서 '일일부작 일일불식(一日不作 一日不食)'이라는 선림의 독특한 계율의 풍토를 조성하면서 철저하게 인도불교의 전통을 개조한 진정한 중국선인 조사선의 가풍이 완성되었다.

어떤 측면에서 보면 선종의 창립은 필연적인 선택이라고도 할 수 있다. 왜냐하면 인도불교가 중국에 전해져서 중국의 현실에 맞게 결합하는 과정에서 자연스럽게 파생된 종파로서 중국 전통 사상과도 상호 아주 밀접한 관계를 유지하면서 서로가 서로에게 영향을 주면서 발전해 왔다. 위진 남북조 시대의 불교는 반야학이 유행했고 특히 당시 남방에서는 중국 전통 사상인 현학(玄學)이 유행하고 있었다. 이 두 가지의 사상은 당연히 서로 영향을 주고받았을 것이다.

이 시기의 후반부에 중국에『열반경』이 소개되면서 불성론이 유행하기 시작하였고 수당에 이르러서는 반야 사상과 불성 사상이 결합되어진 심성론(心性論)이 출현하게 된다(심성론은 화엄, 천태, 선종이 모두 중시하는 사상이다). 반야공성은 반야부 계통의『금강경』을 바탕으로 하며 불성여래장의 사상은『능가경』및『열반경』을 바탕으로 수립된 사상적 체계이다.『단경』의 내용을 보면 이 두 가지의 사상이 잘 배합되어 나타난다.

선종은 기타 종파에 비해 중국화의 표본이 잘 나타난 종파로서 중국 사람들은 선종을 중국인들이 창조한 민족화된 종파라고 하기도 한다. 물론 중국인들은 선종이라는 종파가 아무리 특수하고 뛰어나다고 하더라도 그 근간이 인도불교에 뿌리를 두고 있다는 것을 간과한 것은 아니다. 비록 중국의 전체적인 선종의 흐름이 돈오(頓悟: 조사선)를 제창했지만 모든 선사들이 무조건적으로 인도불교의 단계적이고 점차적인 수행법인 점수(漸修: 여래선)를 비판하고 반대를 한 것은 아니다. 사실 보리달마가 처음부터 돈오를 말하거나 점수를 말한 것은 아니다. 역시 조사선과 여래선을 말한 적도 없다. 이 돈오와 점수를 나누다 보니 자연스럽게 조사선 여래선이라는 단어가 출현하게 되었다.

한편 돈오와 점수의 분기점을 신수와 혜능으로 보는 시각이 지배적인데 사실 돈오돈수(頓悟頓修)를 주장하고 신수 계통을 점수라고 폄하한 인물은 바로 혜능의 제자인 하택신회가 시작이라고 한다.

이 관점은 중국의 유명한 근대학자인 호적 선생의 관점이며 대부분 찬성하는 것이 지배적이다. 물론 일본의 몇몇 유명한 학자와 그이외의 기타 학자들도 이 입장을 반대하기는 하지만 아직까지는 호적 선생의 이 이론을 확실하게 반박해서 뒤집은 사람은 없다. 호적 선생의 관점이 나타나기 전까지는 모두가 하택신회를 지해종자(知解種子)로 폄하하면서 혜능의 우수성은 돈오돈수를 주장한 데 있다고 여겼다.

중국의 8대 종파는 두 가지의 요소를 지니고 있다. 하나는 형식과 체계 등이 매우 중국화된 불교 종파이다. 반드시 창시자가 있고 소의 경전이 있고 그 법맥을 계승하는 체제이다. 이것은 중국인들의 사유 방법 내지 그들의 관습이 만들어 낸 하나의 틀이다. 다른 하나는 이론과 실천수행을 체계화시켰다고 하겠다. 즉 전자가 밖으로 불교를 재정비하고 새롭게 포장했다고 한다면 후자는 안으로 경전의 사상적 체계 및 실천 수행의 체계를 잘 정리하고 정립하는 작업을 실행했다고 할 수 있다.

이 가운데 선종은 특히 중국화된 종파로서 위의 두 가지의 요소를 비교적 충실히 함축하고 있다. 그런데 선종을 기타 종파와 비교 분석해 보면 결정된 소의경전도 이론적 체계도 명확하게 구비하고 있지 않은 것이 특색이라면 특색이다. 즉 기타 종파에 비해 정해진 틀이 없다 보니 매우 활발발하고 생동감이 넘치며 임기응변이 강한 매우 생명력이 풍부한 면이 있다. 물론 선종 내부 종파에서 소의경전이 아닌 나름 체계를 가지고 있는 종파도 있다. 예를 들면 석두종은 화엄 사상에 치중한 경향이 있으며 홍주종은 노장 사상에 가깝다고 하기도 한다. 각 종파의 선사들의 성향에 따라서 그 선법의 특성이 드러난다.

인도선법의 이론과 개오의 과정은 어디까지나 이론을 바탕으로 한 단계적 수행방식을 고수한다. 즉 심성본적(心性本寂)해서 사람들의 자성 혹은 마음의 근본이 항상 적정(寂靜)한데 다만 세속의 각종 번뇌의 장애를 받아서 드러나지 않고 단계적인 수행을 통해서만 번뇌를 벗어나고 자기의 본심인 적정한 상태로 회귀한다고 주장한다.

장차 이 수행법은 홍인의 제자인 신수 계통(북방선)에서 많은 영향을 받았다고 해서 '점수(漸修)'법이라고 하고 홍인의 또 다른 제자인 혜능 계통(남방선)은 반대로 이러한 단계적 수행 방법을 통하지 않고 이와 같이 사람의 본성과 본심이 청정하다면 이러한 상태의 본성과 본심을 인식해서 깨닫기만 하면 된다는 것이다. 즉 바로 깨달으면 그 자리가 바로 여래지(如來地: 성불)이며 돈오를 하는 것이라고 주장한다.

다시 말해서 심성본정(心性本淨), 심성본각(心性本覺) 역시 원래 성불의 각성을 구비하고 있기 때문에 다만 사람들이 이 각성을 발현하기만 하면 된다는 논리로서 가장 많이 회자되는 중국선종의 트레이드마크인 명심견성(明心見性)이다. 그런데 이 돈오법은 중국인들의 전통 사유방식과 많이 닮아 있다.

점수와 돈오를 간단하게 비교해 보면 점수의 장점은 습기를 단계적으로 없애는 수행을 통해서 해탈에 이른다는 것이라면 돈오의 장점은 단계를 거치지 않고 바로 성불한다는 것으로 즉 일초직입여래지(一超直入如來地: 한 번에 바로 여래지에 이르는 것)를 할 수 있다는 것이다. 그러나 여기서 눈여겨 보아야 할 점은 두 가지의 함축된 의미이다.

하나는 돈오수행법은 아주 근기가 수승한(정신세계의 수준이 뛰어난 사람) 사람에게 맞는 수행법이다. 다른 하나는 만약에 일반인에게 돈오 수행법을 적용시켰을 때는 많은 부작용이 따른다는 점이며 비록 돈오해서 인지하고 발현하였다고 하더라도 습기의 문제가 남아 있기 때문에 이론적으로 모순을 낳는다는 점이다.

결론적으로 중국선종의 역사적 각도에서 보면 돈오법과 점수법은 곧 남방선과 북방선의 분기점이지만 엄밀히 따져 보면 인도선과 중국선의 차이점이 녹아 있다. 대체로 돈오법을 주장하는 사람들은 남방선이 우수하다고 주장하지만 사실 수행은 각각 사람의 수준에 맞게 시설하는 것이기 때문에 수행법의 우열을 논한다는 것은 진정한 부처님의 가르침을 이해하지 못한 것이라고 여겨진다.

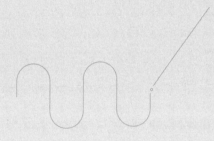

Ⅲ
선종의 불성론

1
불성론의
기원 및 선종

불성론(심성론)은 불교의
핵심 사상인 동시에 선종의 핵심 의제이다

인도에서 불성론의 기원과 발전의 과정을 살펴보면 다음과 같다. 현재에 남아 있는 자료를 살펴보면 대략적으로 A.D. 2-3세기에 대승 중기 불교가 흥기할 때 발전하기 시작했다. 중기 대승불교가 발전하기 전 부파불교 및 초기대승불교 교의(教義)에서 초기 불성에 관련된 문제를 다룬 흔적을 엿볼 수 있다. 이것이 불성론 문제를 형성한 초기 단계라고 한다.[121] 즉 불성론의 문제는 부파불교와 초기대승불교 시기에 형성되어 중기 대승불교에서 발전하고 흥기하였다. 원시불교 시기 즉 불타 재세 시에는 불성의 문제가 나타나지 않았다.

---

121 業露華 지음, 『中國佛敎論理思想』, 上海社會科學院出版社, 2000년, p.118.

불타 재세 시에는 불타 역시 제자들과 함께 가사와 발우를 가지고 함께 걸식하고 함께 잠자고 정진하였다. 또 함께 토론하고 제자들이 묻고 불타는 대답해 주고 인도해 주는 인도자이자 스승이었다. 때문에 불성에 관해서 설할 필요가 없었을 것이다. 다만 무아에 대해서 말했다. 무아는 무자성의 자아 즉 인연화합에 의해서 합성된 자아로서 독립체가 아닌 상호 의존하는 관계인 인연에 의해서 생기고 멸하는 제법무아를 말한다. 특히 불타는 생존 시 한 분의 스승으로 충분히 존경받고 있었다. 때문에 불성을 굳이 논할 필요가 없었을 것이다. 다만 부처님께서는 분명하게 제자들에게 말씀하시기를 본인은 비록 현재의 부처가 되었지만 제자들도 열심히 수행정진하면 반드시 불과를 이루고 성불해서 미래의 부처가 될 수 있다고 단언하셨고 이러한 대목은 경전 도처에서 찾아볼 수 있다. 이러한 말씀이 불성의 기본 모태가 되지 않았을까 유추해 본다.

불타가 입멸한 후 제자들은 불타를 그리워하기 시작했다. 제자들은 불타의 육신은 없어졌지만 정신은 여전히 제자들 곁에 머문다고 생각했다. 또 불법은 불타의 정신을 대표한다고 생각했으며 점점 더 시간이 흐르면서 제자들은 불타의 정신을 인격화하기 시작했다. 그래서 제자들은 불타의 육신과 상대적인 법신이라는 개념을 생각하기에 이르렀다.

법신은 곧 영구불멸한다는 개념으로, 불타의 정신을 체현하는 것이다. 즉 법신체는 시공을 초월하고 복덕과 지혜를 원만히 갖추고 있다고 보았다. 어떤 의미에서 이것은 불타의 본질 혹은 본체론적인 개념으로 즉 불타의 속성 내지 불타의 성품이라고 할 수 있으며 동시에 불성의 문제라고도 할 수 있다.

이러한 사상은 대승불교 후기 경전인 『화엄경』에 자세하게 잘 나타나 있다. 즉 "불신은 법계에 항상 충만해서 널리 일체중생 앞에 나타난다. 연에 따라 나아가며 감응해서 두루하지 않는 곳이 없지만 그러나 항상 보리좌에 앉아 계신다."[122]라고 하는 것과 같은 맥락이다.

부파불교에 이르러서 법신에 관한 문제는 좀 더 진일보해서 발전하게 되었다. 법신을 불타의 정신의 본체라고 보았을 뿐만 아니라 법신의 불멸은 곧 불타의 수명과 연결 지어 생각하기에 이르렀고 곧 불타의 수명이 무량하다는 관점에 도달하게 되었다. 어느새 인간 불타는 점점 더 초월성과 신격화의 방향으로 발전하기에 이르렀다. 물론 부파불교의 모든 부파가 이러한 관점을 가졌던 것은 아니다. 그중에서도 특히 상좌부는 인간 불타를 고수했다.

대중부의 의견은 달랐으며 불성의 문제를 다루기 시작했다. 여기서부터 불타관의 분기점이 시작되었고 다시 상좌부와 대중부는 또 진보와 보수라는 관점으로 나누어지기 시작하면서 많은 부파를 파생

---

122 『大方廣佛華嚴經』권6, 『大正藏』권, p.029c25. "佛身充滿於法界, 普現一切眾生前, 隨緣赴感靡不周, 而恒處此菩提座."

시키게 되었다.

결과론적으로 현재의 남방불교와 북방불교로 나누어지게 되었다. 상좌부의 전통 사상 및 교리체계는 고스란히 남방불교로 전해졌고 북방불교는 상좌부 갈래를 중심으로 하여 보살도 정신 및 사상을 기본 체계로 대승불교로 거듭나면서 북방으로 전해졌다. 이것이 대략적으로 현재의 북방불교와 남방불교를 가르는 불교의 지형이다.

대중부는 중생의 불성의 유무(有無)에 대해서 세 가지로 나누어서 본다. 첫 번째는 어떤 중생의 선근이 끊어졌거나 혹은 큰 잘못(오역죄)을 저지른 사람은 불성 종자를 가지고 있지 않거나 영원히 성불할 수 없다는 것이다. 두 번째는 불성의 유무를 단정지을 수 없는 사람들로서 그 사람의 수행의 정도에 따라서 결정할 수 있다는 것이다. 세 번째는 불성이 있는 자들로서 성문, 보살, 연각 등 삼승인(三乘人)을 말한다.[123]

불성 문제는 사람의 생명의 본질 혹은 생명의 본체, 속성 등에 관한 문제를 야기시켰다. 본래 불타는 제법무아를 설했다. 즉 인무아(人無我)설은 생명의 본체를 부정한 것으로 연기법상에서 무자성(無自性: 자성은 독립적인 실체가 없다)을 설했으며 동시에 법무아(法無我)를 설했다. 이러한 관점은 불타 재세 시 원시불교에서는 이 견해를 유지하고 있었다. 부파불교 시대에 이르러서 이 문제에 대해서 각 부파가 보는

---

123   業露華 지음, 『中國佛教論理思想』, 上海社會科學院出版社, 2000년, p.119.

관점이 달라지기 시작했다.

특히 상좌부는 심성본정(心性本淨), 객진번뇌(客塵煩惱)[124]를 없애고 본성을 회복하는 것을 주장했는데 결국에 해탈의 주체를 심(心)으로 귀납시켰다. 이 관점은 원시불교의 주장과 일치한다. 더욱이 후래에 선종이 깨달음의 주체로 삼았던 심(心)과도 완전 일치한다고 볼 수 있다.

그 가운데서도 상좌부 계통의 부불법외도(附佛法外道: 불법에 붙은 외도)라고 했던 독자부(犢子部)는 보특가라(補特伽羅)를 제시하였다.[125]

보특가라는 즉온이온(即蘊離蘊: 온에 즉한 것도 온을 여읜 것도 아닌)이 아니라는 것이다. 즉 보특가라는 온처계(蘊處界)를 의지해서 가설로 명자(名字)를 시설했기 때문에 곧 제행이 잠시 주하는 것으로 또한 찰나멸이 있다는 것이다. 그러나 연속성이 있기 때문에 보특가라는 윤회의 주체가 된다는 것이다. 만약에 보특가라가 없으면 중생이 전세로부터 후세로 전환해서 올 방법이 없다는 것이다. 때문에 보특가라와 오온의 관계는 즉온이온이 아니다. 보특가라는 비물질성이지만 다만 물질성을 여의지 않기 때문에 육체가 존재한다."[126]라고 하는데 일종의 물질과 정신현상을 초월해서 항상 하나의 '아(我)'가 주재한다고 생각했다. 이 관점은 당시 외도들이 주장했던 신아(神我)설을 불교에

---

124 呂澂 지음,『印度佛學原流略講』, 上海人民出版社, 2012년, p.54.

125 業露華 지음,『中國佛教論理思想』, 上海社會科學院出版社, 2000년, p.119.

126 『異部宗輪論』권1,『大正藏』권49. p.015a26. "有犢子部本宗同義. 謂補特伽羅非即蘊離蘊. 依蘊處界假施設名. 諸行有暫住. 亦有刹那滅. 諸法若離補特伽羅. 無從前世轉至後世. 依補特伽羅可說有移轉."

반영한 것이라고도 한다. 때문에 이 논리는 불타가 주장한 제법무아와 상반되는 논리이므로 독자부가 설한 보특가라설을 부불법외도라고 하기도 했다.

이 외에도 상좌부 계통에서 윤회의 주체로서 제시한 개념으로 유분심(有分心)설, 궁생사온(窮生死蘊)설 등이 있다. 또 부파불교 시대에 부처님의 관점에 위배되는 사상들이 출현하여 원시불교와 부파불교에서 보았던 여러 가지의 관점 및 개념들이 축적되고 정비되면서 이후 불성론을 형성하는 데 이론적으로나 논리적으로나 많은 사상적 개념을 제공하게 된다.

심성의 문제에 있어서 상좌부와 대중부는 대립적인 입장을 고수했다. 상좌부의 주장은 '심성본정 객진소염 정심해탈(心性本淨 客塵所染 淨心解脫)'이라고 했다. 유부(有部)는 염심(染心)으로 해탈한다는 것을 인정하지 않았으며 해탈은 정심(淨心)이라고 여겼다.

대중부도 역시 심성본정(心性本淨)을 주장했지만 심(心)은 원래 정(淨)이라고 하지 않는다. 다만 미래에 가능성이 있으며 미래에 경계에 도달할 수 있다고 하였다. 그래서 일단 정(淨)에 도달하면 다시는 염(染)으로 퇴보하지 않는다는 것이다. 즉 염심(染心)이 해탈한다는 관점이다.[127] 유부(有部)의 주장은 심(心)은 염(染)이라는 관점으로, 해탈은 염심을 없애는 것이고 일종의 다른 정심(淨心)이 와서 대체한다는 것

---

127   呂澂 지음, 『印度佛學原流略講』, 上海人民出版社, 2012년, p.91.

이다. 그러면 전후로 두 개의 심(心)이 있게 된다. 하나의 심(心)이 아니다. 화지부(化地部)도 역시 심성본정을 주장했는데 염심을 없애면 정심이 나타난다고 했다.

과거에는 일반적으로 대중부만 심성본정을 주장하고 상좌부도 아니라고 했는데 최근 여러 연구 결과로 볼 때 상좌부 역시 심성본정을 주장했다. 그 근거로 남방불교의 상좌부 계통에서 이 점을 구비하고 있는 것이 명확하게 나타나고 있다.

결론적으로 상좌부는 심정(心淨)을 고유하게 있다고 보았다면 대중부는 심정을 가능성으로 보았다. 다시 정리하면 상좌부와 대중부는 모두 심성본정설을 주장했다. 다만 상좌부는 심정이 고유하게 있어서 번뇌를 없애면 된다고 보았다면 대중부는 심정(心淨)을 가능성으로 보았으며 일단 정심으로 돌아가면 퇴보하지 않는다고 보았다.

부파불교 후기에 심성론은 부파불교의 토론의 주제가 되었다. 특히 심성(心性)은 염(染)인가 정(淨)인가 하는 문제였다. 그러나 각각의 부파불교의 관점이 달랐다. 이 가운데서 대중부(大衆部) 및 분별설부(分別說部)의 주장은 심성본정(心性本淨), 객진소염(客塵所染)의 관점으로, 중생의 심성은 본래 청정하지만 다만 객진번뇌로 인해서 염오(染汚)되어서 본래 청정하던 심성이 변해서 부정(不淨)이 되었다는 것이다.

본래 청정한 중생들의 심성이 객진번뇌로 더럽혀졌다는 것이다.

마치 본래 깨끗했던 거울에 때가 묻은 것을 없애면 본래 깨끗한 상태의 거울로 되돌아 가는 것과 같은 이치이다. 그러나 이 관점을 반대한 부파도 있었다. 특히 설일체유부(說一切有部)는 심성본정설(心性本淨說)을 극렬하게 반대하였는데 반대의 이유는 다음과 같다.

분별설부(分別說部)에서 주장하는 심성본정설은 부처님의 가르침을 위배하는 것으로 비요의설(非了義說)이라고 했다. 이 외에도『성실론』에서는 "어떤 사람이 말하기를 심성본정인데 객진번뇌로 부정(不淨)이라고 하는데 그렇지 않다. 즉 심성(心性)은 본정(本淨)한데 객진번뇌로 부정(不淨)한 것이 아닌 것은 번뇌와 마음은 항상 상응하기 때문에 객상(客相)이 아니다. 또 심생(心生)이 이미 멸(滅)해서 생기(生起)하지도 않는다. 이런 연고로 심성이 본정한데 객진번뇌로 인해서 부정해지는 것이 아니다. 다만 부처님께서 중생을 위해서 심(心)이 항상 있다고 하였고 고로 객진에 더럽힌 바가 되어서 심이 부정하다고 하였으며 또 부처님께서 게으른 중생을 위해서 심이 본래 부정하다는 것을 듣고 문득 그 성(性)을 고치지도 않고 정심을 발하지도 않을 것 같아서 본정이라고 설한 것이다."[128]라고 주장한다. 이와 같이『성실론』에

---

128 『成實論』권3,『大正藏』권32, p. 258b03. "有人說心性本淨以客塵故不淨. 又說不然. 問曰. 何因緣故說本淨. 何因緣故說不然. 答曰. 不然者. 心非性本淨客塵故不淨. 所以者何. 煩惱與心常相應生. 非是客相. 又三種心. 善. 不善. 無記. 善無記心是則非垢. 若不善心本自不淨. 不以客故. 復次是心念念生滅不待煩惱. 若煩惱共生不名為客. 問曰. 心名但覺色等. 然後取相. 從相生諸煩惱. 與心作垢. 故說本淨. 答曰. 不然. 是心生時即滅未有垢相. 心時滅已垢何所染. 問曰. 我不為念念滅故如是說. 以相續心故說垢染. 答曰. 是相續心世諦故有. 非真實義. 此不應說. 又於世諦是亦多過. 心生已滅未生未起云何相續. 是

서는 심성본정설을 부정하였다.

부파불교에서 논의되었던 심성 문제는 어떤 의미에서 불성론에 대해서 매우 선구적인 역할을 했다. 대승불교 시대에 이르러서 중요한 관심사는 심성론을 바탕으로 어떻게 수행해서 성불할 수 있는가에 대한 문제였다. 즉 부파불교에서 심성론에 대한 이론과 개념을 정립했다면 다음으로 실천 수행에 관한 문제를 제기한 것이다. 이때 불성론은 이론과 실천의 양방향으로 발전하기 시작했다. 즉 공성관에 입각한 반야공성 성공환유 등등을 기본으로 하는 중관 사상의 등장이고 아뢰야식의 사상을 기본으로 하는 유식무경의 관점인 유가 사상의 등장이다.

물론 이 두 가지의 사상적 관점이 동시에 출현한 것은 아니고 전후로 발생되었다. 공성관은 제법본질[호]의 입장에서 심성 및 제법현실을 규명했다면 아뢰야식을 기본 사상으로 한 유가 사상은 심성 및 제법현상을 현상[有]의 관점에서 분석 탐구해서 본질에 이르는 과정이다.

다시 정리하면 중관파는 여과 없이 제법현상의 본질을 바로 드러냈다면 유가행파는 제법현상을 현상에서부터 하나하나 분석해서 본질을 나타내는 수행법이다. 즉 비유를 들자면 중관파는 현관(現觀)이

故心性非是本淨客塵故不淨. 但佛為眾生謂心常在. 故說客塵所染則心不淨. 又佛為懈怠眾生若聞心本不淨. 便謂性不可改. 則不發淨心. 故說本淨.

라는 관법을 통해서 바로 불성을 드러내는 수행이라면 유가행파는 요별식(了別識), 말나식(末那識), 아뢰야식 등의 단계적인 경계를 통해서 본질에 이르는 수행법이다.

2
대승불교 시대의
불성론 발전 과정

**불성론은 성불의
근원 · 근거 · 가능성의 문제이다**

불성은 성불의 원인 · 근거 · 가능성의 문제이다. 불성에서 성(性)의
원문은 계(界)이며 인(因)이라는 뜻도 있다. 불성의 근원은 심성본정(心
性本淨) 즉 성정지심(性淨之心)의 사상이다.[129] 이러한 것은 일체중생이
모두 가지고 있기 때문에 성불의 가능과 근거가 된다.

불성론은 불교의 인성론이다. 인성론의 탐구는 인간의 본질과 속
성이 무엇인가에 관한 문제이다. 인성은 도대체 선인가, 아니면 악인
가, 아니면 무기(無記: 不惡不善)인가 등의 문제이며 불성론의 관심은 무
엇이 불성인지에 대한 관심이기도 하다.

---

129 方立天문집 제1권, 『魏晉南北朝佛敎』, 中國人民大學校出版社, 2006년, p. 228.

이후 이러한 문제의식은 사상적으로 성불의 가능성을 지닌 이론으로 발전되었다. 불교에서는 불성은 일체중생이 모두 지니고 있으며 성불의 가능성 및 종자 내지 근원이 된다고 가르친다. 불성은 또한 여래성, 각성, 여래장 등으로 불리기도 하며 불성의 본뜻은 최고의 깨달음을 이룬 불타가 구비하고 있는 본질이자 속성이기도 하다.

인생은 누구나 할 것 없이 생로병사를 거친다는 것은 조금만 사유해 보면 금방 알 수 있다. 그래서 인간은 두렵다. 특히 원하든 원하지 않든 누구나 피할 수 없는 것이 죽음이다. 이 죽음은 생명과 함께 항상 같은 묶음이다. 빛과 그림자와 같은 존재라고나 할까.

사람은 누구나 아프고 늙고 죽는 것을 싫어한다. 그래서 불교는 아프고 늙고 죽는 것을 원치 않고 그 두려움과 공포에서 벗어나고자 한다면 해탈·성불하라고 가르친다. 그러면 영원히 태어남을 반복하지도 아프지도 늙지도 죽지도 않는 세계에 정착할 수 있다고 한다. 그러면 영원한 이 세계에 정착하기 위해서 우리 인간이 할 수 있는 것은 무엇이 있을까? 그것은 곧 성불하는 길이며 곧 불성을 깨닫는 것이다. 이러한 사유의 과정에서 탄생한 것이 바로 불성론이다. 때문에 '일체중생 개유불성'이라는 개념은 많은 사람들의 마음을 사로잡기에 충분한 매력을 지니고 있다. 특히 봉건제도하의 계급사회에서 피지배층들에게 더욱더 희망적인 메시지가 되었을 것이다.

부처는 다겁 생의 수행정진을 통해서 정각을 이루었다.『화엄경』

에 보면 '심불급중생시삼무차별(心佛及衆生是三無差別)'이라는 말이 있다. 마음과 부처와 중생은 차별이 없다는 것이다. 그러나 이것은 어디까지나 본질적인 입장의 이야기이다. 또 불성이라는 단어를 가지고 생각해 보면 모순이 생긴다. '부처나 중생이나 동일한 불성을 가지고 있는데 왜 나는 중생이고 부처는 왜 부처일까?'라는 의구심을 가져 볼 수 있다. 이 해답으로 경전에서는 부처는 과불성[果佛性(佛)]이고 중생은 인불성[因佛性, 중생]의 상태라고 한다. 사실 여래장은 불성의 또 다른 의미의 이명(異名)이다. 따라서 여래장을 논할 때도 역시 염(染)의 각도에서 여래장은 중생이요, 정(淨)의 각도에서 여래장은 부처라고 한다. 그러면 이러한 사상적인 논리들이 수립되기까지는 어떤 과정을 거쳐 왔는지 개괄적으로 살펴보겠다. 먼저 본연부 경전에 속하는 『앙굴라마경』에서 정의된 불성의 개념을 살펴보면 아래와 같다.

"불생(不生)이 불성이다. 진실성이 불성이다. 상성(常性)이 불성이다. 항성(恒性)이 불성이다. 불변역성(不變易性)이 불성이다. 적정성(寂靜性)이 불성이다. 불괴성(不壞性), 불파성(不破性)이 불성이다. 무병성(無病性), 불로사성(不老死性)이 불성이다."라고 하고 있다.

이와 같이 불성에 대한 정의는 다양하다. 이러한 불성이 우리 모두에게 구비되어 있지만 다만 작용을 못하는 것은 바로 무량한 번뇌가 여래성(如來性)을 덮고 있기 때문이며 따라서 불성은 번뇌 가운데 주한다. 마치 병 가운데의 등과 같아서 병이 깨지면 나타나는 것과 같다. 여기서 병은 번뇌이고 등은 여래장이다⋯. 비유하자면 일월이 빽빽한 구름에 덮여서 광명이 드러나지 못하는 것과 같다. 가린 구름을 제거하면 광명이 나타나서 비춘다. 여래장도 이와 같다."[130]라고 『앙굴라마경』에서 설하고 있다. 다만 이러한 내용으로 미루어 볼 때 불성과 여래장은 거의 같은 의미로 쓰이고 있다는 것을 알 수 있다.

초기 대승불교의 중요한 사상적 의제는 반야 사상 즉 중관 사상이다. 중관 사상을 대승반야학 혹은 중관학이라고 부르기도 한다. 포괄적으로 볼 때 중관 사상의 핵심적 개념으로 연기성공(緣起性空), 반야성공(般若性空), 성공환유(性空幻有), 무자성(無自性), 성공(性空), 중도실상(中道實相), 제법실상(諸法實相) 등을 꼽을 수 있다.

먼저 공하기 때문에 일체만법을 설명할 수 있다는 것이 중관파의 견해이다. 즉 "일체제법이 곧 불법이다. 이 법은 법도 아니고 비법도 아니며 자성이 공(空)한 연고이다[一切法卽是佛法 此法非法非非法 自性空故]."[131]라고 했는데 반야부는 일체가 공하기 때문에 제법현상을 설할 수 있다고 했다. 곧 『중관론』에서 보면 "공의 뜻이 있는 연고로 일체법을 이룰 수 있으며 만약에 공의 뜻이 없으면 일체를 곧 이룰 수가

---

130 『央掘魔羅經』권2, 『大正藏』권3, p. 526a24. "一切諸佛極方便求如來之藏生不可得, 不生是佛性⋯, 如是無量煩惱覆如來性, 佛性雜煩惱者無有是處, 而是佛性煩惱中住, 如瓶中燈瓶破則現, 瓶者謂煩惱, 燈者謂如來藏. 說如來藏者, 或是如來或是菩薩或是聲聞⋯, 譬如日月密雲所覆光明不現, 雲翳既除光明顯照. 如來之藏亦復如是⋯."

131 『宗鏡錄』권44, 『大正藏』권48, p. 672b06.

없다[以有空義故 一切法得成. 若無空義者, 一切則不成].”[132]라고 했다. 즉 인간을 포함한 일체사물 및 현상은 무자성으로 실체가 없고 단지 인연과 조건이 모여서 일시적인 가립으로 존재하기 때문에 연기성공(緣起性空)이라고 했다. 때문에『중아함경』에서 말하기를 “만약에 연기를 보면 곧 법을 보는 것이고 만약에 법을 보면 곧 연기를 보는 것이다.”[133]라고 했다.

또 공한 성품은 환과 같은 존재이기 때문에 성공환유(性空幻有)라고 부른다. 비록 가립으로 형성된 세계이지만 가립으로 형성되기 위해서는 반드시 공유상즉(空有相卽)이 되어야만 비로소 제법현상이 이루어진다. 즉 인간이 형성된 것이 수많은 업연 및 여러 가지의 인연조건이 합성이 되어서(사대오온의 가합체) 이루어진 집합체라면 모든 사물들 역시 많은 요소들이 모여서 구성된 형상들이다.

따라서 인간이 존재하게 된 구성 요소 및 본질과 사물이 형성된 제법현상의 근원을 확실하게 깨닫는 상태가 바로 반야공성(般若空性)의 경계이다. 이 반야공성의 상태를 제법실상, 중도실상(中道實相), 반야실상(般若實相), 무소득(無所得)이라고 부른다. 그래서『종경록』에서 보면 “성공(性空)은 제법의 실상이다. 실상을 보면 고로 정관(正觀)이 된다.”[134]라고 했으며 또 “곧 알라! 제법의 실상 가운데 들어가면 (일체가)

---

132 『中論』권4,『大正藏』권30, p. 33a20.

133 『中阿含經』권7,『大正藏』권1, p. 467a09. “若見緣起便見法, 若見法便見緣起.”

134 『肇論』『大正藏』권45, p150c15. “性空者, 謂諸法實相也. 見法實相故雲正觀, 若其異者,

불생불멸이다."[135]라고도 했다. 그래서 공을 표현할 때 비공비유(非空非有)라고 하기도 한다. 그러나 분명한 것은 이러한 개념들은 깨달음의 세계로 인도하기 위한 언어명자의 방편적인 개념일 뿐이며 논리적으로 분석하고 추론해서 얻어지는 경계가 아니다. 즉 체험의 과정을 통해서 수립된 경험론적 언어개념들이다.

다시 연기성공(緣起性空)이기 때문에 비공비유(非空非有)가 된다고 한다. 이 비공비유의 또 다른 표현으로 진공묘유(眞空妙有)를 말한다. 진공묘유에서 진공이 제법현상의 본질이 된다면 묘유는 곧 제법에서 현상 및 작용을 가리킨다. 즉 진공한 상태인 깨달음에서 끝나는 것이 아니라 묘유를 통해서 현상의 작용을 설명한다. 이 묘유한 작용이 곧 심의 작동이며 이 심을 다른 말로 심성(心性), 불성 혹은 여래장이라고 부르기도 한다.

『앙굴라마경』에서 말하기를 "일체천인(天人)을 위해서 설하기를 여래장은 마치 허공의 새의 발자취와 같다. 불성으로 하여금 현현(顯現)하게 한다. (그러나) 생(生)은 있지만 몸(형상)은 볼 수 없다"[136]라고 하였는데 이 의미는 곧 여래의 성품을 굳이 불성으로 나타내 보이지만 실제로 불성이 형상으로 존재하는 것이 아니라는 것이다. 즉『금강경』

便爲邪觀."

135   『大智度論』권48,『大正藏』권25, p.408c02. "卽知諸法入實相中, 不生不滅."

136   『央掘魔羅經』권2,『大正藏』권3, p.536b16. "我於無量阿僧祇劫恒河沙生, 爲一切天人說如來藏如虛空鳥跡, 令佛性顯現故, 生不可見身."

에서 "무릇 있는 바 형상은 모두 허망하다. 만약에 모든 형상을 형상이 아닌 것으로 본다면 곧 여래를 본다[凡所有相 皆是虛妄 若見諸相非相 卽見如來]."라는 구절과 일맥상통하며 이 표현은 바로 공성(空性)의 최고의 정점을 찍은 표현이기도 하다. 여기서도 강조하는 것은 불성은 각자 깨달음의 경계이며 각자의 체험의 세계라는 것이다. 반야부의 이러한 공성체계의 논리 역시 불성론이 형성되는 근거를 마련해 주었다.

　이러한 상태를 선종은 '신령스러운 한 물건' 혹은 '소소영영한 자리'라고 하면서 "명자로도 얻을 수 없고 모양이나 형상으로도 얻을 수 없다[名不得 相不得]."라고 표현하고 있다.

　역시 이러한 표현은 개념과 논리로만 존재하는 것이 아니라 실제적인 체험 즉 경험에서 얻어진 개념들로서 모두 체험의 경계를 말하는 것이다. 특히 선종에서 무수이수(無修而修), 무념이념(無念而念), 무상이상(無相而相) 등의 표현을 자주 쓴다. 이러한 표현 방식은 곧 반야부 계통의 논리와 맥이 같다고 볼 수 있다. 사실 많은 반야부 경전이 대부분 초기대승불교 시기에 성립되었다. 따라서 반야중관 사상이 사변적 논리를 토대로 본성의 개념을 분석하는 것이 주된 핵심이라면 반대로 유가유식은 인명논리를 토대로, 본성의 개념을 추리하는 형식을 골자로 하고 있다.

3
불성론과 여래장 및
법신설의 관계

여래장 사상의 출현은 불성론의
또 다른 표현인 여래청정법신 사상이다

중기 대승불교가 흥기한 후에 불성론은 큰 발전을 했다. 이 시기에 출현한 대승경전은 여래장 사상을 결합해서 불성론 사상을 더욱더 심화해서 발전해 갔다. 여래장에 대한 해석은 매우 많다. 기본적인 의미로서 여래장은 일체중생이 모두 본래 청정한 여래법신을 소장하고 있다는 것이다. 불성론이 청정한 본성[自性]을 성불의 목적으로 보았다면 여래장 사상은 불성론과 결합한 청정법신을 성불의 근원으로 삼았다.

『승만보굴(勝鬘寶窟)』에 보면 일체중생의 불성을 세 종류로 분류해서 설명하고 있다.

첫 번째 자성주불성(自性住佛性)으로, 중생이 선천적으로 구비하고 있는 불성이다. 선천적으로 구비하고 있기 때문에 자성(自性)이 상주한다고 한다.

두 번째는 인출불성(引出佛性)으로, 수행을 통한 선정지혜의 계발로 얻어지는 불성이다.

세 번째는 지득불성(至得佛性)으로, 수행을 통해서 원만한 과를 증득해서 나타나는 불성이다.[137]

『법화경』『화엄경』에서도 불성에 대한 문제를 다루고 있다. 『법화경』의 관점에서 불성은 불지견이다. 즉 상불경보살이 항상 일체중생에게 예배하는 것은 모든 중생이 언젠가는 모두 성불할 수 있는 가능성을 가졌기 때문에 취하는 행동이다. 이 점이 바로 불성이 있다는 의미의 표현이다.

또 『법화경』「여래수량품」에서 불타의 수명에 관해서 말하기를 "여래 수명이 장원(長遠)할 때 육백팔십만억 나유타 항하사 중생이 무생법인(無生法忍)을 얻는다…."[138]라고 하였는데 이것도 역시 부처님의 법신 불멸 및 본성의 초월성에 대한 설명이고 자세히 살펴보면 모두 불성론 및 여래장에 관한 이야기라고 할 수 있다.

---

137 『勝鬘寶窟』권하, 『大正藏』권37, p.58c1. "三藏云. 亦言如來胎. 如來藏在煩惱之中. 名如來藏. 如來藏即是佛性. 佛性有三. 一自性住佛性. 二引出佛性. 三至得佛性."

138 『妙法蓮華經』권5, 『大正藏』권49, p.044a06. "阿逸多! 我說是如來壽命長遠時, 六百八十萬億那由他恒河沙眾生, 得無生法忍; 復有千倍菩薩摩訶薩. 得聞持陀羅尼門; 復有一世界微塵數菩薩摩訶薩, 得樂說無礙辯才."

그러나 어떤 대승경전은 위의 내용과 상반되는 관점을 가지고 있다. 즉 일체중생이 모두 불성을 가진 것은 아니라는 주장이다. 어떤 부류의 사람들은 선근(善根)이 부족하기 때문에 아무리 수행을 해도 성불할 수가 없다는 것이다.

특히 『해심밀경』「무자성상품(無自性相品)」에서 "유정세계 가운데는 여러 종류의 종성(宗姓) 차별이 존재한다. 따라서 각각 사람들의 근기 또한 같지 않으며 근기 중에는 이근(利根), 둔근(鈍根: 선근이 부족한 자)이 존재하기도 한다. 비록 불타께서 여러 가지의 방편을 사용해서 둔근자(鈍根者)를 인도하고 교화하지만 결국에는 이 둔근자들은 무상보리 무상정각을 획득할 수 없다."[139]는 것이다. 즉 이 하열한 근기의 소유자들은 불성을 구비하지 못했기 때문에 성불할 수 없다는 것이다. 대승경전 가운데 『해심밀경』 이외에도 『유가사지론』 등에서 모두 같은 주장을 펼친다.

인도의 유가행파는 불성에 관해서 오종성(五種性)을 주장했다. 유가행파는 인도에서 4-5세기에 흥기한 대승불교 교파로서 유가 유식학파이다. 즉 대승 중관학파 다음으로 생겨난 학파이다. 이 파는 세계의 본원은 심식(心識)이라는 관점으로 세계의 만물은 모두 심식의 변

---

139 『解深密經』권2,『大正藏』권16. p.695a13-695a22. "非於一切有情界中, 無有種種有情種性, 或鈍根性, 或中根性, 或利根性有情差別." "善男子! 若一向趣寂聲聞種性補特伽羅. 雖蒙諸佛施設種種勇猛. 加行方便化導. 終不能令當坐道場證得阿耨多羅三藐三菩提. 何以故. 由彼本來. 唯有下劣種性故. 一向慈悲薄弱故. 一向怖畏衆苦故."

현(變現: 唯識無境)이라는 것이다. 이 파가 불성을 보는 문제에 있어서 다만 일체중생이 선천적으로 본성을 구비하고 있거나 혹은 구비하지 못한 상태를 성문종성(聲聞種性), 연각종성(緣覺種性: 獨覺宗性), 보살종성 (菩薩種性: 如來宗性), 부정종성(不定種性), 무종성(無種性) 다섯 종류로 분류 하였다.

여기서 앞의 세 종류인 정성성문(定性聲聞), 정성독각(定性獨覺), 정성 보살(定性菩薩)을 통칭 삼승(三乘)이라고 한다.[140] 이 삼승은 열심히 수 행을 하면 아라한과 내지 벽지불의 불과(佛果) 등과 상응하는 과위를 증득할 수 있다고 주장한다. 비록 부정종성(不定種性)은 삼승의 종자를 구비하고 있지만 최종의 과위를 정할 수 없고 다만 완전히 개인의 수 행의 정도에 의거해서 결정된다고 한다. 무종성(無種性)은 또 무성유 정(無性有情)이라고 칭하기도 한다. 이 종류의 중생은 선근종자가 끊어 진 상태로서 영원히 생사고해에 침륜해서 도저히 성불할 가능성이 없다는 것이다.

다만 이러한 유가행파의 오종성설(五種性說)은 아마도 당시 인도 사 회가 계급사회로서 이러한 사회적 형태가 직간접으로 불교 교의에 반영된 것인지도 모른다. 이러한 유가행파의 관점이라면 중생의 종 성은 아뢰야식의 종자로 인해서 결정되는 것으로 천성적으로 바꿀 수 없기 때문에 어떠한 노력과 수행을 하더라도 자기의 운명을 도저

---

140 業露華 지음, 『中國佛敎論理思想』, 上海社會科學院出版社, 2000년, p.123.

히 바꿀 수 없다는 결론이다. 물론 반대로『열반경』에서는 일천제(一闡提)조차도 성불할 수 있다고 못박고 있기는 하다. 유가행파의 오종성설은 당나라 현장법사가 번역해서 중국에 소개되면서 중국 법상종의 기본적인 이론이 되었다.

사실 현장법사가 인도로 구법여행을 떠난 것도 불성은 본유(本有)인가 시유(始有)인가에 대한 의문을 풀고자 하는 의지에서 시작된 것이다. 이어서 중국에서 불성론 문제가 대두되기 시작한 것은 위진 남북조 시대이다. 좀 더 구체적으로 말하면 위진 시대에 반야론이 유행했다면 남북조 시대에는 불성론이 유행했다. 이 형태는 인도에서 반야중관학이 먼저 발전하였고 이어서 유가행파가 발전한 것과 같은 맥락이다. 즉 중관파가 반야공성을 본질로 보았다면 유가 유식파의 본질은 아뢰야식이라고 할 수 있다(아뢰야식은 두 가지의 관점이 있다).

중기 대승불교 시기에 여래장 사상에 관련된 경전이 많이 찬술되었는데 사실 여래장이라는 단어가 최초로 나타난 곳은『증일아함경(增一阿含經)』「서품(序品)」이다. 즉 "… 문득 여래장으로 총지를 삼으면 비록 금생에 몸의 번뇌를 다하지 못하더라도 후생에는 문득 높은 재능과 지혜를 얻는다."[141]라고 했다. 그 의미를 살펴보면 불성과 같은 의미로 쓰인 것을 알 수 있다. 특히『앙굴마라경』에서는 여래장이라는

---

141 『增一阿含經』권1,『大正藏』권2. "其有專心持增一, 便爲總持如來藏; 正使今身不盡結, 後生便得高才智."

단어가 집중적으로 많이 나타난다. 이 경에서는 불성이라는 단어도 집중적으로 나타나고 있다. 뜻은 불성의 의미와 대동소이하다.

여래장이 가지고 있는 의미 및 특성에 관해서 몇 가지를 살펴보겠다. 『앙굴마라경』에서 보면 불성과 마찬가지로 "여래장은 있으되 눈이 있어도 볼 수 없다."[142]고 했으며 또 "여래장에 무슨 뜻이 있는가? 만약에 일체중생에게 모두 여래장이 있다면 (그것은) 곧 일체중생이 모두 다 부처를 이룰 수 있다[143]는 것이며 여래장의 뜻은 자성청정(自性淸淨)의 뜻이다."[144]라고 했다. 이러한 의미들은 모두 불성론과 일맥상통하는 내용들이다.

또 "여래장 얻기는 지극히 어렵다[如來藏者極爲難得]."[145]라고 하면서 "무량한 번뇌에 덮인 바가 되어서 모든 악업을 짓고 자성심이 여래장인 줄 모르고 무량한 번뇌에 들어간다."[146]라고 하였다. 또 "아(我)라는 것은 곧 여래장의 뜻이다. 일체중생이 불성이 있다는 뜻은 곧 아(我)의 뜻이다. 이와 같이 아의 뜻은 본래부터 이미 무량한 번뇌에 덮여 있기 때문에 중생들이 보지 못하는 것이다."[147]라고 했다. 여기서도

---

142 『央掘魔羅經』권2, 『大正藏』권3, p. 525b15.

143 『央掘魔羅經』권4, 『大正藏』권3, p. 539a14. "如來藏者有何義? 若一切眾生悉有如來藏者, 一切眾生皆當作佛."

144 『央掘魔羅經』권4, 『大正藏』권3, p. 540a03. "謂如來藏義, 若自性清淨意."

145 『央掘魔羅經』권4, 『大正藏』권3, p. 539c20. "如來藏者極為難得."

146 『央掘魔羅經』권4, 『大正藏』권3, p. 540a12. "為無量煩惱所覆造作諸惡, 故名為惡, 不知自性心如來藏, 入無量煩惱義."

147 『大般涅槃經』권8, 『大正藏』권12, p. 648b06. "我者, 即是如來藏義. 一切眾生悉有佛性,

여래장과 불성이 동일한 의미로 쓰이고 있다는 것을 알 수 있다. 여기서 "아가 무량한 번뇌에 덮여 있다."는 의미는 초기 부파불교에서 주장했던 심성본정 객진소염(心性本淨 客塵所染)과도 맥을 같이한다.

위에서 살펴본 바와 같이 여래장의 의미 및 속성은 불성과 대동소이한 내용들이다. 그래서 초기 대승불교에서는 여래장과 불성을 정확하게 구분 지어서 사용하지 않았다. 다만 사용하는 각도에서는 조금씩 차이가 있었다.

예를 들면 불성이 비인비과(非因非果)의 각도에서 출발했다면 여래장은 비염비정(非染非淨)의 각도에서 출발한 점이다. 또 여래장은 선불선인[如來之藏是善不善因故][148]의 뜻과 공여래장, 불공여래장의 뜻을 포함하고 있다. 그러나 이러한 개념들이 처음부터 사용되었던 것은 아니고 후대에 대승경전이 편찬되면서 보완 보충한 내용들이다.

이 외에도 여래장을 집중적으로 다룬 대승경전 다수가 존재하는데 중요한 경전으로 『금강삼매경(金剛三昧經)』, 『대보적경(大寶積經)』, 『승만사자후일승대방편방광경(勝鬘師子吼一乘大方便方廣經)』, 『대방등여래장경(大方等如來藏經)』, 『대법고경(大法鼓經)』, 『입능가경(入楞伽經)』, 『능엄경(楞嚴經)』 등이 있으며 논장으로는 『구경일승보성론(究竟一乘寶性論)』, 『석마하연론(釋摩訶衍論)』, 『금강삼매경론(金剛三昧經論)』 등이 있고 중국에서

即是我義, 如是我義, 從本已來常為無量煩惱所覆, 是故眾生不能得見."
148 『入楞伽經』 권7, 『大正藏』 권16, p.556b22. "如來之藏是善不善因故, 能與六道作生死因緣, 譬如伎兒出種種伎, 眾生依於如來藏故."

찬술한 주석서로『승만보굴(勝鬘寶窟)』,『대승법계무차별론소(大乘法界無差別論疏)』,『대방광불화엄경수소연의초(大方廣佛華嚴經隨疏演義鈔)』『대방광불화엄경소(大方廣佛華嚴經疏)』,『묘법연화경현의(妙法蓮華經玄義)』,『대반열반경의기(大般涅槃經義記)』,『능가아발다라보경주해(楞伽阿跋多羅寶經註解)』,『주대승입능가경(注大乘入楞伽經)』,『대방광원각수다라요의경약소(大方廣圓覺修多羅了義經略疏)』,『수능엄의소주경(首楞嚴義疏注經)』,『대승기신론별기(大乘起信論別記)』,『기신론소필삭기(起信論疏筆削記)』및 원효소인『기신론소(起信論疏)』등이 있다. 이는 집중적으로 여래장에 대해서 자세하게 언급하고 있는 경론과 주석서들이다.

이러한 불성론 및 여래장 사상은 중국선종에 다양한 개념으로 용해되어서 수행의 방편이 되었다. 예를 들면 대혜종고가 간화선에서 무심의 상태를 진여불성 자리로 보았다면 조동종의 청동굉지의 묵조선은 본증묘각을 현현하는 것을 목적으로 삼았다. 이 두 가지의 명칭은 다르지만 모두 불성(여래장)을 의미하는 것이다. 즉 선종에서 자주 사용한 용어 가운데 심지(心地)・심성(心性) 등과 같은 의미이다.

4

불성론 및
유가의 심성론

불성론이 출세관이라면
유가의 심성론은 입세관이다

불교의 심성론은 불성론을 말한다. 불성론은 실제로 인성론에 관한 문제로서 인성론에 대한 불교적인 관점이다. 인성(人性)은 사람의 본질적인 속성을 말하는데 외적인 측면에서 보면 사회성, 문화성, 경제성 등 다양한 모습으로 그려 볼 수 있다. 반면에 내적인 각도에서 보면 인성은 그 사람의 본질, 성향 등을 나타낸다. 때문에 인성론에 대한 문제는 사람의 근본적인 본질을 규명하는 명제로 선악은 선천적인가, 후천적인가 등 많은 문제를 제기해 볼 수 있다.

중국 고대 한나라 때 철학의 명제가 우주론에 대한 탐구였다면 위진 남북조 시대에는 본체론에 대한 철학적 논의를 했다. 즉 우주의 본(本)은 체(體)인가, 말(末)인가 하는 문제였다. 본체론에서 언급한 본말(本末)·유무(有無)·동정(動靜)·체용(體用)의 관계는 기본적으로 거시적인 것이다.

본체론은 한나라의 우주론을 초월하는 것으로 천지만물을 깊이 연구해 보니 '소위 그러하다[所以然].'는 것이다. 심성론은 사람들의 심리 및 생리현상을 통해서 인성 본질을 깊이 연구한 것이다. 때문에 심성론은 중국철학 본체론의 논리 발전에 필연적인 목적이 되었다.

전국 시대 후기 인성론 문제에 대한 제기는 곧 인간에 대한 보편적인 탐구로서 인간들이 살아가면서 각종 감정 및 행위에 관한 탐구이기도 했다. 특히 선악에 대한 인간 행위가 전체의 사회 정치 문화 등에 미치는 영향을 지속적으로 탐구하는 과정이기도 했다. 이러한 인간에 대한 탐구 내지 탐색은 곧 인간의 속성인 본질을 규명해 보는 것이기도 하다. 이후 중국 사상계에서는 이 인성 문제에 대해서 끈을 놓지 않고 선과 악의 관계 및 선악의 기원 등 각 방면에서 연구를 이어 갔다.

인성론은 중국 사상사에서 매우 중요한 명제이다. 중국 사상사에서 처음으로 인성론에 대한 문제가 제기된 시기는 춘추전국 시대이다. 춘추 시대에 일찍이 공자는 '성상근, 습상원(性相近 習相遠)'을 말했다. 즉 인성의 형성과 객관적인 사회 환경과의 관계를 해석한 것으로 이 점은 당시 사회에서 이미 인성 문제를 다루고 있었다는 증거이다. 즉 인간의 본질과 속성에 관심을 가지고 있었다는 것이다.

물론 공자는 사람의 본질과 속성 및 선악에 대해서 정확하게 규명한 적은 없다. 공자의 제자인 자공(子貢)은 "선생님이 천성과 천도에 대해서 말하는 것을 들어본 적이 없다[貢曰 夫子之文章 可得而聞也 夫子之言 性與天道 不可得而聞也]."라고 하고 있는데 이 말은 공자는 인성에 대해서 구체적으로 언급한 적이 없다는 뜻이다.

전국 시대에 이르러서 비로소 인성 문제에 대한 탐구와 발전이 있게 되었다. 당시의 사상가들은 사람의 본성에 대한 문제를 중점적으로 연구하기 시작했으며 인성에 대한 선악의 문제도 이때에 이르러서 논쟁을 전개하기 시작했다. 따라서 각양각색의 인성론에 대한 토론과 연구가 성행했다. 인성의 선악 문제에 관해서 당시 사상계의 대표적인 학설은 성선설(性善說)과 성악설(性惡說), 유선유불선(有善有不善)과 무선무불선(無善無不善)으로, 즉 선(善)이 되기도 하고 불선(不善)이 되기도[149] 하는 등의 관점이 논의되고 있었다.

맹자의 성선설의 핵심은 사람과 짐승의 차이는 바로 자각할 수 있는 도덕적 관념이 있기 때문이라고 하였다. 그는 사단설(四端說)을 제시해서 "측은지심은 인의 시작이며, 수오지심은 의의 시작이며, 사양지심은 예의 시작이며, 시비지심은 지혜의 시작이다."[150]라고 했다. 이 사단심은 인의예지(仁義禮智)를 가리키며 인간이 천부적으로 구비

---

149 業露華 지음, 『中國佛教論理思想』, 上海社會科學院出版社, 2000년, p. 115.

150 "사단설(四端說)"이란 惻隱之心: 혹은 同情之心, 仁之端也; 羞惡之心, 義之端也; 辭讓之心(겸손 겸양하는 마음), 禮之端也; 是非之心, 智之端也.

하고 있는 도덕적 범주의 발단이 된다고 여겼다. 때문에 이 사단설은 모든 사람들이 선천적으로 지니고 있다는 것이다. 그는 『고자상(告子上)』에서 "사람의 성은 선하다. 마치 물이 아래로 흐르는 이치와 같다. 사람에게 불선(不善)이 없다. 물이 아래로 흐르지 않을 수 없는 것과 같다."[151]라고 했다.

참고로 원래 공자가 처음으로 인의예(仁義禮)를 제시했고 맹자가 인의예지로 확충했으며 한나라 때 동중서가 인의예지신(仁義禮智信) 오상(五常)으로 확장시킨 것이다.

맹자와 정반대로 성악설을 주장한 전국 시대의 걸출한 인물인 순자는 인간의 본성은 태어나면서부터 악하다고 보았다. 그는 성선설은 인위적인 것이라는 관점이다. 그가 말하는 사람의 본성은 당연히 자연적 생리적 현상인 속성을 가리킨다. 즉 배고프면 밥을 생각하고 추우면 따뜻한 옷을 필요로 하고 피곤하면 쉬고 싶은 생각을 하는 것 등은 모두 인간의 자연적인 반응이라는 것이다. 이것이 바로 인간의 본성이기 때문에 당연히 호리오해 추리피해(好利惡害 趨利避害) 즉 "이익을 추구하는 면과 해로움을 피하는 면이 공존한다."는 것이다. 그래서 "눈은 미색을 보려 하고 귀는 좋아하는 것만 들으려 하고 입은 맛있는 것을 좋아하고 마음은 이익을 좋아하고 신체는 안일과 편안함

---

151 『告子上』 "人之性善也, 猶水之就下也, 人無有不善, 水無有不下."

을 좋아한다."[152]는 것으로, 이러한 반응은 모두 인간의 속성을 반영한 것이라고 보았다.

이른바 선(善)이라는 것은 모두 후천적으로 만들어지는 것이기 때문에 모두 인위적이라는 것이다. 『순자』의 「성악편」에서 "사람의 성(性)은 악하다. 그 선이라는 것은 인위적이다[人之性惡 其善者僞也]."라고 했다. 때문에 그는 선천적으로 형성되는 도덕관을 부정하면서 후천적인 도덕을 위한 교화 작용을 강조하였다. 즉 "선천적인 본성을 변화시켜서 후천적으로 인위적인 것을 일으키게 한다[化性僞起]."라는 것이다.

이 외에도 중국 철학사에서 다양한 인성설이 제기되기도 했다. 즉 다양한 각도에서 인성론 연구를 진행했다. 당시 고자(告子)[153]는 생지위성(生之謂性)이라고 하면서 인성(人性)에는 "선(善)과 불선(不善)의 구분이 없다[性無善無不善]."고 보았다. 즉 사람이 나면서부터 선성(善性)을 구비한 것이 아니고 선악은 후천적으로 형성되는 것이라고 했다. "마치 물이 동서가 없듯이[水無分於東西] 성도 선(善)과 불선(不善)을 나누지 않는다[性也 無分於善不善]."라고 했다. 곧 인성은 흐르는 물과 같다고 보

---

152 『荀子』「性惡」, "目好色, 耳好聲, 口好味, 心好利, 骨體膚理好愉悅."

153 고자(告子)에 대해서 두 가지 설이 전해진다. 첫 번째 그는 동주 전국시대의 사상가 법가(法家)이다. 일설에 의하면 일찍이 묵자(墨子)에게 가르침을 받은 적이 있으며 언변이 뛰어났다고 한다. 몇 차례 맹자와 인성(人性) 문제에 관해서 변론을 한 적이 있다고 한다. 그래서 그의 학설이 『孟子』「告子」에 적게나마 일부분이라도 기록되었다고 한다. 두 번째 그는 맹자의 학생으로 즉 맹자의 제자라고 하기도 한다. 세 번째 그는 저술도 없고 유전된 것도 없다고 한다. 그러나 이 모든 것은 추측에 불과하다고 한다.

았는데 물은 어느 한 곳으로 흐르면 계속해서 그쪽으로 물길을 따라가는 것과 같다고 여겼다.

예를 들면 동쪽으로 인도하면 동쪽으로 흐르고 서쪽으로 인도하면 서쪽으로 흐르는 것과 같으며 사람의 본성도 역시 그렇다는 것이다. 본래 선악이 결정된 것이 없는 관계로 주어진 환경의 영향에 따라서 선도 악도 될 수 있다고 했다. 때문에 완전히 후천적인 환경과 교육이 선악을 결정짓는다고 보았다.

심성설에 대한 또 다른 관점으로 한나라 때 양웅(揚雄)은 성선악혼(性善惡混)을 주장했다. 그는 "사람의 성은 선악으로 섞여 있다. 그 선을 닦으면 곧 선인이 되고 그 악함을 익히면 곧 악인이 된다[人之性也善惡混 修其善則爲善人 修其惡則爲惡人]."고 했다. 즉 그는 인성(人性)은 선악의 두 가지의 요소를 갖추고 있으며 모두 선천적으로 구비한 것이라고 여겼다. 그래서 후천적인 학습과 사회적인 환경 등 기타 요인으로 인해서 선한 요소가 선한 쪽으로 발전하면 선인이 되고 악한 요소가 악한 쪽으로 발전하게 되면 악인이 된다는 논리이다.

또 그가 강조하기를 "배움은 성을 닦는 것이다[學者所以修性也]."라고 하면서 "배우면 곧 바르게 되고[學則正], 그렇지 않으면 곧 사가 된다[否則邪]."라고도 했다. 그의 이러한 관점은 공자가 말한 성상근야(性相近也), 습상원야(習相遠也)를 좀 더 깊이 발휘한 것이라고 한다. 그러나 분명한 것은 중국 사상사에서 이러한 인성론 내지 심성론은 대부분 어떻게 하면 성현군자가 되는가 하는 것과 인간의 기본적인 도리를 규정하는 것에 초점이 맞추어져 있다. 사실 인간은 사회적 동물이기 때문에 개개인의 인성은 매우 중요하다.

특히 위정자들의 인성은 사회 전체에 미치는 영향이 매우 크다. 즉 한 나라 지도자의 인성에 따라서 그 나라의 사회 전체가 진보할 수도, 퇴보할 수도 있다. 심지어는 개인들의 일상생활에도 깊은 영향을 준다. 때문에 유가는 여러 가지 사회적인 환경을 반영하고 교육을 통한 인성 개발을 해서 사회적 가치로 활용하고자 했던 것이다. 그 사회적 가치는 보편타당한 것이 되어야 하고 실제로 일상생활에 적용이 되었을 때 실용성이 있어야 했다.

특히 많은 사람들에게 유익함을 줄 수 있는 인간을 육성하는 것으로 성현군자라는 표식을 만들었다. 성현군자의 규범은 도덕적으로 높은 소양과 품성을 구비해야 했다.

유가는 군자의 덕목이자 사회적 가치로서 자기위인원칙(自己爲人原則), 위인처사적원칙(爲人處事的原則), 자기적위관지도(自己的爲官之道)를 요구했다. 즉 "만약에 조정에서 벼슬을 하게 되면 반드시 조정의 입장에서 일을 해야 하고, 동시에 황제나 관료가 불의를 일으키면 이의를 제기해서 반드시 그것을 바로잡아서 정의를 실천해야 하고, 만약에 지방에서 관리가 되면 반드시 민생의 입장에서 일을 해야 하며, 만약에 관리가 안 된 지식인이면 그 사회에 대해서 항상 관심을 가지고 반드시 사회를 위해서 공헌을 해야 한다."라고 했다.

이것은 유가의 가치이자 덕목이고 목표로서 "천하흥망, 필부유책
(天下興亡 匹夫有責: 나라의 흥망성쇠는 밭을 가는 농부에게조차 책임이 있다)"이라는
말로 귀결된다. 이것은 바로 유가에서 인성을 중시하는 목표이자 이
상세계인 대동(大同)세계를 이루는 표준이었다. 또 유교는 군자로서
선택할 두 가지를 제시하고 있는데 "도덕을 묻는 자는 공명을 구하지
말 것이며[問道德者不計功名], 공명을 묻는 자는 이익과 관록을 구하지
말라[問功名者不計利祿]."라고 했다. 이러한 사상적 행위의 근저는 인간
의 도덕적인 수양으로 성품을 완성해 가는 과정이기도 하다.

정리하자면 불가나 유가 모두가 심성을 논했지만 어느 과정에서는
일치하는 관점도 있지만 추구하는 목적과 이상은 완전히 다르다. 유
가의 심성론은 완전한 인간으로서 도덕적인 수양 내지 전인적인 인
격의 도야, 품성에 대한 완전함을 추구해서 성현군자가 되는 것을 논
했다. 동시에 성현군자 역시 현실에서 이상을 실현하는 것으로 입세
(入世)의 관점에서 출발한 것이다.

반면 불교의 출발점은 출세(出世)로부터 시작한다. 물론 불교도 역
시 도덕적인 인품 내지 인성을 육성하기를 장려한다. 하지만 불교의
이상은 철저하게 자기의 성품의 본질 및 근원처를 찾아서 대지혜 광
명을 발현하는 데 목적과 의의가 있다. 물론 대승불교는 깨달음을 이룬
후에는 반드시 다시 현실로 회귀하는 보살도 정신을 주장한다.

결국 유가의 이상 목표는 현실에서 어떻게 성품을 연마해서 도덕적인 가치와 덕목을 실천해야 하는가였다. 유가의 이상은 현실에서 그들이 추구하는 가치를 실현하는 데 목적을 두기 때문에 입세(入世) 설이라고 한다. 반면 불교는 불성을 자각해서 해탈에 이르는 것을 주된 목표로 삼기 때문에 출세(出世)에 바탕을 둔다. 이 두 가지는 완전히 상반되는 관점으로 여기서부터 사물을 관찰하고 인생을 바라보는 시각이 나누어지게 된다.

5
위진 남북조 시대의
반야학과 불성론

반야론과 불성론은
선종 사상 체계의 양대 축이다

중국의 위진 시대에 반야론이 유행했다면 남북조 시대에는 불성론이 유행하기 시작했다. 반야공 사상은 공(空)을 바탕으로 수립되었고 바로 본질을 깨닫는 것에 치중했기 때문에 비교적 이론이 난해하고 이해하기도 어려웠다. 반면에 불성 사상은 유(有)를 바탕으로 형성된 이론으로 비교적 이해하기 쉬웠고 있다는 것에 착안해서 불성을 인지하거나 찾는 것에 치중했다고 할 수 있다. 물론 본질은 모두 깨달음에 중점을 두고 있다.

이 두 가지를 동시에 아울러서 표현한 개념으로 '진공묘유'를 들 수 있다. 결국 이 두 종류의 사상은 선종 사상의 양대 축을 이루고 있다. 이 외에도 선종은 유식 사상을 흡수해서 선사상을 표현할 때 많이 사용했다.

한나라 말부터 유송(劉宋) 시대에 이르기까지 『반야경』이 유행했다. 동한(東漢) 때 지루가참(支婁迦讖)이 번역한 『도행반야경(道行般若經)』을 기점으로 전후해서 여러 종류의 반야류 계통의 경전이 번역되었다. 또 주사행(朱士行) 도안 등 많은 이들이 반야 사상에 대한 연구 내지 학습을 했다. 당시 반야 사상은 노장학인 현학의 뜻을 의지해서 『반야경』의 뜻을 논석하거나 해석하였는데 그것이 중국불교사에서 명명되어진 격의불교이다.

위진 남북조 시대에 이르러서 중국 전통 사상인 현학(玄學)이 유행하였고 현학 중에서도 삼현(三玄)인 주역, 노자, 장자 사상이 굉장히 유행을 하고 있었다. 그런데 이 현학은 대승불교 중에서도 특히 반야 중관 사상과 비슷한 특징을 가지고 있었다. 그래서 당시의 문인 및 사대부 불자들로부터 열렬한 환영을 받았으며 이 반야중관 사상은 양진(兩晉) 시대에 이르러서는 반야학파가 육가칠종(六家七宗)으로 나누어지면서 많은 이들의 관심을 받고 유행하였다.

그 가운데 요진 구마라즙과 승조(僧肇)의 사상을 이어받은 반야 사상을 기초로 한 삼론학파가 흥기하기 시작하면서 반야공론과 중도불이 사상은 당시 현학에서 주장하던 우주관, 세계관, 인생관 등을 사유하고 관찰하는 방법론 및 이론 체계에도 지대한 영향을 미쳤다.

육가칠종은 동진 시대의 스님들이 반야공성(般若空性)을 각기 다른 관점에서 해석한 것을 가리킨다. 육가칠종에 대한 내용에 관해서 몇 가지의 기록이 전해지고 있다.

승조의 『조론』및 동진 시대 도안이 육가칠종을 정리 혹은 평론한 것이 있고 유송(劉宋) 시대에 장엄사(莊嚴寺)의 담제(曇濟)가 지은『육가칠종론(六家七宗論)』과 수대의 길장이 지은『중론소(中論疏)』등에 비교적 자세하게 수록되어 있다. 육가칠종을 간단하게 정리하면 아래와 같다.

첫 번째, 본무종(本無宗)은 도안 승예(僧睿), 혜원 등의 관점이고, 두 번째, 즉색종(卽色宗)은 지도림(支道林) 등의 관점이고, 세 번째, 식함종(識含宗)은 어법란(於法蘭) 제자 어법개(於法開) 등의 주장이고, 네 번째, 환화종(幻化宗)은 축법태(竺法汰)의 제자 도일(道壹) 등의 주장이고, 다섯 번째, 심무종(心無宗)은 축법온(竺法溫), 도항(道恒), 지민도(支愍度) 등의 주장이고, 여섯 번째, 연회종(緣會宗)은 어도수(於道邃)[154] 등의 주장이고, 일곱 번째 본무이종(本無異宗)은 축법탐(竺法琛) 등의 주장이다.

이 중에서 본무종, 즉색종, 심무종이 당시 반야학의 주류가 되었다. 승조(僧肇)는 이 칠종의 견해를『불진공론(不眞空論)』에서 심무(心無), 즉색(卽色), 본무(本無)[155] 등 세 가지로 귀납시켰다.

---

154 깊을 수.
155 『肇論』,『大正藏』권45, p.152a02. "心無者, 無心於萬物, 萬物未嘗無. 此得在於神靜, 失 在於物虛. 卽色者, 明色不自色, 故雖色而非色也. 夫言色者, 但當色卽色, 豈待色色而後

이렇게 위진 시대에 반야학이 유행해서 휩쓸고 지나간 자리에 열반학이 서서히 흥기하기 시작하면서 많은 사람들이 불성이라는 개념에 관심을 가지기 시작했다. 이러한 배경에는 『열반경』의 번역도 한몫했다. 특히 『열반경』이 번역되면서 불성론에 관한 여러 가지의 설이 제기되었다. 『열반경』은 여러 종류의 번역본이 존재하는데 담무참(曇無讖)이 번역한 『대반열반경』의 불성론의 관점이 많은 논쟁을 불러일으켰다.

대승불교에서 체계적으로 발전된 불성론은 중국불교에 많은 영향을 주었다. 불교가 중국에 전해진 이후 인성론에 관한 문제는 빠르게 불교 사상에 반영되었고 불교의 불성론에도 많은 영향을 주었다. 특히 남북조 시대에 불성론의 문제는 당시 많은 불교도들에게 연구의 대상이 되었고 특히 '일체중생 개유불성'이라는 사상은 각계각층으로부터 환영받았다.

당시는 봉건주의 시대로서 신분과 계급적 서열이 엄격했던 사회제도에 비추어 볼 때 매우 파격적인 이론이자 사상이 되었을 것이다. 이러한 분위기를 타고 불성론은 급속하게 확산되기 시작했고 활발한 연구가 진행되었다. 이 점은 중국에서 불성론의 발전과 형성에 있어서 중대한 의미를 갖는다.

為色哉? 此直語色不自色, 未領色之非色也. 本無者, 情尚於無, 多觸言以賓無. 故非有, 有即無; 非無, 無亦無."

사실 중국불교사에서 보면 위에서도 언급했듯이 열반불성에 관한 경전은 이미 불교가 인도에서 유입된 시기인 한나라 말부터 소개되기 시작하였다고 한다. 즉 『대반열반경(大般涅槃經)』이 번역되기 이전에 중국에서는 대소승에 관련된 『열반경』이 전해졌다고 한다.[156] 그러나 위진 남북조 시대에 중국에서 번역된 『열반경』은 세 종류가 있다.

먼저 동진 시대(北涼義熙 14년: 418)에 법현과 각현이 합작으로 번역한 『대반니항경(大般泥洹經)』 6권이다. 이 번역본은 『열반경』 전체를 번역한 것은 아니며 경의 초분과 전5품을 번역하였다. 두 번째는 담무참이 북량(北涼玄始 10년: 421)의 도성인 양주(지금의 武威市)에서 번역한 『대반열반경』 40권으로 『열반경』 전체를 완전하게 번역한 번역본이다. 세 번째는 유송(劉宋元嘉年間: 424-453)에 혜엄(慧嚴) 혜관(慧觀) 및 시인인 사영운(謝靈運) 등이 위의 두 번역본을 근거로 다시 개편한 『대반열반경』 36권이다. 세칭 『남본열반경(南本涅槃經)』이라고 한다. 담무참이 번역한 『대반열반경』은 『북본열반경(北本涅槃經)』이라고 부른다. 담무참이 번역한 『북본열반경』이 남방에 전해지기 전에 『남본열반경』이 남방에서 유행했다.

담무참이 번역한 『대반열반경』의 핵심 내용은 불신(佛身)은 상주불멸(常住不滅)하며 열반 4덕인 상락아정(常樂我淨)과 일체중생은 모두 불성이 있다는 내용을 골자로 하고 있다. 이 경의 『사자후보살품』에 보

---

156 業露華 지음, 『中國佛教論理思想』, 上海社會科學院出版社, 2000년, p. 125.

면 불성은 무엇인가에 대한 해석이 있는데 부정의 방식을 통해서 표현하고 있다. 즉 "선남자야 불성이라는 것은 역색비색, 비색비비색 내지 역자비자 비자비비자[善男子! 佛性者, 亦色非色 非色非非色…. 亦字非字 非字非非字]."[157] 등의 형식이다.

한편 이 경은 일체중생이 모두 불성이 있다고는 하지만 경전의 전반부와 후반부에서 설하는 내용이 일치하지 않는다. 즉 경의 초분에서는 일체중생이 모두 불성을 구비하였고 동시에 모두 성불할 수 있다고 하였지만 다만 일천제(一闡提)는 제외한다고 하였다. 그러나 경의 후반부에서는 일천제도 성불할 수 있다고 설하고 있다. 이러한 점으로 미루어 보건대 아마도 이 경전은 긴 시간 동안 이루어졌거나 혹은 경전이 편집되는 과정에서 사상적인 변화를 반영한 것인지도 모르겠다.

중국에서 이 경이 번역되고 나서 열반불성론에 대한 관심이 최고조에 달했고 『열반경』에 대한 연구 및 다량의 주석서가 쏟아져 나오기 시작했다. 그 가운데서 비교적 중요한 주석서로 수나라 때 혜원이 지은 『열반경의기(涅槃經義記)』10권, 관정(灌頂)이 지은 『열반경소(涅槃經疏)』33권 및 『열반경현의(涅槃經玄義)』2권, 길장이 지은 『열반경유의(涅

---

157 『大般涅槃經』권27, 『大正藏』권12, p.525c25. "善男子! 佛性者, 亦色非色, 非色非非色, 亦相非相, 非相非非相, 亦一非一, 非一非非一, 非常非斷, 非非常非非斷, 亦有亦無, 非有非無, 亦盡非盡, 非盡非非盡, 亦因亦果, 非因非果, 亦義非義, 非義非非義, 亦字非字, 非字非非字."

槃經遊意)』1권 등이 있다. 이러한 연구의 결과로 위진 남북조 시대에 중국불교의 열반학이 탄생되었다.

특히 동진 시대의 승려인 축도생(竺道生)은 『대반니원경(大般泥洹經)』 6권의 내용인 일체중생이 모두 불성이 있으며 일천제까지도 성불할 수 있다고 주장했다가 많은 사람들로부터 공격을 받고 마침내는 건강(健康: 현재의 남경)을 떠나게 되었다. 그 후 남방의 여산에 이르러서 『열반경』을 강설하자 많은 사람들이 듣게 되었고 비로소 중국 최초의 열반사(涅槃師)가 생겨났다. 이로써 남북조 시대의 불성론의 문제는 중국불교에서 중요한 연구 대상이자 그 시대의 화두가 되었다. 또 축도생은 중국 최초로 돈오를 설한 인물이며 그가 설한 돈오를 역사가 들은 소돈오라고 한다.

'무엇이 불성인가.' 외에도 당시 논쟁이 되었던 문제는 '중생이 모두 불성을 구비했는가.'에 대한 것이었다. 당시 『대반열반경』인 『북본열반경』이 번역되기까지는 모두 일천제는 성불할 수 없다는 관점이었다. 그러나 축도생이라는 안목 있는 인물이 출현하면서 일천제도 성불할 수 있다고 주장하였다. 그는 아마도 경전 전체가 번역되지 않아서 이러한 현상이 빚어졌다고 생각했다. 그는 많은 공격과 비방을 받았지만 마침내 그의 관점이 옳았다는 것이 증명되었다. 그것은 『열반경』 전반부의 내용과 후반부의 내용이 달랐기 때문에 나타난 현상이었다.

즉 전반부에서는 "무엇이 일천제의 이름이 되는가? 일천제라는 것은 일체선근이 단멸되었고 본심이 일체선법을 반연하지 못하며 내지 일념의 선도 내지 못한다."[158]라고 일천제를 설명하고 있다. 후반부에서는 "두 종류의 일천제가 있다. 하나는 현재 선근을 얻는 자이고 다른 하나는 후세에 선근을 얻는 자이다. 여래는 일천제 무리가 현재 선근을 얻을 수 있다는 것을 잘 알기 때문에 곧 위해서 설법한다. 후세에 얻는 자를 위해서도 또한 설법한다. 지금은 비록 무익하지만 후세에 인을 짓기 때문이다. 이런 연고로 여래는 일천제를 위해서 법요를 연설한다. 다시 일천제에는 두 종류가 있다. 하나는 이근(利根)자이고 다른 하나는 중근(中根)자이다. 이근인은 현재 능히 선근을 얻을 수 있고 중근인은 후세에 곧 얻는다. 제불세존의 설법은 헛되지 않다."[159]라고 했는데 일천제가 현세는 비록 성불하지 못하더라도 인을 심어 두면 반드시 언젠가는 성불할 수 있다는 의미이다. 이와 같이 『열반경』후반부 도처에 일천제에 대한 불성과 성불의 문제에 대해서 설하고 있다.

　사람들은 남녀노소를 불문하고 모든 현실의 속박으로부터 벗어나

---

158 『大般涅槃經』권5, 『大正藏』권12, p.0393b04. "何等名爲一闡提耶? 一闡提者, 斷滅一切諸善根, 本心不攀緣一切善法, 乃至不生一念之善."

159 『大般涅槃經』권20, 『大正藏』권12, p.482a29. "大王! 一闡提輩分別有二: 一者得現在善根, 二者得後世善根. 如來善知一闡提輩能於現在得善根者, 則爲說法: 後世得者, 亦爲說法, 今雖無益, 作後世因. 是故如來爲一闡提演說法要. 一闡提者復有二種: 一者利根. 二者中根. 利根之人於現在世能得善根, 中根之人後世則得, 諸佛世尊不空說法."

육체적·정신적인 자유를 원한다. 불교적 관점에서 보면 정신적·육체적으로 영원히 자유가 되는 것을 해탈이라고 한다. 해탈론을 논하면 반드시 수반되는 사상이 바로 불성론이다. 당시는 봉건주의 시대로서 신분 서열이 엄격한 계급제도의 사회였기 때문에 많은 피지배계층은 신분적으로 자유롭지 못했고 또한 정신적·육체적으로도 자유롭지 못했다. 이러한 봉건적 사회의 압제 속에서 대부분의 사람들은 자유롭지 못했을 것이고 불성론의 문제가 대두되자마자 당시의 중국인들의 주목을 받은 것은 당연한 결과였을 것이다. 그것은 인생의 문제 및 생명에 대한 근원적인 물음으로서 생명의 존재 및 가치와 연결된 주제이기도 했다. 단순히 종교 문제로만 치부할 수는 없었을 것이다.

6
남북조 시대의
불성론

불성론은 계급을 타파할 수 있는
파격적인 소재였다

경전에서 말하고 있는 불성은 도대체 인성인가 아닌가에 대한 문제는 남북조 시대의 사회 및 정치 문제를 반영한 것이기도 하다.[160] 남북조 시대에 유행한 사부경(유마·열반·법화·화엄), 삼부론(섭대승론·십지경론·대승기신론)의 중요한 의제는 모두 불성에 관한 것이다. 성불은 과연 현세인가 아니면 미래인가, 만약에 불성이 있다면 본유(本有)인가, 시유(始有)인가 하는 문제였으며 만약에 성불을 한다면 타력 즉 외부적인 힘에 의한 것인가, 아니면 자력인 자기 자신의 힘으로 이루는 것인가 등등의 문제도 포함되었다.

---

160 任繼愈 지음, 『임계유선학논집』, 상무인서관출판, 2005년. p. 215.

남북조 시대에 발생된 불성론에 관한 논쟁은 위진 시대의 반야공성이 유행한 후에 출현하기 시작한 것이다. 이 불성 문제가 전개된 것은 중국불교의 새로운 발전 단계를 나타내는 증표이기도 하다. 이 점은 불교 내부 교리에 대한 새로운 사상적 발견이자 논리의 탄생이기도 하지만 그 배후는 당시 사회의 계급제도와 깊은 연관성이 자리하고 있다. 마치 인도의 유가행파가 주장한 불성에 대한 오종설은 당시 인도 사회의 계급제도를 반영했던 것과 유사점이 있다.

　　중국에서 한말 이래로 세족문벌제도(世族門閥制度)가 형성되었다. 이러한 제도의 요점은 바로 문벌의 지위가 높고 낮음에 따라서 사회적인 지위 및 그에 수반되는 일체가 결정되는 것이다. 이른바 "상품무한문(上品無寒門: 상품은 가난이 없다), 하품무세가(下品無世家: 하품은 세가가 없다)"[161]라는 것으로 이것은 정치제도와도 맞물려 있다. 남북조 시대에 이 문벌사족제도는 이미 교착상태에 빠진 정치제도였다. 비단 사람들의 사회적·정치적·경제적 지위 등 모두 문벌사족 출신들에 의해서 결정되었을 뿐만 아니라 심지어는 사람들의 재능 및 인품의 우열조차도 모두 문벌사족 출신들이 표준이 되었으며 이러한 사회의 전반적인 모든 것 역시 이들에 의해서 결정되었다. 이들은 모두 어떠한 노력에 의한 결과가 아닌 태어나면서부터 특권을 가진 자들이라고 할 수 있다.

161　業露華 지음, 『中國佛敎論理思想』, 上海社會科學院出版社, 2000년, p.130.

불성론의 논쟁은 바로 이러한 모순된 사회 배경을 무대로 출현하게 되었고 이러한 정치제도 및 사회적 제도하에서 볼 때 불성론은 매우 파격적인 요소를 지니고 있었다. 특히 남녀노소 빈부귀천을 가릴 것 없이 모두 불성을 소유하고 있으며 게다가 누구나 다 열심히 수련하고 노력한다면 부처가 될 수 있다는 관점은 많은 사람들에게 꿈과 희망을 안겨 주었을 것이다. 설사 이루지 못하더라도 그러한 사상이 존재한다는 것만으로도 많은 사람들에게 위안이 되었을 것이다. 특히 불성의 관점에서 보면 성인과 범부가 차이가 없고 더욱이 불성의 본질적인 입장에서 보면 모든 사람들은 대등한 이치로서 모두가 평등하다는 것이다. 따라서 당시 계급적인 사회제도가 가지고 있던 불평등 내지 불합리성을 한순간에 타파한 것이 바로 불성론이라고도 할 수 있다.

잠시 당시 중국 사회에 만연했던 고유한 사상적 관습 및 관념을 살펴보면 더욱 극명해진다. 맹자는 전국시대의 경험에 입각해서 각국의 흥망성쇠와 어지러움을 다스릴 수 있는 규율을 총괄해서 제시했는데 그 가운데 하나가 인정설(仁政說)이다. 그의 인정설은 이민위본(以民爲本: 백성이 근본이 된다)으로, 민본 사상의 주요한 명구인 '민위귀, 사직차지, 군위경(民爲貴 社稷次之 君爲輕)'을 제시했다. 이 뜻은 백성이 우선이고 다음이 국가이고 군주는 최후에 존재한다는 것이다. 즉 백성과 사직에 비하면 군주의 위치가 그리 중요한 것은 아니라는 주장이다. 왜냐하면 사직은 국가 존재의 기본 바탕이 되고 군주의 지위 및 권력은 백성들이 부여해 준 것이기 때문에 백성이 없으면 군주도 존재할 수 없다는 주장이다.

맹자는 군주는 응당히 백성을 보호하는 것이 우선이 되어야 하며 또한 위정자는 그 백성의 기본 권리를 보장해 주어야 하고 만약에 혼융한 군주가 있다면 백성은 그 정권을 무너뜨릴 권리가 있다는 것이다. 곧 이 내용은 군주가 어떻게 백성을 대하고 다스려야 하는가에 대한 문제로서 국가의 흥망에도 깊은 관계가 있다는 것이다. 또 그는 민심의 향배를 매우 중시하면서 역사를 반추해서 반복적으로 일어난 사건 사례들을 인용해서 득천하(得天下)와 실천하(失天下)에 대한 문제를 논했다.

비록 맹자는 공자의 덕치(德治) 사상을 계승해서 인정설을 발전시켜, 곧 이덕복인(以德服人)으로 그의 정치 사상에 핵심을 삼기도 했지만 사실 맹자의 정치론인 인정설은 곧 왕도설(王道說)로서 본질은 봉건정치계급의 봉사를 위한 것이었다. 심지어 그는 육체적인 노동자와 정신적인 노동자를 구분해서 육체적인 노동자는 군자가 될 수 없다고 했다. 당시 사회는 여전히 불평등한 관습 및 관념의 사회적 제도를 지속적으로 계승 발전해서 이어 가고 있었다.

이와 같이 고유한 사상이 주류가 되어서 긴 시간 동안 사회를 지배하고 있던 차에 '일체중생 개유불성'이라는 사상적 모토는 분명 어떤 부류(대부분 하층민)의 사람들에게는 경이로움이자 파격적인 소재가 되었을 것이다.

그 후 이 불성론이라는 사상적 개념은 중국선종을 탄생시키는 중요한 역할을 담당했고 동시에 선종의 양대 사상의 한 축을 이루는 역할을 담당했다. 특히 '일체중생 개유불성' 사상은 당시 전쟁이 잦은 불안정한 사회에서 하나의 빛이 되어 주었고 새로운 삶으로 인도해 준 길잡이가 되었을 것이다. 그 이유는 초기선종의 형성과 성립 과정 및 구성원을 살펴보면 그 해답은 더욱더 선명해진다. 따라서 남북조 시기로 접어들면서 불성에 관한 연구는 매우 활발하게 진행되었고 동시에 불성을 연구하는 사람들도 많아지기 시작했다. 그러나 불성에 대해서 많은 사람들의 관점이 모두 일치하지는 않았다. 그것은 아마도『대반열반경』의 전후 내용이 다르기 때문에 생겨난 것인지도 모르겠다. 그뿐만 아니라 각기 다른 번역본을 의지하다 보니 이러한 현상이 나타난 것인지도 모른다. 이때 각기 다른 관점으로 불성을 바라보다 보니 명칭도 각기 다를 수밖에 없는 양상이 나타났다.

길장은『대승현론(大乘玄論)』에서 말하기를 "경 가운데는 불성, 법성, 진여, 실제 등의 이름을 밝히고 있는데 모두 불성의 이명이다. 왜냐하면『열반경』에서 스스로 불성에는 여러 가지의 명칭이 있다고 설하고 있다. 하나의 불성 이름이 법성열반이며 또 이름이 반야일승이며 또 이름이 수능엄삼매(首楞嚴三昧), 사자후삼매(師子吼三昧)이다. 고로 알라, 성현은 근기를 따라서 방편을 쓰기 때문이다. 모든 경 가운데 설한 이름이 같지 않다. 고로『열반경』에서 이름은 불성이 되고『화엄경』에서 이름은 법계가 되고『승만경』에서 이름은 여래장자성청정이 되고『능가경』에서 이름은 팔식이 되고『수능엄경』에서 이름은 수능엄삼매가 되고『법화경』에서 이름은 일도일승(一道一乘)이 되고『대품』에서는 이름이 반야법성이 되고『유마경』에서는 이름이 무주실제(無住實際)가 된다. 이와 같은 등의 명칭은 모두 불성의 이명이 된다."162 라고 적고 있다.

당시 불성에 대한 관점을 크게 두 가지로 나누어 볼 수 있는데 먼저 남도(南道)파는 법성 진여 등을 의지해서 불성은 본유(本有)에 가깝다고 보았고 북도(北道)파는 아뢰야식을 의지해서 무루종자가 새롭게 훈습을 기다리는 것이 있기 때문에 불성은 시유(始有)와 상통한다고 보았다.

길장은『대승현론(大乘玄論)』에서 삼론종의 중도 사상을 가지고 불법을 논증하면서 당시 많은 불성론의 연구에 대해서 개괄적으로 정리한 것이 있다. 대체로 11가설이 있었는데 분류해서 다음과 같이 세

---

162 『大乘玄論』권3,『大正藏』권45, p.041c14. "經中有明佛性法性真如實際等. 並是佛性之異名. 何以知之. 涅槃經自說佛性有種種名. 於一佛性亦名法性涅槃. 亦名般若一乘. 亦名首楞嚴三昧師子吼三昧. 故知. 大聖隨緣善巧. 於諸經中說名不同. 故於涅槃經中. 名為佛性. 則於華嚴. 名為法界. 於勝鬘中. 名為如來藏自性清淨心. 楞伽名為八識. 首楞嚴經名首楞嚴三昧. 法華名為一道一乘. 大品名為般若法性. 維摩名為無住實際. 如是等名. 皆是佛性之異名."

가지로 나누었다.

"고래로 서로 전해서 해석한 불성이 같지 않다…. 제1가(家)는 중생으로 정인불성(正因佛性)을 삼았다. 일체중생은 모두 불성을 구비했으며 정인(正因)은 모든 중생을 말한다. 곧 중생이 정인불성이 된다. 제2사(師)는 육법(六法)으로 정인불성을 삼았다. 육법은 오음(五陰)과 가인(假人)을 말한다. 즉 오음과 사람을 육법이라고 한다. 곧 육법이 정인불성이 된다. 제3사는 심으로써 정인불성을 삼았다. 무릇 마음이 있으면 반드시 무상보리를 얻는다. 심식은 목석무정지물과는 다르다. 갈고 닦으면 반드시 성불한다. 곧 심이 정인불성이 된다. 제4사는 명전불휴(冥傳不朽)한 것으로 정인불성을 삼는다. 이것은 앞의 심으로써 정인을 삼는다는 것과는 다른 해석이다. 바로 신식(神識)에 명전불휴의 성[冥傳不朽之性]이 있다는 것을 밝힌 것으로, 곧 이것을 써서 정인이 된다는 것이다. 제5사는 고를 피하고 낙을 구하는 것으로써 정인불성을 삼는다. 일체중생은 고를 피하고 낙을 구하는 성(性)이 있다. 경에서 말하기를 '만약에 여래장이 없으면 고락을 싫어하고 열반을 구하려고 하지 않는다. 때문에 피고구락(避苦求樂)이 정인불성이 된다.'라고 했다. 제6사는 진신(眞神)으로 정인불성을 삼는다. 만약에 진신이 없으면 진불(眞佛)을 이룰 수가 없다. 고로 진신(眞神)은 정인불성이 된다. 제7사 아뢰야식자성청정심(阿賴耶識自性淸淨心)으로 정인불성을 삼는다. 제8사는 당과(當果: 當來之果)로 정인불성을 삼는다. 일체중생은 모두 불성이 있기 때문에 당래에 반드시 모두 성불한다는 것이다. 제9사는 득불의 이치[得佛之理]로 정인불성을 삼는다. 제10사는 진제(眞諦)로 정인불성을 삼는다. 제11사는 제일의공(第一義空)으로 정인불성을 삼는다. 고로 경에 이르기를 불성의 이름이 제일의공이다. 고로 제일의공은 정인불성이 된다."[163]라고 했다.

여기서 길장은 제1가와 제2사는 거의 비슷하다고 보았다. 일체중생은 오온으로 화합되어서 형성되었기 때문에 육법으로 정인을 삼는다는 모두 사람을 세워서 설한 것이고 또 단지 사람을 보는 각도가 다를 뿐 뜻은 대동소이하기 때문에 한 종류가 된다는 것이다. 제3사부터 제7사까지도 역시 동류로 보았다. 심의 본체는 곧 불성이며 심의 작용을 불성이라고 할 때 모두 심을 불성이라고 보기 때문에 모두 동류라는 것이다. 제8사에서 11사까지는 모두 성불의 이치에서 불성을 분석한 것이라고 해서 동류에 포함시켰다.

---

163 『大乘玄論』권3, 『大正藏』권45, p. 035b20. "古來相傳釋佛性不同. 大有諸師. 今正出十一家. 以爲異解. 就十一師皆有名字. 今不復據列. 直出其義耳. 第一家雲. 以衆生爲正因佛性. 故經言正因者. 謂諸衆生. 緣因者謂六波羅蜜. 既言正因者. 謂諸衆生. 故知. 以衆生爲正因佛性. 又言一切衆生悉有佛性. 故知. 衆生是正因也. 第二師以六法爲正因佛性. 故經雲. 不即六法不離六法. 言六法者. 即是五陰及假人也. 故知. 六法是正因佛性也. 第三師以心爲正因佛性. 故經雲. 凡有心者. 必定當得無上菩提. 以心識異乎木石無情之物. 硏習必得成佛. 故知. 心是正因佛性也. 第四師以冥傳不朽爲正因佛性. 此釋異前以心爲正因. 何者. 今直明神識有冥傳不朽之性. 說此用爲正因耳. 第五師以避苦求樂爲正因佛性. 一切衆生. 無不有避苦求樂之性. 實有此避苦求樂之性. 即以此用爲正因. 然此釋復異前以心爲正因之說. 今只以避苦求樂之用爲正因耳. 故經雲. 若無如來藏者. 不得厭苦樂求涅槃. 故知. 避苦求樂之用爲正因佛性也."

이와 마찬가지로 여러 가지의 이유로 인해서 남북조 시대에는 불성 문제가 사회적인 이슈이자 토론거리가 되었다. 이후 불성론은 그야말로 매 순간마다 중요한 역할을 하면서 선종사에서 이론적·사상적으로 많은 조도 역할을 하고 선종의 사상을 빛내는 임무를 담당했다.

7
선종 및
심성론

―――――――――――――――――― 선종의 심성론은 인도불교 심성론 및
유가 심성론을 밀접하게 결합한 결과물이다

인도불교의 불성론은 주로 반야학에서 실상론이 변화 발전해 온
것이다. 인도불교의 불성론이 추상적인 본체에 치중한 것과 달리 중
국불교에서 불성론의 두드러진 점은 심성을 중시한 것이다. 불성론
은 초기경전에서도 많이 언급되는 사상이지만 특히 대승불교가 흥기
하면서 석가모니 부처님을 신격화하기 시작하면서 대승불교는 인성
(人性: 心性)을 주제로 한 불성(佛性), 여래장, 법신불 등의 사상적 개념을
제시하기 시작했다.

이것은 중국 유가 사상에서 어떻게 하면 성현이 될 수 있는가 하는
대안으로 제시되었던 도덕철학의 주체인 인성을 탐구하는 사유 관점

과 유사 맥락에서 출발한 것이다. 본래 심성(心性) 문제는 중국 전통철학에서도 중요한 주제였고 그 근원을 소급해 보면 공맹과 맞닿아 있으며 맹자의 진심(盡心), 지성(知性), 지천(知天)은 중국 심성학(心性學)의 초석이 된다고 한다.

불교에서 말하는 심성(梵, citta-prakrt, cittada)은 심(心)의 본성(本性) 혹은 실성(實性)으로, 심(心)이 본래 구비하고 있는 불가변역(不可變易)의 성질(性質)을 말한다. 중국불교의 심성관은 두말할 것도 없이 인도불교의 심성론은 기본 초석으로 성립되었고 인도불교의 불성론이 전변(轉變)해서 중국에 본래 있었던 심성론과 밀접한 결합을 통해 좀 더 구체적이고 완성된 모습을 갖추게 되었다. 따라서 중국선종의 심성론을 이해하려면 곧 중국철학의 정의(精義: 깊고 오묘한 이치)를 깊이 이해했을 때 비로소 그 의미를 제대로 이해를 할 수 있다고 한다.

사실 수당 불교를 말할 때 8대 종파를 말하지만 가장 중국화된 불교는 천태, 화엄과 선종이다. 이 세 종파가 중시한 중요한 문제 역시 심성(心性)에 관한 것이다. 선종은 불성을 사람의 본심(本心: 本性)이라고 했다. 선종의 심성론은 각성(覺性)으로 심체(心體)를 해석하고 반야 지혜를 중생심의 본성(本性)으로 삼아서 심성본각(心性本覺)을 제창하여 견성성불로 인도한다.

한편 중국선종사에 심(心)과 성(性), 체(體)와 용(用), 체(體)와 상(相)은 서로 간의 연관성 내지 상즉성(相卽性)의 범주에서 설정된 개념이다.

체용(體用)의 관계는 이미 남북조 시대에 논쟁이 되었던 철학적인 범주이기도 하다. 즉 이러한 철학적 개념은 사물을 관찰해 내는 기본적인 개념의 설정이었다.

한편 위진철학의 범주였던 체용(體用)은 화엄학에도 깊은 영향을 주면서 범불교 속으로 파고들었다. 특히 화엄학에서 말하는 이사(理事)의 관계는 체용(體用)의 관계에서 진일보한 상즉(相卽) 관계에 기본 바탕을 이루고 있다.

비록 인도불교에서는 이른바 불(佛)·불성(佛性)·실상(實相)·법성(法性) 등의 개념이 때로는 상통하거나 혹은 비슷한 의미로서 추상적이고 풍부한 본체의 의의(意義)를 지니고 있으나 이와 반대로 중국불교의 불성론은 현실적인 인간의 심성(心性)에 치중한 것이다. 그것은 중국인들의 오래된 사유관습과 현실을 중시하는 생활방식인 실사구사(實事求事)와도 매우 밀접한 연관성이 있다. 다만 선종은 심성을 더욱더 특화시켰다고 할 수 있다.

사실 이 관점을 면밀하게 살펴보면 '일체중생 개유불성' '즉심즉불' 등과도 일치하는 점이 있다. 이 점은 인도불교에서 주장하는 추상적인 본체와는 확연히 다른 선종만의 독특한 인성관·불성관이다. 그러나 분명한 것은 선종의 이러한 인성관과 불성관이 절대로 불교의 근간을 벗어난 것은 아니다.

한편 선종은 일체를 완전하게 심성에 귀결시키고 있는 점에서도 충분히 드러난 사실이다. 비교적 중국적인 색채가 농후한 또 다른 종파인 화엄종 및 천태종의 주장을 대비해 보면 더욱더 극명해진다. 이들의 불성론의 관점은 매우 명확하게 하나의 유심(唯心)에 치중된 것을 알 수 있는데 그들은 왕왕 일심(一心)으로써 미오(迷悟), 염정(染淨) 등을 설해서 중생과 부처 및 범성(凡聖)의 차이를 논한다. 그러나 이러한 관점은 본질적으로 추구하는 목적은 같다. 명칭에 대한 약간의 차이가 있고 수행을 지도하는 방편 및 과정이 다를 뿐이다. 다만 어느 일정 부분을 강조해서 각자 종파의 우월성을 나타내 보이지만 근본적으로 부처님께서 설하신 일대시교의 가르침을 크게 벗어난 것은 아니다.

천태종 저술에서는 자주 중도(中道) 및 실상(實相)을 불성으로 언급하면서 최종적으로 제법과 실상을 일념심(一念心)에 귀결시키고 있다. 즉 『법화현의(法華玄義)』에서 "심은 제법의 근본이고 심이 곧 총이다."[164]라고 하였고 "심(心)을 좇아서 해탈을 얻는 연고이다. 만약에 일심으로 해탈을 얻으면 일체수로 하여금 모두 해탈을 얻을 수 있게 하는 연고이다."[165]라고 했는데 모두 유심(唯心)을 강조한 것이다.

특히 화엄종의 "심불급중생시삼무차별(心佛及衆生是三無差別)"이라는 문구를 보면 유심(唯心)의 관점이 더욱더 분명해진다. 여기서 심, 중생

164　『妙法蓮華經玄義』권상, 『大正藏』권33, p.685c24. "心是諸法之本, 心即總也."
165　『妙法蓮華經玄義』권상, 『大正藏』권33, p.0685c28. "觀心生起者, 以心觀心, 由能觀心, 有所觀境. 以觀契境故, 從心得解脫故. 若一心得解脫, 能令一切數皆得解脫故."

심, 불심은 모두 평등체로서 근본적으로 '심'에 바탕을 두기 때문에 이러한 논리가 성립할 수 있었던 것이다. 이른바 불성은 곧 각심(覺心)이 되고 곧 반관심원(反觀心源)[166]하는 것으로, 이것을 선종에서는 반관심성(反觀心性)이라고 하였는데 즉 "일체법은 모두 마음으로부터 일어난다. 만약에 심성(心性)을 돌이켜 관하면 마음의 근원(뿌리)이 없다. 곧 알라, 만법은 모두 근본(뿌리)이 없다."[167]라고 하고 있다.

천태종에 비해서 화엄종은 유심적인 색채가 더욱더 농후하다. 『화엄경』을 의지해서 수립된 화엄종은 『화엄경』의 기본 사상 가운데 하나인 법성본정(法性本淨) 관점에서 진일보해서 본질[理]과 현상[事]이 중첩된 일체 제법이지만 오직 '심'으로 상즉상입해서 평등원융 및 원융무애한 경지에 이르는 것을 목적으로 한다. 그래서 화엄종은 "일체만법은 오직 마음의 현현으로 달리 자체가 없다. 이런 연고로 대소가 마음을 따라 회전해서 곧 무애에 들어간다."[168]고 했고 또 일체만법 내지 제불은 모두 "중생심 가운데 있으며 이 중생심을 여의면 달리 불덕(佛德)이 없는 연고이다. 불(佛)은 중생심 가운데 진여를 증득해서 성불한다."[169]고도 했다. 이러한 의미는 "번뇌심이 곧 보리심이다[煩惱心

---

166 『法華三昧懺儀』, 『大正藏』권46, p.0949c25. "以心性從本已來常一相故. 行者能如是反觀心源, 心心相續."

167 『宗鏡錄』권99, 『大正藏』권48, p.949c16, "一切法由心而起. 若能反觀心性. 不得心原. 即知萬法皆無根本."

168 『華嚴經旨歸』, 『大正藏』권45, p.0594c25. "一切法皆唯心現無別自體, 是故大小隨心迴轉, 即入無礙."

169 『華嚴經探玄記』권1, 『大正藏』권35, p.117c10. "總在眾生心中. 以離眾生心無別佛德

卽菩提心)."라는 말과 일맥상통한다.

이처럼 기타 종파가 유심을 강조한 경향이 있는 반면 선종은 기타 종파의 교리 및 논리를 답습하거나 채용해서 선종만의 독특한 개념인 즉심즉불(卽心卽佛), 평상심시도(平常心是道) 등으로 일체를 자심(自心) 혹은 자성(自性)으로 귀결해서 마음의 구체화를 이루는 새로운 발전단계를 이루었다. 그 때문에 선종의 '심'은 현실에 속한 보통사람들의 '심'을 가리키는 것이다. 이같이 선종의 불성이론의 형성은 유가의 심성관 및 기타 종파의 유심관을 서로 흡수하고 채용해서 성립된 결과물이다. 따라서 선종의 불성 사상 이해는 중국 범불교의 유심관 또는 중국의 고유한 전통 사상을 배제하고는 제대로 된 이해를 기대할 수 없을 것이다.

중국의 고유한 전통문화 사상은 인륜철학을 초석으로 한 도덕적 주체를 중시하는데 이 점은 어떤 의미에서 유가전통 사상인 도덕철학과 직접적인 관계가 있다. 특히 도덕적 주체는 사람이기 때문에 결국 인간의 모든 행위는 인성(人性)으로 귀결된다는 관점이다. 이것은 유가의 내성학(內聖學: 심성론)[170]의 강령이라고 하는 진심(盡心)·지성(知性)·지천(知天)·존심(存心)·양성(養性)·사천(事天)·수신(修身) 등을 통

故…, 佛證眾生心中真如成佛. 亦以始覺同本覺故. 是故總在眾生心中. 從體起用. 應化身時, 卽是眾生心中, 真如用大, 更無別佛."

170 『맹자』「盡心上」"盡其心者知其性, 知其性, 則知天矣. 存其心, 養其性, 所以事天也. 修身以俟之, 所以立命也."

해서도 확인해 볼 수 있다. 위의 의미는 모두 안심입명에 중요한 요소로서 내성(內聖)을 완성하기 위해서 부단히 전진해 가는 과정 및 수단 방법을 표현한 것이다.

여기서 진심(盡心)에 대해서 좀 더 구체적으로 살펴보면 진심은 내심의 요구를 충분하게 실천하는 것으로 진심의 기본 뜻은 『고자상(告子上)』에서 말하기를 "심은 사유하는 기관으로 생각[思考]한즉 이를 얻을 것이며 생각하지 않은 즉 얻을 수 없을 것이다[心之官則思 思則得之 不思則不得也]."라고 했는데 진심은 심혈을 기울여서 깊이 사고하는 것이고 또 『이루상(離婁上)』에서 진심은 "(본인의) 행동이 예상했던 것을 얻지 못했을 때 반드시 자기를 반성하고 성찰해야 한다[行有不得者 皆反求諸己]."고 했으며 또 일에 장애가 생기고 뜻대로 되지 않을 때도 반드시 자기를 돌이켜 반성하고 성찰해 보라는 것이다. 곧 모든 길흉화복의 출발점은 본인으로부터 시작하기 때문에 자기 안에서 답안을 찾으라는 것이다. 총체적으로 진심은 철저하게 자심을 반사(反思)하고 성찰하는 데 초점이 있다.

여기서 지성(知性)은 도덕지성으로 깊이 인성(人性)을 아는 것인데 그것은 사단심(四端心)으로 대표되며 인간에게 천부적으로 내재된 자질과 본성을 가리킨다. 이 도덕지성(道德之性)의 전개는 곧 사회성과 직결된다고 하였는데 즉 부모, 형제자매, 연장자, 친척, 부부, 친구 등 모든 사회적인 관계를 망라한다. 봉건사회에서 오륜(五倫: 五常: 군신(君

臣)·부자·형제·부부·朋友)을 기본 바탕으로 이루어진 관계를 말한다.

『중용』에서도 "하늘에서 부여해 준 인품과 덕성을 본성이라고 한다. 본성을 따라서 일을 하고 도리를 짓는다. 인간을 양성하고 아울러 도리를 준수하게 하는 것을 교화라고 한다[天命之謂性 率性之謂道 修道之謂教]."라고 했으며 『순자』에서도 "마음은 도의 주재자이다. 도라는 것은 상식적인 도리를 다스리는 것이다[心者道之主宰]."라고 했다. 이같이 유가에서도 심성에 대한 다양한 관점과 개념을 상정하고 있다. 이러한 관점은 모두 당면한 현실세계의 사람들을 중심으로 펼쳐진 사상이라는 것을 알 수 있다.

이같이 선종은 불교의 추상적 개념인 본체를 현실지심(現實之心)으로 활용해서 현재에 당면한 사람들의 심을 강조했다. 또 번다한 교리체계 및 사유체계의 사변적 논리 구조를 간단 절묘하게 하면서 자아를 반사(反思) 반관(反觀) 반회(返回)하도록 해서 생명의 존재적 가치를 한층 더 업그레이드하도록 했으며 본래면목인 본성의 주인공을 찾도록 유도하는 명심견성(明心見性)을 주장했다. 아마도 이러한 관점은 중국인들의 "일에 대한 도리는 이해하기 어렵지만 실행하기는 비교적 쉽다[知難行易]."라고 하는 오래된 사유적 관습과도 깊은 연관이 있다.

물론 불교의 핵심 수행은 근본적으로 모두 내심을 탐구하는 데 치중하고 있지만 특히 선종의 수행 핵심은 외경에 대한 탐색보다는 오롯하게 내심의 심성 문제, 즉 내면의 심리상태 및 본성을 탐구할 것을 강조한다. 따라서 선종은 사람들의 현세를 중시하고 차안(此岸)을 중시하면서 심성 방면에서 현실적으로 존재하는 각자의 생명에 대한 본질을 자각하도록 하는 데 중점을 두었다. 그래서 중국의 불교학자 뢰영해(賴永海) 교수는 "전기선종 이전에는 현실의 당면한 사람들의 마음을 불성으로 보았다면 후기선종은 항상 두루하게 존재하는 진심(眞心)으로 불성을 삼았다."고 했다.

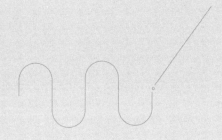

IV
송대 선승

1
운문종의
명교계숭선사[一代孝僧] (1)

명교계숭선사를
일대효승이라고 부른다

송대는 중국 전통문화가 전환하는 중요한 역사적인 시기였으며 동시에 인도불교가 중국화로 완성되는 시기이기도 하다. 명교계숭(明敎契嵩: 1007-1072 혹은 佛日契嵩)은 이 시기를 대표하는 중요한 인물 중의 한 사람이다. 그는 북송 불교계에 많지 않은 문학의 대가이다. 그는 다작을 저술하기도 했는데 핵심 의제는 바로 불교와 유교의 조화 및 회통 융합이다.

특히 불교 관점의 효도관은 불교사에서 전무후무한 작품으로 유가의 효도관과 불교의 효도관을 비교 분석하고 회통한 새로운 시각의 작품이다. 특히 중국 전통 논리인 이효위본(以孝爲本: 효를 근본으로 삼는다)은 종법(宗法: 씨족사회 부계가장제도)사회의 기본 규칙이다. 비록 불교의 효도관과 유가의 효도관은 충돌할 수밖에 없지만 그는 양가의 효도관을 회통해서 통합을 이끌어 냈다. 이러한 그의 사상적 관점은 북송 중엽에 유학의 부흥과 내지 이학(理學)의 건립에 막대한 영향을 미쳤다.

명교계숭선사의 속성은 이(李) 씨이고 자(字)는 중영(仲靈)이며 자호(自號)는 잠자(潛子)로서 출생은 지금의 광시성 등현[廣西藤縣]이다. 송진종(宋眞宗) 경덕(景德) 4년에 출생했으며 신종희녕(神宗熙寧) 5년에 66세로 입적하였다. 7세에 출가했으며 13세에 삭발하고 14세에 구족계를 받았다. 법호는 계숭(契嵩)이다. 19세에 천하를 유역하기 시작하였고 명사를 참방했다. 그 후 강서 균주(筠州: 지금의 강서성 高安) 동안사(洞安寺)에서 법을 얻었으며 내외전에 정통한 청원행사(青原行思) 계통의 운문종 선사이다.

그는 다작을 했다. 그의 문집 중 『담진문집(鐔津文集)』은 백여 권에 이른다. 그 가운데에서 가장 유명한 문장은 『보교편(輔教篇)』이며 그 외에도 『중용해(中庸解)』·『원론(論原)』·『비한상(非韓上)』·『전법정종기(傳法正宗記)』·『상황제서(上皇帝書)』 등이 있다.

그는 불교 내부는 물론이거니와 기타 선종의 종파에 대해서도 비평을 서슴지 않았다. 특히 그는 『정법정종기』·『전법정종정조도(傳法正宗定祖圖)』·『전법정종론(傳法正宗論)』 등 삼부 저작의 찬술을 통해서 선종의 정통 지위를 확립했다. 특히『전법정종론』의 내용은 선종 전법의 차제에 관한 것과 북송 때 남종선이 성행한 후에 지어진 책으로 육조가 정통이 된다는 그의 관점이 담겨 있는 선종의 사적이다. 이 책은『대정장(大正藏)』제51측에 수록되었으며 전법 및 법통의 정통성과 제자에 대한 가르침의 문제 등을 기술했다. 그가 지은 모든 저술은 송 인종(宋仁宗)에게 진상되었고 인종은 그의 다작을 보고 매우 감복하면서 모두 대장경에 편입시켰으며 자색 가사를 하사하고 명교대사(明敎大師)라는 시호를 내렸다.

계숭선사는 삼교융합을 주장한 대표적인 인물이다. 그는 불교의 정밀한 교학적 이론인 사변적 색채가 농후한 철학적 특징을 의지해서 유가의 핵심적 철학 문제를 관통하였고 불교와 유교의 필요한 부분을 채용해서 자기만의 독특한 사상체계를 전개하였다. 그는 중용(中庸)의 성명(誠明: 지성스러운 마음과 완벽한 덕성)·중화(中和) 등의 범주에 대해서 풍부한 설명을 하였으며 동시에 심(心), 성(性), 이(理)의 내재된 연관성에 대해서 논술했다. 그중에서도 이기지변(理氣之辯)의 사고와 심즉리(心卽理)에 대한 명제 제시는 송나라 유학에 많은 호응을 끌어내기도 했다.

한편 인도에서 불교가 중국에 유입된 이래로 불교의 효(孝)에 대한 관념은 중국인들에게 늘 비판의 대상이 되어 왔다. 특히 유가 사대부들의 조롱거리 내지 비판의 중심이 되기도 했는데 출가 승려들이 나름대로 경전에 근거를 가지고 비판에 대한 부당함을 호소하였지만 부모를 부양하지 않고 출가한 승려에 대한 시선은 언제나 불편했다. 이러한 상황에 대해서 불교의 체계적인 이론 내지 사상적 관념을 근거로 유가와 맞대응한 인물은 불교 역사 이래로 없었다.

계숭선사는 불교의 효도관을 체계적으로 수립해서 유학자들의 잘 못된 불교의 효도 인식을 바로잡아 주었던 인물이며 당시의 배불에 대한 오해를 바로잡기 위해서 많은 책을 저술해서 반박하기도 했다. 그러한 그의 탁월한 논리체계는 당시 유가의 사대부들에게 참선에 관심을 갖게 하는 중요한 교두보 역할을 했다.

송 인종 명도연간(明道年間: 1032-1033) 송대의 문학계는 고문운동의 열기가 고조되고 있었다. 문인들은 모두 당나라 중엽 때의 인물인 한유(韓愈)와 유교를 흠모하고 숭상하면서 불교를 배척하였다. 그는 이러한 배불을 겨냥해서 유교와 불교 사상의 본질을 비교해서 조정에 상소하였다. 특히 배불에 앞장섰던 구양수를 논리정연하게 반박하자 당시 황제 인종(仁宗)을 비롯한 사대부 문인에 이르기까지 감탄하지 않은 이가 없었고 당시의 문단에 파문을 일으켰다.

계숭선사는 유교의 경전을 두루 깊이 탐독하였기 때문에 당시의 배불에 대한 풍토를 목격하고 체계적인 논리와 이론으로써 배불의 부당성을 알렸다. 그는 당시 이러한 배불에 대한 풍조를 변론하고 논쟁도 벌였지만 유생들의 불교에 대한 몰이해를 완화시키기에는 역부족이었다. 그래서 삼교일치(三敎一致)를 주장하면서 유교와 불교의 합일점 내지 일치하는 점을 조목조목 들어서 마침내 『보교편』을 완성하였다. 이 책의 중요한 내용은 크게 세 가지로 분류하는데 효도관(孝道觀), 중용관(中庸觀), 심성관(心性觀) 등을 골자로 하고 있다.

효도관 방면에서 불교의 오계와 십선계를 가지고 유교의 오상(五常: 仁義禮智信)을 비교하였다. 이 과정에서 체계적으로 효위계선(孝爲戒先), 효유계지온(孝有戒之蘊), 계효합일(戒孝合一) 등을 주장하면서 "성인지도이선위용(聖人之道以善爲用: 성인의 도는 선으로 용을 삼는다), 성인지선이효위단(聖人之善以孝爲端: 성인의 선은 효로써 발단을 삼는다.)"[171]이라고 했다. 중용관에서 중용위지도(中庸爲至道)의 관점으로 유가의 중용(中庸)과 불교의 중도(中道)를 중점적으로 비교하여 찬술하기도 했으며 심성론(心性論)에서는 유가의 성(性)·정(情)에 불교의 심성론을 끌어들였다.

불교는 본래 심성본각을 기초한다고 설해서 체계적으로 진심일원론(眞心一元論)의 심성의 사상을 찬술했는데 즉 심성론은 진여심(眞如心)을 본체로 삼았다고 보았다. 그는 성(性)에는 선악이 없고 정(情)에는 선악이 있다고 여겼다. 이러한 그의 불교와 유교의 회통은 송대에 거대한 영향을 미쳤을 뿐만 아니라 송대 이후에도 지대한 영향을 주었다. 이런 연고로 불교사에서 그를 일대효승(一代孝僧)이라고 부르기도 한다.

171　『鐔津文集』 권3, 『大藏正』 권52, p. 661a09.

계숭스님의 불교사에 특출한 개인적인 공헌을 살펴보면 크게 두 가지로 나눌 수 있다.

첫 번째, 『보교편』에서 불교와 유교가 비록 사람들을 위한 처세와 방법에 차별이 있지만 (유가는 치세(治世)에 있고 불교는 치심(治心)에 있다.) 다만 목적은 모두 하나라고 천명하고 있다. 위에서도 언급했지만 불교의 오계(五戒)와 유교의 오상(五常)을 동일시하면서 '효위계선(孝爲戒先)·성인지효 이성위귀야(聖人之孝 以誠爲貴也)'[172]라는 중요한 명제를 제시하기도 했다. 여기서 그의 관점은 불교가 지향하는 효(孝)의 중점은 이치[理]에 있고 유가가 중시하는 효(孝)의 중점은 행[實踐]에 있다고 보았다. 그러나 이 두 가지는 불가분의 관계로 나눌 수 없다는 것이 그의 관점이다.

『중용해(中庸解)』에서 "유불은 모두 성인의 가르침이다. 나온 바가 비록 같지 않으나 다스리는 것은 같은 목적이다. 유자의 대성인은 유위자(有爲者)이며 불교의 대성인은 무위자(無爲者)이다. 유위자는 치세를 사용하고 무위자는 치심을 사용한다…. 고로 치세는 유가가 아니면 불가하고 출세를 다스리는 데는 불교가 아니면 또한 불가하다."[173] 라고 하였는데 그 의미는 다음과 같다.

---

172 『鐔津文集』권8, 『大藏正』권52, p.660c04.
173 『鐔津文集』권8, 『大藏正』권52, p.686a11. "儒佛者聖人之敎也. 其所出雖不同而同歸乎治. 儒者聖人之大有爲者也. 佛者聖人之大無爲者也. 有爲者以治世. 無爲者以治心…, 故治世者非儒不可也. 治出世非佛亦不可也."

불교와 유교는 모두 성인의 길이다. 하나는 치세이며 다른 하나는 출세다. 분담한 역할이 비록 다르지만 이 둘은 서로 돕고 서로를 상생시킨다. 즉 방법은 다르지만 같은 효과를 내며 서로가 서로에게 꼭 필요한 존재라는 것이다.

두 번째, 당시 선문의 전법체계에 대해서 살펴보면 각기 자기 파벌에 대한 법맥체계를 유지하고 있었기 때문에 쟁론이 끊이지 않았다. 선종은 『보림전(寶林傳)』을 지어서 인도로부터 28조설을 확정지었다. 반면에 천태종은 『법장전(法藏傳)』에서 서천 24조설을 주장했다. 계숭선사는 서천 26조설을 주장했으며 따라서 그의 서천 26조설이 이후에 역사에 편입되는 영예를 안았다.

계숭선사는 유학자들의 배불언론에 대해서 반격을 했는데 특히 한유(韓愈)의 배불에 대해서 많은 비평을 하였다. 그는 불교의 선사의 입장에서 한유의 도통설(道統說)은 믿을 수 없으며 동시에 한유가 논한 성(性)에 대한 논설은 성정(性情)과 뒤섞였다고 여겼는데 한유는 오직 '정(情)'을 중심에 둔 관점이고 '성(性)'을 언급한 것은 아니라고 여겼다. 뿐만 아니라 한유가 말한 사불구복 내경득화(事佛求福 乃更得禍)의 관점 내지 화이지변(夏夷之辨)의 관점을 반격하기도 했다. 또 그는 불교와 유교가 모두 왕도(王道)정치를 지지하며 모두 통치자들에게 천하를 다스리는 보조적 역할을 하고 있다고 여겼다. 따라서 계숭선사의 배불론에 대한 반격 및 유불(儒佛)의 회통은 유가의 사대부들이 적극적으로 담선(談禪)에 대한 관심을 갖게 하는 풍조를 만드는 계기가 되었다.

송대 선종의 토막 역사의 흔적을 보면 송 인종 경역(慶曆: 1041-1048) 때 송 사대부들은 격렬한 배불 및 배척을 하였지만 최종에는 송 신종 [熙寧: 1068-1077] 때 도리어 선열(禪悅)에 탐닉하기 시작하였다. 이러한 변화는 유가 사대부들의 배불 내지 배척에 방향을 전환시키는 계기가 되었다.

특히 그는 유가 사상의 중요성을 지적하였는데 유가 경전 가운데는 치국(治國)의 도리가 포함되어 있으며 동시에 오경[五經: 시경(詩經)·상서(尙書)·예기(禮記)·주역(周易)·춘추(春秋)]은 균일하게 치도(治道)가 된다고 여기면서 이 중에 하나라도 결할 수 없다고 보았다. 그는 또 상제(喪制)에 관해서도 불교의 인과응보, 육도윤회와 유가의 길흉화복 사상을 비교 융합하였는데 즉 유불(儒佛) 양가의 성심재계(誠心齋戒)가 복을 불러온다는 것을 상통한다고 여겼으며 유가의 개인의 오복육극[五福六極: 수(壽)·부(富)·강(康)·덕(德)·명(命)], 육극지흉[六極之凶: 단절(短折)·질(疾)·우(憂)·빈(貧)·악(惡)·약(弱)]"[174]은 불교에서 말하는 선악과보에 해당한다고 여겼다. 또 『중용』의 "그 물은 불이가 되고[其爲物不二]고 그 생물은 예측할 수 없다[則其生物不測]."라고 하는 우주생성 사상을 제시

---

174 其中五福的第一福就是長壽之福, 第五福是老而善終. 而六級, 也就是六不幸, 其中的第一不幸就是凶: 沒有成人就死去. 短 : 不足二十就死去. 折 : 沒有結婚就死去.

해서 불교의 만법유심(萬法唯心)과 상통한다고 보았다.

북송의 배불사조는 역사적으로도 매우 유명하다. 특히 한유의 복고운동을 기점으로, 대문호 구양수를 비롯한 황오우(黃鼇偶)·이태백(李泰伯) 등 당시의 호걸들은 서로 호응해 가면서 적극적으로 배불을 일삼았고 하나의 유행을 만들기도 했다. 때문에 불교는 십분 곤경에 처하였다. 특히 그가 깊이 연구하고 분석해 본 결과 배불의 근거는 바로 한유가 지은 『본론(本論)』에 있다는 것을 알고 배불의 부당성을 알리기 위해서 만년에 중요한 책을 저술하였는데 바로 30권본 『비한(非韓)』이다.

여기서 그는 이론적으로 한유의 배불이론을 철저하게 반격하였다. 그는 이 책의 서문에서 비한(非韓)은 공비(公非)라고 표명하였는데 그 뜻은 공정한 진리의 판단을 위해서 말하는 것이지, 결코 한유라는 개인을 공격하기 위해서가 아니라는 의미이다. 그는 여기서 한유의 관점은 문학가의 입장을 근거로 한 배불이며 따라서 그러한 이론을 무기로 배불을 한다면 유가의 이치와 도리에도 부합하지 않는다고 설파하였다. 그의 이러한 배불에 대한 반격에 힘입어서 기본적으로 북송 시대에 배불은 평정을 되찾았다. 이러한 험지에서 그는 분연히 일어나서 배불에 대한 부당성을 논리적 체계로써 평정하였다. 특히 유불일치(儒佛一致)의 사상을 유행시킨 그의 행동은 가히 불교역사에 길이 남을 만한 공헌이다.

불교가 중국에 진입한 이후 중국에서 합법적 지위를 얻기까지는 본토 문화인 유가문화를 적극적으로 흡수 통합한 결과이기도 하다. 한나라를 기점으로 위진 남북조, 수당을 거치면서 불교와 유교의 융합은 때로는 크게, 때로는 작게 지속적으로 이어져 왔다. 송대에 이르러서 유교와 불교의 융합은 절정에 다다랐다. 불교와 유교의 회통 방식은 불교를 중국화하는 과정이었다고도 한다. 이러한 점은 바로 통치 계급자들이 자신들의 통치를 유지하고 보호하기 위한 하나의 술책이었다.

　송대의 운문종 승려인 명교계승은 불교와 유교의 사상적 관념 및 개념을 깊이 연구하고 고찰해서 하나의 문서화로 발전시키는 데 성공한 최초의 선사이다.

2
명교계숭
삼교일치[三教融合](2)

명교계숭선사의 삼교융합은 유불도의
심성론을 바탕으로 형성된 것이다

    중국불교에서 심성론은 중국 전통 사상인 철학 사상이 계합된 것으로 보는 것이 일반적인 관점이다. 심성론은 중국 불교철학에서도 매우 중요한 위치를 차지한다. 북송 때의 유명한 선사인 계숭선사는 심성론을 기초로 해서 삼교를 융합하였다. 삼교융합은 당시 불교의 생존과 발전에도 밀접한 관계가 있다. 때문에 계숭선사의 심성론 사상에 대한 이해는 곧 북송불교의 전면적인 이해와도 깊은 연관성이 있다. 계숭선사의 심성론 사상의 근원은 당연히 유불도(儒佛道) 삼가에 기초하고 있다.

    명교계숭의 중요한 사상적 특징은 삼교합일(三教合一), 삼교융합이다. 물론 삼교합일 사상을 그가 처음으로 제시한 것은 아니지만 문서화·체계화를 수립한 인물은 불교 역사에서 그가 처음이다. 삼교합일은 곧 유(儒)·불(佛)·도(道)의 삼교 조화 내지 융합 통일을 말한다. 이 내용을 집중적으로 서술하고 집대성한 책은 바로『보교편』이다. 계숭선사는 이 책에서 삼교가 지향하는 목표와 사람을 교화하는 목적은 같지만 다만 사람을 교화하는 방법과 형식의 차이는 분명히 존재하며 좀 더 구체적으로 살펴보면 쓰임새에서 용공과 심천(深淺)의 차이가 존재한다고 여겼다.

그는 "옛적 성인의 말씀에 의하면 유·불·백가(百家)가 있다고 했다. (그러나 이들의) 마음은 곧 하나이다. (그러나) 그 자취는 곧 다르다. 대저 하나는 무엇인가? 그것은 모두 사람을 선하게 하기 위함이다. 다르다는 것은, 곧 분가(分家: 역할이 다르다. 혹은 역할을 나누다)로서 각기 그 교화를 말한다. 성인들은 각자의 가르침이 있다. 고로 사람을 선한 방향으로 교육한다. (다만) 얕고[淺]·심오하고[奧]·가깝고[近]·먼[遠] 것이 있다. 대체로 악을 끊고 사람을 서로 교란하지 않게 하는 것이다. 곧 그 덕이 같다."[175]라고 하고 있다.

비록 옛적의 성현들이 지향하고 실현하고자 했던 이상과 이념은 모두 같지만 다만 심천원근의 차별이 존재했다. 그러나 악을 끊고 선

---

175 『鐔津文集』권2,『大藏正』권52, p.660a03. "古之有聖人焉. 曰佛. 曰儒. 曰百家. 心則一. 其跡則異. 夫一焉者其皆欲人為善者也. 異焉者分家而各為其教者也. 聖人各為其教. 故其教人為善之方. 有淺有奧有近有遠. 及乎絶惡而人不相擾. 則其德同焉…."

을 향하게 하고 동시에 사람들을 번뇌로부터 구제하려는 마음은 모두 같다는 것이다. 또 그는 삼교합일의 중요성을 말하면서 "대개 천하에 유가(儒家)가 없어서 안 되고, 백가(百家)가 없어서 안 되고, 불가(佛家)가 없어서 안 된다. (왜냐하면) 천하에 하나의 가르침이 부족하면 천하에 하나의 선도(善道)도 손해를 보고, 하나의 선도를 손해 보면 곧 천하의 악이 더 증가되는 것이다."[176]라고 하였다. 즉 그는 삼교의 경전을 널리 인용해서 서로의 가르침을 통해서 불국토를 이루고자 했다. 그가 논증했던 삼교합일의 관점을 세 가지로 정리해 볼 수 있다. 그 삼교합일의 기본 바탕은 심성론(心性論)을 기초로 건립된 것이다.

첫 번째, 그는 심(心)을 이용해서 삼교를 회통하고 있다. 계숭선사는 석가모니불이 전한 심(心)은 불교의 성인이 성취한 심(心)이며 삼교 내지 백가의 성인들의 심(心)이며 또한 천지(天地)의 심은 중생심이라고 여겼다. 그래서 어느 종교를 신봉하든지 모두 자기의 본성을 신봉하는 것이며 자심(自心)을 신봉하는 데서부터 출발한다고 보았다.

그는 『담진문집(鐔津文集)』에서 말하기를 "성인은 그 마음을 믿음으로써 대(大)로 삼는다. 성인은 이것[心]을 넓다고 설하고 이것을 지킨다고 설하고 이것을 직시(直示)한다고 설하고 이것을 교시(巧示: 교묘하게 나타냄)한다고 설하고…, 사람이 성인의 말을 믿지 않는 것은, 이에

---

176 『鐔津文集』 권2, 『大藏正』 권52, p.660a03. "方天下不可無儒. 無百家者. 不可無佛. 虧一教則損天下之一善道. 損一善道則天下之惡加多矣. 夫敎也者聖人之跡也."

그 마음을 믿지 않는 것일 뿐이다. 스스로 버리고 스스로 미혹한 것이다. 어찌 명철하다고 할 것이며 현명하다고 할 것인가?"[177]라고 하였다. 즉 삼교 내지 백가의 성인들의 마음의 중요성 내지 중생들의 마음의 중요성을 강조하였는데 곧 불교에서 일체유심조(一切唯心造), 만법유심(萬法唯心) 등의 확고한 관점을 피력한 것이다.

특히 이 심(心)을 강조한 것은 바로 그가 선종의 입장에서 강조하는 이심전심을 바탕에 둔 관점이라고 하겠다. 특히 그는 도편일체(道遍一切) 이론을 바탕으로 삼교일체의 합리성을 주장했는데 사실 이 관점은 화엄 사상인 불신충만어법계(佛身充滿於法界)의 법신불 사상과도 깊은 연관성이 있다.

두 번째, 삼교일치의 회통 및 조화의 수단으로 성정(性情)을 사용하였다. 불교와 유교는 각각 성정에 관한 자기들의 관점이 있다. 불교에서 성(性)은 진실의 체, 불변의 체로 인식하고 있으며 다른 말로 불성 · 여래장 · 진여 · 자성 등으로 표현한다. 정(情)은 안 · 이 · 비 · 설 · 신 · 의(眼耳鼻舌身意: 根)의 대상세계를 말한다. 즉 불교에서 정(情)은 오욕칠정을 말하며 윤회의 근원이 된다고 여긴다. 물론 불교의 근본은 본래 성과 정을 둘로 나누어 보지는 않는다. 번뇌즉보리(煩惱卽菩提)로 보기 때문에 최종에는 이분법이 존재하지 않는다. 반면에 유교의 성

---

177 『鐔津文集』권2,『大藏正』권52, p.656a13. "聖人之大道者也. 是故聖人以信其心為大也. 夫聖人, 博說之, 約說之, 直示之, 巧示之. 皆所以正人心而與人信也. 人而不信聖人之言. 乃不信其心耳. 自棄也自惑也. 豈謂明乎哉賢乎哉."

과 정에 대한 입장은 극명한 차이점을 보인다. 유가의 경우 '정출어성, 성은어정(情出於性 性隱於情)'을 말하기 때문에 완전히 극단적인 이분법은 아니지만 유가에서 성(性)은 선(善)의 근본으로 보았고 정(情)의 근본은 악(惡)으로 보았다. 정확한 이분법이다.

물론 이 근거는 순자의 성악설과 맹자의 성선설을 기초한 것이다. 그러나 유가 역시 이 이분법에서 끝나는 것이 아니라 문제의 핵심은 이러한 설정을 통해서 악은 교육과 교화를 통한 변화를 지향하는 데 방점이 찍혀 있고 선은 그것을 증장하고 육성해서 호연지기의 상태에 도달하는 데 방점이 찍혀 있다. 즉 유가의 목적은 교화를 통한 인간의 심성 개조를 강조하고 있다.

반면에 불교는 현실을 초월하는 해탈을 목적으로 하고 있다. 이렇듯 양가의 성정(性情)에 관한 문제는 각기 해석하는 바에 따라서 차이점은 존재하지만 계숭선사는 양가의 이러한 관점을 잘 조화시킬 수 있다고 여겼다. 그가 주목한 점은 역시 '성인의 심'이었는데 이 심(心)은 양가가 서로 상통하는 심으로 보았다. 그래서 그는 양가의 역할분담을 제안하였는데 불교는 수적(垂跡: 불보살이 중생의 교화를 위해서 무수한 방편을 보이는 것)으로, 유가는 제정(制情)으로 가르침을 펼 수 있다고 생각하였다. 더욱이 이러한 교화를 펼치는 데 있어서 상대방에게 손해를 끼치지 않는다고 여겼다. 즉 성인의 가르침에는 나름대로 각각의 교화의 방식이 존재한다고 생각했다. 고로 "그 가르침은 사람들을 선의 방향으로 이끌기 위함이다."[178]라고 하였다.

불교의 교화의 측면에서 보면 제정(制情), 즉 다스리는 것은 오승(五乘: 人乘 · 天乘 · 聲聞乘 · 緣覺乘 · 菩薩乘)을 사용해서 가르친다는 것이다. 중생은 "그 이루어진 바의 습기가 엷은 사람이 있고 두터운 사람이 있다. 근기에도 대자와 소자가 있다. 성인은 이것을 마땅하게 하는 것이다. 고로 그 법을 말하면 오승이 된다."[179]라고 하였다.

유가의 제정(制情)은 예(禮)로써 다스린다고 하면서 "고로 예악이라는 것은 왕도를 의지해서 생성되는 것이다. 예라는 것은 인정(人情)을 인해서 제재를 진행한다. 인정은 후생(厚生: 살림을 안정시키거나 넉넉하게 한다)하지 못하는 것은 아니지만 예악을 기르는 것이며 인정은 죽음을 버리는 것은 아니지만 그러나 예정의 상[禮正之喪]이다. 인정에 남녀가 있지 않은 것은 아니지만 예를 바르게 펴는[禮宜之正] 것이며 인정에 친소가 없지는 않지만 예에 적합한 뜻[禮適之義]이다. 인정에 희로를 사용하지 않는 것은 아니지만 예리의 마땅함[禮理之當]이다. 인정에 재물의 이익을 품지 않는 것은 아니지만 예로써 조절한다."[180]라고 하였다. 또 그는 결국 출세법은 출세법대로 존재하는 이유와 쓰임

---

178 『鐔津文集』권2, 『大藏正』권52, p.660a03. "聖人各為其教, 故其教人為善之方."

179 『鐔津文集』권2, 『大藏正』권52, p.648c25. "其所成情習. 有薄者焉. 有篤者焉. 機器有大者焉. 有小者焉. 聖人宜之. 故陳其法為五乘者."

180 『鐔津文集』권5, 『大藏正』권52, p.667c25. "故禮樂者王道所以倚而生成者也. 禮者因人情而制中…, 人情莫不厚生. 而禮樂之養. 人情莫不棄死. 而禮正之喪. 人情莫不有男女. 而禮宜之匹(一本作正)人情莫不有親疎. 而禮適之義. 人情莫不用喜怒. 而禮理之當. 人情莫不懷貨利. 而禮以之節."

새가 있고 세간법은 세간법대로 사용처와 존재하는 이유가 있다는
것이다. 그는 "유자의 성인은 세간을 다스리는 자요, 불교의 성인은
출세간을 다스리는 자이다."[181]라고 명명백백하게 밝히고 있다. 즉 서
로 이러한 자기의 역할을 잘 지키고 유용하게 활용하는 것이 곧 조화
요 일치라는 것으로 이러한 관점이 바로 그가 주장하는 삼교합일의
내용이다.

세 번째는 충효(忠孝)로써 삼교를 통일했다. 사실 그는 유교 논리에
매우 통달해 있었다. 그가 말하기를 "나는 유가를 좋아한다. 대개 내
가 그것을 취하는 것은 도에 합하는 것이 있기 때문이다."라고 하면
서 앞서 언급하였듯이 불교의 오계와 십선계를 가지고 유가의 오상
(五常)을 비교 분석하기도 하였다. 즉 "유가에서 말하는 인·의·예·
지·신은 불교의 자비·보시·공경(恭敬)·무아만(無我慢)·지혜·불망
어(不妄言)·불기어(不綺語)라고 여겼다. 비록 목적은 같지 않지만 그것
을 세운 것은 성실한 수행을 해서 세상 사람을 잘 구원하기 위함이
다. 어찌 다름이 있겠는가?"[182]라고 하면서 다시 말하기를 "성인의 마
음은 모든 사람들을 선하게 하기 위함이다. 그것은 반드시 죄악을 없

---

181 『鐔津文集』권1, 『大藏正』권52, p.648c25. "儒者聖人之治世者也. 佛者聖人之治出世者
也."

182 『鐔津文集』권8, 『大藏正』권52, p.686a11. "吾之喜儒也. 蓋取其於吾道有所合而為之耳.
儒所謂仁義禮智信者與吾佛曰慈悲. 曰布施. 曰恭敬. 曰無我慢. 曰智慧. 曰不妄言綺語.
其為目雖不同. 而其所以立誠修行善世教人豈異乎哉."

애기 위함이다."¹⁸³라고 했다.

유가의 가장 기본적인 논리의 구조는 바로 유가의 윤리도덕의 준칙이다. 특히 효는 인륜의 근본으로 인간의 가장 기본적인 도리이자 최고의 덕목이다. 그래서 유가에서 효는 수신제가치국평천하(修身齊家治國平天下)의 가장 기초가 된다고 여겼다. 그는 또 "대개 효라는 것은 모든 교[儒佛道]가 다 이를 존중한다. 그러나 불교는 다르게 존중한다."¹⁸⁴라고 하였다. 때문에 "대저 효는 하늘의 길이며 땅의 뜻이며 사람들의 행이며 (그래서) 매우 큰 것이다."¹⁸⁵라고 하면서 불교는 "대개 효로써 계의 발단(시작)을 삼고…, 효는 대계보다 우선하며 계는 많은 선을 탄생시키기도 한다."¹⁸⁶라고 효와 계를 대비시켜 효계일치(孝戒一致)를 논증하고 있다.

계승선사가 처했던 당시는 봉건사회로 통치자가 우선하는 시대로서 불교적인 활동은 당연히 제한을 받을 수밖에 없는 상황이었다. 게다가 그가 처했던 당시는 사대부들의 적극적인 불교에 대한 비평 내지 배불의 환경 풍토 속에서 그가 승려로서 할 수 있는 역할은 매우 제한적일 수밖에 없었을 것이다. 이러한 현실 속에서 불교의 위상을

---

183 『鐔津文集』권8,『大藏正』권52, p.686a11. "聖人之爲心者. 欲人皆善. 使其必去罪惡也."

184 『鐔津文集』권3,『大藏正』권52, p.660a25. "夫孝諸教皆尊之. 而佛教殊尊也."

185 『鐔津文集』권3,『大藏正』권52, p.660c04. "夫孝天之經也. 地之義也. 民之行也. 至哉大矣. 孝之爲道也夫."

186 『鐔津文集』권3,『大藏正』권52, p.660b13. "蓋以孝而爲戒之端也. 子與戒而欲亡孝. 非戒也. 夫孝也者大戒之所先也. 戒也者眾善之所以生也."

높이기 위해서는 현실과 타협하지 않을 수 없었을 것이며 이러한 관점에서 그가 외쳤던 삼교일치의 구호가 어떤 면에서 전통불교를 위배하는 점이 없지는 않았지만 그가 처했던 당시의 상황을 고려 해 볼 때 이해 못할 부분은 아닌 것 같다.

유가의『효경』에 보면 '불효유삼, 무후위대(不孝有三 無後爲大)'라는 말이 있다. 불교의 승려는 출가하면 반드시 독신으로 살아야 하기 때문에 유가의 입장에서 보면 분명히 이것은 현실과는 괴리가 있으며 자연의 섭리를 위배하는 처사였을 것이다. 이 점은 바로 불교와 유교가 수천 년 이래로 논쟁이 끊이지 않는 부분이다. 때문에 이러한 모순적인 현실을 조화롭게 통합시키기란 여간 어려운 것이 아니었을 것이다.

사실 계승선사의 삼교일치·삼교융합 사상은 역사상 삼교 관계가 중국불교 및 중국 전통문화 속에서 장기간 발전해 온 역사의 산물이다. 송대 이전에도 간간이 선사들이 삼교일치를 주장하면서 대체적으로 삼교를 간단하게 비교했던 적이 있지만 계승선사처럼 진일보해서 유불(儒佛)을 깊이 연구하고 분석해서 체계적인 논증을 바탕으로 사상적으로 체계화시킨 인물은 없다.

혹자는 계승선사의 심성론은 육조혜능의 심성론을 계승했으며 심(心)과 성(性)의 개념 및 심과 성에 대한 양자 간의 관계를 상세하게 정리했으며 동시에 유가의『역전(易傳)』과『중용(中庸)』의 심성론 사상을 흡수해서 유가의 심성론을 불교의 심성론으로 끌어들였다고 한다. 이 외에도 그의 심성론 사상은 노장 사상인 무위(無爲)의 영향을 받기도 했다.

그는 불교의 청정무위(清淨無爲)와 도교의 무위지성(無爲之性)이 매우 닮아 있다고 생각했다. 그는 또 청정적멸(清淨寂滅)의 경계에 도달하려면 반드시 정감지루(情感之累)를 멸진시켜야 한다고 여겼다. 이렇듯 그의 사상은 유불도를 넘나들고 있기 때문에 삼교를 융합한 삼교합일 혹은 삼교일치를 주장했다고 여긴다. 따라서 계승선사의 심성론 체계는 이심위본체(以心爲本體)로서 삼교융합의 시대적인 특색을 갖추고 있다.

3
문자선 및
분양선소

문자선의 창시자로서
송대 임제종의 흥성 과정에서 중요한 인물이다

문자선은 전대 선법의 기초를 바탕으로 발전해 왔으며 선종이 긴 역사성을 가지게 된 것은 각각의 시대마다 지속적인 창의성과 전법 교화나 다양성을 통해서 끊임없는 변화를 추구하면서 한 가지의 선법수행에 매몰되지 않고 또한 정체되는 것을 두려워하면서 늘 새로운 변신을 모색한 몸부림의 소산이라고 여긴다. 이 중심에서 송대 문자선이 형성되었다고 본다.

사실 독특한 형식으로 선법을 표현한 문자선은 선종의 근본 사상을 벗어난 것은 아니다. 문자선 역시 선종에서 주장하는 명심견성과 일치를 이루며 특히 심성론·수행론·해탈관에서 여전히 선종의 특색을 보존하고 있다. 동시에 당시의 시대적 상황을 벗어나지 않은 융합이라는 새로운 트렌드를 흡수하고 각색한 결과물이다.

송대는 이미 선교일치는 물론이거니와 삼교일치가 이미 사회적으로 유행하기 시작하였는데 이러한 시류는 시대적인 현상으로 불교계도 역시 거부할 수 없는 상황이었다. 특히 송대이학의 사회적 발전과 영향은 유교의 부흥을 노리는 사대부 문인들의 심리적 상태를 더욱더 고무적으로 만들었고 아울러 유교적 정책이 심화되어 가는 과정에서 불교의 생존을 위한 자구책으로 삼교융합의 기치는 시대를 아우르는 당연한 액션이었다. 이러한 시대적 배경 아래 불교는 물론이고 선종 또한 생존의 자구책을 모색하지 않으면 안 되는 현실에 직면했다. 때문에 북송의 문자선은 시대성을 갖췄다고 할 수 있다.

또 다른 측면에서 북송 때 문자선이 흥기하기 시작한 이면에는 여러 가지의 요인이 존재하지만 주요한 요인으로는 내외적으로 공통적인 분모가 작용했다. 내부적으로는 선법 사상이 계승·발전해 가는 과정에서 나타난 필연적인 시대적 변화의 부응으로 불립문자에서 불리문자라는 변화이다. 즉 공안을 기초로 새롭게 모색된 선법을 반영한 결과물이다. 동시에 당시 선사들의 선학에 대한 조예와 문화적 소양 등도 한몫했다. 외부적으로는 국가의 정책적인 것과 맞물리면서 사대부 문인들의 선법에 관한 관심과 인쇄술의 발달로 인한 언어문자 보급의 추진력 등이다.

선종사에서 문자선을 대표하는 선사로서 분양선소(汾陽善昭)·설두중현(雪竇重顯)·원오극근(圜悟克勤)·혜홍각범(慧洪覺範) 등의 인물이 있다. 문자선은 북송 시대 선종의 기본 형태를 이루는 가운데 하나로 당시 시대를 대표했던 선종 발전의 주류이기도 했다. 문자선은 선종의 취지, 견해, 정서, 경계, 전법, 풍조 등을 문체의 형식을 빌려서 언어문자로 표현한 것을 말한다. 문자선은 다른 말로 요로선(繞路禪)이라고 하며 대별(代別), 염고(拈古), 송고(頌古), 평창(評唱)으로 중요한 표현 형식을 취하면서 뜻은 선법 사상을 찬술하는 것이다.

분양선소(汾陽善昭: 947-1024)는 임제종의 선사로 공안 및 송고(頌古)를 제창해서 문자로 선의(禪意)를 표현하였는데 이것이 바로 문자선의 시효이다. 그래서 그를 문자선의 창시자로 추앙한다. 당말 오대에 형성된 선종의 5가 중에서 위앙종은 송대까지 전해지지 못했고 법안종은 영명연수 이후 쇄락했다. 따라서 송대의 선종은 임제종·운문종·조동종 3파가 지속적으로 계승·발전하고 있었다.

송 태조로부터 철종(哲宗: 960-1100)에 이르러서 임제종과 운문종은 선학 발전을 위해서 다방면으로 노력을 아끼지 않았다. 본래 임제종의 중요한 발전 지역은 화북 일대였으며 송초에 이르러서도 여전히 큰 변화는 없었다. 인종(仁宗: 1023)의 통치 시기를 시작으로 그들의 활동 지역은 남방으로 옮겨 가면서 강서를 중심으로 선종 가운데 가장 활발한 활동을 펼치는 하나의 파가 되었다. 특히 분양선소는 선종에서 자주 인용했던 "설사 한 물건이라고 해도 맞지 않는다[說似一物不中]."를 "만법을 한마디로 요달한다[了萬法於一言]."로 방향을 선회하였으며 이 점이 바로 선풍을 문자선으로 크게 변화시킨 표식이 된다.

송대에 이르러서 임제종은 홍화존장(興化存獎: 830-888) · 남원혜우(南院慧隅: ?-952)를 지나서 풍혈연소(風穴延沼: 896-973) · 수산성념(首山省念: 926-993)에 이르러서 날로 쇠퇴해져 갔다. 수산성념의 제자인 분양선소는 당시 임제종의 이러한 형세의 국면을 전환해 보고자 큰 노력을 기울였다. 그는 공안대별(公案大別)과 송고(頌古)을 발의해서 복고주의로써 장차 선을 문자 현담으로 풀어 보려고 노력한 최초의 인물이다. 즉 공안대별과 송고는 다른 말로 문자선이라고 칭하기도 하며 조사들의 선의 경지를 언어문자를 의지해서 해석한 것이다. 이러한 형식은 당시 사대부들에게 큰 영향을 주었으며 선법에 대한 새로운 해석으로 불립문자에서 불리문자(不離文字)라는 전환점을 마련해 주었다. 따라서 문자선은 선수행의 새로운 활로를 제시해 주었다.

이같이 문자선은 송대 선종의 발전사에서 큰 흔적을 남겼으며 동시에 선종사에서도 길이 남을 문자선이라는 단계의 발전 과정에서 역사적인 이정표를 창작했다.

분양선소는 산서성 태원 사람으로 속성은 유 씨이다. 역사의 기록에 의하면 어려서부터 큰 포부가 있었는데 "일체문자는 스승의 가르침을 인하지 않고 자연스럽게 통달하는 것이다[於一切文字 不由師訓 自然

通曉]."[187]라 했다고 전해진다.

14세에 부친이 사망한 연고로 홀로 의지할 곳이 없어 삭발염의를 했다. 수계를 받은 후에 사방을 유역하면서 참선을 했는데 스승인 수산성념이 실천수행을 강조했듯이 그도 실천수행을 중시했다. 분양선소의 제자로는 유명한 석상초원(石霜楚圓)·대우수지(大愚守芝)·랑사혜각(琅邪慧覺)·파초곡천(芭蕉穀泉)·법화전거(法華全擧) 등이 있다. 이들은 모두 안휘성, 강서성 등지에서 전법을 펼쳤으며 이로부터 임제종은 강남 일대에서 신속하게 전법을 펼쳐 갔다. 이 같은 일련의 과정들을 통해서 볼 때 그가 임제종의 흥성과 발전에 얼마나 중요한 위치를 점유하고 있는지 알 수 있다. 분양선소가 스승인 수산성념을 만나 깨치는 과정을 간단히 소개해 보면 다음과 같다.

분양선소가 여주에 있는 수산성념이 있는 곳에 있을 때 하루는 수산성념이 개당설법을 하려고 하는데 분양선소가 앞으로 나아가서 물었다. "백장이 대자리를 만 것은 어떤 의도입니까?" 수산성념이 말했다. "경성(京城: 수도)을 터니 전체가 나타나기 시작했다." 분양선소가 물었다. "스승님의 뜻은 어떠합니까?" 수산성념이 대답하기를 "상왕(象王: 코끼리)의 행적이 끊어져서 옛 종적이(고독한 종적이) 없어졌다."[188]라고 하자 분양선소가 대오했다고 전해진다. 이것은 유명한 백장권

---

187 염맹상 지음, 『송대임제선발전연변』, 종교문화출판사, 2006년, p.51.

188 『古尊宿語錄』 권10, 『卍新纂大日本續藏經』 권68. 2020년. "問. 百丈卷席. 意旨如何. 山曰, 龍袖拂開全體現. 曰. 師意如何. 山曰. 象王行處絕狐蹤. 師於言下大悟."

석고사(百丈卷席故事)로서『고존숙어록(古尊宿語錄)』에 실려 있는 내용이다.

분양선소는 명리를 구하지 않고 사대부 및 왕공 대신들과의 교류를 거절한 것으로도 유명하다. 그가 수산성념을 모시고 여러 해 동안 참학을 마치고 스승을 떠나서 먼저 호남성 상강(湘江)의 형산(衡山)을 유역할 때 담주지주(潭州知州) 장무종(張茂宗)이 네 곳의 명찰에 주지를 맡아 달라고 요청했지만 거절하였다. 또 북쪽의 양주에 이르러서 잠시 백마사에 주하게 되었는데 양주지주(襄州知州) 류창(劉昌)이 듣고 와서 참알을 하면서 늦게 만나게 된 것을 탄식하면서 명찰의 주지 소임을 맡아 달라고 요청했지만 역시 거절하였다.

그 후에 분주(汾州) 태자원(太子院)에 머물게 되었는데 이곳은 당시 비교적 황량했다. 그는 여기서 30여 년 동안 사찰 밖을 나가지 않았다고 전해진다. 그의 어록인『선소어록(善昭語錄)』에 보면「불출원가(不出院歌)」[189]가 실려 있다. 특히 당시 적지 않은 고관대작들이 담선(談禪)하는 것을 즐겼는데 분양선소 역시 그들의 중시를 받았다.『선소어록』의 서에 보면 정문보(鄭文寶)·양억(楊億)·이준욱(李遵勗) 등과 교류가 있었으며 학림학사인 양억은『선서어록』의 서를 짓기도 했다. 이준욱은 부마로서 불교에 대한 신심이 매우 돈독했던 인물이다. 이러한 정황들은 모두 당시 분양선소의 명성이 얼마나 높았는지를 반영

---

189   염맹상 지음,『송대임제선발전연변』종교문화출판사, 2006년, p. 48.

해 주는 사례이다. 반면에 그의 이러한 정황은 당시 임제종에도 상당히 유리한 영향을 주면서 매우 신속하게 전파되어 갔다.

분양선소는 특히 스승과 학인의 관계를 매우 중시했는데 학인들을 제접하기 위해서 사용했던 선법은 대략적으로 삼구(三句), 삼결(三訣), 사전어(四轉語), 사게(四偈), 십팔문(十八問), 삼현삼요(三玄三要), 사빈주(四賓主), 사간료(四料簡), 십지동진(十智同眞)[190] 등이다. 이 중에서 삼현삼요, 사빈주, 사간료 등은 이미 임제의현 등 옛 조사들이 사용했던 적이 있는 것을 계승해서 발휘한 것이다.

분양선소는 선법을 지도하는 과정에서 스승과 제자 관계를 특별하게 중시했다. 이 중에서 십지동진, 십팔문, 삼구는 분양선소가 창조한 독특한 선법이라고 할 수 있다. 간단히 몇 가지를 소개하면 다음과 같다.

그는 『어록』에서 말하기를 "설법자는 반드시 십지동진을 갖추어야 한다. 만약에 십지동진를 갖추지 못하면 사정(邪正)을 판별할 줄 모르고 승속을 나누지 못한다…."[191]라고 했다.

십지동진이란 곧 "① 동일질(同一質), ② 동대사(同大事), ③ 총동참(總同參), ④ 동진지(同眞志), ⑤ 동편보(同遍普), ⑥ 동구족(同具足), ⑦ 동득실(同得失), ⑧ 동생살(同生殺), ⑨ 동음후(同音吼), ⑩ 동득입(同得入)"[192]이다.

190 『汾陽無德禪師語錄』권상, 『大正藏』권47, p.596b18.
191 『汾陽無德禪師語錄』권상, 『大正藏』권47, p.596b18.
192 『汾陽無德禪師語錄』권상, 『大正藏』권47, p.596b18.

십팔문은 학인들이 선사에게 질문한 말을 분양선소가 18종으로 분류해 놓은 것이다. 선종에서는 분양십팔문이라고 칭한다. 즉 ① 청익문(請益問)으로, 학인이 스승에게 직접적으로 지도해 줄 것을 요구하는 가르침이다. ② 정해문(呈解問)으로, 학인이 자기의 견해를 현시해서 스승에게 심사해 주기를 청하는 가르침이다. ③ 찰변문(察辨問)으로, 학인이 난해한 문제를 제출해서 스승에게 문제의 경중을 감별해서 평가해 주기를 청하는 것이다. ④ 투기문(投機問)으로, 장차 자기의 경계를 사실대로 제출해서 자기가 증득한 것과 스승이 증득한 것이 같은지 다른지 물어보는 것이다. ⑤ 편벽문(偏僻問: 편벽된 물음)으로, 학인의 한쪽으로 치우친 견해를 단박에 스승이 힐문해서 스승이 검증하는 것이다. ⑥ 심행문(心行問)으로, 험주문(驗主問)이라고도 하는데 학인이 비록 득오를 했지만 다시 스승에게 가르침을 묻는 것이다. ⑦ 탐발문(探拔問)으로, 타인의 견해에 대한 심천(深淺)을 살피는 것이다. ⑧ 불회문(不會問)으로, 학인이 이해하지 못한 것을 말미암아서 문제를 제시하는 것이다. ⑨ 경담문(警擔問)으로, 학인이 선법 이외의 학문 및 기타 일들을 가지고 스승을 우롱하지 못하게 하는 것이다. ⑩ 치문(置問)으로, 학인들이 직접적으로 고인들의 문답을 이용해서 가르침을 청하는 것이다. ⑪ 고문(故問)으로, 학인들이 경론의 고사를 통해서 가르침을 청하는 것이다. ⑫ 차사문(借事問)으로, 학인들이 고사 및 비유를 빌려서 세간의 일반 정황으로 종풍의 가르침을 묻는 것이다. ⑬

실문(實問)으로, 사실에 입각해서 이익을 청하는 물음이다. ⑭ 가문(假問)으로, 가설의 어투로 가르침을 청하는 것이다. ⑮ 심문(審問)으로, 학인의 상세하지 못한 점을 드러내어서 가르침을 주기를 청하는 것이다. ⑯ 정문(征問)으로, 힐난하는 태도의 문제를 제시하는 것이다. 혹은 질문하는 태도에 대해서 문제를 제시하는 것이다. ⑰ 명문(明問)으로, 학인이 이미 명료하게 알았지만 다시 기타 일에 대해서 확인하는 것이다. ⑱ 묵문(默問)으로, 학인이 언어로 표현하지 않고 동작만을 의지해서 물음에 들어가는 것이다.[193] 분양의 십팔문은 학인들이 스승의 가르침을 청하는 18종류의 문화(問話)방식을 반영한 것이다.

분양삼구란 그가 학인들을 인도하기 위해서 설립한 내용이다.

첫 번째는 저력구(著力句)로서 제자가 묻기를 "어떻게 학인들이 힘을 써야 합니까?" 사가 이르되 "가주(嘉州)의 대상(大象)을 쳐라!" 이것은 학인들에게 반드시 가주의 미륵대석상과 같이 대근기를 성취하도록 준비시키는 것을 가리킨다.

두 번째는 전신구(轉身句)로서 제자가 묻기를 "어떻게 해야 학인들이 몸을 전신(轉身)할 수 있습니까?" 사가 이르되 "협부(陝府)의 철우(鐵牛)를 녹여라!" 이것은 학인들의 기용(機用: 玄機妙用)으로서 굳게 본분을 지키고 신심을 한번에 철소와 같이 굳게 건실하게 하라는 것이다.

세 번째는 친절구(親切句)로서 학인들이 묻기를 "어떤 것이 학인들

---

193   黃夏年 主編, 『禪宗三百題』, 上海古籍出版社, 2000년, p402.

의 친절처입니까?" 사가 이르되 "서하의 사자를 농(弄: 가지고 놀다)하는 것이다!" 이것은 학인들이 깨달음을 이룰 때 신속하고 긴밀하게 할 것을 가리키는 것이다. 마치 사자가 먹이를 물었을 때 신속하게 힘으로 제압하는 것과 같은 이치이다.

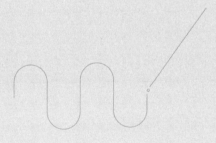

V

금원 시대 선승

1
금원 시대 조동종의
만송행수선사

만송행수는 당시 북방불교의 영수로서
조동종을 대표하는 선사이다

만송행수(萬松行秀: 1166-1246)선사의 속성은 채(蔡) 씨이며 지금의 하남성 회경(懷慶) 사람이다. 남송 때의 청원 문하의 22대로서 조동종의 승려이다. 호는 만송노인(萬松老人)이다. 15세 때 형주(邢州) 정토사 찬윤선사(贊允禪師)에게 삭발 후에 출가하고 오래지 않아서 구족계를 받았다. 그는 원나라 정종 원년(定宗 元年: 일설에는 단평 1236) 연경(燕京: 지금의 북경)에서 입적하였으며 세수는 81세였다.

기록에 의하면 그가 입적을 하자 많은 사람들이 그를 기념하기 위해서 사리탑을 세웠다. 전국에 두 곳에 탑을 세웠는데 하나는 북경[西城區西四南丁字街西]에 있으며 세칭 만송노인탑(萬松老人塔)이라고 칭하고 다른 하나는 형대시 서남고탑 가운데[邢台 市西南古塔群]에 있었는데 애석하게도 문화혁명 중 훼손되어 지금은 없다.

그는 조동종 제14대 대종주로서 당시 강남의 천동여정(天童如淨: 1163-1228)[194]과 함께 조동종의 양대 종장(宗匠)으로 이름을 날렸다. 금나라 장종명창 4년(章宗明昌: 1193)에 황제로부터 비단 대가사를 하사받았다. 그는 남하해서 자주 대명사(磁州 大明寺) 설암혜만(雪岩慧滿: 1136-1206)[195]선사를 참방하고 한 달도 채 지나지 않아 철오(徹悟)하였다고 한다. 법을 얻은 후에 그의 명성이 각지에 알려지게 되었고 각지에서 그에게 설법을 청함과 동시에 그곳에 주석해 주기를 청하기도 했다. 그러나 그는 이러한 청을 모두 거절하고 형주(邢州)로 돌아가서 정토사(淨土寺)에 만송헌(萬松軒)을 건립하고 그곳에서 대중을 제접하면서 자신의 수행을 이어 갔다. 이로 인해서 그는 만송(萬松)이라는 호를 얻게 되었다.

그가 수년 동안 정토사에 주할 때는 그를 참방하러 오는 이가 끊이지 않았고 조야의 모든 이들이 그를 경모하기도 했다. 한편 그는 북

---

194 천동여정은 송대(宋代)의 조동종(曹洞宗)의 승려로서 현재의 절강성 은현(鄞縣) 사람으로 속성은 유(俞) 씨이고 족암지감(足庵智鑒)의 법을 계승했다. 화장 포충사(華藏 褒忠寺), 건강 청량사(建康 淸涼寺), 명주 서암사(明州 瑞岩寺) 등지에서 주했고 후에 신칙으로 천동산 경덕사(天童山 景德寺)의 주지를 역임했다. 일본 승려인 도원(道元)이 입송(入宋) 후에 천동여정에게 배우고 그의 법을 이었다. 이 내용은『繼燈錄』『續燈存稿』『五燈會元續略』『南宋元明禪林僧寶傳』등에 기록되어 있다.

195 『五燈會元續略』에 보면 설암혜만은 남송 시대의 조동종 승려이다. 호는 설암(雪岩)이고 세인들이 설암혜만이라고 불렀다.

방의 승속들로부터 추종을 받았을 뿐만 아니라 당시 금나라와 몽고 양국의 조야로부터 보편적인 추종과 존경을 받았다. 금나라(明昌四年: 1193)의 장종(章宗: 1168-1208)[196]이 그를 매우 공경하여 그가 궁전에서 설법을 할 때 "장종 황제는 몸을 굽혀서 예를 올렸다[於內殿說法 章宗躬身迎禮]."라고 전해진다.

몽고가 금나라를 멸망시킨 후에도 만송선사는 지속적으로 몽고의 조정으로부터 예우를 받았으며 후에 몽고 조정의 국사가 되었는데 당시 원대 전체 중국불교계에 국사라고 칭하는 사람은 오직 아홉 사람뿐이다. 이 가운데 만송행수선사가 있었다. 때문에 그는 당시의 북방불교의 영수가 되었다.

만송선사가 종용암(從容庵)에 거할 때 야율초재(耶律楚材)의 초청에 응해서 굉지정각(宏智正覺)의 평창(評唱) 송고백칙(頌古百則)을 저본 삼아 『종용록(從容錄)』6권을 지어서 조동종의 선풍을 전했다. 그 외에도 『청익록(請益錄)』[197]·『조등록(祖燈錄)』·『석씨신문(釋氏新聞)』·『명도집(鳴道集)』·『사회어록(四會語錄)』등의 저작이 있다. 특히 많은 저술 가운데 가장 대표적인 작품은 『종용암록(從容庵錄)』과 『청익록』이다. 『종용암

---

196 금나라 경종 완안경(章宗 完顏璟: 1168-1208)은 어릴 때는 마달갈(麻達葛)이라고 불렸고 금나라 세종(世宗) 완안옹(完顏雍)의 손자이고 금나라 현종(顯宗) 완안윤공(完顏允恭)의 아들이다. 금나라의 여섯 번째 황제이다.

197 선종공안의 평창집(評唱集)으로 총 2권이며 송나라 정각(正覺)의 염고(拈古)와, 원나라 만송행수의 평창(評唱)으로, 자세한 명칭은 『萬松老人評唱天童覺和尚拈古請益錄』으로, 『卍續藏』『禪宗全書』등에 수록되어 있다.

록』은 만송행수가 굉지정각의『송고백칙』을 평창(評唱)한 선학의 명작
이다.『종용암록』은 매 칙의 공안이 모두 5항으로 구성되었다. 즉 제1
부분은 시중(示衆)으로, 공안을 위해서 서론을 지었다[示衆]. 제2 부분
은 정각의『송고백칙』에서 발췌한 공안이다[列擧公案]. 제3 부분은 공
안에 대한 평창(評唱)이다[列擧頌古]. 제4 부분은 정각의『송고백칙』에서
발췌한 송고(頌古)이다[頌古中夾注]. 제5 부분은 송고에 대한 평창이다.
때문에『종용암록』의 요지는『송고백칙』의 깊고 오묘한 것을 찬석하
였다. 그러나 이『종용암록』은 완전히『벽암록』의 형식을 모방한 것이
라고 하기도 한다.

한편 그는 비록 선학 위주의 수행을 하였지만 화엄에 정통했고 정
토를 추종했기 때문에 금대(金代) 정토종의 5대 영수(領袖) 가운데 한
사람이 되기도 한다. 특히『창평천동정각화상송고종용암록(評唱天童正
覺和尚頌古從容庵錄)』은 당시 선종의 명작이 되었다. 그의 재가 제자인
야율초재는 서(序)에서 "조동의 혈맥을 이었으며 운문의 선교(善巧)를
갖추었으며 임제의 기봉(機鋒)을 구비했다."[198]라고 평가하였다.

이 외에도 그는 선종의 제종파의 사상은 물론이거니와 유가의 사
상도 계승·발전시켰기 때문에 세인들이 그를 "유석을 겸비하였고
종설(宗說)에 정통하였고 변재가 무애하다."[199]라고 평하였다.

---

198 『正名錄』권5,『大藏經補編』제24, p.461b26. "獨萬松老人全曹洞之血脈. 其雲門之善巧.
備臨濟之機鋒."
199 杜繼文 魏道儒 저작,『中國禪宗通史』, 江蘇人民出版社, p.493. (儒釋兼備, 宗說精通, 辯

송대 원초(元初)에 선종의 오엽(五葉) 가운데서 임제종(臨濟宗)·조동종(曹洞宗)이 크게 흥성하였다. 때문에 당시에 세인들은 "임천하, 조일각(臨天下 曹一角)"이라고 하였는데 그 의미는 "임제종풍이 미치지 않는 곳이 없고 광대하게 뒤덮고 있다. 다만 조동종의 위엄은 동남에 떨쳐서 영향이 매우 깊다."라는 것으로 이때의 조동종이 성행한 이유는 바로 만송행수선사가 온 힘을 다해서 조동종의 선풍을 드날린 덕택이다. 송원 이후로 선정쌍수(禪淨雙修)가 매우 성행하기 시작하면서 그도 역시 선정쌍수를 중시했다.

만송행수선사가 살았던 시기는 중국에서도 매우 복잡한 양상을 한 상태였다. 즉 금(金)·원(元)·송(宋)의 정권이 함께 존재하고 있던 시기였기 때문에 기록에 의하면 그는 금나라 조정과 밀접한 왕래를 하였고 원나라 조정과도 매우 좋은 관계를 유지하고 있었다. 때문에 송나라 사람들은 그를 완곡하게 비평하였고 따라서 그의 사적에 관한 기록은 매우 희소하다. 그러나 도리어 선종 발전사에서는 그가 남긴 위치와 명성은 지워지지 않았다. 또 그의 인간적인 면을 잘 드러내는 고사가 있다.

1236년 원대 조정은 승려들에게 고시제도를 시행하였다. 불합격자는 귀족이라도 모두 환속시켰다. 원대 조정에서는 이러한 중책을 행수선사에게 맡겼다. 행수선사는 임제종의 해운인간(海雲印簡: 1202-

---

才無礙)

1257)과 밀접한 관계를 유지하면서 방편을 잘 사용해서 설사 일자무식이라도 도행이 양호하면 한 사람도 낙방시키지 않았다는 고사가 전해지고 있다.

행수선사의 문하에는 많은 제자들이 있었는데 법을 얻은 제자들만 120인이나 되었다고 한다. 이 가운데서도 걸출한 제자 5명이 있는데 설정부유(雪庭富裕: 1203-1270), 화엄지온(華嚴至溫: 1217-1267), 임천종륜(林泉從倫: 1223-1281), 천송명덕(千松明德)과 담연거사(湛然居士: 야율초재) 등으로 이들을 가리켜서 오걸(五傑)이라고 칭하였다. 이들은 원나라 초에 모두 불교와 정치에서 영향력을 행사하기도 했던 것으로 유추된다. 간단하게 이들을 소개해 보면 다음과 같다.

임천종륜은 일찍이 만수사(萬壽寺)와 보은사(報恩寺)의 주지를 역임했다. 지원(至元: 1272) 9년에 원나라 세조의 초빙으로 궁전에 들어가 설법하였는데 그는 "종용을 묻고 변론함에 오직 저녁이 되어야 물러갔으며 황제가 크게 기뻐했다."[200]라고 했다.

그는『화엄경』『능가경』『열반경』등 경전을 인용해서 선은 불성 여래장으로 즉 "달마 이래로 서로 전한 것은 여래청정선"[201]이라고 설명하였다. 곧 선은 불교의 정종이 된다고 하면서 선교일치를 주장하였다. 그가 원나라 초엽 연경(지금의 북경)의 민충사(憫忠寺: 지금의 법문사)의

---

200   杜繼文 魏道儒 저작,『中國禪宗通史』, 江蘇人民出版社, p.493. (從容問辨, 抵暮而退, 帝大悅)
201   杜繼文 魏道儒 저작,『中國禪宗通史』, 江蘇人民出版社, p.493.

주지를 역임할 당시 도교와 불교가 논쟁할 때 불교의 대표자가 되기도 했다. 그의 저작으로 유명한 『공곡집(空穀集)』 『허당집(虛堂集)』 등이 있다.

화엄지온은 만송행수선사를 15년간 좌우에서 시봉하였고 특히 당시 유명한 정치가 유병충(劉秉忠)과 유년 시절부터 교류가 있었다. 그와의 인연으로 인해서 그는 당시 관서오로(關西五路)[202]를 통섭하기도 했다. 따라서 그는 그 지역의 불교 방면을 보호하고 진흥시키는 중요한 역할을 하였다. 후래 승려들이 평하기를 "지금의 사람들은 오직 만송의 평창어만을 음미하고 공(公: 至溫을 말함)은 듣지 않지만 하늘을 움직이는 힘이 있다."[203]라고 했다.

설정부유 역시 10여 년을 행수선사에게서 학습을 하고 금나라와 원나라가 교전을 할 때 훼손된 숭산 소림사를 행수선사와 해운인간의 지지를 얻어서 복원하고 부흥시켰다. 후에 헌종(憲宗)을 알현하고 총령석교(總領釋敎)[204]라는 명을 받고 각지의 훼손된 사찰 236처를 중건하였다. 그의 이러한 공로로 소림사는 조동종 행수선사 계통의 중

---

202 杜繼文 魏道儒 저작, 『中國禪宗通史』, 江蘇人民出版社, p.493. 『佛祖歷代通載』 권22, 『大正藏』 권49, p.728a26. "時○憲宗命海雲主釋教○詔天下作資戎會. 師持○旨宣布中外. 而輔成之○世祖征雲南還. 劉公請承制. 錫師號曰佛國普安大禪師. 總攝關西五路河南南京等路太原府路邢洛磁懷孟等州僧尼之事. 刻印以賜師. 銳意衛教. 凡僧之田廬見侵於豪富及他教者. 皆力歸之."

203 『南宋元明禪林僧寶傳』 권7, 『卍新續藏』 권79, p.617b17. "今人獨味萬松評唱之語. 而不聞公有回天之力."

204 杜繼文 魏道儒 저작, 『中國禪宗通史』, 江蘇人民出版社, p.494.

요한 전법지가 되었다. 그도 역시 불도 논쟁에 참가한 중요한 인물로 광종정변(光宗正辨)[205]이라는 호를 받았다.

담연거사 역시 만송의 제자로서 많은 보살도를 행하였다고 한다. 그는 비록 원대(몽고) 조정에 몸담고 있었지만 적극적으로 중원의 정치·경제·문화·질서와 백성들의 생명의 안전과 재산을 보호했다. 후에 그는 원나라의 개국공신이 되었으며 탁월한 정치가로서 수완을 발휘했다.

이러한 걸출한 제자를 배출해 낸 만송행수의 선종에 대한 공헌은 제자들을 통해서 그의 뛰어난 수행력과 중량감 및 사회적 영향력을 유추해 볼 수 있다.

한국에서는 대체로 임제종의 선법과 임제 계통의 선사들이 많이 알려져 있다. 반면에 기타 오가칠종 가운데서 임제종 외 다른 종파의 선법 및 인물에 대해서는 많이 알려져 있지 않은 것 같다.

만송행수는 원대를 대표하는 조동종의 걸출한 선사로서 선종사에서도 매우 중요한 위치를 차지하는 인물이다. 또 그는 선종의 일대 종장으로 당시의 종교계와 정치계뿐만 아니라 사회적으로도 중대한 영향을 미친 인물이다. 그는 금나라와 원나라의 조정대신은 물론이거니와 사대부 문인들과도 밀접한 관계를 유지했다. 또 혹자는 그를

---

205 『五燈全書』권61, 『卍新續藏』권82, p. 256c04. "庚申. 世祖踐祚. 俾師總領釋教. 復僧尼. 得廢寺二百三十有六區. 因論辨僞經. 馳驛以焚火其書. 仍賜光宗正辨禪師號. 命即故裏 剏建精舍. 日報恩. 給田飯僧. 寵錫甚至. 時萬壽虛席. 眾請師主之."

평하기를 "조동종 아래에 만송 한 가지가 있어서 제방을 덮고 다시 천하를 그늘지게 하며 세상을 모두 들어서 조도(祖道)를 중흥하고 법해에서 용이 논다[洞山之下 萬松一枝 布列諸方 蔭複天下 擧世鹹謂中興祖道 法海之遊龍也]."고 하였다.

2
고봉원묘_
남송 임제종 양기파 선사

고봉은 원대 남방불교의
거두이다

고봉원묘(高峰原妙: 1238-1295)는 원대 남방불교의 거두로서 임제종 양기파의 선사이다. 우리나라에도 『선요』를 지은 선사로 많이 알려져 있다. 그는 대혜종고와는 조금은 다른 화두참구 방법을 주장하였다. 고봉원묘의 구법행각 이력을 보면 북송 시대의 대혜종고 이후의 간화선을 계승하였다. 그 후 간화선은 남송 이후 선림의 주류 선학으로서 위치를 차지하였으며 고봉원묘의 선법은 바로 이러한 바탕을 배경으로 발전하여 왔다.

그는 당시 임제종의 유명한 선사인 설암조흠(雪岩祖欽: 1214-1287)[206]

---

[206] 설암조흠(雪岩祖欽)은 송말 원초의 선승이다. 임제종의 17세이기도 하며 고봉원묘(高

의 제자이다. 소주(蘇州)의 오강(吳江) 사람이며 자는 고봉(高峰)이다. 15세에 출가하였고 17세에 구족계를 받았으며 먼저 천태교의를 수학하였다. 20세에 항주 정자사(淨慈寺)의 단교묘륜(斷橋妙倫)선사를 참방하고 3년 동안 뜻을 세워 죽을 각오로 그의 곁에서 부지런히 화두를 간했으나 여전히 길 잃은 사람과 같았다고 하며 후에 다시 설암조흠을 참방하고 그로부터 법을 얻었다. 그러나 처음부터 공부가 순조로웠던 것은 아니었다.

설암조흠이 고봉원묘에게 참구하라고 준 화두는 '구자무불성' 가운데 무(無)자 화두이다. 계속해서 공부에 소득이 없자 다시 경산(徑山)에 돌아와서 참선을 하였는데 보름이 지나자 몽중에서 이전에 단교묘륜이 언급했던 적이 있는 '만법귀일 일귀하처(萬法歸一 一歸何處)'를 생각해 내고 바로 "의정이 돈발해서 (의심이) 한 덩어리가 되고 혼연일체가 되어 직하에 동서를 가리지 않고 침식을 모두 잊었다."[207]라고 했다.

그는 원나라 16년(1279) 천목산(天目山) 서봉(西峰)에 이르러서 처음에 사자암(師子岩)에 초암을 짓고 거주하면서 원나라 18년 장공동(張公洞)의 폐사관(閉死關: 깨닫기 전에 나오지 않는 것)에 들어가서 죽기 전까지 15년 동안 밖을 나오지 않았다. 그래서 세인들은 그를 고봉고불(高峰古佛)이

峰原妙)가 그의 선법을 계승했다.

207 『高峰原妙禪師語錄』권상,『卍新續藏』권70, p.690a10. "忽憶斷橋和尚室中所舉萬法歸
一一歸何處話. 自此疑情頓發. 打成一片. 直得東西不辨. 寢食俱忘."

라고 칭하였다. 천목산에 기거할 때 사자원(師子院)과 대각선사(大覺禪寺)를 건립했다. 후학들이 구름같이 운집하였고 그를 참방하고자 하는 사람들이 끊이지 않았으며 승속을 막론하고 그에게 수계를 받은 사람들이 수만을 넘었다.

원정 원년(元貞 元年: 1295) 12월 1일 좌탈입망하였는데 세수는 58세, 법랍은 43년이었으며 시호를 보명광제선사(普明廣濟禪師)라고 했다. 그는 남악회양선사로부터 22대가 되며 임제종의 제18대가 된다. 그의 문하에 중봉명본(中峰明本), 단애요의(斷崖了義), 대각조옹(大覺祖雍) 등이 있다. 어록은 『고봉화상선요(高峰和尚禪要)』 1권과 『고봉묘선사어록(高峰妙禪師語錄)』 1권이 있으며 특히 계율을 중시했다.

원나라 때 중국불교가 처했던 시대적인 배경과 당시의 상황을 살펴보면 원대의 조정은 티베트불교를 신봉하였고 동시에 존교억선(尊教抑禪)의 정책을 펴고 있었다. 당시 북방선종 가운데 임제종의 해운인간(海雲印簡: 일명 印簡系) 계통, 조동종의 만송행수(萬松行秀: 일명 萬松系) 계통을 불문하고 모두 장기간의 발전을 이루지 못하고 점점 쇠락하여 갔다. 이와 동시에 남방선종은 지리적인 위치와 여러 가지의 이유로 인해서 선종의 독특한 활력을 회복하기 시작하였다. 이른바 남방의 총림의 오산십찰(五山十刹)이라는 구조와 방식은 비록 변하지 않았지만 사상적인 방면에서 변화는 비교적 뚜렷하였다. 당시 남방선종은 전체적으로 모두 임제종에 속하였다.

예를 들면 대혜종고(1089-1163)와 호구소륭(虎丘紹隆: 1077-1136) 양파가 있었다. 대혜 제자인 육왕덕광(育王德光) 이후에 영은지선(靈隱之善)과 북간거간(北磵[208]居簡)이 있고, 소륭의 제자인 밀암함걸(密庵鹹傑) 이후에 송원숭악(松源崇嶽)과 파암조선(破庵祖先)이 있었다.

위의 네 지파(支派)가 당시의 남방 임제종의 주류가 되었으며 후세의 역사가들은 이 네 파를 총체적으로 정리하여 공리선(功利禪)과 산림선(山林禪) 두 유형으로 나누었다. 공리선의 목적은 적극적으로 조정과 정치권력을 의지해서 발전한 선종파벌이며 그 대표적인 인물은 지선계(之善系)와 거간계(居簡系) 및 숭악계(崇嶽系)의 청무(清茂)·수충(守忠) 등이다. 당시의 오산십찰은 모두 이 계통에서 주지를 맡았다.

반대로 산림파의 선승 대부분은 산속에 은거했기 때문에 일반 사람들은 잘 알지 못했지만 어떤 선사들은 부분적으로나마 민간에서 활동하였기 때문에 그 영향력이 매우 컸다. 다만 조정과 정치권력은 멀리하였다. 가장 대표적인 파는 조선계(祖先系)였다.

조선계는 원대 이후 선종에서 가장 큰 영향을 준 지파(支派)다. 유명한 선사도 매우 많았으며 정치 방면에서 원대 조정과 거리를 두었고 관계도 소원하였다. 수년간 산속에서 수행 전념하였는데 그렇다고 이 파의 선승들이 지나친 여론을 조장하고 반원(反元) 행동을 한 것

---

208   살골짜기 물 간.

은 아니었다.[209] 또 북방선종과 완전히 단교를 한 것도 아니었다.

사람들은 이 파를 '안거지식(庵居知識)'이라고 칭했다. 생활방식 역시 북방선종이 조정에 의지한 것과 달리 하층민의 시주와 자급자족의 형태로 생계를 유지하였다. 비록 공안송고 등을 완전하게 반대한 것은 아니지만 공안송고 등에 대한 찬석을 반대하였다. 조선계는 대혜종고의 간화선을 강조하면서 동시에 널리 간화선을 유포하는 데 앞장섰으며 이른바 원대의 남방선종의 주류가 되었다. 때문에 조선계의 간화선은 강렬한 시대의 정신과 기백 및 농후한 지방 색채를 지닌 새로운 선법으로 역사의 전면에 나서게 되었으며 원대 전체 선종의 기조가 되었다.

원대 초·중기의 이러한 특수한 시기에 정치적인 태도 내지 수행방식과 생활방식, 선학 사상을 두루 아울러서 실천에 옮긴 대표적인 선사로서 고봉원묘(高峰元妙)를 꼽을 수 있으며 이러한 특수한 환경적 배경의 중심에 역시 고봉원묘가 있다.

일반적으로 고봉원묘의 선사상을 개괄하면 세 가지 단계의 내용으로 요약해 볼 수 있다. 첫 번째는 화두의 출발인 만법귀일, 일귀하처

---

209 이 지파의 선승들은 언론과 행위가 과격하고 드러나게 원대를 반대한 것은 아니다. 특히 결사적으로 항원(抗元)을 했던 선사들과는 당연히 차별이 있다. 예를 들면 원대의 유명한 시승(詩僧)인 선주(善住)의 정치적 태도를 보면 그는 은거수행을 하면서 부분적으로나마 송유민(宋遺民)들의 구심점 역할을 하면서 망국(亡國)의 한을 각골명심하면서 일종의 민족을 억압하는 원대 조정을 향해서 강렬한 반항을 이어 갔다. 이러한 태도는 조선파(祖先派) 선사들 가운데서 선명하게 드러나는 인물이 없다.

(萬法歸一 日歸何處)이고, 두 번째는 의이신위체, 오이의위용(疑以信爲體 悟
以疑爲用)으로 운용된 방법이고, 세 번째는 최종의 목표로서 무심삼매
(無心三昧)에 도달하는 것이며 궁극적인 목표 실현은 바로 무심삼매의
경계이다.

첫 번째 단계인 '만법귀일 일귀하처(萬法歸一 一歸何處)' 화두는 고봉
원묘가 득오(得悟)의 과정을 통과하기 위해서 거치는 하나의 관문으
로, 이 화두는 대혜종고의 무(無)자 화두와 같은 것이다.

그때에 어떤 스님이 "만법이 하나로 돌아가고 그 하나로 돌아간 곳
은 어디입니까?"라고 묻자, 조주선사가 대답하기를 "내가 청주에서
하나의 가사를 만들고 있다. 무게는 7근이나 된다."라고 하였다. 그
런데 여기서 대혜종고는 이 조주의 공안에서 하나의 어구(語句)를 선
택해서 화두를 참구하게 하였는데 그 의도는 바로 사람들로 하여금
깨달음으로 인도하기 위한 활구(活句)로서 조주선사가 해답한 의도와
같다. 즉 문자로 이해하거나 언어나 사량분별로 이해하지 말 것을 강
조한 것이다. 그러나 고봉원묘의 주장은 다르다.

고봉원묘는 직접적으로 문화(問話: 물어 본 문제)를 참구하기를 제시했
다. 만법(萬法)은 일반적으로 세간과 출세간 일체 사물 혹은 삼라만상
의 일체 현상을 가리킨다. 만법(萬法)의 귀속처는 '일(一)'이며 곧 '일심
(一心)'을 가리킨다. 따라서 일심은 만법을 생산하며 만법은 결국에 일
심으로 돌아간다. 이 일심은 절대적이며 영원한 진여불성[本性淸淨 眞

如: 體]이다. 이러한 경계는 바로 주관[我]과 객관[법(物): 현상세계]의 세계가 모두 소멸되었을 때의 경계를 일컫는다. 즉 아공법공이 구공(俱空)한 상태를 가리킨다.

고봉원묘는 그의 어록에서 말하기를 "일귀하처는 도리어 무(無)자와 다르다. 또한 의정은 쉽게 발할 수 있다. 하나를 들면 문득 있다. 반복적으로 사유하거나 생각을 일으키지 않을 때 비로소 의정이 생기고 점점 모여서 덩어리(의심 덩어리)를 이룬다. 때에 문득 하려는(사량분별이 일어나지 않는다) 마음이 없어진다. 이와 같이 하려는 마음이 없어지면 사량분별의 마음이 곧 없어진다. 여기에 이르러서 만연(萬緣)을 쉬지 않으려 해도 스스로 쉬게 되고 육근이 고요하지 않아도 스스로 고요해진다."²¹⁰라고 했다.

그의 제자인 천암원장(千巖元長: 1284-1357)²¹¹은 그의 어록에서 '만법귀일, 일귀하처' 이 여덟 글자는 천목고봉노조(天目高峰老祖)가 자증자오(自證自悟)한 후에 여덟 개의 문자로써 사해의 학자를 가르치고 각각 그들로 하여금 자증자오하게 했다."²¹²라고 적고 있다. 이러한 기록을 통해서 볼 때 '만법귀일 일귀하처'라는 여덟 개 문자의 선법은 후

---

210 『高峰原妙禪師禪要』『卍新續藏』권70, p.702c23. "一歸何處. 卻與無字不同. 且是疑情易發. 一舉便有. 不待返覆思惟, 計較作意, 纔有疑情. 稍稍成片, 便無能為之心. 既無能為之心, 所思即忘, 致使萬緣不息而自息, 六窓不靜而自靜."

211 千巖元長선사는 임제종 호구파(虎丘派) 조선계(祖先系)의 대덕이며 중봉명본(中峰明本)의 법을 이었다.

212 『千巖和尚語錄』『嘉興藏』권32, p0217a13. "萬法歸一, 一歸何處, 這八箇字子是天目高峰老祖自證自悟之後, 又將這八箇字教四海學者, 各各令其自證自悟."

세에 많은 영향을 준 것은 분명한 것 같다.

두 번째 단계는 방법론으로 '의이신위체 오이의위용(疑以信爲體 悟以疑爲用)'이다. 곧 '만법귀일 일귀하처'를 어떻게 참구할 것인가의 방법에 관한 문제인데 먼저 의이신위체(疑以信爲體)에 대해서 설명하자면 곧 "의정으로 체를 삼는다."고 하는 관점을 제시하였다. "장차 힘들이지 않고 쉽게 닦을 수 있다. 일찍이 화두를 경험해 보았다. 양손으로 분부하니 만법이 하나로 돌아가니 하나로 돌아가는 곳이 어디인가? 절대로 이렇게 믿을 수 있어야 하고 문득 이렇게 의심을 해야 한다. (또) 반드시 의심은 믿음으로써 체(體)를 삼고 깨달음은 의심의 용(用)을 삼는다는 것을 알아야 한다. 십분(十分: 충분한) 믿음이 있으면 십분 의심이 있고, 십분 의심을 얻으면 충분한 깨달음을 얻을 수 있다."[213]라고 하였다. 즉 화두 의심하는 것을 믿는 것으로, 믿음이 많으면 의심도 많아지는 것과 같은 이치이다. 만약에 믿음이 없으면 의심이 하나도 일어나지 않는다는 것이다.

그는 또 말하기를 "대개 참선을 하는 데는 승속을 나누지 않는다. 다만 하나의 신(信)이 결정한다. 만약에 바로 직하에 믿어서 마음이

---

213 『高峰原妙禪師語錄』상권,『卍新續藏』권70, p.688c17. "山僧由是撫之. 將箇省力易修, 曾驗底話頭. 兩手分付, 萬法歸一, 一歸何處? 決能便恁麼信去, 便恁麼疑去. 須知疑以信為體, 悟以疑為用. 信有十分, 疑有十分, 疑得十分, 悟得十分. 譬如水漲船高. 泥多佛大. 西天此土. 古今知識. 發揚此段光明. 莫不只是一箇決疑而已. 千疑萬疑. 只是一疑. 決此疑者. 更無餘疑. 既無餘疑. 即與釋迦彌勒. 淨名龐老. 不增不減. 無二無別. 同一眼見. 同一耳聞. 同一受用. 同一出沒. 天堂地獄. 任意逍遙."

흐트러지지 않고 오롯하여 오욕에 흔들림을 입지 않고 하나의 철막대기와 같아지면 반드시 정한 시간 내에 성공할 수 있으며 항아리 안에서 걸어가는 자라를 두려워하지 않는다."[214]라고 하였다. 즉 고봉원묘가 강조한 신(信)은 화두를 참구할 때 반드시 선행되어야 할 조건을 말한 것이다.

그다음은 오이의위용(悟以疑爲用)으로 즉 깨달음은 의심으로써 용을 삼는다는 것이다. 고봉원묘는 '만법귀일 일귀하처'를 참구하는 데 있어서 관건은 바로 의정(疑情)이라고 여겼다. 그러면 어떻게 의심을 일으켜야 하는가? 이 점에 대해서 그는 비교적 상세하게 설명하고 있다. 즉 "먼저 육정육식(六情六識), 사대오온(四大五蘊), 산하대지, 삼라만상을 모두 하나로 녹여서(만들어서) 의심을 지으면 몰록 목전에…, 이와 같이 행도 또한 다만 하나의 의단(疑團: 의심 덩어리)일 뿐이며 앉아도 또한 다만 하나의 의단일 뿐이며 옷을 입고 밥을 먹을 때도 또한 다만 하나의 의단일 뿐이며 똥을 누고 오줌을 눌 때도 또한 오직 하나의 의단일 뿐이다. 견문각지에 이르러서 모두가 다만 하나의 의단으로써 의심해 가고 의심해 오면 의심이 수월해지는 곳에 이르러서 문득 힘을 얻는 곳이 있다(득력처가 있다). (이때가 되면) 의심하지 않아도 스스로

---

214 『高峰原妙禪師語錄』상권,『卍新續藏』권70, p.688c17. "大抵參禪, 不分緇素. 但只要一箇決定信字. 若能直下信得及. 把得定. 作得主. 不被五欲所攝. 如箇鐵橛子相似. 管取剋日成功. 不怕甕中走鼈."

의심이 되며 (화두를) 들지 않아도 스스로 들어진다."[215] 이것이 바로
고봉원묘가 말하는 오이의위용의 뜻이다.

위의 내용을 간단하게 다시 정리하면 먼저 '만법귀일 일귀하처'의
화두를 간할 때 반드시 신(信: 믿음)을 바탕으로 의심이 이루어져야 하
고 깨달음[悟]은 반드시 의심[疑情]을 바탕으로 이루어져야 한다는 의
미이다.

세 번째 단계는 무심삼매(無心三昧)이다. 이 무심삼매는 마지막 단계
로서 최고의 경지에 도달하는 것이다. 이 경계는 의도정망심절처(疑
到情忘心絶處)[216]이다. 즉 고봉의 표현을 빌리자면 의심이 정(情)도 잊고
마음도 끊어진 상태에 도달한 것이다. 그는 본인이 옛적에 개오(開悟)
했을 때의 정황을 회고한 것을 보면 "산승이 옛적에 쌍경(雙徑)에 있을
때 당(堂)에 돌아가 한 달도 되기 전에 홀연히 몽중에 '만법귀일 일귀
하처'를 의심하기 시작해서 이로부터 의정이 돈발해서 침식을 잊고
동서를 분별하지 않고 주야도 나누지 않고 자리를 펴고 발우를 펼 때
똥오줌을 누고 어묵동정(語默動靜) 모두가 오직 하나의 일귀하처(一歸何
處)로서 문득 조금도 다른 생각이 없고…, 비록 많은 사람이 모였지만

---

215 『高峰原妙禪師語錄』상권, 『卍新續藏』권70, p.688b05. "先將六情六識, 四大五蘊, 山河
   大地, 萬象森 總鎔作一箇疑團, 頓在目前…, 如是行也只是箇疑團. 坐也只是箇疑團. 著衣
   喫飯也只是箇疑團. 屙屎放尿也只是箇疑團. 以至見聞覺知. 總只是箇疑團. 疑來疑去. 疑
   至省力處. 便是得力處. 不疑自疑. 不舉自舉."
216 『高峰原妙禪師語錄』상권, 『卍新續藏』권70, p.687c09. "萬法歸一一何歸. 只貴惺惺著意
   疑. 疑到情忘心絶處. 金烏夜半徹天飛."

마치 한 사람도 없는 것과 같아서 아침으로부터 저녁에 이르기까지 맑고 깨끗하고[澄澄湛湛] 높고 높아서[卓卓巍巍] 순수하고 순수해서 하나의 점조차 끊어졌다. 일념만념에 경계가 적적하고 사람도 잊은[境寂人忘] 것이 마치 정신이 나간 것과 같이 움직이지 않았다(꼼짝하지도 않았다)."[217]라고 했다.

그는 또 일찍이 학인들을 가르칠 때 이러한 경계를 해석하기를 "차를 마셔도 차를 알지 못하고 밥을 먹어도 밥을 알지 못하고 행하여도 행함을 알지 못하고 앉아도 앉는 것을 알지 못해서 정식(情識)이 몰록 깨끗해지고 사량계탁을 모두 잊으면 흡사 기는 있지만 죽은 사람과 같고 마치 니소목조(泥塑木雕: 꼼짝하지 않는 사람 태도)와 같다."[218]고 했다. 그는 이러한 상태를 칭해서 '여치여올(如癡如兀), 니소목조(泥塑木雕)'의 무심삼매(無心三昧)의 경계라고 찬술하고 있다.

결론적으로 그는 원대 초에서 중엽까지의 특수한 환경에서 은거수행 하였고 계율을 강조했던 선사로서 '만법귀일 일귀하처' 화두 참구하기를 발의해서 '의이신위체 오이의위용'의 체계적인 수행 방법을 운용해서 최종에는 무심삼매를 실현하는 것이었다.

---

217 『高峰原妙禪師語錄』상권, 『卍新續藏』권70, p.678b01. "山僧昔年在雙徑. 歸堂未及一月. 忽於睡中疑著萬法歸一一歸何處. 自此疑情頓發. 廢寢忘餐. 東西不辨. 晝夜不分. 開單展鉢. 屙屎放尿. 至於一動一靜. 一語一默. 總只是箇一歸何處. 更無絲毫異念. 亦要起絲毫異念了不可得. 正如釘釘膠粘. 撼搖不動. 雖在稠人廣眾中. 如無一人相似. 從朝至暮. 從暮至朝. 澄澄湛湛. 卓卓巍巍. 純清絕點. 一念萬年. 境寂人忘. 如癡如兀."

218 『高峰原妙禪師語錄』상권, 『卍新續藏』권70, p.685a14. "喫茶不知茶. 喫飯不知飯. 行不知行. 坐不知坐. 情識頓淨. 計較都忘. 恰如箇有氣底死人相似. 又如泥塑木雕底相似."

3
중봉명본의 간화선 및
사종일지(四宗一旨)

**중봉명본은 고봉원묘의 제자로서 역시
남방 임제종 조선계의 거두이다**

　중봉명본(中峰明本: 1263-1323) 혹은 천목중봉(天目中峰)선사는 원나라 때 승려이다. 속성은 손 씨, 호는 중봉(中峰), 법호는 지각(智覺)이고 전단(지금의 항주) 사람이다. 9세에 모친을 여의고 15세에 출가의 뜻을 세웠다. 후에『법화경』·『원각경』·『금강경』등을 열심히 학습했으며 아울러 선정을 좋아해서 자주 혼자서 산속으로 들어가서 좌선을 하기도 했다.

　이와 같이 그는 출가 전에 이미 불교 수행을 할 기초를 구비하고 있었다. 그는 24세에 고봉원묘(高峰元妙)에게 삭발하였고 출가 3년 후에 구족계를 받았다. 고봉원묘는 원대 초의 임제종에서 분출된 조선계(祖先系) 선사이다. 중봉명본은 간화선을 장려하였으며 고봉원묘와 마찬가지로 무심삼매(無心三昧)를 간화선의 최종 목표로 삼았다.

그는 고봉원묘로부터 10년 동안 선법을 수학했으며 그의 종지를 얻었다고도 하며 선정일치(禪淨一致) 및 선교회통(禪敎會通)을 주장하기도 했으며 선문5종과 불교 각파를 융합한 사종일지(四宗一旨)를 선양했다.

한편 고려의 28대 충선왕(忠宣王: 1275-1325)은 충렬왕과 몽고 공주 사이에서 태어난 왕자로서 원나라 황제의 힘을 업고 아버지인 충렬왕과 치열한 권력투쟁을 벌인 왕이다. 그런 그는 중봉명본과 수신 왕래로 깊은 교류를 했을 뿐만 아니라 중봉명본의 재가 제자로 선법을 이었고 법명과 호까지 받을 정도로 그의 선법에 심취했다. 당시 원대가 티베트불교를 숭상하고 있는 상황에서 매우 이례적인 행동이라고 할 수 있다.

원대의 황제는 전후로 해서 수차례나 중봉명본선사에게 예경을 표했다. 원대의 인종이 태자 시절에 중봉명본을 존중해서 법혜선사라고 불렀다. 태자가 즉위한 후에는 중봉명본에게 불자원조광혜선사(佛慈圓照廣慧禪師)라는 이름을 증정했다. 또 금란가사를 내리고 중봉명본이 원적한 후에 원나라 문종(文宗)은 지각선사(智覺禪師)라는 시호를 내렸다. 원대 순제(順帝) 초년에는 다시 그를 보응국사(普應國師)로 책봉했다. 당시 원대의 왕공귀족 문인 사대부들이 앞을 다투어 그를 예배하고 참방하였다고 전해진다.

고봉원묘가 입적한 후 다비식을 마친 후에 천목산을 떠났으며 그 후 다시 때를 기다리며 남방의 각지를 유역하였다. 그는 복덕을 겸비한 고결한 도덕적인 소양과 불교를 수행하는 후덕한 선사로서 비록 선종 사원의 주지를 맡지는 않았지만 그가 이르는 곳마다 수많은 사람들이 찾아와서 법을 구하였기 때문에 그곳은 자연히 수행도량이 되었다.

당시 원대는 몽고인들이 세운 정부로서 몽고인들은 티베트불교를 숭상하고 중국불교는 배척하고 억압하는 형태를 취했다. 특히 교를 숭상하고 선을 억압하는 정책을 실행하였기 때문에 선종은 날로 쇠락하였다. 따라서 총림도 수행을 중시하지 않는 풍토가 되어 갔다. 이렇듯 당시의 선종은 내외적으로 많은 문제를 안고 있는 처지였다. 중봉명본은 이러한 선종의 폐단을 만회하기 위해서 적극적으로 수행자들에게 "마땅히 생사대사로서 자기의 중임을 삼아라[當以生死大事爲己重任]."고 독려하였다.

중봉명본이 살던 시대는 달마가 서쪽에서 온 이래로 이미 800여 년이라는 세월이 흐른 다음이었다. 그로부터 혜능에서부터 중봉명본에 이르기까지 또한 600여 년의 세월이 흘렀다. 따라서 선종도 각 시대의 굴곡진 역사의 단면을 거치면서 자연스럽게 많은 변화가 있었다. 즉 달마선 · 조사선 · 여래선 · 분등선 · 문자선 · 묵조선 · 간화선 등의 굵직굵직한 시대를 대변하는 선법이 이어져 왔고 이 외에도 크고 작은 선법의 명칭과 사상적 변화를 지나왔다.

원대에 이르러서 비록 각종 선종의 유파가 유전되었지만 선법의 폐단은 날이 갈수록 더욱더 깊어졌다. 비록 원대의 많은 선사가 자칭 불심종(佛心宗)이라고는 하지만 실제로는 선법을 전수하지도 못하고 그저 부처를 팔아먹는 선사들이 부지기수였다. 그는 이러한 점을 목도하고 선종의 폐단을 정화하려는 의도를 품었다.

당시 그가 목도했던 각종 선법을 열거해 보면 다음과 같다. 곧 여래선 · 조사선 · 평실선(平實禪) · 두찬선(杜撰禪) · 문자선(文字禪) · 해리(려)선(海蠡禪) · 외도선 · 성문선(聲聞禪) · 오미선(五味禪) · 봉할(갈)선(棒喝禪) · 파맹선(拍盲禪) · 갈등선(葛藤禪) · 향상선(向上禪) 등이다. 그는 이러한 선법의 폐단에 대해서 엄중한 비판을 가했는데 "선이 고금 이래로 제방의 삼사오백 대중이 널리널리 의논해서 쓸데없는 명자와 잡된 글자를 많이 세웠다. 이로 인해서 지견풍(知見風)을 일으켜서 잡다한 독해를 선동할 뿐만 아니라 또 정도(情濤)를 전복해서 식량(識浪: 식의 파도)이 폭등하고 서로서로 매몰해서 악업을 이루고 무간에 유전해 들어가서 마침내 휴식할 날이 없다. 이러한 점을 부처님께서 연민하다고 하신다."[219]라고 하였다. 이는 당시의 선종에 나타난 여러 가지 폐

---

219 『天目中峰廣錄』권4, 하,『大藏經補編』권25, p.739b15. "禪古今已來, 諸方三百五百眾, 浩浩商量, 立出許多閑名雜字. 由是而吹起知見風, 鼓動雜毒海, 掀翻情濤, 飛騰識浪, 遞相汩沒, 聚成惡業, 流入無間, 卒未有休日, 佛所謂可憐憫者."

단을 단적으로 표현한 것이다.

그는 이러한 선법들은 모두 선종이 본래부터 추구했던 기본정신인 '직지인심 견성성불'과는 많이 위배된다고 생각하였다. 그리고 그는 이러한 류들에 대한 비평의 대상을 두 가지로 보았다. 하나는 선법수행을 하는 선학자들의 병폐이고, 다른 하나는 자칭 선지식이라고 하는 자들의 병폐라고 지적하였다.[220] 이와 같은 폐단은 어떤 면에서는 당시 남방선종의 내부적인 병폐를 고발함과 동시에 그 실태를 반영하는 것이라고 할 수 있다.

중봉명본의 관점에서는 이러한 선법의 형태는 지견(知見)으로 선(禪)을 삼고 정(情)·식(識)으로 용(用)을 삼는 것이라고 여겼다. 이러한 선법은 수용해서도 실천해서도 안 되며 사람들로 하여금 악업을 짓게 할 뿐만 아니라 무간지옥에 떨어지게 한다고 보았다.

중봉명본은 고봉원묘의 선풍을 계승하였으며 선법은 간화선을 온 힘을 다해서 장려하였다. 그가 말하기를 "만약에 사람이 부처님의 경계를 알고자 한다면 화두를 들고 괴귀(怪鬼: 일체 쓸데없는 번뇌망상)한 일들을 쉬어라. (그러면) 홀연히 양손이 다 탁공(托空: 입 안 가득 空談)일 뿐이다. 불조가 바로 가르쳐서 고통 정리해서(불조가 바로 가르쳐서 고통을 정리해서), 마땅히 그 뜻이 청정하기를 허공과 같이 한다."[221]라고 했다.

---

220 紀華傳 저작, 『江南古佛』, 中國社會科學出版社, 2006년, p. 103.

221 『天目中峰廣錄』 권4, 하, 『大藏經補編』 권25, p. 0743b10. "若人欲識佛境界, 提起話頭休 捏怪, 忽然兩手俱托空 (白把希望寄托在空話上, 指光有滿嘴空談, 不辦實事), 佛祖直敎齊

즉 그는 화두를 하나 들기 시작했다면 오로지 일심으로 들 것이며 일단 화두를 깊이 깨달으면 불조와 다르지 않다고 여겼다. 또 그는 일체 참선의 목적은 모두 명심(明心: 마음의 실체를 밝히는 것)해서 심체(心體)를 증오(證悟)하는 데 있다고 생각했다. 즉 "심의 체에 이르러도 볼 수도 없고 들을 수도, 알 수도, 느낄 수도 없으며 내지 취사도 없지만 다만 짓는 것이 있으면 모두 허망전도가 된다. 이미 이와 같이 견문각지할 수 없다면 곧 학인이 묻기를, '어떻게 초월해서 이것을 증입합니까?' 하자 '다만 일체의 견문각지를 원리하고 내지 능리소리(能離所離)가 함께 공적하면 곧 영지심체가 완연히 견문각지의 사이에 드러난다.'"[222]고 했다.

심체는 이와 같이 견문각지를 의지해서 파악하는 것이 아니고 또한 견문각지를 버리고 드러나는 것도 아니다. 이 두 가지는 서로 모순이 된다. 중봉명본은 이 두 가지의 모순을 간단하게 해결하는 방법은 바로 화두를 참구하는 것이라고 했다. 또 그가 말한 "견문각지 등은 여기를 기다리지 않아도 스스로 여일 수 있다[與見聞知覺等 不期離而自離矣]."[223]라고 한 것은 바로 그의 스승인 고봉원묘가 주장한 무심삼매

納敗(吃虧; 吃苦頭) 當淨其意如虛空."

222 『天目中峰廣錄』권5, 하, 『大藏經補編』권25, p.61a19. "心之至體無可見, 無可聞, 無可知, 無可覺, 乃至無可取捨, 但有可為, 皆虛妄顛倒. 既不可以見聞知覺, 則學人, 何以超入而證之. 但遠離一切見聞知覺, 乃至能離所離一齊空寂, 則靈知心體, 宛然顯露於見聞知覺之間故."

223 『天目中峰廣錄』권5, 하, 『大藏經補編』권25, p.761a19. "與見聞知覺等, 不期離而自離矣."

와 같은 경지라고 한다. 따라서 중봉명본은 오로지 마음(정신)상태를 무의식화두(無意識話頭)에 집중할 때 비로소 영체심지(靈體心知)가 드러 난다고 하였다.

이처럼 그는 간화선의 지위를 높이기 위해서 당시 유행하던 일체 의 선법을 정리하고 선양하면서 새로운 간화선의 부흥을 열어 갔다. 그의 제자 가운데는 한족(중국인), 몽고인도 있으며 심지어는 서역(西 域)·연경(燕京, 北庭: 북경 원대의 수도)·동이(東夷)·남조(南詔)[224] 등지에서 잇따라 찾아왔다고 전해진다. 이것은 바로 그의 선법이 멀리까지 영 향을 주었다는 방증이기도 하다.

중봉명본은 간화선을 장려함과 동시에 사종일지(四宗一旨)를 선도 하기도 했다. 사종(四宗)은 곧 밀종·선종·율종·천태, 화엄, 유식 삼 종의 교문을 가리킨다. 일지(一旨)는 곧 이 사종이 모두 일불지지(一佛 之旨)로서 모두 불심(佛心)을 확대·발전시킨다는 것이다. 그는 "밀종 은 봄이요, 천태·현수·자은종 등은 여름이며 남산율종은 가을이며 소림단전(少林單傳)의 종은 겨울이다…. 밀종은 부처님의 대비구제의 마음을 선포하는 것이며 교종은 부처님의 대지(大智)를 개시(開示)해서 도리를 밝히는 마음이며 율종은 부처님의 대행(大行)을 장엄하는 마음 을 가지는 것이며 선종은 부처님의 대각원만한 마음을 전하는 것이

---

224 남조. 당대(唐代)에 운남(雲南)성 지방에 만족(蠻族)이 세운 나라로, 뒤에 대례(大 禮)·대리국(大理國) 등으로 개칭(改稱). 『天目中峰廣錄』권4, 하, 『大藏經補編』권25, p.972b0. "遠至, 西域, 北庭, 東夷, 南詔, 接踵來見."

다."[225]라고 하면서 "대체로 사종은 함께 하나의 부처님의 뜻을 전하는 것으로, 하나라도 빠져서는 안 된다. 이와 같이 부처님은 일음의 연설법으로 교로써는 오직 일불승을 설하기 때문에 둘도 셋도 없다. 어찌 사종을 용납하는 데 다른 뜻이 있겠는가?"[226]라고 하였다.

그가 사종일지를 장려하고 선도하였던 배경에는 우연적이고 필연적인 역사적 배경이 존재한다. 그가 생존했던 원대 초기 당시 유행했던 불교를 개괄하면 사종(四宗)을 들 수가 있다. 위에서 언급하였듯이 원대는 티베트불교(라마교)를 숭상하였기 때문에 라마교의 교세가 가장 크고 교문삼종(敎門三宗)은 조정에서 약간은 키워 주는 형국이었기 때문에 북방에서는 교문이 성행하고 있었고 율종은 각 종파마다 당연히 봉지(奉持)하는 상황이다 보니 상대적으로 선종의 실정이 가장 참담했다.

특히 원대에 이르러 몇 차례의 교선지변(敎禪之辯)에서 선종이 대패를 하면서(물론 때에 따라서 약간의 우위점을 차지하기도 했지만) 강남으로 물러나서 은거를 시작으로 정치적으로도 많은 압박과 제약을 받았다. 그는 이러한 상황을 친히 목도하고 경험하면서 선종이 처한 어려움을

---

225 『天目中峰廣錄』권11, 하, 『大藏經補編』권25, p.791b09. "密宗春也. 天台賢首慈恩等宗夏也. 南山律宗秋也. 少林單傳之宗冬也. 就理言之, 但知禪為諸宗之別傳, 而不知諸宗亦禪之別傳也, 會而歸之. 密宗乃宣一佛大悲拔濟之心也, 教宗乃闡一佛大智開示之心也, 律宗乃持一佛大行莊嚴之心也, 禪宗乃傳一佛大覺圓滿之心也."

226 『天目中峰廣錄』권11, 하, 『大藏經補編』권25, p.791b09. "夫四宗共傳一佛之旨, 不可闕一也. 然佛以一音演說法. 教中謂惟一佛乘, 無二無三, 安容有四宗之別耶."

깊이깊이 인식하였다. 즉 밀종은 봄이라고 하고 선종을 동(冬)이라고 표현한 것도 선종이 처한 힘들고 곤란한 상태를 암묵적으로 계절에 빗대어 표현하고 있는 것이다.

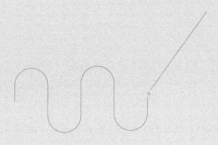

VI

명·청대 선승

1
명나라 중엽
소암덕보

소암덕보는 명나라 중엽 간화선을 수정한
임제종의 선사이다

소암덕보(笑岩德寶: 1512-1581)는 명나라 중엽 선종에서 영향력이 비교적 컸던 임제종의 선사이며 대혜종고의 간화선을 수정하기도 하였다. 소암덕보의 자는 월심(月心)이고 호는 소암(笑岩)이다. 속성은 오씨이며 금대(金台) 사람이다. 그는 명문귀족[錦衣世家] 출신으로 일찍이 부친을 잃었으며 공맹의 서적을 배우지 못했고 스승의 가르침을 받지 못했다.[227] 『화엄경』「십지품」의 한 구절을 보고 홀연히 출가의 뜻을 가졌다.[228]

---

227 『天隱和尙語錄』권15, 『嘉興藏』권25, p.602a08. "失讀孔孟之書, 缺承父師之訓."
228 『補續高僧傳』권16, 『卍新續藏』권77, p.484a19. "至十地品初地菩薩捨國城妻子頭目髓腦處."

22세에 도문 광혜사(都門 廣慧寺)의 대적능(大寂能)선사에게 삭발하였고 2년 후에 구족계를 수지하였다.[229] 그는 출가 후에 오랫동안 남북 각지를 유역하면서 고명한 선사들을 참방하고 선법을 익혔다. 그중에서도 천기본서(天奇本瑞: ?-1503) 문하의 무문명총(無聞明聰)·대각원(大覺圓)과 대휴삼(大休三)[230] 등 세 분의 선사들이 소암덕보에게 비교적 많은 영향을 주었다고 한다.[231] 이 가운데서 무문명총(無聞明聰)의 법을 이었다.

그는 후에 홍법을 하는 과정에서 "인연 따라 교화를 하고 주처를 정하지도 않았다[隨緣開化 靡定所居]고 했기 때문에 역사적으로 이름을 사해에 떨쳤다."[232]라고 한다. 그는 만력(萬曆) 5년(1577) 후에 연경유항(燕京柳巷: 지금의 북경 어느 골목)에 은거하였는데 적지 않은 승려들이 찾아와서 그에게 가르침을 청했다. 그는 만력(萬曆) 9년(1581)에 입적하였으며 지금의 북경 서직문(西直門) 밖에 안장하였다. 어록으로『월심소암보조남북집(月心笑岩寶祖南北集)』4권을 남겼고 륭경연간(隆慶年間: 1567-1572)에 간행되어 유통되었다.

---

229 『五燈全書』권60,『卍新續藏』권82, p.249b2. "金臺世族吳氏子. 母丁生於明武宗正德壬申臘月望日. 早失恃怙. 年弱冠. 偶諸講席. 聽講華嚴大疏. 至十地品. 不覺身心廓然. 嘆曰. 千古同一幻夢耳. 遂決志出家. 逾年. 往從廣惠大寂能祝髮. 明年受具."

230 『續指月錄』권1,『卍新續藏』권84, p.03b09. "六祖下三十一世 臨濟宗: 隨州龍泉正聰禪師, 沔州古巖濟禪師, 伏牛大休實禪師(已上三人天琦瑞嗣), 襄陽大覺圓禪師(天池素嗣)."

231 杜繼文 魏道儒 著,『中國禪宗痛史』江蘇人民出版社, 2008년, p.542.

232 『補續高僧傳』권16,『卍新續藏』권77, p.484a19. "自是名震海內. 海內禪子. 皆奔走座下矣. 師隨緣開化. 靡定所居."

소암덕보는 명나라 중엽에 영향력이 비교적 컸던 선사로서 당시 불교계의 추세로 볼 때 독자적으로 한 파를 형성했다. 그는 당시 유행하고 있던 공안과 어록 가운데서 증오(證悟)를 획득하는 방법에 대해서 반대하였다. 즉 그는 조금 독특한 견해를 가졌는데『전등록』혹은 조사어록 등은 해오(解悟)의 교량(橋梁)이 될 수 없으며 반대로 오직 깨달은 이후에 비로소 모든 선지식들의 공안, 어록 등의 사상을 이해할 수 있다고 보았다.

조사의 깊은 뜻은 언구(言句)에 있지 않기 때문에 언구를 의지해서 증오를 구하면 언구에 떨어지는 것을 피하기 어렵다고 보았다. 즉 공안 어록을 참학하는 것은 명심견성의 바른 수행법이 아니라고 여겼다. 곧 깨달음을 얻은 후에 비로소 선지식들의 관점을 바로 이해할 수 있다고 보았다.

그가 새롭고 획기적인 선법을 창조한 것은 없으나 다만 한 가지 '모두 자기 자신의 몸을 관찰하라[審思於諸己躬].'는 새로운 방법을 주장하였고 밖으로 구하거나 서적(어록)을 가지고 쟁론하지 말 것을 강조했다. 그러나 그가 주장했던 자오(自悟)의 방법은 대혜종고가 발명한 간화선에 의지한 것이었다. 다만 대혜종고의 간화선을 바탕으로 적지 않은 수정을 가하였기 때문에 그가 수정한 내용은 조금은 새로운 창작의 의미가 담겨 있다. 중요한 방법으로 세 가지를 제시했으며 그 내용은 다음과 같다.

첫 번째는 화두를 참구하는 것과 화두를 염하는 것을 결합한 것이다. 소암덕보 이전의 선사들은 화두를 들거나 화두를 참구하거나 혹은 화두를 간(看)할 때 모두 내심(內心)으로 참구하기를 권했다. 즉 모두 하나의 화두에 집중하는 방법으로 기타 사유 활동 및 사량분별을 소멸하는 것에 집중하였다. 그러나 소암덕보에 이르러서 두구묵절(杜口默切: 입을 봉하고 침묵하다)과 출성추심(出聲道審: 소리 나는 곳을 살핀다)을 결합해서 내심으로 참구하기를 요구했으며 또한 입으로 염송할 때 어떻게 염송하는가의 세부적인 방법을 규정하였다.

그는 입정(入定)을 실천하는 입장에서 볼 때 소리를 내어서 염송하는 것이 내심으로 묵묵히 참구하는 것보다 더욱더 심리적인 안정 및 입정에 이르기 쉽다고 보았다. 때문에 참선하는 자로 하여금 이러한 방법을 쓰게 한다는 것이다. 그래서 처음에 하나의 화두를 들 때 반드시 소리를 내야 한다고 했다. 즉 "일념을 일으키지 않을 때 어느 것이 나의 본래면목인가? 혹은 이르되 일념이 일어나지 않을 때 어느 것이 나의 본래면목인가?"[233]라고 소리를 내어서 "혹은 2회, 혹은 5회, 혹은 수회(數回)에 이르러서 묵묵히 심의를 해야 한다."[234]는 것이다. "이때 한 구절 한 구절이 분명해져서[字字分明], 느리지도 급하지도 않게 되어서[不緩不急], 마치 귀로 친히 들은 것과 같고[如耳親聞], 마치

---

233 杜繼文 魏道儒 著, 『中國禪宗痛史』, 江蘇人民出版社, 2008년, p.543.
234 杜繼文 魏道儒 著, 『中國禪宗痛史』, 江蘇人民出版社, 2008년, p.543.

눈으로 친히 본 것과 같아서[如目親睹], 즉심즉념(卽心卽念)이 되며 즉념
즉의(卽念卽疑)가 되고 즉의즉심(卽疑卽心)이 되어서 (저절로) 마음의 의심
을 분별하지 않게 되고[心疑莫辨], 흑백이 분명해지면[黑白不分], 하나의
응어리가 일성을 폭발해서[爆燃團地一聲] 명철한 견해로써 한바탕의 웃
음거리를 밝힐 것이다[灼見一場笑具]."[235]라고 하였다. 즉 이때에 이르러
서 문득 증오(證悟)할 수 있다는 것이다.

두 번째는 화두참구와 염불의 결합이다. 염불은 정토종이 제시하
는 수행의 기본 내용이며 명대 중엽에는 적지 않은 선사들이 화두 간
(看)하는 것을 염불로 대신할 것을 주장했다. 또 일찍이 송대 이후는
선정일치(禪淨一致)가 유행하기 시작했다. 오대 송초 시기의 영명연수
선사는 적극적으로 염불을 참선에 도입해서 염불선을 제시한 적이
있다.

영명연수가 말하기를 "선도 있고 정토가 있는 것은, 마치 호랑이에
게 뿔이 달린 것과 같다[有禪有淨土 猶如戴角虎]."[236]라고 하였고 또 "선은
있고 정토가 없으면 열 사람 가운데 아홉 사람은 길을 잃어서[有禪無淨
土, 十人九錯路, 陰境] 홀연히 현전해서 잠깐 사이에 다른 곳에 떨어진다

235　杜繼文 魏道儒 著, 『中國禪宗痛史』, 江蘇人民出版社, 2008년, p.543.

236　『侶巖荷禪師語錄』권1, 『嘉興藏』권39, p.535b09. "示眾舉永明大士雲:「有禪有淨土, 猶
　　如戴角虎. 現世為人師, 當來成佛祖. 有禪無淨土, 十人九錯路. 陰境忽現前, 瞥爾隨他去.
　　無禪有淨土, 萬修萬人去. 但得見彌陀, 何愁不開悟? 無禪無淨土, 鐵床併銅柱. 百劫與千
　　生, 沒箇人依怙」."

[陰境忽現前, 瞥²³⁷爾隨他去].”²³⁸라고 했다. 즉 정토수행법과 선법수행을 동등한 위치에 올려놓은 것이다. 송대 운문종의 일대효승(一代孝僧)이라고 일컫는 명교계숭(明教契嵩)선사도 일찍이 선정합일(禪淨合一)을 적극적으로 독려한 적이 있다. 뿐만 아니라 송대로부터 명대에 이르기까지 선정합일을 주장했던 선사가 적지 않다. 때문에 소암덕보가 장차 참선과 염불을 결합하기 시작한 것은 조금도 이상할 것이 없으며 이러한 사상적 흐름은 바로 당시의 추세로서 그도 또한 그러한 환경의 영향을 충분히 받았을 것이다.

그는 일찍이 대적능(大寂能)화상에게 가르침을 구한 적이 있다. 대적능화상은 그에게 염불을 지도해 주었다고 한다. 또 그는 하남(河南)에 가서 대천(大川)선사를 친견한 적이 있는데 대천선사가 그에게 말하기를 “염불에는 염불의 공덕이 있는데 어찌 깨달음을 계발하는 데 어려움이 있겠는가? 만약에 무(無)자 화두를 들지 않으면 아름다울 뿐이다.”²³⁹라고 하자 그는 무(無)자 화두를 고쳐서 참구했다. 후에 또 제공(際空)선사에게 가르침을 구하자 제공선사는 그에게 오로지 염불하기를 권했다고 한다.

이와 같이 세 분의 선사로부터 계몽을 받았으며 어록에서 말하기

---

237 깜작할 별. / 침침할 폐.

238 『侶巖荷禪師語錄』권1, 『嘉興藏』권39, p.535b09.

239 杜繼文 魏道儒 著, 『中國禪宗痛史』, 江蘇人民出版社, 2008년, p.544. “念佛有念佛功德, 爭奈發悟尤難, 未若提無字話頭爲佳耳.”

를 "무자는 후퇴가 있는데 도리어 염불은 매우 빠르다."[240]라고 하고 있다. 그는 최후에 가서 본인이 반복적으로 체득한 것을 근거로 참선을 실천하는 데 염불을 수용해서 사용했다. 그는 사실 아미타불 명호를 직접적인 화두로 사용하면서 또한 기타 화두와 같이 취급한 것이다. 곧 그는 정토신앙을 선의 영역으로 융합해서 사용했다.[241]

세 번째는 해화(解話)와 화두 참구의 결합이다. 그의 총체적인 사상은 바로 내성(內省: 안으로 살피다)을 주장하고 지해(知解: 지식을 가지고 분별하는 것)와 사려를 반대한 것이다. 다만 해답(解答)을 요구하는 학인들에게는 완전히 거절한 것은 아니다. 근기에 따라서 가르침을 베푸는 방법을 채용하였고 응병여락(應病與藥: 병에 따라서 약을 준다)의 제접 방법을 썼다.

그가 금릉(지금의 남경)에 있을 때 어느 거사가 그에게 묻기를 "내가 만법공안을 참구한 지가 벌써 반 년이 지났다. 심중(心中)이 불쾌하니 스님께서는 저를 대신해서 분명하게 파해 주십시오."[242]라고 하자 그가 해답하기를 "만법귀일의 뜻은 만법귀일, 일귀하처(萬法歸一 一歸何

---

240 杜繼文 魏道儒 著,『中國禪宗痛史』, 江蘇人民出版社, 2008년, p.544.『笑岩南集』하권, "屛卻無字, 還只念佛, 甚是順快."

241 杜繼文 魏道儒 著,『中國禪宗痛史』, 江蘇人民出版社, 2008년, p.544. "向無依無著幹淨心中提一個阿彌陀佛, 或出聲數念, 或心中默念, 只要字字朗然…, 但覺話頭松緩斷間, 便是意下不勤切, 便是走作生死大空子, 卽速覺得照破伊, 則自然沒處去…, 如此用心, 不消半年一載, 話頭自成片, 欲罷而莫能也."

242 杜繼文 魏道儒 著,『中國禪宗痛史』, 江蘇人民出版社, 2008년, p.544. "某參萬法公案, 今將半載, 心中不快, 乞師爲分明代破."

處)이며 옛사람은 이것으로부터 깨달음으로 들어가는 자가 적지 않았다. 그 방법을 알고자 한다면 문득 지금의 허공 산하대지 사람과 축생, 사물 내지 자기의 신심(身心)에 이르기까지 총체적인 이름이 모두 만법이 된다. 그 하나를 알고자 한다면 지금의 사람 사람이 본래 갖추고 있는 불생불멸 묘적명심(妙寂明心)이다. 이것을 진심(眞心)이라고 부르기도 한다. 비록 다명(多名)이 존재하지만 다 하나의 일심일 뿐이다."[243]라고 했다. 이 해답은 한 사람의 거사를 위해서 한 것이다. 이러한 정황을 통해서 그의 선법 방편의 묘용을 알 수 있듯이 그는 매우 융통성이 있었고 또한 매우 민첩하고 포용성을 함축한 선법을 전개하였다고 할 수 있다.

소암덕보는 비록 어릴 때 글을 배우지는 못했지만 도리어 강해(講解)에 특별한 재주가 있었고 또 적재적소에 알맞은 언행으로 많은 사람들의 신임을 받았다고 한다. 일찍이 명총(明聰)스님이 그에게 묻기를 "본래 모든 사람들에게는 부모가 있다. 그대의 부모는 지금 어디에 있는가[人人有個本來父母, 子之父母今在何處]?"라고 하자 그는 게송으로 화답하기를 "본래 진짜 부모는 일찍이 만겁을 여의지 않는다."[244]라

---

243 杜繼文 魏道儒 著,『中國禪宗痛史』, 江蘇人民出版社, 2008년, p.544. "萬法歸一 一歸何處, 昔人從此悟入者, 不爲不多, 欲知萬法, 便是而今所見虛空·山河·大地·人畜等物, 乃至自己身心, 總名萬法也, 欲知其一, 便是如今人人本具, 不生不滅, 妙寂明心是也. 亦名眞心, 雖有多名, 皆此一心也."

244 黃河年 著,『禪宗三百題』, 上海古籍出版社, 2000년, p.255. "本來眞父母, 萬劫不曾離. 起坐承他力, 寒溫亦共知. 相逢不相見, 相見不相見. 爲問今何在?分明呈似師."

고 하였다. 이른바 본래부모는 곧 본심불성을 가리키며 이 게송은
그의 불성본유에 대한 관점과 내지 명견본심(明見本心)의 견해가 어떠
한가를 표현한 것이다. 명총스님이 이 게송을 본 후에 "오직 이 하나
의 게송이 감히 나의 종을 이었다[只此一偈 堪紹吾宗]라고 했다."고 전해
진다.

또 그는 임기응변에 뛰어난 재주가 있어서 수문수답(隨問隨答)을 잘
했을 뿐만 아니라 게송과 시가를 잘 지었다. 이러한 조건을 가진 것
은 명대 중엽에 유행하고 있던 선사들의 자질을 두루 갖추었다고 할
수 있으며 게다가 전법종사의 중요한 조건을 구비하고 있었던 선사
라고 여겨진다.

2
한월법장의
선법 사상

한월법장은 오종 종파의 선법이
모두 흥성하기를 주장했던
독특한 사상체계를 지닌 선사이다

한월법장(漢月法藏: 1573-1635)은 명대의 고승으로 자는 한월(漢月)이고 호는 우밀(於密)이며 만년에 천산(天山)으로 고쳤다. 속성은 소(蘇) 씨이고 무석(無錫)인이다. 대대로 유학자 집안의 출신으로 소년 시절에 좋은 교육을 받았다. 15세에 덕경원(德慶院)에 출가했으며 19세에 득도하였다. 그 후 불교에 대한 연구 및 선종의 어록을 탐구하기 시작하였으며 유교와 선학의 관계를 융합하는 것을 중시했다.

그는 29세 때 운서주굉(雲棲袾宏)으로부터 사미계를 받았으며 아울러 운서주굉이 새롭게 각본(刻本)한 『고봉어록(高峰語錄)』을 보고 "이를 읽는 것이 마치 옛 물건을 만난 것과 같다."[245]고 하였다. 30세를 시작으로 고봉원묘의 '만법귀일 일귀하처(萬法歸一 一歸何處)' 화두를 참구했다. 수년 후에 "두루 옛사람들의 어록을 사서 열독하였으며"[246] 그 중에서도 북송 때의 혜홍각범(慧洪覺範)의 저작을 좋아하였다. 37세 때 금릉(현재의 남경)의 영곡사(靈穀寺)에서 구족계를 받았다. 42세 때 스스로 말하기를 "나는 천목(天目: 고봉원묘)으로부터 인심(印心)을 삼았으며 청량(淸涼: 혜홍각범)으로부터 인법(印法)을 삼았으며 진사(眞師: 스승)는 곧 임제이다."[247]라고 하였다.

46세에 이미 명성을 얻었고 멀리서 앞을 다투어 그를 참방하고자 하는 선승과 사대부 참학자들이 끊이지 않고 모여들었다고 한다. 곧 '제창무허일(提唱無虛日: 쉬는 날이 없다)'을 초래했다. 다만 그는 그때까지 그 누구에게도 정식으로 선법의 인가를 얻지 못했기 때문에 불정석(不正席), 불승좌(不升座)하였다. 즉 그는 정식으로 인가받지 않았기 때문에 법좌를 펼 수 있는 자격을 갖추지 못했다.

특히 옛 선사들은 스승의 인가 없이는 함부로 법좌에 오르지 못했으며 반드시 스승의 인가를 거쳐서 비로소 법석을 펴고 위치를 정할 수 있었다고 한다. 그는 53세에 금율산(金栗山) 광혜선사(廣慧禪寺)의 밀

---

245 杜繼文 魏道儒 著, 『中國禪宗痛史』, 江蘇人民出版社, 2008년, p. 552.
246 『三峰藏和尚語錄』 권16, 『嘉興藏』 권34, p. 205b09. "遍購古尊宿語錄讀之."
247 『三峰藏和尚語錄』 권16, 『嘉興藏』 권34, p. 206a14. "我以天目爲印心, 淸涼爲印法, 眞師則臨濟也."

운원오(密雲圓悟: 1566-1642)를 스승으로 삼고 바로 인가를 받았다고 한다. 밀운원오는 인가를 주고 바로 한월법장에게 제일좌(第一座: 처음 정식으로 법상에 오르다)를 하게 하였고 동시에 법제자로 인정하였다고 한다. 그다음 해에 한월법장은 임제종의 전법종사의 신분으로 종풍을 선양하기 시작하였다. 그 후 상숙 삼봉 청량원(常熟 三峰 淸涼院), 소주 북선 대비사(蘇州 北禪 大悲寺) 및 항주 무석(無錫), 가흥(嘉興) 등 8곳 사원의 주지를 역임했다. 62세에 입적했으며 홍인(弘忍), 홍예(弘禮), 홍저(弘儲) 등의 제자가 있으며 어록으로『삼봉장화상어록(三峰藏和尙語錄)』이 있다.

한편 한월법장은 유학에 정통했던 관계로 사대부 관료들에게 매우 추종을 받았다고 한다. 그는 적지 않은 사대부 관료 문인들과 교류했고 특히 문인 동기창(董其昌: 1555-1636, 명나라 후기 대신, 유명한 서예가이자 화가)[248]과도 왕래했다. 때문에 그가 각지에서 주지를 역임할 때 이들의 지지가 큰 힘이 되었다고 전해진다. 이와 동시에 그는 사원을 중수하고 경제를 건설하면서 농선(農禪)을 장려했다.

또 그의 사상적 세계를 살펴보면 매우 독특하면서도 약간은 자유분방한 선법체계를 지녔을 뿐만 아니라 기존의 전통선법 체계와는 조금 동떨어진 관점을 가졌던 인물이기도 하다. 예를 들면 비록 그가

---

248 董其昌(1555-1636), 字玄宰, 號思白, 別號香光居士, 松江華亭(今上海市)人. 明朝後期 大臣. 著名書畫家. 萬曆十七年, 中進士, 授翰林院編修, 官至南京禮部尚書. 崇禎九年卒, 賜諡"文敏."

밀운원오로부터 법을 인가받았지만 선에 대한 견해는 서로 현저한 차이가 있었으며 게다가 서로 의견이 맞지 않았다. 한월법장이 일찍이 밀운원오에게 자기의 관점을 표명한 것을 보면 더욱더 그러하다.

『삼봉장화상어록』에서 "심은 고봉[高峰元妙]으로부터 얻었으며 법은 적음(寂音: 혜홍각범)으로부터 인가를 받았으며 이에 다시 두 가지의 법맥을 발원하고 합해서 임제정종을 일으켰다…. 장차 (임제) 운문・위앙・조동 등 사가(四家)로 하여금 먼 것을 가까이 이어서 오종을 다시 찬란하게 했으며 세세생생 지속적으로 이어서 이 맥을 단절하지 말기를 바란다."[249]라고 하였다.

그는 선법 사상에 있어서 남들이 하는 것처럼 오직 적통 계승과 한 가지 종파의 선법만 계승하는 형식만을 고집할 것이 아니라 기타 종파도 함께 흥성하는 오종재찬(五宗再燦: 오종이 다시 빛나다)을 주장했다. 때문에 그는 고봉원묘의 영향으로 화두참구하는 것을 중시했으며 혜홍각범의 영향으로 임제종지와 『지증전(智證傳: 혜홍각범의 찬술)』을 중시하면서 삼현삼요(三玄三要)설을 충분하게 발휘했다.

한월법장의 중요한 선법체계의 기본바탕은 간화선을 반영한 것이다. 사실 간화선은 북송 시대의 대혜종고가 발의하고 발전시킨 하나

---

249 『三峰藏和尚語錄』권34, 『嘉興藏』권34, p.190a20. "自謂得心於高峰, 印法於寂音…, 乃復發願弘兩枝法脈, 合起臨濟正宗. 凡遇堀宗旨者, 力為諍之. 不獨負荷滉沱, 將使雲門, 潙仰, 曹洞, 四家, 遙承近續, 令五宗再燦, 願世世生生為接續斷脈之種…, 屈指諸家, 知和尚乃高峰嫡骨正傳, 敢不一探堂奧. 向於金粟山前, 叩承委付."

의 수행법이다. 비록 한월법장이 간화선을 바탕으로 새롭게 선법체계를 수립했지만 대혜종고의 간화선을 그대로 모방하거나 답습을 한 것은 아니며 약간의 새로운 관점을 전개하였다. 먼저 그는 화두에 대한 새로운 해석을 하였는데 "이른바 화두라는 것은 곧 목전의 하나의 일이고 하나의 법이다. 범인은 평상시에 할 일이 없으면 마음을 따라서 임운하면서 천 가지를 생각하고 만 가지를 헤아린다. (이것은) 바른 생사처가 없는 것이다. 오직 한 가지 일이 목전에 이르니 문득 9종의 견해가 생긴다. 그래서 생사윤회를 하면서 벗어날 길이 없다. 고로 조사가 사람들로 하여금 일사일물(一事一物)상에 앉아서 9종의 지견을 끊게 해서 특별한 길로 갈 것을 제시하였다. 고로 이것을 간화선이라고 이른다."[250]라고 하였다.

화두는 원래 공안의 어구 하나를 의심하는 문답(問答) 혹은 답어(答語)를 가리킨다. 한월법장은 장차 평상의 일사일물(一事一物)상에서 간화선이 원래 지니고 있던 틀에 박힌 융통성 없는 형식을 타파하고 그것을 널리 보급하면서 그것으로 하여금 더욱더 풍부하고 유연성 있게 변화시켰다. 또 그가 강조하기를 "화두를 간(看)하는 것은, 간심간정(看心看淨)이 아니다. 이(理)를 간(看)하고 현(玄)을 간(看)하는 것이며 비록 마음 구덩이를 여의나 오직 일상[事]을 간파하면(꿰뚫어 본다) 이른

---

250 『三峰藏和尚語錄』권6,『嘉興藏』권34, p.154c20. "所謂話頭者, 凡人平居無事, 隨心任運, 千思百量, 正是無生死處, 只爲將一件物事到前, 便生九種見解, 所以流浪生死, 無有出期, 故祖師家令人於一事一物上, 坐斷九種知見, 討箇出格之路, 故謂之看話頭."

바 이 일이 구경에는 견고해진다."[251]라고 했다. 이러한 그의 주장은 정통적인 간화선보다는 실천의 공능을 더 강조한 것이다.

한편 그는 유식 사상을 간화선에 도입하기도 했다. 그는 참선은 식신용사(識神用事: 의식체)의 과정을 배척했다고 여겼다. 이른바 "심의식(心意識)을 여의고 참선을 하면 범부를 벗어나서 성로(聖路)를 배우는 것이다."[252]라고 했다. 이것에 관한 내용은 그의 어록 『삼봉장화상어록』 제15권의 「이심의식설시선자(離心意識說示禪者)」와 「이심의식변시선자(離心意識辨示禪子)」의 단편 문장에 집중적으로 찬술하였다. 그는 대혜 종고가 유식 사상인 전식성지(轉識成智)를 해탈의 출발점으로 삼은 것에 관해서 심의식은 바로 생사윤회의 근원이 되며 일체 수행도 모두 이 심의식 여의는 것을 목적으로 하여야 한다고 여겼다. 그는 식신(識神)작용을 조복할 가장 신묘한 방법으로 화두 참구보다 더 좋은 방법은 없다고 여겼다.

한월법장은 간화선을 새롭게 창조하는 과정에서 당시의 간화선을 척도로 삼으면서 송, 원, 명 이래로 전통적인 선법수행 몇 가지에 대해서 비평을 가하기도 했다. 그는 말하기를 "오직 좌선만 하고 화두는 간하지 않는 것을 고목선(枯木禪)이라고 하며 또 망회선(忘懷禪)이라고 한다. 혹은 좌선하는 가운데 오직 소소영영(昭昭靈靈) 자기를 위해

---

251 『三峰藏和尚語錄』권13, 『嘉興藏』권34, p.189b09. "(看)話頭者, 不可看心看性, 看理看玄, 須離卻心窠裏, 單單向事上看取, 謂之事究竟堅固."

252 『三峰藏和尚語錄』권15, 『嘉興藏』권34, p.196b18. "離心意識參, 出凡聖路學."

서 비추는 것을 묵조선이라고 한다. 이상은 모두 사선(邪禪)이다. 앉아서 지관을 짓는 자는 성적(惺寂)을 서로 대립(배척)해서 이(理)를 관하고 사(事)를 관하는 것으로, 비록 천태정맥(天台正脈) 및 여래정선(如來正禪)이라고 하지만 그러나 오히려 식신의 작용[識神用事]으로 소조(所照)에 즉한 경계로서 명근(命根)을 끊기가 어려우며 능히 꿰뚫어서 벗어날 수 없으며 많게는 사선팔정(四禪八定) 및 오십종음 마장에 떨어진다. 식신을 쓰는 연고이다."²⁵³라고 했다. 즉 그는 고목선, 묵조선 및 천태종의 지관쌍운(止觀雙運)에 대해서 반대했다. 그 이유는 고목선은 영성(靈性)을 잃어서 마치 사수일담(死水一潭: 연못 물·썩은 물·흐르지 않는 물)과 같다고 했으며 묵조선은 자기를 비추는 것으로 아집(我執)의 표현이라고 여겼고 천태의 지관쌍운은 심식작용을 의지한 것으로 또한 구경이 될 수 없다고 여겼으며 또 문자선과 봉할선(棒喝禪)을 지탄하기도 했다.

한월법장이 비록 밀운원오의 법을 계승했지만 다만 그가 진정으로 밀운원오에게 득법(得法)했다고 할 수 없다. 대체로 위에서 설명한 그의 선법 사상은 장기간 그가 스스로 수행해서 얻은 결과이기 때문에 그와 밀운원오의 사상에는 현저한 차이가 존재한다. 특히 선종의 5종

---

253 『三峰藏和尚語錄』권15, 『嘉興藏』권34, p.160a03, "單坐禪不看話頭, 謂之枯木禪. 又謂之忘懷禪, 若坐中照得昭昭靈靈為自己者, 謂之默照禪. 以上皆邪禪也. 坐中作止作觀, 惺寂相傾, 觀理觀事, 雖天台正脈及如來正禪. 然猶假借識神用事, 所照即境, 所以命根難斷, 不能透脫, 多落四禪八定, 及生五十種陰魔. 以識神在故."

(위앙종 · 조동종 · 운문종 · 법안종 · 임제종) 종지(宗旨)에 대한 문제를 보는 관점은 더욱더 그러하다. 이 문제에 대해서 그는 스승인 밀운원오와 공개적으로 논쟁을 전개했던 적이 있다.

그의 저서『오종원(五宗原)』에서 주장하기를 하나의 원상(圓相)은 천불 만불의 근본이 되며 다만 선종의 오가는 원상(圓相) 각각의 일면이 되며 오직 임제종만이 정종(正宗)이 된다고 하였다. 그러나 스승인 밀운원오는 그의 관점을 반대하였을 뿐만 아니라 심지어 비판까지 하였다. 또 밀운원오는 오가의 종지는 오직 하나로서 바로 조계정맥(曹溪正脈)이라고 하면서 한월법장을 외도종자(外道種子)라고 질책하기도 했다. 그러나 한월법장의 제자 담길홍인(潭吉弘忍: 1599-1638)은 자신의 저서『오종구(五宗救)』에서 스승인 한월법장을 지지하였다. 그러나 한월법장과 홍인이 입적한 후에 밀운원오는『피망구략설(辟妄救略說)』을 지어서 논쟁을 이어 갔다. 또 이 논쟁은 계속해서 청나라 옹정황제 때까지 이어졌으며 옹정황제가 한월법장을 배척하고 비난하면서 마침내 이 논쟁은 역사 무대의 뒤편으로 사라졌다. 그러나 그가 오종의 선법을 통섭한 것은, 사실은 대혜종고의 간화선이다.[254]

법장은 또 화두 간하는 것과 참청(參請)을 결합하였는데 그는 말하기를 "다시 화두를 간하되 참청을 하지 않는 자가 있고 또다시 참청을 집착해서 화두를 간하려 하지 않는 자가 있다. 모두 불균형을 이

---

254 杜繼文 魏道儒 著,『中國禪宗痛史』, 江蘇人民出版社, 2008년, p. 553.

룬다. 어찌 화두 의심처를 향해서 반복해서 스스로 간하지 않는가? 이와 같이 참구하고 이와 같이 간하면 (得悟) 얻지 못한다고 근심할 것이 없다."[255]라고 했다. 여기서 참청은 참선하는 사람이 밖을 향해서 참구하거나 학습하는 것을 말한다. 화두를 간하는 것은 완전히 내성 (內省)을 살피고 관찰하는 공부이다. 그는 득오하기를 원한다면 반드시 밖을 향해서 참학하는 것과 내면으로 성찰하는 것에 대해서 서로 대립하지 말 것을 요구했다. 이 두 가지를 서로 보완하면 더욱더 공부가 원만해진다고 여겼다.

---

255 『三峰藏和尚語錄』권7,『嘉興藏』권34, p. 160a03. "復有看話頭而不肯參請者, 又有執參請而不看話頭者, 皆偏枯也. 何不向話頭疑處反覆自看, 如參, 如此看, 兩路夾攻, 不愁不得."

3
명나라 말엽 조동종의 선승 각랑도성

각랑도성은 명대 말엽 삼교일치의
사상적 집대성자이다

    송대 이후 중국선종의 흐름은 선교일치·선정일치 특히 삼교일치로서 새로운 방향을 모색하였다. 이러한 선종의 새로운 방향을 설정한 접점에는 시대가 지니고 있었던 특수한 역사적인 배경을 간과해서는 안 될 것이다. 수·당의 찬란했던 불교의 한 페이지를 넘기면서 중국인들은 새로운 관점의 가치관·인생관·세계관을 세우고자 했다. 특히 송대로 접어들면서 신유학이라는 새로운 이념이 정치적·사회적으로 유리한 고지를 점령하였고 이때 불교계도 이들과 함께 소통하고 공감하면서 상생할 수 있는 발전된 방향을 모색하기 시작하면서 곧 삼교일치라는 새로운 사상적 융합을 주장했다.

이후 송·명·원·청대를 거치면서 불교 역사에서 이름을 떨친 대부분의 고승들은 모두 삼교일치를 주장했다. 명말의 고승인 각랑도성(覺浪道盛: 1592-1659)은 이러한 역사적 배경을 바탕으로 유불일치의 사상적 집대성을 이룩한 걸출한 선사이다. 또 쇠락해 가는 명나라를 지켜내고자 세간법과 출세간법을 동원해서 동분서주하며 평생을 바쳤던 인물이기도 하다.

각랑도성은 명나라 말엽 조동종의 선승이며 조동종의 사상으로 선종을 집대성한 인물로서 별호는 장인(杖人)이다. 속성은 장(張) 씨이고 복건성의 포성(浦城)인이다. 19세에 출가했으며 명대 만력 44년(1616) 강서동암(江西董岩)에 주하는 무명혜경(無明慧經: 1548-1618, 명나라 말엽 조동종의 승려)선사의 생일을 축하하기 위해서 갔다가 구족계를 받았다. 오래지 않아서 그는 또 무명혜경의 제자인 원경(元鏡) 문하에서 선법을 배웠다. 득법 후 강남 각지를 유역하면서 40여 년 동안 선법을 전법했다. 그는 많은 책을 저술하기도 했는데 불교경전 어록 및 유학, 노장학 등 내외에 관한 백여 종의 책을 편찬했다.

이 외에도 그의 제자 대성(大成), 대기(大奇)가 집성한 『천계각랑성선사어록(天界覺浪盛禪師語錄)』12권, 대성, 대준(大峻)이 편찬한 『천계각랑성선사전집(天界覺浪盛禪師全集)』33권, 진단충(陳丹衷),[256] 모찬(毛燦) 등

---

[256] 진단충(陳丹衷)은 명말 청초의 사람으로 자는 민조(旻昭) 혹은 장조(長昭)라고 한다. 호는 섭강(涉江)이고 금릉 현재의 강소성 남경 사람이다. 명나라 말엽 숭정(崇禎) 때 진사에 급제했고 그 후 명나라가 멸망하고 청나라 순치황제 2년에 출가를 했으며 법명은

이 편집한『장인수집(杖人隨集)』2권, 『천계각랑성선사가화어록(天界覺浪盛禪師嘉禾語錄)』1권 등이 있다. 또 법제자가 27인이나 된다고 하며 특히 명말 난세를 피해서 그에게 계를 받은 명사 제자가 부지기수였다고 한다.

각랑도성은 명나라 유민으로 조동종의 선사로서 유가의 색채를 농후하게 지닌 인물이다. 그는 유가로써 종(宗)을 삼아서 도교와 불교의 회통을 주장하면서 삼교회통을 실현해서 하나가 되는 것을 이상으로 삼았다. 또 그는 명나라가 망해 가는 시점에서 애국정신이 충만했고 명말 청초 선종의 침몰을 막으려고 많은 노력을 기울였으며 명나라 유민으로 항청(抗淸)의 기치를 들었던 선사이다. 이러한 그의 노력과 행동은 그가 집대성한 저술에 잘 나타나 있다.

특히 그의 다작 가운데 하나인 시작(詩作)에 보면 이윤(伊尹),[257] 관중(管仲), 장량(張良), 제갈량(諸葛亮) 등에 대해서 찬송을 하는 시가 있는데 이들은 모두 중국 역사에서 군주가 무능력했거나 혹은 망하고 쇠락해 가는 나라를 도와서 일으킨 현신(賢臣)들로 묘사되고 있으며 지금까지도 중국인들에게 추앙받고 있는 인물들이다. 그도 아마 이들과 같은 마음을 품고 있었는지도 모르겠다. 아무튼 이러한 그의 영향으로 인해서 명청(明淸) 사이에 많은 사대부들이 그를 따라서 출가를 하

도흔(道昕)이다.

257　이윤(伊尹)의 이름은 지(摯)이고 하(夏)나라 사람이다.

기도 했다.[258] 이 외에도 많은 사대부들이 앞을 다투어 그의 저작에 서를 썼으며 이들 가운데는 명나라 때 관료 및 청나라 신 관료 및 귀족들도 포함되어 있다.

　명나라가 멸망하면서 많은 반청(反淸) 인사들이 생겨나기 시작했는데 "반은 의사이고 반은 승이 되었다[資格未高滄海換, 半爲義士半爲僧]."라고 했는데 사실은 의사(義士)와 승(僧)은 왕왕 합해서 일체(一體)가 되기도 했다. 이러한 풍토에서 전후로 승려가 된 유명한 인물로서 진사인 예가경(倪嘉慶),[259] 방이지(方以智), 전징지(錢澄之),[260] 영남삼대가(嶺南三大家)의 한 사람이자 시인인 굴대균(屈大均)[261] 등이 있는데 이들은 모두 각랑도성의 제자가 되었다. 이러한 현상은 곧 그가 당시 많은 유가의 사대부들에게 많은 존경과 추앙을 받았다는 방증이기도 하다. 그래서 그는 진도고승(眞道高僧)과 충신열사(忠臣烈士)[262]라는 두 개의 신분을 가진 사람으로 지칭되기도 하며 멸망해 가는 명나라의 관(官)·군(軍)·

258　杜繼文 魏道儒 著, 『中國禪宗痛史』, 江蘇人民出版社, 2008년, p.614.

259　예가경(倪嘉慶)은 강소성 강영(江寧) 사람이다. 천계(天啓) 2년에 진사가 되었고 자는 돈지(篤之)이다. 명나라가 망하고 출가해서 승려가 되었고 그가 지은 『靈潭集』이 있다.

260　전징지(錢澄之)는 자는 음광 혹은 유광이며 호는 전간노인(田間老人), 서완도인(西頑道人)이라고 한다. 명말의 애국지사이며 문학가이기도 하다. 명나라가 망하자 청나라로 도피해서 출가했다.

261　굴대균(屈大均)의 이름은 소용(邵龍) 혹은 소융(邵隆)이며 호는 채포(菜圃)이고 자는 소여(騷餘) 옹산(翁山)이다. 명말 청초의 유명한 학자이자 시인이다. 반청운동을 하다가 후에 화를 피해서 출가했다.

262　杜繼文 魏道儒 著, 『中國禪宗痛史』, 江蘇人民出版社, 2008년, p.615.

민(民)·선(禪)[263] 등을 일체로 보고 이들을 격려하기도 했다. 이 외에도 당시 명대의 많은 유학자 및 관료들이 명대가 멸망하는 것에 대한 울분을 참지 못하고 승려가 되었다.

유석(儒釋)합일 사상은 각랑도성의 중심 사상 가운데 하나이다. 그는 "진정한 유학은 불교를 피할 필요가 없고 진정한 불교는 유교가 아닌 것이 없다[眞儒必不辟佛 眞佛必不非儒]."[264]라고 했다. 이러한 관점에 특히 사대부들이 탄복해서 "명망 있고 권세 있는 왕공대신들이 문을 두드려서 입실하였고 고개를 숙이고 순종하고 싶은 마음을 가졌다[名公巨卿 莫不入室扣擊 附首歸心]."[265]고 한다.

그 가운데서 "그 문하에 장인의 법을 계승한 자를 보면 앞에는 곧 청원소봉(靑原笑峰: 倪嘉慶)이 있고 지금은 곧 락지우자(藥地愚者: 方以智)가 있다. 이 두 사람은 유교 가운데서 모두 천민(天民)의 선각자"[266]로 불리며 모두 "관직의 몸으로 비구상(比丘相)을 나타냈으며 사(師)가 이들을 적골진자(嫡骨眞子)"[267]라고 칭했다고 한다. 즉 이들은 모두 유학자로 관직에 몸을 담고 있으면서도 비구와 같은 수행자 모습으로 살다

263　杜繼文 魏道儒 著,『中國禪宗痛史』, 江蘇人民出版社, 2008년, p.615.

264　杜繼文 魏道儒 著,『中國禪宗痛史』, 江蘇人民出版社, 2008년, p.613.

265　杜繼文 魏道儒 著,『中國禪宗痛史』, 江蘇人民出版社, 2008년, p.613.

266　『天界覺浪盛禪師全錄』권1,『嘉興藏』권34, p.587c22. "吾雖未登杖人之堂 不視其父視其子 而猶及見其門之能嗣杖人之傳者. 前則有靑原笑峰. 今則有藥地愚者. 此兩人. 在吾儒中. 皆天民先覺."

267　『天界覺浪盛禪師全錄』권1,『嘉興藏』권34, p.790c02. "而笑峰然藥地智二大士則, 以宰官身現比丘相, 稱師之嫡骨眞子也."

가 이후로 출가한 사람들이다.

그의 사상은 모두 그와 그의 제자들이 집대성한 책에 잘 나타나 있다. 즉 "장인(杖人)이 무기를 가지고 물과 불 속에 들어가서 크게 상심한 사람들을 구했으며 일체 방법과 온 힘을 다해서 초월하되 이를 따라서 집대성하고 또한 종지(宗旨)를 정했다."[268]라고 평하고 있다. 이러한 평가를 통해서 볼 때 그는 본인의 사상과 주장에 대해서 매우 자신감이 넘칠 뿐만 아니라 고무적이면서도 충만한 신심을 가졌던 것 같다. 여기서 말하는 집대성은 곧 유·불·도를 집대성한 것을 말한다. 그러나 역시 불교의 집대성에 집중되어 있다. 그는 불교의 집대성을 하나의 대통(大統)으로 귀결시키고 그러한 연후에 그 종지(宗旨)를 정했으며 이렇게 하는 것은 모두 다 수행자들로 하여금 방향과 취지를 만들어 주기 위함이었다고 한다.

먼저 그는 불교를 집대성하였는데 즉 불교의 각 종파를 모아서 전서(全書)을 이루었으며 곧 선종으로써 각 종파를 통섭했다. 그는 말하기를 "불보살 및 모든 조사들이 출세(出世)하신 것은 사람들을 위한 것이다. 시종 본말이 모두 깊고 심오한 것으로 가지가지의 경·율·논장·정토·지관·참회 등의 법으로 종파(宗派)를 시설한 것도 또한 깊고 심오한 시종의 본말을 끊어 선종으로 섭하고 불조를 모아서 대성

---

268 『天界覺浪盛禪師全錄』권1, 『嘉興藏』권34, p.587a02. "杖人於刀兵水火中求大傷心人, 窮盡一切, 超而隨之, 乃集大成, 乃定宗旨."

(大成)을 이루었다. 이미 더 이상 나타낼 것이 없다."²⁶⁹라고 했다. 즉 한몸에 모든 것을 포함했다는 의미로서 일체 불교의 실천수행 및 이론들을 모아서 하나의 선종에 모두 포함시켰다는 뜻이다.

또 그는 말하기를 "저 5경이 비록 하나의 전집이 되었지만 그러나 시·서·예악·춘추도 또한 각각 본경에 전집이 있는 것을 방애하지 않는 것처럼 지금 함께 종문(宗門)의 조사를 모아서 달리 하나의 통(統)을 지어서 대전(大全)을 삼았을 뿐만 아니라 곧 경(經)·율(律)·논(論)·관(觀)도 또한 각각 통(統)이 있어서 하나의 전집(大全)을 만들었다.

저 선(禪)에는 스스로 오종(五宗)이 있어서 통경(統經)을 삼았고, 스스로 오교(五教)가 있어서 통률(統律)을 삼고, 스스로 오부(五部)가 있어서 통론(統論)을 삼았고, 스스로 오섭(五攝)이 있어서 통(統)을 삼았다. 그러나 나의 경(經)·율(律)·논(論)·선(禪)·정(淨) 등은 불자(佛者)의 대통(大統)이고 바로 저 『시(詩)』·『서(書)』·『예(禮)』·『역(易)』·『춘추(春秋)』는 유교의 대통(大統)이다. 경·율·논·선·정 등은 각각 통기(統紀)가 없다…. 곧 제당(諸堂)에서 성인을 선택하고…, 고로 내가 조도(祖圖)를 모아서 만들었으니 곧 경·율·논·정·지관·참회법 등을 알아서 다 마땅히 각각 그 종(宗)을 모아서 대전(大全)을 이루었다."²⁷⁰라고 하였

---

269 『天界覺浪盛禪師全錄』권1, 『嘉興藏』권34, p.712b05. "以佛菩薩及諸宗祖出世為人. 種種經律論藏, 淨土, 止觀, 懺法等, 門庭施設, 堂奧深微, 始終本末, 折入禪宗, 為集佛祖大成, 已無餘蘊矣."

270 『天界覺浪盛禪師全錄』권21, 『嘉興藏』권34, p.712b05. "如五經雖共為大全. 而詩書禮樂春秋, 亦不妨各於本經有大全也. 予今不特以宗門會祖別作一統為大全. 即經·律·論·觀·

다. 즉 그는 여기서 경·율·논·정(淨)·선 등에 또한 각자 통(統)이 있다고 여겼다. 다만 그것들은 소통(小統)에 지나지 않으며 이러한 소통은 반드시 대통(大統) 가운데로 돌아가야 하고 선성장(選聖場: 성인을 선택하는 장소)의 총체를 이룰 수 있다는 것이다. 그러나 대통은 반드시 소통을 바탕으로 건립되어야 하며 서로 배척해서도 안 된다고 여겼다. 때문에 반드시 대통은 소통이 승인하는 기초 위에서 수립되어야 한다는 것이다. 또 그는 대통과 소통의 관계를 사계절에 비유하기도 하였는데 역시 선종의 지위를 우위에 두는 것을 잊지 않았다. 그러나 이러한 회통의 최후는 모두 조동종으로 회귀시켰는데 곧 조동종으로 선종 오종의 종지로 삼았다.

그는 또 경·율·논·관·선을 일세통사시(一歲統四時)의 비유로 오가(五家)를 비교해서 오종(五宗) 간의 통섭관계를 설명하기도 했다. 즉 경은 곧 발연(勃[271]然: 무성·왕성한 것) 개발하는 것이 봄과 같고, 율은 곧 찬연부진(燦然敷陳: 찬란하고 풍성하게 펼쳐진 것)한 여름과 같고, 논은 곧 늠연정핵(凜然精覈, 매우 위엄이 있고 엄하고 정교하다)한 가을과 같고, 관(觀)은 곧 명연청철(冥然清徹: 고요하고 맑고 깨끗하다)과 같은 겨울과 같고, 선은

亦各有統為一大全也. 如禪自有五宗為統經, 自有五教為統律, 自有五部為統論, 自有五攝為統, 而吾 經·律·論·禪·淨等而大統於佛者, 正如『詩』·『書』·『禮』·『易』·『春秋』之大統於儒也. 使經·律·論·禪·淨等各無統紀, 則選聖諸堂所學何事, 所宗何旨, 而諸堂又何足以成此大統於選聖場哉. 故吾作會祖圖則知經律論淨止觀懺法等皆當各會其宗以成其大全. 則殆可謂我佛始終一貫之大全也."

271　노할 발.

곧 혼연통흡(渾然通洽: 혼연해서 잘 통한다)[272]해서 마치 세월을 말없이 운용하는 것과 같다."[273]라고 했다.

그는 이러한 비교로 선과 기타 소통과 차별을 두었으며 동시에 선을 전체 불교를 관통하는 지고무상(至高無上)의 위치에 올려놓았다.

그는 선종의 오대 종파에 대해서도 평가하였는데 곧 "오직 선종으로 비교하자면 위앙종은 곧 봄의 생장(生長·生育)과 같고, 임제종은 곧 여름의 발로(發露: 분명하게 드러내다)와 같고, 운문종은 곧 가을의 엄격함과 같고, 법안종은 곧 겨울의 맑고 깨끗한 것과 같고, 조동종은 곧 사계절을 통화(統化)하는 것과 같다. 이것은 또한 대충 비교한 것으로 이와 같이 섭수하고 절복(折服)했을 뿐이다. 어찌 위앙·임제·조동·운문·법안의 종지에 우열의 같고 다름이 있겠는가?"[274]라고 하고 있다.

그는 다음으로 선종을 모아서 전집을 만들면서 조동종으로 오종을 통섭했다. 그가 말하기를 "나의 불조의 도가 오종에까지 이르렀다. 또한 마땅히 집대성자가 있는 연고로 내가 『회조규(會祖規)』를 지어서

---

272 흡족할 흡.

273 『天界覺浪盛禪師全錄』권21, 『嘉興藏』권34, p.712b05. "即如經律論觀禪. 以一歲四時配之. 經則勃然開發. 春也. 律則燦然敷陳. 夏也. 論則凜然精嚴. 秋也. 觀則冥然清徹. 冬也. 禪則渾然通洽. 如歲運無言. 而四時行也."

274 『天界覺浪盛禪師全錄』권21, 『嘉興藏』권34, p.712b05. "單以禪宗配之爲溈仰則如春之生育. 臨濟則如夏之明露. 雲門則如秋之嚴峭法眼則如冬之精純. 曹洞則如四季之統化也. 此亦擬其大概有如此折攝耳. 豈爲溈仰臨濟曹洞雲門法眼之宗旨. 有優劣同異乎. 然必須悟此宗旨之妙密始可會通諸祖為一大成. 庶使此宗傳之萬古而不可昧滅. 亦無有非人能破壞以篡亂之也. 予於是先為是說. 使閱吾規者. 有以鑑於言象之外雲耳."

공자를 집대성한 뜻을 따랐다."[275]라고 했다.

그는 또 선문의 3종이 전해지지 않은 것에 대해서 말하기를 "임제·조동이 어찌 위앙·운문·법안의 누적된 폐단을 몸소 경험하지 않고서 전해지지 못한 까닭을 알 수 있겠는가[安知不踵潙仰, 雲門, 法眼之流弊, 以致無傳乎]?"[276]라고 개탄하면서 이어서 말하기를 "개연(慨然: 몹시 억울하고 분통 터지다)하다. 장차 서천에서 동토 및 오가의 종사(宗師)에 이르기까지, 그 시종(始終)의 지취(旨趣) 알아서 『회조규(會祖規)』를 지어서 동서가 서로 밀밀(密密)하게 부촉한 것이 일찍이 두 파가 없다는 것을 표시한 것이다."[277]라고 했다. 뿐만 아니라 "오가 가풍의 심오한 종지가 폐단으로 인해서 전해지지 못하는 데 이르지 않기를 바란다."[278]고 하면서 "충분히 후세 자손으로 하여금 능히 이 근본 법인을 깨닫게 할 수 있다."[279]고 여겼다.

위에서도 잠깐 언급하였듯이 각랑도성의 집대성 사상은 곧 선종을 통해서 전체 불교를 회귀시킨 것이 특징이라고 하겠다. 특히 선종 가

---

275 『天界覺浪盛禪師全錄』권19, 『嘉興藏』권34, p.700a02. "吾佛祖之道, 至於五宗, 亦當有集大成者. 故吾作『會祖規』, 以追孔子集大成之意."

276 『天界覺浪盛禪師全錄』권21, 『嘉興藏』권34, p.711c09. "使今日濟洞二家. 不得其真正宗旨. 安知不踵潙仰. 雲門. 法眼之流弊. 以致無傳乎."

277 『天界覺浪盛禪師全錄』권21, 『嘉興藏』권34, p.711c09. "慨然將西天東土以至五家宗師, 而會其始終之旨. 為〈會祖規〉以表東西密相付曾無二法脈也."

278 『天界覺浪盛禪師全錄』권21, 『嘉興藏』권34, p.711c09. "五家門庭堂奧之宗旨, 不致流弊而無傳也."

279 『天界覺浪盛禪師全錄』권21, 『嘉興藏』권34, p.711c09. "使後世子孫能悟此根本法印."

운데서도 조동종으로 선종의 오가를 통섭하고 최후에는 조동종으로 일체불교를 통섭하는 데 목적을 두었다. 사실 그의 집대성의 목적은 우선 선종을 우위에 두고 마지막에는 조동종을 가장 우위에 두고자 함이었다. 이러한 상황은 명말 청초 불교의 발전 과정을 살펴보면 그 이면에는 당시 종파 간의 반목·모순·투쟁적인 경향을 반영한 것으로 해석할 수 있다. 이때의 중국선종은 오가 중에서 3가는 이미 역사 속으로 자취를 감춘 지 오래되었고 오로지 임제종과 조동종만이 그 명맥을 이어 가고 있었다.

조금 더 역사를 소급해 보면 마조도일의 계통인 홍주종에서 임제종이 발생하였고, 석두희천의 계통인 석두종에서 조동종이 발생하면서 이 두 종파는 장기간 서로 반목하고 화합하지 못했다. 명말 청초에 이르러서는 양가의 투쟁이 매우 격렬하였다고 전해진다.

청초 임제종의 승려인 감박성총(憨璞性聰), 옥림통수(玉林通琇), 공계행삼(筇溪行森), 목진도민(木陳道忞) 등은 전후로 해서 순치황제의 부름을 받고 참선에 대해서 질의응답을 주고받을 정도로 자주 황궁을 출입했다고 전해진다. 그러한 결과로 황제로부터 큰 관심을 받으면서 임제종의 지위는 높아질 대로 높아졌고 조동종은 자연히 임제종의 상대가 될 수 없었다. 임제종이 정치 세력의 외호를 받으면서 조동종은 큰 타격을 받기 시작했다.

그 예로 선권사(善權寺)를 놓고 장기간 투쟁 중에 보인 임제종 승려들의 태도를 보면 더욱더 선명해진다.[280] 완전히 불교에서 주장하는 육화(六和) 정신을 위배하는 행동을 했다고 전해지는데 이렇듯 조동종은 정치상에서 외호를 받지 못했지만 반대로 사상적으로 반격을 할수는 있었다. 때문에 각랑도성이 조동종으로 전체 선종을 통섭해서 일체불교를 집대성한 것도 아마 이러한 당시의 환경을 극복 내지는 개선하고자 하는 의미로 혹은 임제종을 반격하는 방법 가운데 하나의 선택이었는지도 모르겠다.

이 외에도 그는 장자의 신분에 관해서 독특한 견해를 제시하기도 했는데 즉 장자의 진정한 신분은 유교라고 하면서 부득이하게 도가에 몸을 담고 있는 유가라는 것이었다. 그는 『장자제정(莊子提正)』에서 장자가 비록 요공(堯孔)을 비방했지만 사실은 유가의 폐단을 바로잡으려는 의도이며 육경(六經)을 보조한다는 의미로서 신독(愼獨), 지중화(致中和)의 뜻을 밝히고 있다고 보기도 했다.

---

280   黃夏年 主編, 『禪宗三百題』, 上海古籍出版社, 2000년, p. 233-234.

4
파산명해의
선사상

파산명해는 명말 청초 모든 종파를 초월한
임제종의 대종장이다

파산명해(破山明海: 1597-1666)의 속성은 건(蹇)[281] 씨이고 사천성의 대죽(大竹)인으로, 명나라 초 대학사인 건의(蹇義) 충정공의 후예이며 강희 5년(1666) 세수 70세에 입적하였다. 그는 불교의 거장으로 시인이자 서예가이기도 하며 명말 청초의 중요한 선종의 대종장이다. 『파산연보(破山年譜)』에 보면 19세 때 사천성 대죽현(大竹縣)의 불은사(佛恩寺) 대지율사에게 출가를 했고 다음 해 연복사(延福寺)에서 혜연(慧然)스님으로부터 『능엄경』을 배웠다. 『능엄경』에서 말하는 일체중생 개유상

281　절름발이 건.

주진심(皆有常住眞心)[282] 사상은 그에게 심원한 영향을 주었다. 그 후 사천성을 떠나 강남의 선지식을 참방하면서 참선수행을 했다.

그는 처음 참선수행을 시작할 때 고봉원묘의 방식을 따랐다고 전해지며 후에 다시 천동사(天童寺)의 임제종 고승인 원오밀운의 문하에서 다년간의 수행을 통해서 마침내 개오했다. 또 그는 현재의 총칭시 교외 지역에 있는 쌍계당(雙桂堂)선원의 개산조이며 당시 사람들이 세칭 소석가(小釋迦)라고 칭하기도 했다. 그는 중국 서남지역에 막대한 영향을 주었으며 청초에 승가교육을 추진하고 선학교육을 위해서 깊고 예리한 통찰력으로『복호사개학업선당연기(伏虎寺開學業禪堂緣起)』를 저술했다.

밀운원오의 선법을 계승한 파산명해의 선법이 두드러지게 표현된 곳은 간화선에 대한 태도이다. 그는 기타 선사들과 다른 점이 있는데 그는 선(간화선)·정(淨)·교(敎)를 협치의 관계로 보았다. 이러한 관점을 후학들에게 시사해서 깨닫게 하기 위해서였다. 이 점을 그의 선법에서 중요한 특색이라고[283] 하는데 그가 지은 학도사잠(學道四箴)[284]에 잘 나타나 있다. 그의 선학 사상을 중국불교 학자인 황하년 선생은

---

282 즉 상주진심(常住眞心)의 뜻은 곧 모든 사람들이 자성청정심을 구족했다는 사상이다. 다만 무명과 망상번뇌에 덮여서 이 상주진심이 드러나지 않는다는 것으로 출처는『능엄경』이다.

283 黃夏年 主編,『禪宗三百題』, 上海古籍出版社, 2000년, p.235.

284 『破山禪師語錄』권19,『嘉興藏』권26. "學道四箴. 念佛一聲. 漱口三日. 若不佛念. 如水浸石. 打魚念經. 經且是路. 若不修行. 如風過樹. 戒急乘緩. 乘急戒緩. 若不持犯. 如雞菢卵. 一句話頭. 擊塗毒鼓. 若不因循. 如貓捕鼠."

네 가지로 분석했는데 즉 선과 정토, 선과 교, 선과 율, 화두참구로 나누어서 설명하고 있다.[285]

첫 번째는 선과 정토의 협치로서 파산명해는 이 두 가지 모두 방편법문이 된다고 여겼다. 즉 "대저 불조의 방편은 견고한 것이 많지만 이것을 요약하면 두 종류를 벗어나지 않는데 곧 선(禪)과 불(佛)이다. 참선을 믿으면 참선에 뜻을 세우고 염불을 믿으면 염불에 뜻을 세운다. 비록 돈점이 같지 않으나 곧 모두 하나의 생사심을 벗어나는 것이다."[286]라고 했다. 즉 이러한 관점을 근거로 본다면 곧 참선과 염불은 근본적으로 같은 도리라는 것이다. 이 점은 송대 이후 선사들이 꾸준히 제기해 온 바이며 선종에서 강조하는 일심 사상을 벗어난 것도 아니다. 그는 다시 강조하기를 "참선염불은 본래 하나의 도리이다. 염불을 염(念)하는 것도 이 마음이고, 참선을 참구하는 것도 이 마음이다. 마음 밖에 다른 법이 없고 법 밖에 다른 마음이 없다. 오직 이 일심이며 다른 기로가 없다."[287]라고 했다. 여기서 참선은 화두참구하는 것을 골자로 하고 있으며 그의 화두참구는 주로 염불하는 자가 누구인가에서 '수(誰)' 자를 참구했으며 동시에 이 화두를 가지고 후

---

285 黃夏年 主編, 『禪宗三百題』, 上海古籍出版社, 2000년, p.235.

286 『破山禪師語錄』권6, 『嘉興藏』권26, p.26b07. "夫佛祖方便固多. 要之不出兩種. 則禪佛是也. 信得參禪, 及立志參禪. 信得念佛. 及立志念佛, 雖頓漸不同. 出生死心一也,"

287 『破山禪師語錄』권9, 『嘉興藏』권26, p.036c25. "參禪念佛. 本是一箇道理. 念佛念此心也. 參禪參此心也. 心外無法. 法外無心. 只此一心. 別無岐路一心."

학을 제접했다.[288]

두 번째는 선과 교의 협치로서 그는 이 두 가지의 법문이 서로 병존할 수 있다고 여겼다. 그는 "참선과 교(敎) 두 가지의 법문은 심천(深淺)이 있다. 그러나 심(深)은 선이고 천(淺)은 교이다. 다만 언어로 나타낸 것은 곧 추상분(麤相分)이며 모두 교이다. 만약에 교의 요의(了義)를 통달하면 곧 선이고 또한 여래선이다. 조사선은 아니다."[289]라고 하고 있다. 즉 선과 교는 심천(深淺)이 다를 뿐이며 만약 교의 요의(了義)를 요달하면 그게 바로 선이며 여래선이라고 여겼다. 하지만 그의 관점은 시종 선을 우위에 두면서 선교일치 내지 협치를 말하고 있다.

세 번째는 선과 율의 일치로서 지계와 참선을 둘로 보지 않았다. 즉 지계본체 자체가 곧 일심으로 돌아가기 때문에 나누어질 수 있는 성질이 아니라는 것이다. 그가 말하기를 "부처님께서 바라제목차를 설했는데 이름이 십중(十重)[290]이며 48경이 이 계의 차등으로 대·소승이 이것이다. 만약에 본(本)을 논하자면 다 일심으로 돌아간다. 일심은 불생이며 만법에는 허물이 없다. 계를 가지지 않는 것이 없고 마음이 하나가 아닌 것이 없기 때문에 이것은 진원대계(眞圓大戒)의 총

---

288 黃夏年 主編,『禪宗三百題』, 上海古籍出版社, 2000년, p. 235.

289 『破山禪師語錄』권11,『嘉興藏』권26, p. 046c14. "參禪學敎二法門. 有深有淺. 然深者禪. 淺者敎. 但形言語. 即麤相分皆敎也. 若達敎之了義即禪. 亦是如來禪. 非祖師禪也."

290 一條重要的戒律. 與四十八輕戒相對. 即：殺戒, 盜戒, 淫戒, 妄語戒, 酤酒戒, 說四眾過戒, 自讚毀他戒, 慳惜加毀戒, 瞋心不受悔戒, 謗三寶戒. 違犯此十條者構成破門罪, 將被逐出僧團.《梵網經·菩薩心地戒品》："若布薩日新學菩薩, 半月半月布薩, 誦十重, 四十八輕戒."

지(總持)이다."²⁹¹ 여기서 바라제목차는 범어의 음역으로 계를 말한다. 그는 일심이 계체(戒體)의 자체가 되기 때문에 일심불생이며 곧 지계를 구현하는 최고가 된다고 보았다. 그러나 이 관점은 육조혜능의 무상계를 연상시키고 있으며 동시에 유사성도 존재한다.

네 번째는 화두참구이다. 사실 위의 세 가지 일치 사상의 관점은 모두 선사의 입장에서 선종을 더욱 드러내기 위한 태도이기도 하다. 그는 일생을 참선에 몸 바쳤고 특히 "한 구의 화두로 도독고(塗毒鼓: 독을 칠한 북소리를 듣게 해서 죽게 만든다)를 친다."²⁹²라고 했다. 그는 간화선이 선법의 최고가 된다는 것을 믿어 의심치 않았고 누구보다도 열심히 간화선을 제창했다. 또 그의 화두관은 매우 독특했는데 일상생활에서 우리가 마주치는 일체의 사물들이 다 화두가 될 수 있다고 생각했다. 그는 반드시 조사의 공안어구(公案語句)를 고집하고 준수할 필요는 없다고 하였다.

위에서 간단하게 소개한 내용을 종합해 보면 그가 비록 제종의 통합을 발의해서 널리 선양했지만 사실 이러한 행위는 이전의 고승대덕들도 이미 강조했던 내용들로서 그리 특이한 점은 아니다. 다만 그는 이러한 형식을 취해서 더욱더 자기의 사상체계를 보충·보완하고

---

291 『破山禪師語錄』권9, 『嘉興藏』권26, p.37b11. "佛說波羅提木叉. 是名十重. 四十八輕. 此戒差等. 大小乘是也. 若論本. 總歸一心. 一心不生. 萬法無咎. 無戒不持. 無心不一. 此乃真圓大戒總持也."

292 『破山禪師語錄』권19, 『嘉興藏』권26. "一句話頭擊塗毒鼓."

발휘한 것이라고 할 수도 있다.

　파산명해는 깨달음을 얻은 후에 전국을 행각하면서 당시의 영향력이 있는 고승대덕들을 친견해서 법을 구하기도 했다. 중국선종에서 행각은 사방(四方)을 운요(雲遊)하는 것이라고 한다. 이러한 전통의 시작을 『조정사원(祖庭事苑)』에서 "행각이라는 것은 고향을 멀리하고 천하를 행각하면서 정(情)을 벗어나고 묶여 있는 여러 가지를 버리는 것이며 선지식과 스승을 심방(尋訪)해서 법을 구하고 증오(證悟)하는 것이다. 그래서 배움에는 일정한 스승이 없다는 것으로, 편력(偏歷)을 숭상하는 것이다. 선재는 남쪽에서 청하고 상제보살[常啼][293]이 동쪽에서 청한 것은 대개 선성(先聖)의 구법이 된다. 영가(永嘉)는 이른바 강해(江海)에서 헤엄을 치고 산천을 돌아다니다가 스승을 찾고 도를 참구해서 참선했다. 어찌 삿되게 그렇지 않다고 하리오."[294]라고 했는데 행각의 의미는 위의 내용을 실천하는 것으로, 즉 운요수행(雲遊修行)을 가리킨다.

　이 방식은 선종의 수행 방법 가운데 하나로서 중요한 의의를 지닌다. 그도 깨달음을 얻은 후에 사방을 참학하면서 한편으로 법을 구하고 다른 한편으로는 본인의 선경(禪境)을 선지식들로부터 검증을 받고

293　상비보살(常悲菩薩)·보자보살(普慈菩薩)이라고 하기도 한다.

294　『祖庭事苑』권8, 『卍新續藏』권64, p. 432c19. "行脚者. 謂遠離鄕曲. 脚行天下. 脫情捐累. 尋訪師友. 求法證悟也. 所以學無常師. 偏歷爲尙. 善財南求. 常啼東請. 蓋先聖之求法也. 永嘉所謂遊江海. 涉山川. 尋師訪道爲參禪. 豈不然邪."

인가를 받는 것을 목적에 두고 전국 각지를 행각했다.

기록에 의하면 그가 이와 같은 행각을 통해서 운요수행을 할 때 당시의 유명한 고승 대덕들을 참방하거나 가르침을 청해서 교류했다고 전해진다. 내용은 아래와 같다.

먼저 감산덕청(憨山德淸: 1546-1623)으로 주굉(袾宏), 진가(眞可), 지욱(智旭)과 함께 명대 4대 고승 가운데 한 분이다. 감산덕청도 역시 선정(禪淨), 선교일치를 주장했던 선사로서 생전에 여러 방면에서 많은 저술을 했는데『능엄경통의(楞嚴經通議)』『관능가경기(觀楞伽經記)』『법화경통의(法華經通義)』『자술연보(自述年譜)』및 그가 입적한 후에 제자들이 편저(編著)한『감산노인몽유집(憨山老人夢遊集)』등이 있다. 파산명해는『능엄경』의 묘명진심(妙明眞心)에 대해서 특별한 흥미를 가지고 때때로 익혀서 마침내는 마음이 익숙한 경지에 이르렀다. 그래서 그는 친히 강남의 여산(廬山) 법운사(法雲寺)에서 77세 고령의 감산덕청을 참방하고 이것에 대한 가르침을 청했다.

다음은 조동종 계통의 무이원래(無異元來: 1575-1630)를 참방했는데 무이원래는 명대 조동종의 고승으로 당시 조동종의 유명한 고승인 무명혜경(無明慧經: 1548-1618)으로부터 인가를 받았다. 그 후 그는 강서성 광풍현(廣豐縣)에 있는 박산(博山)의 능인사(能仁寺)에 머물렀는데 그로 인해서 박산이라는 호를 얻게 되었으며 그의 명성을 듣고 납자들이 구름처럼 운집하였고 하나의 총림을 이루었다고 한다.

무이원래는 본래 조동종의 선사이지만 역시 평생 선정불이(禪淨不二)의 종지를 제창하였다. 파산명해가 26세 때 의기충천하고 패기가 넘치는 혈기왕성한 시절에 중국 전역에서 명성을 떨치고 있었던 무이원래스님을 참방하고 가르침을 청했다고 전해진다. 당시 패기가 충만했던 파산명해가 무이원래스님께 선법을 묻자 그 자리에서 바로 그의 의문점을 풀어 주었다고 전해진다.

설교원신(雪嶠圓信: 1571-1647)은 임제종의 선사로서 환유정전(幻有正傳: 1549-1614)이 배출한 대덕으로 그로부터 인가받고 선법을 계승했으며 밀운원오(密雲圓悟), 천은원수(天隱圓修)와 더불어 각각의 지역에서 임제종을 중흥시킨 인물이다. 아울러 이들은 명말 임제종의 유명한 종장들이다. 설교원신은 일찍이 운서주굉을 따라서 배우기도 했다. 파산명해가 설교원신을 참방했을 때 파산명해를 보고 큰 법기가 될 것이라고 하면서 잘 단련하기를 권했다고 한다. 또 같은 사천성 출신으로 그에게 남다른 애정을 가지고 교류했다고 한다.

담연원징(湛然圓澄: 1561-1626)은 조동종의 운문 계통의 선사이다. 파산명해는 그로부터 구족계를 받았으며 항주의 보국선원(報國禪院)에서 담연원징을 참방했다고 한다. 처음 만나 선문답을 통해 의기투합했으며 몇 번의 기봉(機鋒: 날카로운 선어)을 주고받으면서 그는 담연원징에게 매우 감복했다고 한다. 담원원징은 파산명해의 혜근(慧根)이 출중함을 알고 그의 법요(法要)를 전수해 줄 뜻이 있었지만 기연이 맞지 않아서 그로부터 인가는 받지 못했다고 한다.

밀운원오(密雲圓悟: 1566-1642)는 임제종의 선사로서 명말 청초 세조(옹정제)조차 그의 선법에 매료되었던 대종장으로, 환유정전(幻有正傳)의 제자이며 그로부터 인가를 받았다. 그 후 용지산(龍池山) 우문사(禹門寺)에서 선법을 전수하기 시작했고 다시 강남 일대의 천태산, 황벽산, 천동산 등지에서 30여 년 교화했다.

기록에 의하면 제자가 3만 인은 넘었다고 한다. 비교적 유명한 제자로 도민(道忞)·통용(通容)·법장(法藏) 등을 꼽을 수 있다. 특히 일본 황벽종의 비조인 은원(隱元)도 밀운원오의 제자이다. 파산명해가 담연원징으로부터 구족계를 받은 후에 항주의 서산에 이르렀을 때는 중병을 앓고 막 병마를 벗어났을 때였는데 당시 밀운원오는 절강에 있는 천영사(天寧寺)를 맡았다. 파산명해는 이때 병색이 짙은 형상으로 그를 친견하였고 그 후 대부분 시간을 밀운원오 곁을 떠나지 않았고 마침내 그에게서 인가를 받고 정식으로 조계정맥을 이은 임제정법의 선법을 전수할 수 있는 자격을 얻게 되었다.

위의 내용을 통해서 볼 때 파산명해선사는 어느 특정 종파에 구애받지도 얽매이지도 않으면서 진정으로 구법을 위해서 제종파를 초월하는 실천수행을 했으며 전국 각지를 유역하면서 평생토록 신심을 바쳐 마침내는 본인이 목적한 바를 달성했던, 그 시대를 대표하는 선종의 큰 거장이었음을 알 수 있다.

5
청나라
옹정제와 선종

옹정제는 호불 황제로서
선법에 심취해서 실참을 했던 적이 있다

청나라 세종 옹정황제(1678-1735)의 성은 애신각라(愛新覺羅)이고 이름은 윤진(胤禛)이며 만주족으로 청왕조의 3제대 황제이다. 44세에 보위에 올랐고 13년간 재임했으며 강희황제의 네 번째 아들로서 건륭황제의 생부이기도 하다. 그는 스스로를 종사(宗師)라고 자처하면서 원명거사(圓明居士), 파진거사(破塵居士)라는 두 개의 법호를 가졌다.

『어선어록(禦選語錄)』이라는 책을 편집·간행해서 전국에 유통했으며 일생 동안 불교를 신봉했고 특히 선종에 관심이 많았다. 태자 시절 몽고 스님인 장가호도극도(章嘉呼圖克圖)로부터 좌선을 지도받았으며 중국 역사에서 치적을 이룬 몇 안 되는 군주 중의 한 사람이다. 즉 청조의 강희(康熙)·옹정(雍正)·건륭(乾隆) 대에 성세(盛世)를 이루었다. 이 삼대에 성세를 이룰 수 있었던 것은 바로 옹정제가 각 방면에서 피나는 노력을 한 결과라고 해도 과언이 아니다.

사실 청왕조가 선종의 심법(心法)에 대해 깊은 관심을 가졌던 것을 아는 사람은 그리 많지 않다. 특히 옹정제는 스스로 좌선을 할 만큼 선법에 관심이 많았다. 그는 장가호도극도스님으로부터 수증(修證)에 대한 가르침과 인증을 받았으며 장가호도극도스님은 강희황제로부터[295] 관정보혜광자대국사(灌頂普慧廣慈大國師)라는 명칭을 하사받았다.

옹정황제도 이 스님을 칭찬하기를 "이는 진실로 다시 온 사람(환생자)이며 실로 대선지식이다. 계행이 청정하고 순수하며 원통무애하고 티베트, 몽고 및 중국 이외의 나라에서도 귀의하는 바이며 많은 승속이 공경하고 우러러 사모한다."[296]라고 했다. 그는 장가호도극도스님의 지도하에 이틀 연속적으로 좌선을 하고 나서 말하기를 "곧 본래를 통달하니 비로소 오직 이 하나의 사실을 알았다."[297]라고 했다. 그는 후에 다시 장가호도극도스님의 지도로 좌선을 해서 마침내 스님으로부터 인가를 받았다고 전해지며 중국 역사에서 진정으로 실참을 해서 참선의 경계를 맛본 유일한 황제이기도 하다. 옹정제는 유년 시절

---

295 『禦選語錄』하권, 『卍新續藏』권68, p.696a16.

296 『禦選語錄』하권, 『卍新續藏』권68, p.696a16. "乃真再來人. 實大善知識也. 梵行精純. 圓通無礙. 西藏. 蒙古. 中外諸土之所歸依. 僧俗萬眾之所欽仰."

297 『禦選語錄』하권, 『卍新續藏』권68, p.696a16. "壬辰春正月. 延僧坐七. 二十. 二十一隨喜同坐兩日. 共五枝香. 即洞達本來. 方知惟此一事實之理. 然自知未造究竟."

부터 불전을 열람하는 것을 좋아했고 널리 선승들과 교류하였으며 불교의 이치에 대해서도 깊이 통달했다고 한다.

옹정황제는 보위에 오른 후에도 틈이 날 때마다 전 및 조사어록을 열독했을 뿐만 아니라 심지어는 가까운 종실 친척에게, 멀리는 승려와 도사에게 본인이 직접 경전 강의와 전법하는 데 시간을 할애했다고 한다. 그러한 과정을 통해서 그는 마침내 총 19권으로 이루어진 『옹정어선어록(雍正御選語錄)』을 출간했다.

이 책에서 중요한 선종선사 20분의 어록 및 500분의 선승과 거사의 선어를 선별해서 편집했으며 동시에 본인이 저술한 선어를 수록했다. 또 승조(僧肇)의 『조론(肇論)』『보장론(寶藏論)』의 논문을 수록했는데 승조는 사실 선종사에서 선사의 반열에 두지 않는다. 그러나 옹정제는 승조대사를 선사의 반열에 올려놓았다.

그의 관점은 "심명(深明)한 종지가 아니면 어떻게 이같이 요달해서 알 수가 있겠는가?"[298]라고 감탄하면서 승조대사를 대지원정성승(大智圓正聖僧)이라고 봉하였으며 또 중국 도교사에서 매우 중요한 인물인 자양진인(紫陽眞人) 장평숙(張平叔)을 대자원통선선(大慈圓通禪仙)으로 봉하였다.

이 외에도 정토종의 운서주굉의 『운서법휘(雲棲法彙)』에 대해서 평가하기도 했는데 즉 "정토법문은 비록 선종과는 교섭이 없는 것 같지

---

[298] 『御選語錄』(서), 『卍新續藏』권68, p. 525c05. "非深明宗旨. 何能了了如斯."

만 염불은 참선을 장애하지 않는다. 과연 그 깊은 성해(性海)를 통달한 선인(禪人)은 정업(淨業)을 겸수할 수 있다. 어찌 수희진여(隨喜眞如)하는 것이 묘과를 원증(圓證)하지 않는다고 하겠는가."[299]라고 했다. 그는 불법 및 도교·선종에 관해 해석하고 평가했는데 이 책은 불교를 연구하고자 하는 후래 사람들에게 많은 논쟁의 여지를 남겼다고 볼 수 있다.

중국 역사에서 보면 적지 않은 승려들이 정사에 관여한 흔적이 곳곳에 남아 있다. 특히 황제의 최측근에서 정치에 훈수를 두면서 황제의 신임을 받았던 승려 또한 적지 않다. 옹정제는 비교적 불교를 깊이 신봉하였으며 특히 황제에 오르기 전부터 적지 않은 승려들과 교류하였고 일설에 의하면 옹정제의 일생에서 세 분의 스님과 매우 중요한 친분 관계를 유지했다고 한다. 이들은 옹정제에게 불교의 가르침은 물론이거니와 정치적인 도움을 주기도 했으며 이들을 궁중에 머물게 해서 수시로 친견했다. 장로 문각선사(文覺禪師)는 사적으로 매우 친분이 두터웠으며 그를 국사로 봉해서 정치적 고문으로 중용해서 삼엄한 자금성 내에 거주토록 하면서 수시로 정사를 담론하곤 했다.

옹정 11년 문각선사가 70세의 고령으로 옹정제의 명으로 강남으

---

299 『禦選語錄』(서),『卍新續藏』권68, p.523c08. "雖與禪宗似無交涉. 但念佛何礙參禪. 果其深達性海之禪人. 淨業正可以兼修. 於焉隨喜真如. 圓證妙果."

로 참배를 떠나게 되었는데 이때 그 지방의 관리들에게 모두 엎드려서 정례하도록 지시했으며 강남의 총독에게 각별하게 보살피도록 명하면서 제자의 예를 갖추도록 했다. 이러한 점으로 미루어 볼 때 문각대사의 특수한 신분과 지위 및 그 중요성을 짐작하게 해 준다.

이 외에도 정사에 참여했던 대각사(大覺寺) 주지 성음(性音)과 초성화상(超盛和尚)이 있다. 이 두 사람은 옹정제로부터 특별한 신임과 중임을 받았다. 특히 성음스님에게는 아주 특별한 대우를 하면서 그의 견해 및 감오(感悟)의 경지를 좋아하였고 둘이 담론을 할 때 신하들이 알현을 청해도 자리를 피하게 하지 않고 함께했다고 한다.

반면에 옹정제보다 나이가 어렸던 초성스님을 대하는 태도는 일정한 거리를 유지한 역도역우(亦徒亦友: 사제간이며 친구이기도 하다)의 관계였다고 한다. 그러나 초성스님의 강설을 들을 때에는 매번 취해서 빠져들었다고 하며 유일한 불학지기(佛學知己)라고도 했다. 하지만 이 세 스님 모두 정치와 연루되면서 비참한 최후를 맞이했다는 떠도는 이야기가 전해진다.

특히 문각선사와 초성스님은 여류양안(呂留良案)[300]에 연루되어 비

---

300 여류양(呂留良: 1629-1683), 명말 청초 걸출한 학자, 사상가, 시인이며 평론가이다. 이름은 광륜(光輪: 光繪)이고 자는 장생(莊生: 用晦)이며 호는 만촌(晚村)이고 별호는 취옹(恥翁)·남양보의(南陽布衣) 등이다. 만년에 출가를 했으며 법명은 내가(耐可)이고 자는 불매(不昧)이다. 호를 하구노인(何求老人)이라고 했다. 옹정제 때 부관참시를 당했고 자손 문인도 모두 참시를 당했으며 후손은 모두 노비가 되었다. 청대의 문자옥(文字獄)의 영수이다. 그는 다량의 저술을 남겼지만 모두 훼손되었고 현존하는 것은『呂晚村先生文集』『東莊詩存』이 있다.

참한 최후를 맞이했고, 성음은 이들보다는 먼저 죽었는데 일찍이 구자탈적(九子奪嫡)[301] 건에 연루되어 편안한 생을 마감하지 못했다고 전해진다.

옹정제는 호법 황제이기도 하다. 특히 승사(僧舍)를 아주 잘 보호했던 황제로서 그가 재위 시에 서부 청해성 서영부(西寧府)에 대규모의 사원인 단갈이사(丹噶爾寺)가 있었는데 지리적으로 매우 중요한 거점이었다. 옹정 원년에 청해성에서 반란이 발생하자 옹정제는 감숙성 일대의 총독인 년갱요(年羹堯)에게 토벌토록 명령했다. 년갱요는 그곳을 평정하고 나서 단갈이사의 라마들을 쫓아내고 승방 1천5백 칸을 점유해서 관병들을 주둔케 하였다. 그러자 그 사원의 승려들이 강력한 항의와 불만을 표출하였다. 이러한 소식을 접한 옹정제는 친히 지시해서 사찰에서 모든 청나라 관병들을 물러가게 하였으며 이 사건을 일으킨 주범들 모두에게 죄를 물어서 응분의 대가를 치르도록 했다.

옹정 말년에는 대량의 고찰 및 명찰을 중수하거나 보수를 진행했다. 강남의 형계(荊溪: 지금의 宜興縣)의 숭은사(崇恩寺)는 본래 옥림통수(玉林通琇)가 주석하면서 전법을 펼쳤던 장소인데 이곳을 중수하도록

---

301 구자탈적(九子奪嫡)은 청나라 강희황제의 아들들이 황제의 자리를 놓고 쟁탈전을 벌인 역사적인 사건을 말한다. 당시 강희황제의 아들은 모두 36명이었는데 요절하거나 병사했기 때문에 순차적으로 24명이라고 하는데 그중에서 9명이 서로 황제 위를 놓고 쟁탈전을 벌였다.

명령하였으며 공금을 지출해서 절강성의 보타산(普陀山) 관음성지인 보제사(普濟寺)와 법우사(法雨寺) 등을 수리하게 하면서 친히 감독관을 보내서 불사를 돕도록 명령하기도 했다. 이렇게 황제가 친히 나서서 불사를 관장했던 것은 중국 역사에서 그리 흔치 않은 광경이다.

옹정제는 선종의 내부에도 간섭했다. 중국선종은 명청 대에 이르러서 임제종과 조동종만이 번성했는데 이 중에서도 임제종이 비교적 우세하였다. 임제종에는 당시 유명한 선사로 소암덕보(笑岩德寶)·밀운원오(密雲圓悟)·한월법장(漢月法藏) 등이 있었다. 때에 옹정제는 선승들의 부패가 엄중하다는 핑계로 원오와 법장의 논쟁에 간섭했는데 원오를 지지하는 바람에 법장파는 큰 타격을 받았다. 옹정제가 지은 『어제간마변이록(禦制揀魔辨異錄)』은 비록 원오와 법장 간의 논쟁에 대한 논술이지만 사실은 법장파를 비판한 책이다.

밀운원오의 속성은 장(蔣) 씨이고 강소성 의흥(宜興) 사람이며 30세에 처를 버리고 출가했다. 40세에 한유정전(幻有正傳)을 친견하고 46세에 법을 전수받았으며 50세가 지나서 개당설법을 했다. 그 후 26년 동안 전법을 하였고 세수 77세에 입적했다. 『밀운선사어록(密雲禪師語錄)』『천동어록(天童語錄)』이 세간에 유전되었다.

한월법장의 속성은 소(蘇) 씨이고 강소성 무석(無錫) 사람이다. 37세에 구족계를 받았고 40세에 오도했다고 하며 54세에 개당설법을 했다고 전해진다. 한월법장이 비록 밀운원오를 참배하고 그의 문하에서 수학했지만 관점의 차이로 도리어 밀운원오를 공격하면서 장기간 논쟁을 이어 갔다. 마침내 옹정제의 간섭으로 법장파는 매우 빠른 속도로 역사의 뒤안길로 사라졌다. 다행히 그가 지은『삼봉화상어록(三峰和尚語錄)』『오종원(五宗原)』, 그의 제자인 홍인(弘忍)이 지은『오종구(五宗救)』가 현재까지 전해지고 있어서 당시의 두 파 간의 긴박했던 상황을 엿볼 수 있다.

이 두 파 간 분쟁의 쟁점이 된 원인은 그리 특별한 것이 아니라 다만 선법에 대한 관념과 관점 및 방법론의 차이 때문이었다. 그러나 옹정제는『간마변이록』에서 원오대사는 스스로 조계정맥을 얻었다고 하면서 "그 언구기용(言句機用)은 오직 향상을 제시해서 직지인심을 가리키며 이에 서쪽에서 온 뜻과 계합한다."[302]라고 했고 법장에 대해서는 "온전히 그 본성에 미해서 무지한 망설을 하면서 미친 언어로 세상 사람들을 미혹하게 한다."[303]라고 하면서 '진실로 외마(外魔)의 지견'이라고 혹평했고 심지어는 법장의 제자 홍인이 지은『오종구』에 대해서는 더욱이 "마설로 무궁한 마업을 지어서 썩지 않기를 바란다. 천하 후세에 눈을 갖춘 자가 적어서 그 해악을 알지 못한다."[304]고 하

---

302 『禦製揀魔辨異錄』권1,『卍新續藏』권68, p. 191a04. "其言句機用. 單提向上. 直指人心. 乃契西來的意."/單提 釋義: (術語) 猶言單傳, 禪家直指之旨也. 單提宗旨不涉餘岐之義.

303 『禦製揀魔辨異錄』권1,『卍新續藏』권68, p. 191a04. "駁其全迷本性. 無知妄說. 不但不知佛法宗旨. 即其本師悟處. 亦全未窺見. 肆其臆誕, 誑世惑人. 此真外魔知見."

304 『禦製揀魔辨異錄』권1,『卍新續藏』권68, p. 191a04. "冀魔說之不朽. 造魔業於無窮. 天下後世具眼者少. 不知其害."

면서 사설(邪說)을 조장하고 유행시킨다고 강력한 불만을 표출했다. 심지어는 법장과 그의 문도를 마인부자(魔忍父子)[305]라고까지 하면서 법장을 마장(魔藏), 홍인을 마인(魔忍)이라고 칭했으며 유지를 내려서 법장 문하의 저작을 모두 불태워 버리라고 명령했다.

사실 그가 이러한 행동을 보인 것은 통치자로서 유불도의 관계를 이용해서 정치적으로 삼교의 융합을 도모하려는 의도였다. 그는 "불이치심(佛以治心), 도이치신(道以治身), 유이치세(儒以治世)"라고 하면서 삼교는 각각의 쓰임새가 있다고 보았다.

그는 강조하기를 삼교는 하나의 공통적인 목표가 존재하는데 백성들에게 사람이 되는 도리를 가리키는 것이라고 보았다[三敎之覺民於海內也 理同出於一源 道並行而不悖]. 즉 사람은 악을 버리고 선을 짓기를 권했으며 유가의 오상(五常)은 백행(百行)의 유액장권(誘掖獎勸)이 되고 불교의 오계십선은 또한 도인어선(導人於善)이라고 했다. 또 유불도의 공통적인 작용은 지군택민(致君澤民: 배운 것을 국가(군주)를 일으키는 데 있으며 제왕을 도와서 국가를 융성시키는 데 있다고)에 있다고 여겼다.

옹정제가 비록 불교를 신봉하면서 호불(好佛)을 한 것은 사실이지만 때로는 불교를 장려하기도 때로는 정치적으로 이용하기도 했다. 따라서 그는 종교조차 정치에 이용한 태생적인 정치가이자 한 인간으로서 황제일 뿐이었다. 따라서 그는 정치적인 치적도 많지만 반면

---

305 『御製揀魔辨異錄』 권3, 『卍新續藏』 권68, p. 1210a23. "總之魔忍父子."

에 많은 살생을 범한 군주이기도 하다. 즉 살공신(殺功臣: 공신을 살육하고), 주이기(誅異己: 자기와 다른 이를 죽이고) 등 정치사에서 지울 수 없는 피바람을 일으켰다.

그가 이러한 행위를 할 때 불교도의 시각으로 사유했는지는 알 수 없지만 결과적으로 그는 분명 군주의 입장에서 한 발자국도 물러나지 않고 아주 단호하게 추호도 망설임 없이 정적을 없애는 과감한 행동을 했다.

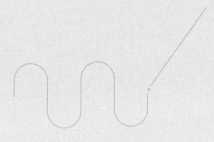

VII

각 시대 선법의 특징 및 시대적 배경

1
중국 사대부와 불교 및
선종의 관계

———————————————— 중국 사대부는 국가의 중추적 역할자로서
선종사에도 많은 흔적을 남겼다

    중국의 사대부들은 정치·경제·역사·문화·예술·사상 등 각 방면에서 매우 중요한 역할을 했고 때로는 정치·경제의 주체자로, 때로는 역사를 선도하는 선구자로, 때로는 문화를 창조하고 전파하는 선도자로, 또 상층부와 하층민을 잇는 중추 역할을 자임하면서 각 시대마다 시대가 요구하는 역할과 본분을 충실히 지켜 왔다. 때로는 그 역할을 충분히 이루어 내지 못함으로써 역사의 지탄을 받기도 했지만 대부분 이들은 중국 역사에서 나름대로 그들의 위치에 걸맞은 행동과 실천을 보여 주었다. 이러한 사대부들과 불교의 만남은 그야말로 중국 역사를 한 단계 더 상승시키는 효과를 가져왔고 중국 문화를

한층 더 풍부하게 만드는 요인이 되었으며 그들과 선사들의 만남은 또 다른 세계에 눈뜨게 해 주었다.

중국에서 사대부(士大夫)의 의미에 대해서 시대별로 짚어 보고 그들의 역할 내지 사회적 지위와 속성에 대해서 알아보고 아울러 그들과 불교 및 선종과의 관계에 대해서 분석해 보고자 한다.

중국 역사에서 사대부는 고대 사회에서 매우 덕망이 있는 사람들에 대한 통칭이다. 과거제도를 통해서 선발된 사람들로서 정치에 직접적으로 참여할 수 있고 사회의 상층문화의 예술세계를 창조하고 전승했던 사람들이다. 사인(士人)이라고 하면 관직에는 나아가지 않지만 많은 지식을 보유하고 있는 계층으로 지식분자 혹은 독서인(讀書人)이라고도 한다.

중국 고대 문헌인 『주예(周禮)』에서 사대부에 대해 소개한 것을 보면 "앉아서 도를 논하는 것을 왕공이라 이르고 지어서 행하는 것을 사대부라고 이른다."[306]라고 했으며, 역시 『주예』에서 말하기를 "사사(師帥)는 모두 중대부요, 여사(旅帥)는 모두 하대부요, 졸장(卒長)은 모두 상사요, 양사마(兩司馬)는 모두 중사요, 그러나 군장(軍將) 모두를 통솔하는 이는 사대부이다."라고 했다.

중국 문헌이 밝히고 있는 사대부의 속성을 살펴보면 다음과 같다. 주(周)나라 초 사(士)는 노예제도에서 일종의 계급이 있는 신분이었다.

---

306 『周禮』(坐而論道, 謂之王公; 作而行之, 謂之士大夫….)

즉 경대부(卿大夫)[307]의 아래, 서민(庶民)[308]의 위[上]였다. 대다수의 경대부는 적자가 아니었으며 서주(西周)의 가장 낮은 계급의 귀족이었다. 춘추전국 시대 군웅이 활개를 치던 때 각 제후국에 돈과 명예와 부가 있는 제후 귀족들은 양사(養士)를 했던 것으로 유명하며 그 가운데서 춘신군(春信君), 맹상군(孟嘗君)[309] 등이 가장 유명하다.

양사란 나름대로 한 가지씩 뛰어난 재주를 가진 이들을 말한다. 그 당시는 귀족들이 양사를 하는 것이 유행이었다. 때로는 양사들이 수천 명이 되기도 했다. 각 제후 간에 서로 비교하면서 많은 재주꾼들의 의식주를 해결해 주었다. 그 예로 모수자천(毛遂自薦)이라는 고사도 생겨났으며 때론 이들은 자칭 재주 있다고 제후 귀족들을 설득하기도 했는데 이들을 지칭해서 사족(士族)이라고 한다.

『논어』에서 공자가 제시한 사(士)에 대한 표준 이론을 보면 "자공(子貢)이 묻기를 '무엇을 일러 사라고 합니까[何如斯可謂之士矣]?' 하자 공자가 대답하기를 '자기의 행위에 대해서 부끄러워할 줄 알고 어디에서든지 군명을 욕되게 하지 않는 것을 사라고 한다.'"[310]라고 했다. 그런데 여기서 사(士)와 군자(君子)는 때로는 기본적으로 중첩의 의미

---

307 서주(西周) 시대 분봉(分封)제로 인해서 형성된 계급질서는 다음과 같다. 즉 천자(天子)→ 제후(諸侯)→ 경대부(卿大夫)→ 사(士)이다.

308 서민(庶民)은 일반적으로 민중을 가리킨다.

309 중국 전국시대 말엽의 4대공자를 말한다. 즉 위나라 신릉군(信陵君), 제나라 맹상군(孟嘗君), 조나라 평원군(平原君), 초나라 춘신군(春申君).

310 『논어』「子路」. "行己有恥, 使於四方. 不辱君命, 可謂士矣."

가 있다. 만약에 좀 더 구체적으로 나눠 보면 사는 덕행과 수행 방면에서 군자보다 떨어진다. '사(士)'는 비교적 의지와 정의감이 있는 자라고 할 수 있다. '사(士)'를 실천하는 정신은 협사(俠士)라는 표현이 더욱 마땅하다고 한다. 예를 들면 진시황 영정(嬴政)을 살해하려다 실패한 자객 형가(荊軻)을 들 수 있는데 그가 진시황제를 죽이려고 출발하기 전에 비분강개해서 시를 읊기를 "바람 소리 쌩쌩하고 역수의 물은 차갑기만 한데 장사(壯士)가 한 번 가면 다시 돌아오지 못한다."[311]라고 했는데 사실 그는 군왕의 사명을 받들고자 자기의 생명은 초개와 같이 여기고 호방한 기개와 고결한 성품을 겸비한 일종의 모범적인 정신을 소유한 자로서 공자가 앞서 제시했던 '사(士)'의 면모와 일치한다. '사(士)'의 정신을 실천한 또 다른 형태는 은사(隱士)들로서 이들은 정치에 관여하지 않고 좌산관호문(坐山觀虎鬥)을 했다. 때문에 백성들은 은사들의 가치관에 대해서 존경하고 신비의 눈으로 그들을 앙모하고 바라보았다.

한대의 유교는 지식분자들에게 입세(入世)해서 직접적으로 정치에 참관하고 군왕과 나라에 진충보국할 것을 장려했다. 한대에 관원을 선발하는 제도는 비교적 원만하였다. 중요한 것은 왕공귀족이 추천한 인품이 고명한 인재는 정치에 참여할 수 있었다. 예를 들어 효(孝)가 출중하든가 무엇인가 뛰어난 재주와 식견이 있으면 시험을 치르

---

311 "風蕭蕭兮易水寒, 壯士一去兮不複還."

지 않고 바로 발탁되었다.

위진 남북조 시대에는 유명한 죽림칠현(竹林七賢)[312]이 출현하는데 그 뿌리는 위에서 말한 사(士)문화와 은사문화에서 그 연원을 찾아볼 수 있다. 죽림칠현은 매우 지식이 높은 지식분자들로 학문·문화·예술에 조예가 깊었으며 품격이 고상한 도덕적 수양과 절조와 지개를 갖추고 있었다. 한편으로 어디에도 구속받지 않고 자유분방하였고 때로는 방종한 행위로 예법을 지키지 않기도 했다. 이들 중에는 술에 절어서 죽은 이도 있다.

그들은 부패한 조정에는 참여하지 않았는데 이러한 정신적 기개는 공자가 말한 사(士)를 조금 더 보충한 것으로, 그들은 조정이 부패하면 그들과 함께 섞이기를 거부하고 자기들의 고상한 기질을 여과 없이 나타냈다. 반면에 이들은 이러한 울분을 삭이기 위해서 문학과 예술에 심취했다. 이것은 사(士)의 절조이자 은(隱)이었다. 이러한 정신의 일부분은 노장철학의 자연무위에 모태를 두고 있다고 하겠다.

비록 수당 시기에 과거제도가 생겼지만 진정으로 관원이 되는 유일한 경로는 송대 이후라고 할 수 있다. 송대 정주이학(程朱理學)이 진일보 발전하면서 유학 사상도 주도적 역할을 하기 시작했다. 소위 신

---

312 중국 위진 시대의 7명의 명사(名士)를 말한다. 죽림칠현(竹林七賢)은 즉 혜강(嵇康)·완적(阮籍)·산도(山濤)·향수(向秀)·유영(劉伶)·왕융(王戎)·완함(阮咸)이다. 이들은 당시의 세태를 풍자하고 음주가무 등을 행하면서 멋대로 자유분방한 생활을 즐겼다.

유학의 시대가 열렸다. 과거제도의 완전함은 관원이 되는 가장 합법적이고도 유일한 경로가 되는 제도였다. "공부를 마친 후에 그 지식을 합당한 데 사용하라[學而優則仕]"[313]와 "모든 것은 다 품격이 낮다. 오직 독서만이 바른길을 갈 수 있다."[314]라는 구절은 지식분자들이 신봉하는 격언이 되고 말았다. 반면에 정부 관원은 반드시 유가 경전을 충분히 알고 소화할 때 비로소 문화인이라고 칭했다. 이것은 정치제도가 사대부(士大夫)들을 보장해 주는 합법적 정책이 되었기 때문이기도 하다. 사대부는 당시 사회의 가장 걸출한 인재인 지식계층의 집단이었다. 이 지식계층 집단은 나라의 각종 분야에서 중추적 역할을 하였다. 한편 사대부라는 정확한 개념과 명칭 및 계층은 송대에 와서 비로소 완성되었다.

송대 이후 대다수의 사대부는 "나라를 위해서 진충보국하고 황제의 은혜에 보답해야 하고 나라를 위해서 죽을 때까지 온 힘을 다해야 한다."[315]라는 숭고한 도덕적 사명감을 지니고 있었다. 송대 간화선의 창시자 대혜종고도 한때는 '보리심이 곧 충성심'이라는 구호를 외쳤다. 다 같은 맥락의 이야기이다. 동시에 이들은 문화적 소양으로 문학, 서예, 회화, 전서, 골동품 수집 등에 조예가 깊었으며 전통문화

---

313 『論語』「子張」"夏曰: 仕而優則學, 學而優則仕." 즉 일을 마친 후 여유가 있으면 배워서 자신을 향상시키고 배우고 나서는 곧 실천을 하라(배우고 나서는 관료가 되라).

314 "萬般皆下品, 唯有讀書高."

315 "盡忠竭力報效皇恩, 鞠躬盡瘁死而後已."

를 계승함과 동시에 새로운 문화를 창조하는 역할을 했다.

송대 사대부의 문화 중에 전형적인 예로 문인화(文人畫)를 들 수 있는데 문인화는 다른 말로 사부화(士夫畫)라고 한다. 그림 중에 문인의 정취와 사상이 깃들어 있는 것을 말한다. 다만 문인화의 정식 명칭은 원대의 화가 조맹부(趙孟頫)[316]가 제시한 것이다. 특히 송휘종(宋徽宗)은 자신도 예술가였지만 사대부들에게도 회화 창작에 몰두하도록 대대적으로 장려했다.

송대 이후 역대 대시인(大詩人)·대화가(大畫家)·대서법가(大書法家)들은 모두 정부의 관원들이었다. 즉 소식(蘇軾)[317]·미비(米芾: 서예가)[318]·채경(蔡京: 서예가) 등이 있다. 당나라 때 이백(李白)과 같이 모두 정치적 경험이 있는 인물들로서 이러한 전통은 청말까지 이어져 왔다. 청말 이후 격변의 소용돌이 속에서 사회적인 관념이 바뀌면서 사대부도 점점 역사의 명사로 남게 되었다.

선종이 자주 주장하고 사용해 온 '교외별전 즉심즉불 직지인심'이라는 독특한 사상적 관점을 한층 더 심화된 이치로 풀어내고 혹은 철학적·사상적 이치로 표현하면서 사대부들로부터 더욱더 환영받기

---

316 구부릴 부.

317 소식(蘇軾: 1037-1101)은 북송 때의 인물이다. 자는 자첨(子瞻) 혹은 화중(和仲)이며 자호를 도인(道人)이라고 하며 세칭 소선(蘇仙)이라고 하기도 하고 또 동파거사(東坡居士)라고도 한다. 송나라 인종 때 진사에 급제했다.

318 미비(米芾: 작은 모양 비: 1051-1107)는 북송 때의 서예가이자 화가이다. 송대의 4가(四家) 가운데 한 사람으로 관직을 두루 거쳤다. 송대 4가는 소식(蘇軾)·황정견(黃庭堅)·미비(米芾)·채양(蔡襄)이다.

시작했다. 사실 선종의 선사들 가운데 본래 문학적 재능을 겸비한 인물들이 즐비했다. 큰 틀에서 보면 어록, 공안 등의 창작은 일종의 또 다른 문학적 표현이라고 볼 수 있다. 하지만 이렇게 창작을 할 수 있었던 기본 바탕은 두말할 것도 없이 중국의 사대부들 내지 선사들이 어느 정도의 교양과 소양, 지식 수준을 갖추고 있었기에 가능했을 것이다.

2
당말·오대·송초
선종의 발전 단계

<hr>

당말·오대·송초를 거치는 동안
선종은 부침을 거듭했다

한나라 때 중국에 인도불교가 유입되어 현재까지 2천여 년이라는 세월이 흘렀다. 불교가 중국에 유입되고 얼마 지나지 않아 초기에 몇 사람의 주도하에 선수행을 하는 단체가 있었지만 선종은 불교가 중국에 유입된 이후 5백여 년이라는 시차를 두고 탄생되었다. 따라서 선종의 역사는 보리달마를 기점으로 현재까지 천오백여 년이라는 역사의 발자취를 지니고 있다. 선종이 지나온 역사적인 발전 과정을 몇 단계로 나누어 회고해 보고자 한다.

당대에 성립된 선종은 신수, 혜능 등의 활약으로 당시 사회의 각계각층에 영향을 주었다. 특히 당대 초기까지 선종은 대부분 하층민 출신의 승려들을 중심으로 유행했는데 점차 시간이 흐르면서 서서히 문인 사대부 계층에서도 선법에 대해 관심을 갖기 시작했다. 당대 통치자들도 역시 선종의 선사들에게 예를 다해서 우대하기 시작했으며 심지어 궁내에 도량을 설치하기도 했다. 본래는 하층민에서 유행하던 선종이 상층부인 사대부와 황실로 진입하면서 선종의 위세는 점점 커져 갔다.

이러한 정황이 당나라 초에서 당말 오대까지 이어지면서 중국불교사에 한 획을 긋는 비약적인 발돋움을 하였고 선종이 정식으로 성립되면서 비교적 넓은 지역으로 확장·발전해 갔다. 그 과정을 중국의 불교학자인 양증문 교수는 간략히 네 단계로 나누어서 설명하는데 내용은 아래와 같다.

최초의 단계는 당나라 때 도신과 홍인이 전승한 보리달마의 선법으로 황매산을 거점으로 유행했던 동산법문이라고 하며 이것은 중국 선종이 정식으로 형성된 표식이라고 한다.[319]

좀 더 구체적으로 살펴보면 즉 보리달마로부터 5조 홍인까지 선종 발전의 제1단계로서 시간적으로는 대략적으로 5세기 중엽부터 7세기 중엽까지이다. 보리달마가 남방에 도착해서 소림사 소림굴에서 면벽하고 있을 때 선법에 대해서 관심을 갖거나 좋아하는 사람들이 있었지만 달마선법의 이해 부족으로 많은 사람들이 직접적으로 참여

319　楊曾文 지음, 『唐五代禪宗史』, 中國社會科學出版社, 2006년, p. 5.

하지는 않았다.

전하는 바에 의하면 위나라의 효명제(孝明帝)가 일찍이 세 번이나 보리달마를 초청한 적이 있었지만 모두 거절하였다고 전해진다.[320] 혜가는 보리달마의 선법을 계승한 유일한 사람으로, 혜가가 전법을 실행하고 있을 때 마침 남북조 시대가 내리막길로 가고 있는 때로서 북위가 멸망하고 북주무제(北周武帝)의 훼불 등으로 불교의 발전이 매우 저조한 상태로 침체일로에 놓여 있었다. 따라서 혜가와 승찬도 유랑생활을 하고 있었다(물론 초기 선종은 고정된 수행처가 없었으므로 모두 두타행을 행했다).

승찬의 법을 계승한 도신은 호북성 황매현의 쌍봉산 혹은 빙무산(憑茂山)에서 제자 홍인과 함께 도량을 건립하고 선법을 수행하였으며 일명 동산법문(東山法門)을 창립했다(이때부터 고정적인 수행처가 생겼다). 동시대에 강남지역에서는 우두법융선사가 선법을 전파하고 있었으며 그의 영향이 매우 컸다. 선종의 사상적 발전 과정으로 볼 때 보리달마는 자교오종(藉敎悟宗) 및 안심법문(安心法門)을 제창했고 구체적으로 이입사행론(二入四行論)을 제시했다. 소의경전으로는『능가경』을 의지했으며 홍인 대에 이르러서도 기본적으로 여전히 보리달마 선법을 계승하고 발전시켰다. 이 시기가 바로 선종의 초기 단계로서 선종의 제1단계라고 명명한다. 이 단계의 특징은『능가경』의 이론을 표준으

---

320 黃夏年 主編,『禪宗三百題』, 上海古籍出版社, 2000년, p.498.

로 삼았고 최초로 선종의 집단체제인 승단을 조직하기 시작했다.

두 번째 단계로 혜능이 홍인으로부터 법을 전수받아서 남방의 소주(지금의 소관) 조계에서 선법을 전한 시기 및 신수의 제자 보적(普寂) 등이 양경[西安 落陽]을 중심으로 광대한 북방에서 전법을 왕성하게 활동할 때이다.[321] 혜능의 제자 신회가 북상해서 북종과 선종의 정통성을 두고 다툼을 할 때와 내지 기타 제자들이 각지에서 선법을 전파할 때이기도 하다. 즉 선종이 남종과 북종으로 병립할 때의 국면을 가리킨다. 즉 신수의 제자와 혜능 및 신회 등이 활약한 시점이다. 이 시기의 선종은 대략적으로 7세기 중엽부터 8세기 말이다. 위에서 언급했듯이 홍인은 여전히 전통적인 달마선 즉 능가선을 위주로 하는 선법을 시행했다.

비록 신수와 혜능 모두 홍인의 제자이지만 이 두 사람이 보는 선법의 관점에는 큰 차이가 존재했다. 신수는 홍인과 마찬가지로 달마선법을 기본 바탕으로 단계적 수행법인 점수법를 실행했다. 반면에 혜능은 달마선법을 개선해서 『금강경』을 위주로 하는 선법을 펼치면서 돈오법을 강조하였다. 이러한 단계적인 수행법인 점수와 단계를 초월하는 돈오적인 수행법은 수행상 각기 다른 인식을 갖게 하기에 충분했고 자연스럽게 두 개의 파벌이 형성되는 구조가 발생하였다. 어떤 의미에서 보면 이러한 현상이 발생되는 것은 각자 집단의 이익이

321 양증문 지음, 『唐五代禪宗史』, 中國社會科學出版社, 2006년, p.5.

반영된 것이기도 하다.

점수 위주의 신수선법은 북방을 거점으로 하였기에 북방선이라고 명명하였고 북방선은 통치계급의 지지를 받기도 했다. 신수 본인은 측천무후·중종(中宗)·예종(睿宗) 등 삼대 황제의 예경을 받았으며 양도(兩都: 서안 낙양)의 모든 불사를 총괄하는 통솔자가 되기도 했다. 그뿐만 아니라 그는 정치적인 예우를 받으며 황가사원(皇家寺院)에 거주하는 영광을 누렸다.

당시 혜능의 돈오법은 남방에서 유전되기 시작하였다. 그는 영남(지금의 광동성 광주)의 법성사(法性寺)에 이르러서 법문을 펼치기 시작하였는데 그의 영향은 당시 북방의 신수를 따라갈 수 없었다. 당나라 개원 22년(734) 혜능의 제자 하택신회가 선종에서 거행하는 활대(滑台)의 무차대회에서 남종의 돈오법을 알리고 선전함과 동시에 북종선의 숭원법사(崇遠法師)와 변론을 통해 승리하면서 정치계급의 지지를 받게 되었다.

이후 하택신회 및 남종선의 지위가 북방에도 영향을 미치게 되었다. 이때의 선종은 남종 북종을 포함해 전국적인 범위로 확장되면서 중국 전역에 영향을 준 시기이다. 이 시기를 기점으로 선종은 황매현 쌍봉산의 동산법문을 벗어나서 전국에 영향을 주기 시작했으며 바로 이 시기를 선종의 제2단계라고 한다.

세 번째 단계로, 당나라 말엽 '안록산의 난'이 지난 후에 조정에서 남종이 선문의 정통이라고 선포를 하고 북종은 쇠락의 국면에 접어들 때이다. 남종이 서서히 득세해서 마침내는 남종 천하가 되는 시기이다.[322] 대략 8세기 중엽부터 13세기에 이르기까지로 혜능의 제자인 청원행사 및 남악회양이 활약한 시기에서 원대까지를 포함한다. 즉 하택신회가 필생의 노력으로 수립한 남종선(혜능선)은 남방의 강서 호남 일대에서 남악회양과 청원행사 두 사람의 제자들이 온 힘을 다해서 전파했다.

전하는 바에 의하면 비록 이 두 사람과 하택신회는 모두 혜능의 제자로서 같은 법을 전수받았지만 남악회양과 청원행사의 선법은 상대적으로 혜능선과 하택선보다 비교적 다채롭고 융통성이 있었다고 한다. 즉 단도직입적이면서 간단명료하고 개방적이면서 기봉(機鋒: 날카로운 말), 봉(棒: 때리다), 할(喝: 소리 지르다), 부처님을 꾸짖고 조사를 욕하는 등의 방편을 썼다고 한다.

이 시기의 선종은 이론적으로 불교 내부 각 파의 사상을 융합하였고 또 유교와 도교의 사상도 회통하였다. 이렇게 다양한 사상을 흡수하고 융합한 선풍의 흐름 속에서 점차적으로 위앙종·임제종·조동종·운문종·법안종이 수립되었으며 이후 양기파와 황룡파가 생겨났다. 이때 마조는 총림을 건립했고, 백장은 청규를 제정하면서 선종은 경제적 자립과 자체 계율을 가지게 되었다. 이때 선종은 상당한

---

322   양중문 지음, 『唐五代禪宗史』, 中國社會科學出版社, 2006년, p. 5.

세력을 가졌지만 당나라 말엽·오대·송초에 이르러서 점점 쇠약해지기 시작하였다. 또 이 기간에는 공안선이 유행했는데 이 시기를 선종의 제3단계라고 한다.

네 번째 단계로, 당무종이 훼불한 후의 당나라 말과 오대 시기를 가리킨다. 이때는 선종의 오종(五宗: 五家)이 성립된 시기이다.[323] 물론 이 네 단계의 관점은 학자마다 약간의 이견이 존재한다.

선종은 비록 기타 종파와 같이 판교의 이론은 없었지만 선종이 흥기한 후에는 스스로 기타 종파와 비교를 시작하면서 선종 스스로 우월성을 강조했다. 물론 기타 종파들이 수용한 것은 아니지만 선종이 크게 유행하자 그러한 관점은 점점 더 완고해져 갔다. 선종은 '종(宗)'이라고 자칭하고 기타 제종파를 모두 '교(敎)'라고 칭하면서 제 종파를 싸잡아서 '교종'이라고 폄하하였다.

선종이 우월성을 내세우는 논리는 이러하다. 선종은 위로 부처님 법을 전승한 유일한 전승자로서 선법의 내용은 불심(佛心)[324] 혹은 심지법문(心地法門)이라고 했다. 신회는 "육대조사가 이심전심으로 문자를 여의었고 위로부터 서로 전승하였다."[325]고 했으며『고존숙어록(古尊宿語錄)』에서는 "비로소 조사가 서쪽에서 온 뜻을 아는 것은 직지인

---

323 양증문 지음,『唐五代禪宗史』, 中國社會科學出版社, 2006년, p. 5.

324 양증문 지음,『唐五代禪宗史』, 中國社會科學出版社, 2006년, p. 3.

325 『新校定的敦煌寫本神會和尚遺著兩種』『大藏經補編』권25, p. 14a04. "六代祖師, 以心傳心, 離文字故, 從上相承."

338 | 선禪의 발자취를 따라서

심 견성성불이다. 언설에 있지 않다."³²⁶라고 기록하고 있다. 『벽암록』에서도 "이른바 교외별전은 오직 심인(心印)을 전해서 직지인심 견성성불하는 것이다."³²⁷라고 했고 『치문경훈』에서도 "고로 달마가 서쪽에서 와서 문자를 세우지 않는 것은 직지인심 견성성불하기 위함이다. 이른바 교외별전은 교 밖의 다른 것이 아니다. 하나의 도리로써 오직 이 마음을 밝히는 것이며 교상(教相)에 집착하는 것이 아니다."³²⁸라고 했다. 이러한 내용은 모두 선종의 우월성 내지 교종을 폄하할 때 사용하는 전문 어구들이다. 이러한 어구들은 선종이 유행하면서 아무 비판 없이 즉 팩트 체크 없이 무분별하게 사용되고 전해져온 것도 사실이다.

326 『古尊宿語錄』 권2, 『卍新續藏』 권68, p. 15c02. "方知祖師西來, 直指人心, 見性成佛, 不在言說."

327 『佛果圜悟禪師碧巖錄』 권2, 『大正藏』 권48, p. 154c04. "謂之教外別傳, 單傳心印, 直指人心, 見性成佛."

328 『緇門警訓』 권7, 『大正藏』 권48, p. 1080a17. "故達磨西來不立文字, 直指人心, 見性成佛. 謂之教外別傳, 非是教外別, 是一箇道理, 只要明了此心, 不著教相."

3
오대·송대의 선종이
사회에 미친 영향

양송(兩宋)에서 선종이 발전할 수 있었던 것은 사회적인 요인으로서 사대부들이 보편적으로 선을 좋아했기 때문이다. 사대부들이 선을 좋아하기 시작한 것은 당나라 초였지만 당나라 중엽에 이르러서 성황을 이루기 시작했다. 이러한 사상적 흐름의 정서는 선종 발전에 많은 영향을 주었을 뿐만 아니라 큰 원동력이 되기도 했다. 이러한 풍토는 오대와 송대에도 계속해서 이어져 왔다.

선종의 역사적인 관점에서 보면 오대십국 시대는 당나라의 화려하고 찬란했던 선학의 황금시대가 막을 내릴 때쯤에 서서히 그 서막이 열렸던 반 세기 즉 50여 년의 짧은 기간을 말한다. 이때는 지방의 군웅들이 막후 실력을 겨루면서 할거하던 시기로 매우 불안정한 시대였다. 이때 불교의 각 종파는 이미 쇠락의 길로 접어들고 있었지만 선종만은 여전히 지속적인 발전을 이어 가고 있었다. 중국 8대 종파 가운데 선종의 성립은 비교적 늦은 편이지만 선종을 창시한 역대 조사들은 마음속으로 제 종파를 초월하고 싶은 원대한 포부를 가지고 있었으며 아울러 선종은 제 종파를 비평하는 태도를 가지고 선종을 전파하기에 이르렀다. 당말 오대에 이르러서 선종은 대부분 남종선이 주류가 되었다.

오대불교는(907-959) 대략 50여 년 동안을 가리키는데 후량(後梁), 후당(後唐), 후진(後晉), 후한(後漢), 후주(後周) 등 5개 시대의 불교를 말한다. 이 시기의 중국은 남북으로 분열되어 북방은 5대로 교체되었고 남방은 남오(南吳), 남당(南唐), 오월(吳越), 남촉(南楚), 전촉(前蜀), 후촉(後蜀), 남한(南漢), 남평(南平: 荊南), 민국(閩國), 북한(北漢) 등 십국으로 분열되었다. 북방의 혼란한 정세로 인해서 사회질서는 파괴되고 따라서 조정은 불교에 대해서도 엄격한 제한 정책을 폈다. 상대적으로 남방의 각국은 비교적 안정된 상태로서 제왕들도 불교를 열심히 믿거나 내지 외호하여 지속적인 발전을 이어 가고 있었다. 반대로 북방은 거우거우 불교를 유지해 갔다.

오대 시기로 접어들면서 중국선종은 점점 퇴락하기 시작했지만 여전히 전국에서 유행하고 있었다. 당말 중국 북방에서는 위주(魏州: 지금의 하남성 안양시)에서 임제종 선사인 홍화존장(興化存獎: 830-925)[329] 계통의 활동이 비교적 영향이 컸다. 홍화존장이 자주 사용했던 봉(棒), 할(喝) 형식의 선법을 시작으로 그의 제자들은 여주 풍혈산(汝州 風穴山)을 전법의 거점으로 삼았다. 그 후 계속해서 송나라 초까지 여주는 여전히 임제종의 근거지가 되었다. 조동종의 조산본적(曹山本寂: 840-901) 계통은 매우 안정적으로 발전해 가고 있는 것 이외에 운거도응(雲居道膺: 835-902) 계통도 여전히 강남의 운거산에서 크게 선법을 전파하고 있었으며 화엄휴정(華嚴休靜)과 그의 제자들은 낙경(洛京: 낙양) 일대에서 동산양개(洞山良价: 807-869) 선법을 전승하고 있었다.

이때 설봉의존(雪峰義存: 822-908)은 복건성 일대를 거점으로 발전해 가고 있었다.[330] 그의 문하의 운문문언(雲門文偃: 864-949)은 "건곤을 포용해서 덮고[函蓋乾坤], 스스로 미세한 것조차 없애고[自機銖兩], 외연을 관계하지 않는다[不涉外緣]."라는 삼구로써 대중들을 인도하면서 운문종을 창립했다. 또 다른 제자인 법안문익(法眼文益)은 화엄 사상과 천태 사상의 이론을 융화해서 법안종을 창립했다. 이때 선종은 이미 몇 개의 파벌을 형성하기에 이르렀다.

오대의 각 종파는 각지에서 할거하는 군웅들의 세력의 지지를 받았는데 후당의 장종(莊宗)의 예경을 받은 홍화존장, 남당의 이승(李昪)

---

329 홍화존장(興化存獎)은 임제종의 선사로 하북성의 결현(薊縣) 사람이다. 성은 공 씨이며 공자의 후손이라고 한다.

330 黃夏年 主編,『禪宗三百題』, 上海古籍出版社, 2000년, p. 501.

의 신봉을 받은 법안문익, 초왕 마은(馬殷)으로부터 존중을 받은 석문헌온(石門獻薀), 오월왕 전류(錢鏐)가 온 마음으로 공경했던 경청도부(鏡清道符), 전유의 아들인 전숙(錢俶)으로부터 중시를 받았던 천태덕소(天台德昭), 민왕(閩王)인 왕심지(王審知)로부터 두터운 신망을 받은 설봉의존(雪峰義存), 현사사비, 남한왕(南漢王)인 류은(劉隱)으로부터 공양을 받았던 영수민철(靈樹敏鐵) 등이 있다. 선종은 이러한 많은 군웅들의 지지 및 각 선사들의 노력이 더해져서 비로소 지속적인 발전을 이어 갔다.

송나라는 문치를 표방해서 문인들에 대한 대우가 최고조에 달했고 문인들 역시 문자의 유희와 향유를 맘껏 누렸다. 이러한 독특한 배경 아래에서 문자선이 발전하고 형성된 것은 매우 자연스러운 현상이다. 반면 문자선의 유희에 빠져서 실천수행을 등한시하는 풍조를 목격한 대혜종고가 간화선을 제창한 것도 역시 지극히 자연스러운 시대적 요구와 상황에 부응한 것이다. 동시에 송나라의 사대부들의 선법에 대한 관심과 행동은 많은 유학자들을 선종으로 끌어들이기 시작했고 선종의 심성이론은 송명이학에 깊은 영향을 주었다.

명나라의 어떤 사람은 "송유(宋儒)의 배움은 모두 선에 입문하는 것으로부터 말미암았다."고도 했다. 때문에 선종의 선기(禪機)·참선(參禪) 등은 한때 송대의 문인들 사이에서 하나의 풍조가 되었다.

『중국선종통사』에서 송대 사대부와 선종의 연관관계를 두 가지로 집약해서 설명하고 있다. 첫 번째는 선종을 통한 불교의 철학세계관 심성수양관(心性修養觀) 내지 통속적인 어록의 표현 방법 등이 신유학에 풍부한 사상적 자료를 제공해 주었다. 두 번째로는 선종을 통해서 심리적 평행 및 안정감을 얻었고 때로는 총림을 도피처로 삼고 실의에 빠진 사람들의 정신적 안식처가 되기도 했다.[331] 양송 사대부들은 잦은 외세 침입으로 인한 사회적인 불안감 등 극심한 피로감을 선종에서 위안을 받았고 동시에 선종에서 그 활로를 찾기도 했다. 이러한 현상은 아마도 시대와 깊은 연관성이 있다고 하겠다.

따라서 송대 선종이 당시 사회에 끼친 영향이 이전과 다른 점은 사대부 계층 인사들에게 준 영향이다. 본래 선종은 하층민들에게 많은 호응을 받았지만 송대로 접어들면서 상황이 역전되었다. 즉 사대부들에게 광범위하게 유행하게 된 것이다. 그 근거로 담선, 참선 및 공안어록에 대한 음미, 내지 선문답에 대한 풍조 등은 이들을 충분히 매료시켰을 뿐만 아니라 선종을 또 다른 시각으로 바라보게 한 요인으로 작용했다. 또 선종은 송대에 이르러서 문자선, 간화선, 묵조선 등을 탄생시키기도 했다.

원대에 이르러서는 원나라가 티베트불교를 믿으면서 선종은 한쪽으로 물러나게 되었다. 하지만 원대의 북방선종은 조동종의 만송행수를 필두로 번창하였고 상대적으로 임제종은 남방에서 유행하였다.

---

331   두계원, 위도유 지음, 『중국선종통사』, 2008년, p.395.

물론 북방에서 임제의 활동이 전혀 없었던 것은 아니고 그저 미미했을 뿐이다.

양송 시대는 비록 유교 사상을 숭배했지만 선종도 비교적 흥성했던 시기이다. 선종은 사상적으로 삼교융화의 특징을 바탕으로 선교일치·선정일치·삼교일치 등을 주장하면서 중국불교의 새로운 흐름을 주도했다. 이러한 흐름을 최초로 주도한 인물은 법안종의 영명연수선사이다. 이때 위앙종은 이미 쇠락할 대로 쇠락해서 다시는 전승이 이루어지지 않았다. 임제종은 북방에서 남방으로 그 선법을 넓혀 가기 시작하고 있었으며 아울러 임제종은 강서를 중심으로 선문 중에서 가장 활발한 하나의 문파가 되었다.

남송 이후 조정은 전체 불교 및 선종의 활동에 대해서 경제적으로 제재를 가하기도 했지만 선종사원은 대체로 지속적인 발전을 이어갔다. 또 오산십찰(五山十刹)이라는 전문 선찰 중심 도량을 지정하기도 했다. 당시 선종의 중요한 활동의 중심지는 주로 남방지역에 몰려 있었다. 이때의 중국불교는 남선북교(南禪北教)라는 구조를 형성하고 있었는데 또 다른 특징은 선종의 대규모의 수출이라고 할 수 있다. 즉 한국, 일본, 베트남 등으로 선법이 다량 유출되었다.

그 후 선종은 중국의 각 방면에 많은 영향을 남기게 되는데 먼저 종교 방면에서 보면 중국에는 예부터 다양한 종교가 존재하고 있었다. 중국인들의 전통 종교는 제사[祭祖], 경천(敬天: 하늘에 제사 지내는 것, 天

命思想)과 도교가 있었다. 하지만 중국에 불교가 유입되면서 불교만큼 전 중국인들에게 영향을 미친 종교는 없었다. 그러다 보니 도교는 선종의 총림제도를 모사해서 도교의 총림과 청규제도를 모방했다. 『도문십규(道門十規)』에 보면 "근세에 선으로써 성종을 삼고 도로써 명종을 삼는다[近世以禪爲性宗, 道爲命宗]."라고 하고 있다.

사상적 측면에서 보면 선종에서 주장하는 자성과 즉심즉불(卽心卽佛) 사상은 송명이학(理學)의 원천이 된다고 한다. 예를 들면 주희(朱熹), 왕양명(王陽明) 등은 모두 선종을 통해서 영감을 얻어서 본인들의 사상적 체계를 수립했다. 특히 주희는 늘 『대해어록』을 끼고 다녔다고도 한다. 이 외에도 주희의 이기론(理氣論)은 불교의 방법론을 묘사하였다고도 하며 심지어 그의 이일분수(理一分殊)는 그냥 화엄 사상을 옮겨 놓은 것 같다.

그는 말하기를 "지금은 선자(禪者)가 되지 않으면 저 깊은 곳에 일찍이 이르지 못하고 비로소 깊은 곳에 이르러야 바로 선에 들어갈 수 있다."332라고 했다.

왕양명은 명대의 인물이다. 역시 『단경』에서 주장하는 '본성시불, 이성무별불(本性是佛 離性無別佛)'에서 영감을 얻어서 양지(良知)라는 사상적 개념을 창출했다. 즉 "양지는 다만 천지자연의 명각(明覺)을 발견

하는 것이며 오직 하나의 진실하고 성실한 연민지심을 갖는 것으로, 문득 이것이 본체가 된다."[333]라고 밝히고 있다. 또 '심외무물, 심외무리, 심외무사(心外無物 心外無理 心外無事)'는 글자만 바꾼 그의 심학 개념이다. 그의 사구게도 매우 유명한데 유식의 사상을 바탕으로 한 내용이다.

이 외에도 도교에서도 선종을 통해서 많은 영감을 얻어 비슷하거나 아니면 아예 글자만 바꾸어서 사용하였다. 명대 이후는 선을 논하면 도교를 함께 논하였으며 곧 사회에서 이미 선과 도를 묶어서 이야기하는 것이 하나의 유행이 되었다.

---

333   黃夏年 主編,『禪宗三百題』, 상해고적출판사, 200년, p.17. "良知只是一個天理. 自然明覺發見處, 只是一個眞誠惻怛, 便是本體."

4

당대 사대부와
선종 (1)

**선종이 당대 사대부들에게
미친 영향**

선종에서 추구하는 선오(禪悟)의 경계는 바로 본래 나와 자연과 합일 내지 현실과 일체가 되는 경계를 추구하며 동시에 자심(自心)의 본성을 개발할 것을 강조하기도 한다. 이러한 모티브는 당시 문인이자 사대부들에게는 매우 매력적인 것으로 도전해 볼 만한 가치가 있다고 여겼을 것이며 동시에 선종으로 방향을 전환하는 동기가 되었을 것이다. 당나라 중엽[盛唐]으로 접어들면서 사대부 문인들은 보편적으로 불교 사상에 심취해 있었다. 특히 불교는 그들의 인생관·세계관·우주관·사유 방식과 심미적 추구에도 많은 영향을 미쳤다. 특히 시가(詩歌)와 예술에서 이들의 표현은 두드러지게 나타난다. 어떤 면에서 시인들은 선학의 초월적 세계관에서 많은 영향을 받았다고 하겠다.

동진 이래로 중국에 불교가 들어온 이후로 중국 전역에 유행되었다. 어떤 학식이 있는 사대부들은 불법 연구를 하기 시작하였으며 문인과 고승들 간의 교류가 또한 하나의 사조를 이루면서 전체 사회에 영향을 주었다. 당대의 유원종이 말하기를 "옛적의 사문의 상수들은 현명한 사대부와 더불어 내왕하기를 좋아했고 진송 이래로 도림·도안·휴상인 등이 있었다. 그들과 더불어 교류했던 사안석·왕일소·습착지·사운영·포조 등 무리는 모두 그때 엄선된 인물들이다. 이 진승법인은 유전과 더불어 병용하였기에 사람의 향방을 알게 했다."[334]라고 평했다.

당대는 불교가 가장 흥성했던 시기로 종파 또한 난립하였고 승려도 많았다. 불전은 천하에 유행하였고 사원도 그 어느 때보다 많이 건립되었으며 문인 사대부는 당나라 사회의 엘리트들이었다. 즉 사회문화를 전파하는 중요한 주체들이었다. 불교문화의 발전은 당연히 문인 사대부들의 참여가 아니고는 전파할 수가 없었다. 아울러 사대부 문인들 간의 교류는 당대 불교문화를 전파하고 발전시키는 데 촉진제 역할을 했다고 할 수 있다. 때문에 대부분의 황제들도 불교를

---

334 柳宗元 작,『送文暢上人登五台遂遊河朔序』. "昔之桑門上首, 好與賢士大夫遊. 晉宋以來. 有道林 道安 休上人. 其所與遊. 則謝安石. 王逸少, 習鑿齒, 謝靈運, 鮑照之徒. 皆時之選. 由是眞乘法印. 與儒典並用. 而人知向方."

숭상하였다. 당대 사대부가 불교를 숭상한 원인은 여러 가지 측면이 있다. 몇 가지를 추려 보면 다음과 같다.

첫 번째, 당대 불교는 대부분 통치자의 지지와 제창이 있었다. 통치자가 불교를 장려하면서 당연히 사대부들에게도 영향을 주었다. 사대부들은 통치자들과 영합하기 위해서 자연스럽게 불교를 연구하게 되는 계기가 되었다. 한편 사대부들은 경사스러운 일이 있을 때마다 승려들을 초청해서 제단을 설치하고 의식을 베풂[設齋念經]었다.

두 번째, 사대부들이 과거시험 공부를 위해서 사원에 은거하면서 부지불식간에 불교문화에 물들었다. 종남첩경(終南捷徑)이라는 고사가 생기게 된 동기도 불교문화와 무관하지 않다. 불교는 사대부들이 실의에 빠졌을 때 의지처가 되었다.

세 번째, 불교의 선종이 문인에게 준 영향이다. 범문란(范文瀾)의 『중국통사간편(中國通史簡編)』에 보면 "중국 사대부의 입맛에 맞는 종교이다[適合中國士大夫口味的宗敎]."라고 선종을 평가하고 있다. 일상 관료 정치체제 속에서 현실의 모순을 피해서 잠시나마 정신적 해방을 맛볼 수 있는 것으로 선종 총림의 선사들과의 교류를 들 수 있다. 고승들과의 교류를 통해서 복잡한 현실 속에서 느끼지 못했던 선종만이 지니고 있는 일종의 초월적 정신세계의 경계에 그들은 점점 매료되었다.

선종 초기의 형성 과정을 살펴보면 주로 하층민 사이에서 유행하기 시작하였고 사대부 및 상층부의 주의를 끌지는 못했던 것 같다. 혜능 계통의 남종선이 전국에 유포되기 시작하면서 당나라 사대부들 사이에서 선종에 대한 관심이 점점 높아졌고 선종의 존재가 당나라 사대부 및 관료 내지 상층부에 많은 영향을 미치기 시작하였다.

특히 당나라 중엽과 말기의 번성기를 끝으로 안록산의 난을 거치면서 사대부들은 선종에 대해서 더욱더 관심을 가지기 시작하였다. 중국의 사대부들의 희망이 입신양명에 있다면 이는 유교의 정신과 이념을 바탕으로 형성된 것이다. 이러한 상황에서 사대부들이 선종에 눈을 돌리게 된 이유는 여러 가지가 있지만 몇 가지를 유추해 보면 그들은 현실 도피처로서 선종에 관심을 가지기 시작하였고 정신적인 안위를 받을 수 있는 방법과 심리상의 만족감을 채울 수 있는 장소 혹은 의지처로서 선종을 지목했다. 때문에 또 다른 측면에서 당대 사대부들의 참선활동은 안록산의 난[安史之亂] 이후 남종선이 흥성한 것과 깊은 관계가 있다.

당대(唐代)에 이르러서 이미 선종이 유행하기 시작하였고 동시에 사회에도 영향력을 미치자 사대부들도 서서히 흥미를 갖기 시작하였다. 위에서 언급한 것처럼 남종선인 혜능 계통의 선법이 전국으로 널리 유포되면서 사대부들은 더욱더 선종에 관심을 가졌고 그 영향력도 날로 증가했다.

특히 중국의 사학자들은 당대(唐代)는 인재가 넘쳐나는 시대였다고 평가하고 있는데 이러한 점을 감안해 볼 때 당시에 유행하고 있던 선종에 눈을 돌리는 문인들이 많았던 것은 당연지사일 수도 있다. 특히 당대 역사에 이름을 남긴 유명한 문학가 · 정치가 · 사상가들이 전후로 해서 선종의 선사들과 깊은 교류 내지 밀접한 관계를 가진 인물들이 부지기수였다. 당대(唐代)의 유명한 사대부 문인들 중에서 선사들과 밀접한 관계가 있는 이들을 살펴보면 아래와 같다.

백거이(白居易)는 본래 정통한 유학자이면서 도교를 깊이 신봉했다. 반면에 불교에도 정통하였고 많은 선사들과 교류를 가졌고 그가 임종할 때 향산의 불광여만선사(佛光如滿禪師)탑 곁에 묻어 줄 것을 유언했으며 후대인들은 그를 가리켜 향산거사(香山居士)라고 부르기도 한다.

왕유(王維)는 하택신회(荷澤神會)와 일찍이 교류하였으며 자주 만나서 도(道)에 대해서 담론을 이어 가기도 했다. 그는 자기의 시(詩) 가운데서 선의 철학적 의미를 표현하였는데 유명한 시로 '인한계화락(人閑桂花落), 야정춘산공(夜靜春山空). 월출경산조(月出驚山鳥), 시명춘윤중(時鳴春潤中).'335이 있다. 시의 대략적 내용은 선종의 정중동(靜中動) · 공유불이(空有不離) · 불이경계(不離境界) 등의 사상은 선종의 깊은 의미를 은유적으로 내포하고 있으며 동시에 고색창연한 총림에서 홀연히 만난 봄 기운을 통해서 나름의 활연오도(豁然悟道)한 경계 및 심정을 시로

---

335   黃夏年 主編,『禪宗三百題』, 상해고적출판사, 2000년, p.484.

표현한 것으로, 사람들의 마음속 깊이 묻어둔 감성을 자극하는 것은 물론이거니와 선미(禪味) 내지 선리(禪理)의 철학적 경계까지 시 한 편을 통해서 표현하고 있다. 따라서 그의 시는 선의(禪意)가 충만한 관계로 사람들로 하여금 선미(禪味)를 음미토록 하고 있다. 특히 그는 일찍이 천복사(薦福寺)의 도광선사(道光禪師)와도 깊은 교류가 있었으며 하택신회의 요청에 의해서『육조선사비명(六祖禪師碑銘)』을 쓰기도 했다.[336]

당대의 이백과 어깨를 나란히 했던 시성(詩聖)으로 유명한 두보(杜甫)도 선에 대해서 직설적으로 표현했다. '신허쌍봉사(身許雙峰寺), 문구칠조선(問求七祖禪). 낙범추숙적(落帆追宿昔), 야갈향진전(夜褐向眞詮).' 여기서 쌍봉사는 동산법문의 황매조정(黃梅祖庭: 근원지, 발상지)을 말하고 칠조선(七祖禪)은 달마선으로부터 북종선의 7조인 하택신회 선법을 말한다. 두보는 또 다른 시에서 '여역사찬가(餘亦師璨可), 신유전선적(身猶纏禪寂). 하계어방편(何階於方便), 유인위필적(謬引爲匹敵)'이라고 하였는데 여기서 찬가(璨可)는 당연히 승찬을 말한다.

두보는 선종의 사상과 인물들을 매우 추종하였다. 또 당대의 현종(玄宗)을 도와서 개원(開元: 당 현종의 연호로서 중국 역사에서 매우 번성했던 시기이다. 즉 안록산의 난이 일어나기 전을 말한다)의 시대를 연 명재상인 장설(張說: 667-730)은 유연한 정치가이면서 문학가이기도 한데 그도 역시 육조대

---

336 黃夏年 主編,『禪宗三百題』, 상해고적출판사, 2000년, p.484.

사가 원적한 후에 애틋한 감정을 시로 표현했다. 즉 '대사염세거(大師厭世去), 공여법력재(空餘法力在), 원기무애향(遠寄無礙香), 심수도남해(心隨到南海).'337라고 했다. 역시 당대의 대문학가인 유종원(柳宗元)이 유주(柳州)에서 재직할 때 선승들과 자주 왕래했다. 그를 가리켜서 "일시남방제대덕비명지문다출기수(一時南方諸大德碑銘之文多出其手: 한때는 남방의 모든 대덕들의 비문이 그의 손에서 많이 나왔다)"라 했다고 전해진다. 이 외에도 당대의 유명한 문학가이자 철학가인 류우석(劉禹錫: 772-842)도 혜능선사에 관한『사익대감선사비(賜諡大鑒禪師碑)』비명을 쓰기도 했으며 많은 선승들과 깊은 교류를 하며 당시 불교 내부의 요구에 의한 선교일치(禪敎一致)를 주장하였다.

방거사(龐居士) 하면 선종사에서 누구나 다 알고 있는 인물로서 그는 '본이유위업(本以儒爲業: 본래 유교가 본업이다)'이었지만 우연한 기회에 석두희천에게 도를 묻고 활연히 느끼는 바가 있어 그 후 약산유엄, 단하천연 등과 깊은 교류를 하였으며『방온어록(龐蘊語錄)』에서 "공리는 진법신이며 법신은 곧 상주한다. 불신은 다만 이것이고 미한 사람은 깨닫지 못한다."338라는 공적무상에 대한 관점을 피력하기도 했다. 또 "정신은 여래를 지으며 지혜는 여래의 창고이다. 바라밀을 용출하고 왕도를 유통하며 전신이 모두 부처이다. 미한 자는 스스로 깨닫지

---

337 黃夏年 主編,『禪宗三百題』, 상해고적출판사, 2000년, p. 484.

338 『龐居士語錄』권中,『卍新續藏』권69, "空理眞法身, 法身即常住, 佛身祇這是, 迷人自不悟."

를 못한다."[339]라는 자심여래관(自心如來觀)이라는 관점을 주장했다.

이고(李翺: 772-842)는 국자박사(國子博士)로도 유명한 인물로서 비록 유가에 몸을 담은 학자지만 약산유엄의 '운재청천수재병(雲在靑天水在瓶)'이라는 법어를 듣고 깨달은 바가 있었으며 그의 철학 논저인 『복성서(複性書)』[340]에서 "피이사해, 아이심통자야(彼以事解 我以心通者也)"라고 하였는데 선종의 즉심즉불의 사상을 흡수한 것으로, 이런 그의 사상적 관점은 송명이학(理學)의 육왕심학(陸王心學)의 효시가 되었다.[341]

이 외에도 당나라 선종(宣宗) 때 명재상인 배휴(裵休)도 많은 선승들과 교류하고 서문 저작을 남긴 거사로도 유명하다. 특히 규봉종밀, 황벽희운 등과도 매우 밀접한 관계를 유지하고 있었다.

이렇듯 당대의 사대부는 물론이거니와 유명한 정치가와 문학가들을 일일이 다 열거할 수 없지만 이들은 선종의 선사들과 잦은 왕래를 하면서 선법에 대한 애정을 때로는 시로, 철학으로, 문학으로 표현해 내기도 하였다. 이러한 사대부들의 흔적은 중국의 고사, 문학, 역사에서 종종 발견할 수 있다.

당나라 사대부들이 참선에 몰두하고 선문화에 빠지게 된 배경에는

---

339 『龐居士語錄』권中, 『卍新續藏』권69, "神作如來身. 智作如來庫. 湧出波羅蜜. 流通正道路. 渾身總是佛. 迷人自不悟."

340 복성서(複性書)는 '성명지원(性命之源)'의 문제에 관한 저술로서 모든 언행이 반드시 유가의 '중도'로써 표준을 삼아야 한다는 주장을 폈다. 그 사상은 후래에 도학의 발전에 기본적인 초석이 되었다.

341 黃夏年 主編, 『禪宗三百題』, 상해고적출판사, 2000년, p. 485.

당시 당나라는 물질이 풍부한 사회로서 사상과 언론이 비교적 개방적이었기 때문이라고 한다. 따라서 선종은 활달하고 격의 없는 가르침과 격식을 멀리하고 자유, 개방, 혁신을 주장하면서 활발발한 생명력이 넘치는 풍토를 조성하고 일종의 새로운 문화를 선도했던 단체라고 하겠다. 때문에 당시의 사대부들이 추구했던 정신적인 자유에 부응할 수 있었으며 그들의 롤 모델이 될 수 있었다. 그 중심에는 앞에서도 지적하였듯이 안록산의 난 이후 현실적으로 사대부들이 지녔던 이념과 신념, 이상을 실현시키기에는 현실 사회가 매우 혼란스럽고 불안정한 상태였기 때문이기도 했다. 따라서 실의에 빠진 그들은 그들이 추구했던 이상을 실현하는 데 힘을 쏟는 것보다 차라리 그들의 내상을 치료받을 수 있는 은둔처 혹은 도피처가 필요했는지도 모른다.

아무튼 그들이 자의 반 타의 반 선택한 장소가 바로 선종이라는 새로운 세계였고 현실과는 분명히 또 다른 세계로서 그들을 매료시키기에는 충분한 장소가 되었을 것이다. 거기서 그들은 나름 자아의 정체성, 사회적인 책임감, 역할 등 현실의 도피가 아닌 새로운 시각으로 세상을 바라보는 관점을 배우고 터득해서 마침내는 현실과 이상, 종교와 현실, 출세와 입세[出世入世]가 둘이 아닌 불이경계를 직접 체험했다. 즉 그들이 방황하고 방랑하던 현실이 바로 불국토이고 이상처(理想處)라는 것을 깨달았을 것이다. 더욱이 그 속에서 색다른 관점으로 인생의 철학적인 가치, 이상을 펼칠 수 있다는 것을 문득 깨닫고 동시에 그들이 추구하고 실현하고자 했던 이상과 가치를 분명히 발견했을 것이다.

이 밖에도 선종의 번성은 당시의 사회가 혼란했든지 안정적이었든지 간에 분명한 것은 당대의 문인 사대부는 물론이거니와 사회 저변에 영향을 미치지 않은 곳이 없었다. 당대의 선종 흥성이 중국불교사에서 많은 역사적 의의와 문화적인 발자취를 남긴 것만은 확실하다고 하겠다. 이러한 당대의 선종과 사대부들의 관계에 대해서 어떤 선사는 비문에 "당나라로부터[自唐以來] 선학이 날로 흥성해서[禪學日盛] 재능 있는 인사가[才智之士] 그 기간에 자주 나왔다[往往出乎其間]."라고 종결지어 평가했다.

5
당대 사대부와
선종 (2)

당대 불교 및 선종의 흥성은 고승들과
사대부들의 교류에 기초하였다

 당대는 불교가 가장 흥성했던 시기로 종파 또한 난립하였고 승려
도 많았다. 불전은 천하에 유행하였고 사원도 그 어느 때보다 많이
건립되었다. 당나라 중엽에 이르러서는 보편적으로 사대부 문인들은
불교 사상에 심취해 있었다. 불교는 그들의 인생관, 세계관, 우주관,
사유방식 및 심미적 추구에도 많은 영향을 미쳤다. 특히 시가(詩歌)와
예술에서 이들의 표현은 두드러지게 나타난다. 어떤 면에서 시인들
은 선학의 초월적 세계관에 많은 영감과 영향을 받았을 것이다.

 또한 유가의 근본 덕목 가운데 하나는 "뜻을 얻지 못했을 때 자기
를 잘 관리해서 도덕적 수양을 쌓아야 하며 뜻을 얻었을 때는 곧 천하

사람들이 모두 이익을 얻도록 노력을 해야 한다."[342]라고 하고 있다.

또 『예기』「대학」에 보면 아주 자세하게 사대부가 할일을 적시하고 있다. 즉 "옛적의 성현들은 천하에 인품과 덕행을 드러내고자 한다면 먼저 그 나라를 잘 다스리고, 그 나라를 잘 다스리고자 한다면 먼저 그 집안과 가정을 잘 다스리고, 그 집안과 가정을 잘 다스리고자 한다면 먼저 자신의 품성을 수양하고, 그 자신의 품성을 수양하고자 한다면 먼저 그 마음을 바르게 하고, 자기의 마음을 바르게 하고자 한다면 먼저 자기의 뜻을 성실하게 할 것이며, 자기의 뜻을 성실하게 하고자 한다면 먼저 자기가 지식을 획득해야 하고, 지식을 획득하는 방법(순서)을 알아서 만사만물의 이치를 연구해야 한다. 만사만물에 대해서 얻어진 지식을 바탕으로(아는 것을 통해서) 연구한 후에 비로소 지식을 획득하는 것이며, 지식을 획득한 후에 생긴 견해가 비로소 진성(眞誠)이다. 진정한 견해를 얻은 후에 비로소 마음이 단정해지며, 마음이 단정해진 후에 비로소 성품을 수양할 수 있다. 성품을 수양한 후에 비로소 가정과 가족을 잘 관리할 수 있으며, 가정과 가족을 잘 관리한 후에 비로소 국가를 잘 다스릴 수 있다. 국가를 잘 다스릴 때 비로소 천하가 태평해진다."[343]라고 했는데 이것은 곧 격물(格物), 치지(致

---

342 『孟子』「盡心章句上」, "窮則獨善其身, 達則兼善天下."

343 『禮記』「大學」, "古之欲明明德於天下者, 先治其國, 欲治其國者, 先齊其家, 欲齊其家者, 先修其身, 欲修其身者, 先正其心, 欲正其心者, 先誠其意, 欲誠其意者, 先致其知, 致知在格物. 物格而後知至, 知至而後意誠, 意誠而後心正, 心正而後身修, 身修而後家齊, 家齊而後國治, 國治而後天下平."

知), 성의(誠意), 정심(正心), 수신(修身), 제가(齊家), 치국(治國), 평천하(平天下)라고 하는「대학」가운데 팔목(八目)의 핵심 사상이다.

위의 내용을 보면 역시 불교와 마찬가지로 유가에서도 개인의 수양에 중점을 두고 있다는 것을 알 수 있다. 개인의 수양이 완벽할 때 사회와 국가에 대해서 봉사와 헌신을 할 수 있으며 그것을 바탕으로 더 나아가서 천하가 태평해진다는 것이다. 유가의 이러한 사상은 불교의 사상과 매우 유사점이 있으며 특히 대승불교의 보살도 정신과 매우 흡사하다. 즉 자신의 수행의 경계가 깊어졌을 때 비로소 타인에게 이로움을 줄 수 있다는 점이며 선종의 심지법문과도 매우 유사하다. 이렇게 유가의 사상은 어느 선에서 서로 유사점이 존재했던 관계로 불교와 크게 부딪치지 않고 함께 상호의존 관계를 유지하면서 중국에서 발전해 올 수 있었다.

네 번째, 선종이 문인에게 준 영향이다. 『중국통사간편(中國通史簡編)』에서 "선종은 중국 사대부 입맛에 맞는 종교이다."라고 했다. 어떤 면에서 보면 사대부 관료들의 일상생활은 지극히 긴장된 삶의 연속이었다고 하겠다. 끝없는 정치적 소용돌이의 중심에서 언제 어떻게 정세가 변할지 알 수 없었고 오늘의 아군이 내일은 적군이 되기도 하는, 미래를 예측할 수 없는 현실도 그들에게는 지극히 부담이 될 수밖에 없었을 것이다. 때문에 복잡한 현실을 떠나서 잠시나마 정신적 해방을 맛볼 수 있는 곳은 한적한 선종의 총림이었을 것이다. 그렇다 보니 자연스럽게 선사들과 교류했고 고승들과의 교류를 통해서 복잡한 현실 속에서 느끼지 못했던 선림 속의 경계를 맛보고 아울러 선사들이 지니고 있는 일종의 현실세계와 전혀 다른 경계인 선경의 세계에 그들은 점점 매료되었다.

당나라는 비록 도교를 숭상하였지만 불교도 그에 못지않게 번성하였다. 당대의 문인과 사대부들 중에 불교를 신봉하는 이들이 많았다. 백거이(白居易)는 자칭 향산거사(香山居士)라고 하면서 가족 모두에게 불교를 신봉하게 하면서 "비록 출가를 하지는 않았지만 청정한 마음으로 집에서 수행을 한다."라고 했다.

이상은(李商隱)도 역시 당대의 문인으로 지현(知玄)이라는 승려의 제자가 되어 불교를 연구하고 고승과 교류하였던 표식이 되기도 했다.

이백도 역시 당시의 사조에 벗어난 것은 아니었다. 그가 비록 도교에 흠뻑 빠져 자칭 적선인(謫仙人)이라고 하면서 배정(裴政)[344] 등과 조래산(徂徠山)[345]에 은거하고 죽림육일(竹林六逸)[346]이라고 하면서 단약을 만들기도 했지만 그도 역시 불교를 신봉하면서 많은 고승들과 교류하였고 많은 가람을 유역했다. 자칭 청련거사(青蓮居士)라고 칭하기도

---

[344] 배정(裴政)의 자는 덕표(德表)이고 하동문희(河東聞喜) 사람이다. 그의 저서로『承聖降錄』10권이 있다.

[345] 갈 조/ 올 래.

[346] 개원(開元) 25년 이백(李白)이 산동성으로 이사를 하고 나서 산동성의 명사인 공소부(孔巢父)·한준(韓准)·배정(裴政)·장숙명(張叔明)·도면(陶沔)과 더불어 태안부 조래산(徂徠山) 아래의 죽계에 은거를 했다. 세인들이 그들을 '죽계육일(竹溪六逸)'이라고 칭했다.

했다. 그가 많은 사찰을 유람하면서 남긴 시문으로 찬(贊)·송(頌)·명(銘)·서(序)·비문 등이 있다. 특히 현존하는 것으로 "노군엽화상찬(魯郡葉和尚贊)"과 '숭명사불정존승다라니동송병서(崇明寺佛頂尊勝陀羅尼幢頌並序)가 전해지고 있다.

왕유 역시 당대의 유명한 시인이자 관료로서 자칭 유마라고 하면서 불교를 돈독하게 믿었다. 당 중엽의 문단을 말할 때 시선(詩仙)은 이백(李白), 시성(詩聖)은 두보(杜甫)라고 하는데 왕유도 이들과 어깨를 나란히 했던 시인이자 문인 화가였다. 그의 예술세계는 생전 및 사후에 후래인들로부터 매우 높이 평가를 받았다. 독특한 그의 예술세계를 "시 가운데 그림이 있고 그림 가운데 시가 있다."[347]라고 했다. 때문에 그를 후래인들은 시불(詩佛)이라고 칭했다. 그와 가족은 평생 불교를 신봉하였으며 많은 고승들과 교류하였다. 그의 모친은 북종의 신수스님의 제자 대조선사(大照禪師)의 돈독한 재가 제자였다. 그도 일찍이 하택신회에게 귀의한 적이 있으며 평생토록 불자로서 지켜야 할 계율을 지키면서 살았다. 따라서 그의 인생관은 불교와 깊은 연관이 있다.

그는 수연(隨緣) 임운하면서 불전에 복전을 구하지도 않았고, 오직 식심견성(識心見性)해서 자신과 현실 내지 사회의 모순을 극복하고 개선해서 그곳으로부터 벗어나고자 했다. 이러한 그의 사상은 그의 예술세계에서도 잘 표현되고 있으며 육조혜능선사비(六祖慧能禪師碑)를

---

347 "詩中有畵, 畵中有詩."

지었다. 그는 관직에 나아가기도 했지만 장기간의 은거를 통해서 많은 작품을 남겼는데 선기(禪機)는 물론이거니와 도교의 사상도 깊이 묻어나고 있다. 특히 불교의 영향으로 인해서 많은 불교 사상을 담은 작품을 창작했다. 그는 신회선사와의 교류로 인해서 예술창작 세계의 전환점이 되었다고도 하며 육조혜능의 비문도 하택신회의 부탁을 받고 썼다고 한다. 그가 말년에 지었다는 오명간(鳥鳴澗)에서 "적정해서 사람의 소리조차 들리지 않는 곳에 계화꽃은 스스로 피었다가 스스로 떨어지고 깊고 고요한 밤의 봄산은 광활하고 넓기만 하다. 그때에 달이 뜨니 산새조차 놀라고 잠이 깬 새가 봄 계곡에서 지저귄다."[348]라고 했다. 이 시는 뛰어난 그의 예술세계 및 인생을 달관한 경지를 보여 주는 것으로 지금도 많은 사람들에게 감동을 선사하고 있다.

유종원(柳宗元)도 일생 동안 신심이 돈독한 불자로서 많은 선승들과 교류하였다. 그가 비록 불자였지만 사상의 기본적인 바탕은 유가였기 때문에 그의 일생은 그리 담박했던 것만은 아니었다. 그의 일생에 두 가지 큰 사건이 있었는데 하나는 영정혁신(永貞革新)[349]의 참여이고

---

348 "人閑桂花落, 夜靜春山空. 月出驚山鳥, 時鳴春澗中."

349 영정개혁[永貞革新]은 당나라 순종(順宗) 연간에 사대부 관료들이 환관 세력을 꺾고 정치적 적폐를 개혁하려는 데 목표를 두었다. 중앙집권 강화를 주장하면서 번진(藩鎭)활거 및 환관들의 전권을 반대했다. 그러나 이 개혁은 백일 천하로 실패하고 최후에 문진(文珍) 등이 정변을 발동해서 순종을 감금하고 태자 이순(李純)을 옹립했다. 이로서 개혁은 실패로 끝났다.

다른 하나는 고문운동(古文運動)의 영수 역할이었다. 이 고문운동은 한유와 함께한 것으로 역사적으로 유명하다. 이 두 가지는 모두 유학을 부흥시키기 위한 운동이었으며 경세지용(經世致用)[350]의 사상과 관계가 깊다. 그는 유가를 바탕으로 개혁을 실현하고자 했으며 동시에 그의 정치 이상을 실현하고자 했다.

그는 비록 천태종에 귀의한 불제자로서 깊이 천태 사상을 학습하였고 천태종 스님들과 깊은 교류를 했지만 불교 사상을 바탕으로 통합유석(統合儒釋)이라는 의도를 가지고 불교 사상을 유교 사상체계에 귀납시키고자 했다. 그는 정토신앙을 크게 선양했는데 그의 정토신앙은 천태종 내용의 정토신앙이다. 본래 지자대사도 정토신앙을 추종했다. 그는 "불도는 큰 포용력이 있으며 무릇 마음은 물욕을 떠나서 세간의 어지러움을 제어한다."[351]라고 여겼다. 이러한 심정은 그가 개혁에 실패한 후에 좌천당해서 영주(永州)에 있을 때의 진실한 심리상태를 나타내는 것이었다고 한다. 그는 개혁에 실패하고 영주에 좌천된 후 정신적으로 큰 좌절을 맛보면서 문학과 서화를 통해서 자신의 울분을 감추고 시간이 날 때 낚시를 즐기면서 자신의 고결하고 도도한 감정을 시로 표현하였다.

---

350 『辭源』에서 '經世'에 대한 해석은 '治理世事'라고 하며 또 '經濟'에 대한 해석은 '經國濟民'이 되고 '致用'은 그 소용(所用)을 다한다고 했다. 즉 『辭源』에서 경세치용(經世致用)이 내포하고 있는 의미를 해석한 것을 보면 치리세사(治理世事)라고 했다.

351 유종원 작, 『送元暠歸幽泉寺序』, "佛之道, 大而多容, 凡有志於物外而恥制於世者, 則思入焉."

6
선종과
송나라 사대부

───────────── 송나라의 사대부들은 선문화라는 장르를
탄생시킨 역사적인 주역들이다

　송대의 사대부(士大夫)들은 당대의 사대부들이 행하던 선종과 밀접
한 관계를 유지·계승하고 확장·발전시킨 이들로서 선종과 밀접한
교류를 유지하면서 중국 선종사에서 선문화라는 하나의 장르를 탄생
시킨 주역들이기도 하다. 특히 송대 사대부들이 참선을 배우고 선승
들과 교류하는 것은 당말 오대에 들어서 이미 하나의 풍조로 상당히
활발하게 이루어졌고 송대에 이르러서 전성기를 누렸다.

　선종은 중국불교를 대표하는 주류 종파로서 불교의 중국화에 역사
적 임무를 철저하게 완성하면서 사상, 언어, 시가(詩歌), 예술(藝術) 등
각 방면에 거대한 족적을 남겼다. 선종은 당 중엽 이후 중국에서 보

편적으로 유행하였는데 근본 원인은 선오방법(禪悟方法) 및 선법을 전하는 풍토 등이 완전히 중국에 적합했기 때문이라고 한다. 중국의 전통문화 중 하나인 유가(儒家)의 심성(心性) 수양은 밖으로 드러내는 수양이 아닌 내적으로 도덕적 수양과 인품을 닦고 인격적 소양을 쌓는데 중점을 두고 있었기 때문에 선종에서 주장했던 이심전심의 수행법과 맞아떨어졌다고 한다.

송나라의 사대부 문인들과 선승들의 교류가 유행했던 것도 하루아침에 이루어진 것은 아니고 선법에서 추구하는 깊은 내적 깨달음과 유교의 심성 수양이라는 공통분모가 자리했기 때문이다. 한편 송대 이후로 유행하기 시작한 삼교일치(三敎一致) 사상도 사대부가 선법에 눈을 뜨게 하는 데 결정적인 역할을 했다.

중국의 유명한 불교학자인 황하년(黃夏年) 선생은 송대 사대부들이 선종의 참선에 관심을 갖게 된 원인을 몇 가지로 분석하였다. 간략하게 소개해 보겠다.

첫 번째로 내부적으로나 외부적으로나 송대는 매우 불안한 시기였기 때문이라는 것이다.[352] 즉 송대는 중국 봉건사회가 재차 새로운 길로 접어든 시대로서 이 시기의 송대는 밖으로는 서하(西夏) · 요(遼) · 금(金) 등 소수민족 정권들의 위협으로 전쟁이 끊이지 않았고 매년 대량의 국고 수입을 서하(西夏) · 요(遼) · 금(金) 등 소수민족 정권에게 보

---

352 黃夏年 主編, 『禪宗三百題』, 상해고적출판사, 2000년, p. 486.

내야 했다. 그러다 보니 국고는 날로 줄어들고 국력은 날로 빈약해지기 시작했다. 백성들도 역시 비탄과 생활고에 허덕이게 되었다. 안으로 통치자들은 당나라 말엽 오대십국들의 군벌 폐해를 막기 위해서 강력한 중앙집권체제를 실행하였고 통치계급의 내부에서는 서로 간의 파당 정치로 인해서 몹시 혼란스러웠으며 파벌 간의 정치투쟁은 매우 참혹해서 사람들은 스스로조차 보호하기 힘들었다.

이러한 환경 속에서 송대의 사대부들이 추구했던 이상이 현실 앞에 무너지면서 새로운 돌파구가 필요했고 그들은 당 사대부들과 마찬가지로 선종에서 그 해법을 찾아냈다. 그들은 선종에서 일종의 정신적인 만족감 내지 심리적 안도감을 얻었다. 이들은 세속의 번뇌 가운데서 일종의 해탈할 기회를 찾았다고나 할까. 아무튼 그들에게 있어서 선종은 잠시나마 현실을 벗어나서 정신적인 자유를 누릴 수 있는 최적의 장소였다. 이러한 심경을 왕안석(王安石)은 자조적인 시로써 그의 심경을 표현하였다. "몸은 포말과 같고 또한 바람과 같고[身如泡沫亦如風], 칼로 하나의 흙 덩어리를 베는 것과 같고[刀割得塵共一空], 세간에 연좌해서 이 이치를 관하니[宴坐世間觀此理], 유마는 비록 병이 있지만 선을 통달한다[維摩雖病有禪通]." 이러한 송대 사대부들의 간파홍진(看破紅塵: 세상을 달관하다)을 통한 참선에 대한 도전적인 태도는 그 후 중국 사대부들의 전통이 되었다.

두 번째로 송대는 전제정치 통치 시대로서 사상적 영역은 유불도의 사상적 융합으로 형성된 이학(理學: 신유학)을 관방의 통치 사상으로 삼았다.[353] 즉 이학(理學) 중에서 봉건 시대의 충효 논리인 삼강오륜(三綱五倫)을 사회의 중요한 지표로 삼았다. 유학이 중국 사대부들의 정신적인 근간이 되며 지속적으로 중국 사회의 사상적 주체가 되어 왔으며 장기간 유교가 발전하면서 각 시대 통치자들은 유교의 윤리 사상을 바탕으로 통치적 이념을 삼았다. 하지만 공맹 사상이 오직 입신양명에 기반하였고 통치하는 데 있어서 유교가 유리한 위치에 있었던 것은 사실이지만 모든 사회를 아우르기에는 부족한 점이 있었다.

특히 수천 년 동안 축적된 사상 및 문헌을 탐구해 온 송대 사대부들의 지적 수준은 단순하게 유교와 도교의 사상만으로는 만족할 수 없는 높은 의식 수준이었고 현실적 딜레마가 존재했다. 때문에 현실을 초월하고 공맹 사상을 뛰어넘는 선법이야말로 송 사대부들에게는 새롭고도 신선한 사상으로 다가왔을 것이다. 실제로 참선은 또 다른 시각으로 현실을 바라볼 수 있고 지혜의 눈을 개발해 주기 때문에 자신의 신념과 이상을 다른 각도에서 펼칠 수 있는 좋은 길잡이 혹은 소재가 되었을 것이다.

세 번째로 "선종의 핵심적 개념 중 하나인 즉심즉불(卽心卽佛)은 자성의 특징을 개발해서 세상에 드러내어 본심을 개발하는 데 목적을

---

353   黃夏年 主編, 『禪宗三百題』, 상해고적출판사, 2000년, p.486.

둔 것이다."[354]라고 했다. 즉 선종은 이러한 법문을 표현하는 데 매우 적극적이고 활발발한 상태를 유지하였다. 사대부들 역시 대체로 사회를 이끌어 가는 중추적 역할을 하였기 때문에 나름 문화적 소양이 풍부하다고 자부하였다. 따라서 선종이 표방했던 선풍은 사대부들이 지향하는 방향 및 개성과 매우 일치하는 부분이 있었을 것이며 선종의 정신을 통해서 사대부들은 자기들의 재능과 능력을 충분히 발휘할 수 있었을 것이다.

한편 선종에서 강조하였던 돈오경계(頓悟境界)는 그들의 문학예술 및 심미(審美)적 세계에도 많은 영감을 주었다. 송대 선종의 고승들은 보편적으로 사대부 문인들과 밀접한 왕래를 하였고 서로 상통하는 점에 주목해서 유불도 합일을 추진하기도 했다. 또 많은 유학자들이 선종의 사상 내지 불교의 사상적 체계를 모방해서 자기들의 사상적 체계를 수립하면서 중국의 전통 사상은 새로운 변신을 통한 새로운 단계로 접어들게 되었다. 그것이 바로 역사적으로 유명한 송명이학(理學)의 탄생이다. 특히 불교의 심성론을 유가에서 흡수해서 유학의 심성론으로 재정비하면서 이학(理學)으로 발전시켰다. 처음 이학의 심성론은 선종의 심성론과 비교가 안 될 정도로 이론적으로 빈약하였다. 중국문학도 또한 선종의 영향으로 인해서 새로운 문학의 지평을 열게 되었다.

---

[354] 黃夏年 主編, 『禪宗三百題』, 상해고적출판사, 2000년, p.487.

네 번째는 "송대 사회의 풍토는 이미 선종의 강력한 영향력으로 일반 백성은 물론이거니와 위로는 황제 내지 조야의 사대부들 중에 입선(入禪)하는 이들이 많았다."[355]고 한다. 특히 황제 가운데 송 태조와 태종은 불교를 신봉하였고 대장경을 간행했다. 황제 송 인종(仁宗)은 일찍이 『투자의청선사어록(投子義靑禪師語錄)』을 열독했으며 송 황제 역시 선에 심취했다고 한다.

송 효종(孝宗: 1127~1194)은 대혜종고에게 선도(禪道)의 이치를 묻기도 했다. 이 외에도 사대부 관료들을 살펴보면 구양수, 소동파, 왕안석, 주돈이(周敦頤), 정이(程頤), 주희(朱熹) 등은 일대의 대문호이며 대유학자들이었는데 이들은 모두 선사들과 매우 밀접한 관계를 맺으며 교류하였다. 특히 주돈이는 일찍이 황용해남(黃龍慧南)을 참알하기도 했으며 매당조심(晦堂祖心)에게 도를 묻고 불인요원(佛印了元)을 참배하고 동림상총(東林常總)선사에게 사사했다.

정이는 영원유청(靈源惟淸)선사와 밀접한 관계를 가졌으며 자주 서신으로 왕래했다고 한다. 구양수(歐陽修: 1007-1072)[356]는 한유의 정신을 이어 받아서 유교의 입장에서 『본론(本論)』을 지어 불법을 훼방하고 선승을 공격하고 폐불을 주장했다. 때문에 많은 사람들에게 호응을 얻기도 하고 공격도 당했다. 당시 계승선사(契嵩禪師)가 이것을 목도하고

---

355 黃夏年 主編, 『禪宗三百題』, 상해고적출판사, 2000년, p.487.

356 구양수(歐陽修): 자는 영숙(永叔), 호는 취옹(醉翁), 육일거사(六一居士)라고 한다. 북송 때의 정치가, 문학가이다.

이러한 작풍에 대적하기 위해서 유불도 삼교의 합일 사상인『부교편(輔教篇)』을 지어 반박해서 정(正)을 가렸다. 구양수가 이 책을 보고 자기의 배불 관점의 잘못된 점을 인정하고 계숭스님을 칭찬하기를 "뜻밖의 승려 가운데 이러한 용상(龍象)이 있는 줄 알지 못했다."라고 했다. 그는 후일 의관정제하고 계숭선사를 참방하여 본인을 일깨워 주기를 청했으며 여산동림 원통사(廬山東林 圓通寺)의 조인거눌(祖印居訥)선사를 만나서 선학을 담론한 후에 크게 깨닫고 돈독한 불자가 되었고 자칭 육일거사(六一居士)라고 칭했다.

또 원본화상(元本和尚)의『총림변영편(叢林辨佞篇)』에 보면 송대 상층 관료이자 사대부인 부필(富弼)·양억(楊億)·이준욱(李遵勗)·양걸(楊傑)·장육영(張育英)·장구성(張九成)·이병(李邴)·여본중(呂本中) 등은 모두 일찍이 선학에 심취했다고 한다. 이들은 벼슬을 하면서 불교를 신봉했다. 이들이 선승과 자주 왕래를 하다 보니『등록(燈錄)』·『어록(語錄)』을 편찬하는 데 참여했으며 특히 사대부인 양억(楊億: 종경록 서를 쓰기도 했다)과 이준욱[357]은『경덕전등록(景德傳燈錄)』과『천성광등록(天聖廣燈錄)』을 편찬하는 데 책임을 맡았다. 양억은 진종(眞宗) 때 한림학사로서 또 다른 벼슬을 겸임하고 있었다.

이준욱은 부마로서 이 두 사람은 임제종의 승려인 광혜원련(廣慧元

---

[357] 송대 眞宗황제 부마.

璉),³⁵⁸ 곡은온직(穀隱蘊職)과 밀접한 관계였다. 특히 인종(仁宗)에게『천성광등록서(天聖廣燈錄序)』를 짓도록 권했다.

소동파는 당대의 대문호로서 시(詩)·서(書)·금(琴)·화(畫)를 뛰어넘는 걸출한 문인이었으며 불학에 깊이 심취했고 선승들과도 깊은 교류를 하였는데 그중에 특히 불인선사(佛印禪師)와는 아주 밀접한 사이였다는 것은 공인된 사실이다. 그는 어록 등에도 많은 서(序)와 선시를 지었다. 그가 지은 선시 중에 "가장 존귀한 분에게 계수하니 대천세계를 두루 비춘다. 팔풍³⁵⁹이 불어도 동하지 않고 단정히 자금련에 앉았다."³⁶⁰ "시냇(계곡)물 소리는 모두 장광설이며 산색은 청정신 아닌 것이 없다. 일야지중에 팔만사천 게송을 설하니 다른 날에 어떻게 사람에게 일러 줄 수 있겠는가?"³⁶¹ 등은 지금도 많은 사람들에게 회자되는 선시이다. 이러한 현상은 송대 선종이 황실과 밀접한 관계를 유지하고 있었음을 보여 주는 사례라고 하겠으며 송대 사대부들이 선승과 교류하는 풍토는 당시 일종의 사회적 풍조였다고 하겠다. 이와 같이 송대 선종은 각계각층에 영향을 주지 않은 곳이 없었다.

송대의 선종과 문인 사대부들의 밀접한 왕래는 유불도 삼가의 사상을 교합해서 사상적 융합을 촉진하게 했다. 이러한 상황은 유가학

---

358 호련 련.

359 利 衰 毁 譽 稱 譏 苦 樂.

360 "稽首天中天, 毫光照大千. 八風吹不動, 端坐紫金蓮."

361 "聲盡是廣長舌. 山色無非清淨身. 夜來八萬四千偈. 他日如何擧似人."

설의 발전에 지대한 공헌을 했으며 송명이학을 탄생시키는 결정적인 역할을 했다. 특히 당시 많은 유학자들은 불교의 사상적 교리체계 및 선종 사상을 유학의 사상체계를 수립하는 발판으로 삼았다. 이로써 중국 전통철학은 새로운 발전 단계로 접어드는 계기를 만들었다. 즉 역사적으로 명명된 송명이학이다. 한편 송대의 사대부 문인들의 적극적인 참선에 대한 관심은 문학에서도 꽃을 피워 송나라의 독특한 선문화라는 새로운 풍토를 열었다.

왕안석(王安石: 1021-1086)은 집을 사원으로 만들었으며 또한 많은 선승들과 교류하였다. 그는 재상의 신분으로 소(疏)를 지으면서 선승들을 칭찬하기를 "… 문공장로는 홀로 정전을 받았다[文公長老獨受正傳]…."라고 했다. 사마광(司馬光: 1019-1086)은 비록 불교를 좋아하지는 않았지만 매년 사원의 대중들에게 공양하고 송경(誦經) 내지 조상의 제사를 지냈다고 한다. 물론 선사들과 선을 담론하기도 했다.

7

원대 선종의
특징

북방 선종과 남방 선종의
특성과 상황

　　원대는 중국에서 소수민족인 몽고족이 세운 정권이다. 원대의 통치자들은 거의 티베트불교 즉 라마교를 신봉하였다. 때문에 많은 종교 가운데 라마교의 지위가 가장 높았다. 반면에 중국불교의 지위는 상대적으로 약화되었다. 하지만 중국불교는 인구비례로 볼 때 여전히 사회에 대한 영향력이 컸다. 원나라 초 북방에서 중국불교인 선종(조동종)과 도교 사이에 격렬한 논쟁이 벌어진 적이 있는데 이 논쟁은 한족 불교도들과 도교의 신자들 간에 노자화호(老子化胡)[362]를 중심에

362　'노자화호'는 노자가 함곡관(函穀關)을 벗어나 서역(인도 포함)에 이르러서 서역인, 인도인 등 외국호인(오랑캐)을 교화시켰다는 것을 가리킨다. 즉 노자가 천축에 들어가서 불타로 변화해서 사람들을 교화시켰다는 사건(老子入天竺變化爲佛陀, 教化胡人之事)

놓고 발생한 논쟁이다. 선종 측에서는 조동종 소림사의 설정복유(雪庭福裕: 1203-1275) 장로와 도교의 이지상(李志常)이 원나라 헌종(憲宗)의 면전에서 변론을 진행했다. 변론의 결론은 선종이 승리를 거두면서 불교가 기타 종교의 우위를 점유하였다.

이후 얼마 지나지 않아서 남방불교계 내부에서 선과 교가 충돌하였는데 교는 천태, 화엄, 법상 등 삼종이고 선은 선종으로, 논쟁의 초점은 선과 교 둘 중에서 어느 것이 더 지위가 높은가를 결정하는 것이었다. 선·교·율 삼가(三家)가 역시 원나라 세조 쿠빌라이(1215-1294, 원 세조 제5대 칸)의 면전에서 자기들의 의견을 충분히 발표하였다. 결과는 "교가 선종을 이겼다."[363]고 한다. 때문에 선종은 교(敎) 다음에 처하게 되었다. 그런데 이때에 선종이 비록 타격을 입은 것은 사실이지만 이 사건으로 인해서 사회에서 선종의 영향력이 줄어든 것은 아니었다. 강남 지역에서 선종은 여전히 유행했고 다만 교종(敎宗)의 지위가 높아졌을 뿐이다.

당시 북방의 한족불교는 연경(지금의 북경)을 중심으로 많은 선승들이 운집해 있었고 자연스럽게 선종 위주가 되었고 연경에서는 여전

을 도교 신도들은 역사적인 사실이라고 여기며 후래의 도교에서『老子化胡經』을 찬술하기도 했다.

363 『佛祖統紀』권48,『大正藏』권49, p.435a04. "二十五年正月十九日. 江淮釋教都統楊璉真佳集江南教禪律三宗諸山至燕京問法. 禪宗舉雲門公案. 上不悅. 雲夢澤法師說法稱旨. 命講僧披紅袈裟右邊立者. 於是賜齋香殿. 授紅金襴法衣. 錫以佛慧玄辯大師之號. 使教冠於禪之上者自此. 上嘗問帝師曰. 造寺建塔有何功德."

히 임제종과 조동종이 유행하였다. 먼저 임제종의 상황을 살펴보면 임제종의 해운인간(海雲印簡: 1202-1257)은 일찍이 원나라의 태조(太祖)·태종(太宗)·정종(定宗)·헌종(憲宗) 등 황제들에게 예를 받았으며 신칙으로 승통(僧統)이 되었다. 또 해운인간은 명을 받들어서 주지를 살 때 승가고시를 치르게 되었는데 원대 헌종(쿠빌라이)은 그로부터 보살심계(菩薩心戒)를 받았다. 따라서 북방의 임제종은 조정과의 관계 및 보호하에서 큰 불편함이 없이 발전하였고 동시에 쇠퇴하지도 않았다.

조동종도 역시 금원(金元) 시기에는 만송행수(萬松行秀: 1166-1246)의 계파가 대표가 되는데 그의 제자 임천종륜(林泉從倫: 1223-1281)은 원대 세조를 위해서 선(禪)을 강의하고 공안 및 해답을 침착하고 여유롭게 해서 세조로부터 호감을 얻었다. 그 후 그는 이러한 상황을 바탕으로 불교와 도교의 변론에 참가하였고 도교의 경전을 분소(焚燒: 태우다)하는 활동을 주도했다. 그의 스승인 만송행수와 조동종의 송고(頌古)[364]에 대해서 논평을 진행했으며 이들의 이러한 여러 가지 활동으로 인해서 원대 북방선종에서 조동종의 발전에 촉진제가 되었다.

원대의 남방선종은 단연코 임제종의 세력이 가장 강했으며 대체로 대혜종고 계통의 간화선이 주류를 이루었다. 특히 남방선종은 대부분 임제종에 속하였는데 대혜종고와 호구소륭(虎丘紹隆) 등 양대 파가

---

364 옛 선사들이 제자를 지도할 때 공안(公案, 古則)을 개시해서 간결하게 게송으로 표시한 것을 송고(頌古)라고 칭한다.

두드러졌다. 그러나 사실 당시 남방의 임제종은 네 종류의 지파가 존재했다. 대혜종고 문하에 속하는 영은지선(靈隱之善: 1152~1235)과 북간거간(北磵[365]居簡)[366] 두 지파와 호구소륭(虎丘紹隆) 문하에 속하는 송원숭악(松源崇嶽)과 파암조선(破庵祖先) 두 지파가 존재했다. 영은지선의 제자 원수행단(元叟[367]行端: 1255-1341)은 경산(徑山)을 거점으로 선법을 전파하였는데『행단탑명(行端塔銘)』에 보면 "그 법을 이은 제자가 오·초·민·오·한 등지에서 동시에 선법을 전파하는 이들이 약 천 인(千人)이나 되었다."[368]고 기록하고 있다. 이러한 기록으로 볼 때 영은지선 계통의 선법으로 주로 남방의 각지에서 보편적으로 행하여졌던 것 같다. 이 파는 당시 네 지파 가운데 가장 세력이 우세했던 파이기도 하다. 북간거간 계통의 선사들은 비교적 문학적 소양이 뛰어난 이들이 많았던 것 같다. 그중에서도 소은대소(笑隱大訴: 1284-1344)는 북간

---

365 산골짜기물 간.

366 원대의 조정에서는 라마교(티베트불교)와 교학을 숭상하면서 선종을 억누르는 정책을 폈다. 이러한 배경을 바탕으로 북방선종 만송행수 이하의 문하는 점점 몰락해 가고 있었다. 상대적으로 남방의 선종은 점점 활동을 회복하였다. 비록 "叢林以五山稱雄"의 국면은 변하지 않았지만 사상적인 부분에서 분화가 현저하게 드러났다. 특히 남방선종은 거의 임제종에 속하였다. 대혜종고와 호구소륭(虎丘紹隆) 등 양대 파가 두드러졌다. 대혜종고 제자인 육왕덕광(育王德光: 1121-1202) 이후, 영은지선(靈隱之善)과 북간거간(北磵居簡)파와 호구소륭의 제자인 밀암함걸(密庵鹹傑) 이후, 송원숭악(松源崇嶽)과 파암조선(破庵祖先)이 나타난다. 위의 네 지파는 남방 임제종의 주류로서 총체적으로 말하면 공리선(功利禪: 之善파와 居簡파 및 崇嶽系의 淸茂, 守忠)과 산림선(山林禪: 祖先系)으로 두 가지로 귀속된다(대혜종고→ 育王德光 이후→ 靈隱之善→ 北磵居簡파).

367 늙은이 수.

368 黃夏年 主編,『禪宗三百題』, 上海古籍出版社, 2000년, p.503. "嗣其法者而同時闡化吳楚民奧漢間者若千人."

거간의 손상좌로서 총림청규와 선종교육을 중시했으며 역시 원대의 선사인 덕휘(德輝)가 수정한『칙수백장청규(勅修百丈清規)』에서 소은대 소의 사상을 엿볼 수 있다.

특히 덕휘(德輝)선사가 편집한『칙수백장청규』는 백장회해의『선문 청규』이래로 총림에서 계속해서 사용되어 왔고 선종 역사에서 선종 의 규칙과 제도에 많은 공헌을 했으며 사료적으로 중요한 가치를 지 녔다. 이 외에도 각안(覺岸)은『석씨계고략(釋氏稽古略)』4권을 지었으며 상은(常念)은『불조역대통재(佛祖歷代通載)』22권을 지었다.『불조역대통 재』의 대부분의 내용은『경덕전등록(景德傳燈錄)』과 남송 때 조수(祖琇) 가 편찬한『융흥불교편년론(隆興佛教編年論)』과 남송·금(金)·원(元) 대 의 불교사를 보충한 것이다. 이렇듯 거간파(居簡派)에서는 걸출한 선 사들이 많이 배출되었다.

호구소륭의 두 지파 가운데 하나인 송원숭악의 계파인 숭악파(崇嶽 派)의 중요한 인물은 고림청무(古林清茂: 1262-1329)와 담방수충(曇芳守忠: 1275-1348) 등이 있다. 이들의 중요한 활동 무대는 강소(江蘇) 일대로서 모두 금릉을 중심으로 활약했다. 파암조선의 계파인 조선파(祖先派)는 원대의 남방선종 중에서 남방의 백성들 사이에서 영향력이 가장 컸 던 계파이다. 이 가운데서도 특히 고봉원묘(高峰原妙: 1219-1293), 무견선 도(無見先睹: 1265-1334)는 중봉명본(中峰明本)과 함께 남방에서 영향이 가 장 컸던 선사이다.

고려 때 태고보우선사가 선법을 수학하고 법을 받았다고 전해지는 석옥청공(石屋淸珙: 1272-1352)은 일찍이 고봉원묘에게서 3년 동안 수행한 적이 있다고 전해진다. 조선파에서도 인재가 많이 배출되기도 했으며 민간에도 영향이 컸다. 특히 이 중에서도 고봉원묘는 계율을 엄격히 지키는 것으로 유명해서 많은 이들이 그로부터 계를 받았다고 한다. 또 그의 가풍은 자비가풍으로 많은 사람들을 감동시켰을 뿐만 아니라 세칭 그를 강남고불(江南古佛)이라고 부르기도 했다.

이 외에도 이 지파의 또 다른 선사인 중봉명본은 당시 강남불교에서 원대를 대표하는 가장 유명한 인물 중 한 분이다. 그는 공안을 문자로 전석하는 것을 반대하였고 고증식의 참선방법을 비평했으며 간화선을 다시 새롭게 회복했다. 동시에 오대와 송대 이래로 활발발했던 선의 정신을 재현하려는 의도를 가졌던 인물이기도 하다. 영록대부(榮祿大夫)인 조맹부(趙孟頫)[369]는 자칭 그의 제자라고 했다. 이 외에도 조정 관료 및 지방의 절도사 등이 모두 그를 가까이하면서 참선을 배웠다고 전해진다.

원대 불교는 송대 불교의 특징인 선교융합 사상인 선교합류(禪敎合流), 유불도 삼교합일, 선정합일(禪淨合一) 등의 사상을 그대로 계승하였고 대부분 선사들의 선법 사상에 공통된 기조가 되었다. 설암조흠

---

369 "頫"와 같음. 구부릴 부.

(雪岩祖欽: ? -1287)[370]은 유석일치(儒釋一致)를 발의하면서 말하기를 "제가 성인의 도와 여래의 도를 관해 보니 (모두) 동일한 도이며 일찍이 둘이 아니다."[371]라고 하였다. 중봉명본은 유석조합(儒釋調合)을 지지했을 뿐만 아니라 또한 선교일치 선정융합(禪淨融合)을 주장했다. 그는 이러한 정황을 사계절로 표현했는데 즉 "밀종은 봄이고 천태·현수·자은종 등은 여름이고 남산율종은 가을이며 소림이 단전(單傳: 한 스승의 학설만 전하다)한 종은 겨울이다."[372]라고 하면서 "사종은 함께 일불의 뜻을 전했다."[373]라고 했다.

초석범기(楚石梵琦: 1296-1370)는 교선일여(教禪一如)를 말하면서 "교는 부처님의 입이고 선은 부처님의 마음이다."[374]라고 했다. 이와 같이 원대의 많은 고승들은 선교융합을 주장하였는데 사실 이러한 기본

370 설암조흠(雪岩祖欽: ? -1287)은 임제종의 선사로서 경산(徑山)에서 무준사범(無准師範)에게서 법을 얻었으며 원대 초의 사람이다. 담주(潭州)의 우홍사(尤興寺), 호주(湖州)의 광효사(光孝寺), 최후에는 강서(江西)의 원주앙산(袁州仰山)에 주했다. 그가 주석했던 곳을 가리켜서 법굴(法窟)이라고 한다. 그의 어록은 유석일치(儒釋一致)를 말하고 있다. 어록으로 『雪岩祖欽禪師語錄』이 있어서 세간에 유통되었다.

371 黃夏年 主編, 『禪宗三百題』, 上海古籍出版社, 2000년, p. 503. (竊觀聖人之道與如來之道, 同一道也, 未嘗二也)

372 『天目中峰廣錄』권11의 下, 『大藏經補編』권25, p. 791b09. "密宗春也, 天台·賢首·慈恩等宗夏也, 南山律宗秋也, 少林單傳之宗冬也, 就理言之, 但知禪為諸宗之別傳, 而不知諸宗亦禪之別傳也. 會而歸之. 密宗乃宣一佛大悲拔濟之心也, 教宗乃闡一佛大智開示之心也, 律宗乃持一佛大行莊嚴之心也, 禪宗乃傳一佛大覺圓滿之心也."

373 『天目中峰廣錄』권11의 下, 『大藏經補編』권25, p. 791b09. "(夫四宗共傳一佛之旨), 然佛以一音演說, 法教中, 謂惟一佛乘, 無二無三, 安容有四宗之別耶. 謂各擅專門之別非別一佛乘也."

374 『楚石梵琦禪師語錄』권9, 『卍新續藏』권71, p. 592a05. "教是佛口禪是佛心…, 更分什麼禪. 揀什麼教."

적인 사상은 모두 오대 송초 영명연수가 일찍이 『종경록』에서 주장 했던 선교일치 · 선정일치 · 삼교합일에 대한 주장을 계승 · 발전시킨 것이다.

원대 불교는 중국불교 역사에서 상대적으로 선종이 많은 발전을 하지 못한 시기이다. 선종은 송대를 거치면서 세속화가 심화되었고 원대에 이르러서 당나라 때 성행했던 선종의 황금시대는 이미 그 흔적을 찾아보기가 어려웠다. 물론 각 시대마다 각기 다른 형태의 부침을 거치기는 했지만 그것은 작은 범위 안에서의 부침이었을 뿐이었다. 이미 지나간 세월 속에 휘황찬란했던 선종의 위력은 다시 재생되기는 쉽지 않았다. 따라서 원대의 선승들은 나름대로 역사의 소명의식을 가지고 기세등등하고 위세가 드높았던 선종의 과거를 되돌리기 위해서 청규를 재정비해 보고 선(禪)과 교(敎)의 논쟁도 해 보았다. 그러나 또 다른 한편에서 어떤 선사들은 기봉봉갈(機鋒棒喝: 꾸짖거나 때리고 소리치는 것)[375]을 빌미로 해서 함부로 선경을 모방해서 도리어 좌선수행을 소홀히 하는 등 많은 부정적인 결과를 돌출해 내면서 결국에는 교종의 지위를 높여 주는 결과를 초래했다. 또 어떤 선사들은 이러한 선종의 부정적인 이미지를 개선하고자 잘못된 과거를 반성하는 한편, 동시에 유불도 삼교융합을 통해서 다시 한 번 과거의 찬란했던 영광을 되돌리려는 의도를 품기도 했다.

---

375   꾸짖을 갈.

이 외에도 원대는 백성들을 9등급으로 나누어서 관리했는데 그것은 통치자들이 백성들을 쉽게 관리하기 위한 조치였다. 또 한족(중국인)의 지위도 그리 높지 않다. 게다가 원대는 라마교를 신봉하면서 라마승들은 국사라는 지위까지 오르게 되면서 중국불교에 적지 않은 영향력을 행사하기도 했다. 그러나 일부 선사들은 조정과 원만한 관계를 이어 가면서 황실의 보호와 보살핌을 받았다. 그러나 남방의 선사들은 대체로 조정과 일정한 거리를 두고 생활했으며 심지어 어떤 선사들은 의식적으로 거리를 두고 조정의 부름을 거절하기도 했다.

결국 원대의 통치자들도 영구 집권을 꿈꾸면서 종교 및 백성들을 등급으로 통치하려 했지만 결국 시대적 현실 상황을 통찰하지 못하면서 역사의 무대에서 역할을 마치게 되었다. 종교 또한 역사를 비추어 볼 때 시대적 상황을 간파하지 못하고 시대와 소통하지 못하면 결국은 장구한 역사 속에서 단역만을 맡게 될 것이다.

비록 원대의 선승들의 저술이 당송 시대처럼 번성하지는 못했지만 만송행수의『종용록(從容錄)』을 비롯해서 중봉명본의『중봉광록(中峰廣錄)』, 보도(普度)의『연종보감(蓮宗寶鑒)』, 덕휘(德輝)의『칙수백장청규(敕修百丈清規)』, 경길상(慶吉祥)의『지원법보감동록(至元法寶勘同錄)』, 염상(念常)의『불조역대통재(佛祖曆代通載)』, 각안(覺岸)의『석씨계고략(釋氏稽古略)』 등은 선종사에서뿐만 아니라 중국 불교 역사에서도 모두 이 시대를 대표하는 중요한 저작들이다.

이 외에도 원대의 시문(詩文)을 지은 유명한 시승들, 즉 명본(明本)·
행단(行端)·조명(祖銘)·유당(楢堂)·종연(宗衍)·자정(子庭)·본성(本誠)·
자공(子貢)·원지(圓至)·보존(實存)·선주(善住)·청홍(淸珙)·지인(至仁)·
유칙(惟則) 등이 있는데 이들은 모두 청대에 구사립(顧嗣立)이 편집한
『원시선(元詩選)』에 수록된 명인들이다.

8
명대 선종의
특징

명대에는 선교융합 및
삼교일치가 유행했다

원대를 뒤엎고 새롭게 건립된 나라는 명나라로 명대의 태조는 주원장이다. 주원장은 어린 시절 집안이 가난했던 이유로 인해서 한때 절에서 사미로 지낸 적이 있다. 이러한 인연으로 인해서 그는 불교의 내부 및 불교와 사회적인 관계를 누구보다도 잘 알고 있었다. 그래서 그는 한때 원대한 포부와 현실적인 이상을 종교를 이용해서 실현하고자 하는 희망을 품은 적이 있다. 그리고 마침내 명교(明敎)와 미륵의 구호를 내걸고 원나라를 반대하는 궐기를 통해서 승리했고 끝내는 원나라를 멸망시키고 명나라를 세웠다. 때문에 그는 이 방면의 체험을 통해서 얻은 교훈으로 사회 및 전체 사원을 통치하는 하나의 조치를 감행했다. 우선 태조 주원장은 일반 백성을 다스리기 위해서 문호(門戶)를 정리하고 사찰에 대해서도 백련교(白蓮敎)[376]·명교(明敎: 摩尼敎)[377]·미륵교(彌勒敎)를 금지했다. 그러한 후에 다시 불교의 활동을 제한하고 신명불교방책(申明佛敎榜冊)을 반포하였다.

주원장은 승관제도를 만들어 출가인의 숫자와 자질에 대해서 엄격하게 제한했으며 또 승려들의 관아 출입을 금지했다.[378] 『석감계고략속집(釋鑑稽古略續集)』에 보면 "많은 대중이 모임으로써 총림을 이루며 안선으로써 청규를 이룬다."[379]라고 했다. 그는 또 전국의 사원을 선(禪)·강(講)·교(敎) 세 가지로 분류하라고 예부(禮部)에 명령하였다. 곧 "그 선은 불립문자로서 반드시 성(性)을 보아야 비로소 본종(本宗: 선종)이라고 할 수 있으며, 강(講)하는 자는 모든 경전의 취지를 밝히는 데 힘써야 하며, 교(敎)하는 자는 부처님 법으로 일체중생을 요익하게 해

---

376 두 가지의 설이 전해지고 있으며 중국 민간 종교 가운데 하나이다. 하나는 원래는 남송 불교의 하나의 지파였으며 미륵불을 봉양하고 원·명·청대에 민간에서 유행했다. 농민봉기 때 '백련교'라는 구호를 이용해서 사람들을 모아 조직을 만들어 조정을 대상으로 투쟁했다. 두 번째는 '백련교'는 당·송 이래로 민간에 유전되었던 하나의 밀종결사였다. 연원은 불교의 정토종이다. 전하는 바에 의하면 정토종의 시조인 동진혜원이 여산의 동림사에서 유유민(劉遺民) 등과 결사를 할 때 공동으로 염불을 하였는데 후세 신도들이 모범으로 삼았다. 북송 때 이르러 염불결사가 성행했는데 대부분 백련사(白蓮社) 혹은 연사(蓮社)라고 칭했다. 남송소흥(南宋紹興) 연간에 오군군산(吳郡昆山: 지금의 강소성의 昆山)에서 승려 자조(慈照)가 결성한 정토결사의 기초 위에서 새롭게 수립된 교문을 '백련종'이라고 칭했다. 즉 '백련교'이다.

377 명교의 정식명칭은 마니교(摩尼敎)이며 또한 모니교(牟尼敎)라고 칭하기도 한다.

378 黃夏年 主編, 『禪宗三百題』, 上海古籍出版社, 2000년, p.504.

379 『釋鑑稽古略續集』권2, 『大正藏』권49, p.0936a24. "會眾以成叢林, 清規以安禪."

서 일체의 업을 짓지 못하도록 가르쳐야 한다고 했다."[380] 또 그는 홍무(洪武 14년)에 승려들의 복장에 대해서도 교시를 하였는데 "선승은 항상 다갈색 승복을 입고 청조(靑條)는 옥색 가사(玉色袈裟)를 수하게 했으며, 강승(講僧)은 항상 옥색을 입고, 녹조(綠條)는 담홍색 가사[淺紅袈裟]를 수하게 했고, 교승(敎僧)은 항상 검은색[皀色]을 입고, 흑조(黑條)는 담홍색 가사를 입게 했다."[381] 또 도교의 도사는 항상 청색(靑色)을 입게 하고 관복(朝服)은 적색(赤色)을 입게 했다고 한다. 주원장의 이러한 종교 정책이 명대 선종에 지대한 영향을 주었음은 의심할 여지가 없다.

그의 이러한 불교에 대한 통합적인 종교 정책은 명나라 불교 발전에 결정적인 영향을 주었다. 즉 교승 이외의 선승 및 강학하는 승려들은 오직 총림에서 전문적으로 참선을 하거나 경전을 배우게 하였다. 이것은 바로 승려들을 산림 중에 묶어 놓기 위한 정책으로 세속과 왕래를 단절시키려는 의도였다. 이 점은 명나라 중엽 이전, 역사적으로 승려들이 세속과 왕래가 단절된 매우 희소한 사건 가운데 하나이다. 비록 이러한 불리한 조건 속에서도 명대에 선종은 비교적 선전했지만 종풍은 도리어 쇠락했다. 명나라 말엽 선종은 밀실전첩(密

---

380 『釋鑑稽古略續集』권2, 『大正藏』권49, p.932a07.
381 『禪林象器箋』『大藏經補編』권19, p.706b03. "續文獻通考雲, 洪武十四年令, 凡僧道服色禪僧, 茶褐常服, 靑條, 玉色袈裟; 講僧, 玉色常服, 綠條, 淺紅袈裟; 敎僧, 皀常服, 黑條, 淺紅袈裟. 僧官皆如之. 道士常服靑, 法服朝服, 皆用赤色."

室傳帕: 밀실에서 비밀하게 전하는 것)[382] · 동과인자(冬瓜印子[383]: 진짜 인장 같으나 사실은 가짜) 등의 종풍이 유행했다.

　그러나 선종은 원대에 비하면 명대에 이르러서 이미 중국불교에서 주류가 되면서 사회 곳곳에 영향을 주었다. 비록 조정에서 종교 정책을 빌미로 불교 발전에 대한 제한을 가했지만 다만 완전히 사회에서 불교를 배척하도록 한 것은 아니었다. 게다가 명대에 선종과 교종의 한계가 명확하게 나누어진 것은 아니었으며 선승(禪僧)과 강승(講僧) 또한 그렇게 분명하게 나누어진 것도 아니었다. 주원장 본인은 원래 불교를 꼭 없애려는 의도를 가진 것은 아니었다. 다만 그가 원했던 것은 당시 불교에 대한 병폐 내지 혼란한 상태를 정리하고 개정하려고 했던 정책이기도 하다. 단지 그가 원했던 것은 스님은 스님답고 절은 절답기를 바라는 마음이었으며 승려들이 각자의 맡은 바 책임을 다해 주기를 기대했고 동시에 통치자로서 본인의 통치를 유리하게 하기 위한 초석이 되도록 했다. 때문에 명대 정권이 수립된 이후에도 고승대덕은 여전히 존경과 예우를 받았는데 예를 들면 혜담(慧曇)[384] · 종늑(宗泐) 등이다. 사실 주원장의 종교 정책으로 인해서 타격

382　휘장 첩, 머리띠 말.

383　동과(冬瓜)를 멋대로 절단해서 찍은 흔적이 비록 진인(真印)인 것 같지만 다만 허위로서 진실하지가 않다. 선림에서 스승이 제자를 지도할 때 엄격하게 검증해서 인가를 해 주며 아무렇게나 인가해 주지 않는다. 『碧岩錄』에서 말하기를 "제방에서 마음대로 동과인자(冬瓜印子)로 인정(印定)을 한다[只管被諸方冬瓜印子印定了…]."라고 했으며 또 "동과(冬瓜)는 곧 성숙하지 못한 것이다[冬瓜直儱侗]."라고도 했다.

384　혜담(1304-1371)은 원나라 말엽 임제종 양기파의 선사이며 철강성의 천태(天台)인이고

을 입은 승려들은 모두 비교적 하층에 속하는 배움이 적은 선승들이었고 특히 문화적 소양을 갖추고 높은 교육 수준을 구비했던 선승들은 제외되었다.

명대에 선종은 강남 지역의 임제종의 활약이 가장 많았다. 그 가운데서 가장 일찍 영향력이 있었던 계통은 원수행단(元叟行端) 계통에 속한다. 전하는 바에 의하면 주원장이 홍무 3년(洪武 3年: 1370)에 금릉(지금 남경)의 천계사(天界寺)에 30여 명의 고승을 초청했을 때 "3분의 1은 모두 원수문하의 인물들이었다[出元叟之門者, 三居一焉]."고 한다. 또 소은대소(笑隱大訢) 계통의 혜담(慧曇)·종늑(宗泐) 등은 일찍이 조정의 칙명으로 서역 지역 각국에 선법을 전파하기 위한 출사(出使: 출장)를 떠나기도 했다. 그러나 이 두 갈래의 선법도 그리 오래 가지는 못했다. 명나라 중엽에 선종은 쇠퇴를 막아 보려고 부단한 노력을 하였지만 실천수행보다는 이론에 치중하는 선사들이 대부분이었으며 도리어 교학에 대한 강설을 이용해서 자신을 높이는 데 열중하였고 새롭게 선법을 개정하거나 새로운 수행의 안목도 돌출해 내지 못했다.

이후 명나라 제3대 황제인 성조주체(成祖朱棣: 영락제)[385]가 수도를 연

속성은 양 씨, 자는 각원(覺原)이며 사호(賜號)는 연범선세이국숭교대선사(演梵善世利國崇教大禪師)이다. 소년 시절에 절강성의 법과대균(法果大均)에게 출가해서 구족계를 받았다. 자세한 내용은 『增集續傳燈錄』과 『五燈會元續略』에 기록되어 있다.

385 영락제를 가리킨다. 영락제는 주원장과 조선 후궁(공비 김 씨) 사이에 태어난 인물이다. 그는 집권 내내 이 점을 부정하였다. 모친에 대한 여러 설이 전해지는데 일설에는 공비 김 씨는 조선 여인으로 조공으로 명나라에 간 여인이라 한다.

경(지금의 북경)으로 옮긴 후 선종의 침체, 염불선의 유행, 선사들의 정토겸수 등이 유행하게 되었다. 한편 정치권에서는 당정 당파의 투쟁으로 인해서 강력한 중앙집권체제가 약화되었다. 이때 중앙정부의 선종에 대한 제한적인 정책이 점점 느슨해지면서 선종으로 하여금 부활의 기회를 가져다 주었다. 이 부흥운동은 먼저 선종의 지역구인 강서(江西)·절강(浙江) 일대에서 흥기하기 시작하였으며 오래지 않아서 광활한 남방 각지에 퍼져 나갔다. 임제종·조동종 할 것 없이 이 기회를 놓치지 않고 세력을 확장해 나갔다.

예를 들면 임제종의 소암덕보(笑岩德寶) 계통의 환유정전(幻有正傳: 1549-1614)[386] 제자 계통, 조동종의 운문계(雲門系) 및 수창계(壽昌系) 등을 꼽을 수 있다. 이 두 계파는 모두 간화선을 계승·발전하였지만 이 두 파는 상호 투쟁과 편견이 매우 심했던 관계로 상호 약점인 허물과 비밀을 들추어 내어서 공격하는 것을 멈추지 않았다고 전해진다.[387] 그러나 당시 사회가 불안정했던 관계로 사회의 인사들이 종종 은거(隱居) 방식으로 입선(入禪)하는 자와 각계각층의 인사들이 선문(禪門)에 입문하는 자가 많았다. 이 가운데 어떤 이들은 조정의 당파투쟁 중에 세력을 잃고 출가한 문인 사대부가 적지 않았다. 이러다 보니 선종은 차츰차츰 거대한 세력이 형성되었고 또다시 새로운 단계에 접어들게

---

386 幻有正傳(1549-1614)은 자는 혼유(幻有)이고 속성은 이 씨이다. 현재의 강소성 남경시 사람이다.

387 黃夏年 主編, 『禪宗三百題』, 上海古籍出版社, 2000년, p. 506.

되었다. 그러다 보니 선종은 자연스럽게 무식한 집단이라는 오명을 벗어나게 되었고 전하는 바에 의하면 당시 선법을 전수할 수 있는 법력(능력)을 가진 선사가 천여 명이 넘었다고도 한다. 그러나 이러한 상황은 오래가지 못했다.

특히 명나라 말엽의 사상계는 삼교합일 사상이 보편적으로 유행하였다. 불문의 고승들도 외전을 겸해서 배웠다. 명나라 말엽 4대 고승들도 모두 유학과는 밀접한 관계가 있으며 연지주굉(蓮池袾宏 혹은 雲棲袾宏)은 본래 유생이었으며 감산덕청(憨山德清)은 청소년 시절에 습거자업(習擧子業: 주자가 주석한 사서의 내용)[388]을 익혔으며 우익지욱(藕[388]益智旭)은 불교에 입문하고도 유교 · 도교와 관련된 책을 지었다. 자백진가(紫柏眞可)도 삼교합일을 주장하였으며 그의 문집인 『장송여퇴(長松如退)』의 서언(序言) 중에서 자칭 유불도를 출입(出入)한다고 적고 있다. 위의 네 사람 즉 연지주굉 · 자백진가 · 감산덕청 · 우익지욱 등을 역사적으로 명말 사대고승(四大高僧)으로 명명하고 있다.

이 외에도 명대 불교의 특징 가운데 하나는 거사신앙[389]이 유행했으며 많은 거사들이 대장경을 열람하는 풍조를 이루었다. 유학자들도 덩달아서 대장경을 열독하고 불경의 이치를 이해하고자 했다. 한편 선종은 물론이거니와 기타 종파도 승속을 막론하고 삼교합일 및

---

388 연뿌리 우.

389 중국에서 거사라는 칭호는 남녀 신도 모두에게 붙여진다.

선정합일(禪淨合一)의 사조를 이루었다. 이러한 사조는 명대 사대고승들의 저술·어록·사상 등에서도 많이 나타나고 있다. 그 전형적인 예로서 명대의 유명한 정치가이자 사상가이며 철학가인 왕수인(王守仁)의 사상에서도 그 흔적을 찾아볼 수 있는데 그가 말한 격물치지(格物致知) 및 심즉리(心卽理) 심외무리(心外無理) 심외무물(心外無物) 등의 관점은 선종의 즉심즉불(卽心卽佛) 내지 심성학(心性學)은 선종의 사상과 밀접한 관계가 있으며 특히 그의 유명한 사구교(四句敎)[390]는 유식과 깊은 연관이 있다. 물론 이 외에도 멀리로는 육구연(陸九淵)·이정(程頤)·주희(朱熹) 등도 선종과 깊은 인연이 있는 이들이다.

결론적으로 명대 말엽 선종은 이미 쇠퇴기에 처하게 되었다. 그 쇠퇴의 원인을 살펴보면 우선 과거의 선법수행의 방법에서 벗어나지도 못했고 선법 실천수행에 대한 새로운 이론적 보충과 선법의 실천에 대한 새로운 방법을 모색하지도 못했으며 더욱이 시대의 환경에 알맞은 새로운 수행법을 제시하지도 못했다. 게다가 명대의 종교정책으로 인한 엄격한 규제가 가해지면서 점점 더 침체되어 갔다.

명대 말엽 한 번의 부흥운동이 이어졌지만 불씨는 활활 타오르지 못하고 사그라지고 말았다. 그러나 제 종파의 융합은 명나라 말엽 불

390 　사구교(四句敎) 왕양명(王守仁)이 만년에 지은 것으로 "無善無惡心之體, 有善有惡意之動, 知善知惡是良知, 爲善去惡是格物." 이 구교는 왕양명의 반평생의 학술을 개괄적으로 나타낸 것이라고 하는데 이것에 대해서 찬반의 논쟁이 아직까지도 끊이지 않고 있다. 그러나 일반적으로는 첫 번째 구인 '無善無惡心之體'라는 관점은 왕양명이 불교의 영향을 깊이 받은 것으로 알려져 있다.

교의 특색 가운데 하나였다. 위에서 잠깐 언급했듯이 당시 선종의 선
승들은 실천보다는 이론에 치중하면서 불교융합을 바탕으로 부흥을
추진한 경향이 있었다. 이 점은 청나라 이후 불교의 기본적인 발전의
방향을 제시했다고 할 수 있다.

9
청나라 선종의
정황

청나라 선종은 기본적으로
명나라 선종의 유업을 이었다

청대의 불교는 순치원년(順治元年: 1644)에서 선통(宣統: 1911)까지 268년을 말한다. 청대의 불교 정책은 거의 명대를 계승했다. 먼저 불교의 관리 방면에서 명대의 승관 제도를 따랐고 수도에 승록사(僧錄司)를 설립해서 중앙부서에서 관리하도록 했다. 게다가 일체의 승관(僧官)의 직별(職別) 및 명칭도 명대와 다름이 없다. 청대 불교의 각 종파도 역시 명말의 유업을 계승했으며 모든 종파 가운데서 선종이 가장 성행했고 다음으로 정토종·천태종·화엄종·율종·법상종 등의 순으로 이어졌다.

청나라는 소수민족이 통치했던 국가이다. 청나라 정권이 중원 땅으로 입관(入關)하기 전에 청나라는 대체로 살만교(薩滿敎)[391]와 티베트 불교의 영향을 많이 받고 있었다. 이들은 중원 땅에 입관한 후에 비로소 중국 사람들의 종교 신앙에 대해서 알게 되었다. 청나라 세조인 순치황제를 시작으로 선종의 선사들과 교류를 갖기 시작하면서 중국 선종에 대해서 알게 되었다고 한다. 일설에 의하면 순치황제가 가장 총애했던 후궁이 죽자 너무 무상함이 절실해서 출가를 결심하고 머리를 삭발하였다고 한다. 그러자 그의 모친인 효장황후가 급히 남방의 임제종 선사인 옥림통수(玉林通琇: 1614-1675)를 궁전으로 모셔와서 출가를 만류했다고 전해진다.

당시 순치황제는 일찍이 "짐은 장차 문교를 일으키고 유술을 숭상할 것이다."[392]라고 했다고 한다. 순치황제가 유교를 숭상하고 문교를 일으킬 때 비로소 선종에 대한 탐구를 시작했다. 그가 먼저 선종에 대해 알게 된 것은 감박성총(憨璞[393]性聰)으로부터이다. 감박성총은 순치황제에게 선종의 역사 및 분포·정황 등에 대해서 자세하게 소개해 주었다. 그로 인해서 순치황제는 선종에 대해서 크게 흥미를 느끼기 시작했다고 한다. 게다가 그는 순치황제에게 전국의 유명한 고승들의 명단을 알려 주었고 순치황제는 그들 모두에게 북경으로 와

---

391 살만교(薩滿敎)는 원시종교를 바탕으로 성립된 일종의 민간신앙이다. 중국의 동북 변방 지방 및 우랄알타이 계통의 민족들이 신앙했다. 몽골족, 돌궐족 등이 그 예이다.

392 黃夏年 主編,『禪宗三百題』, 上海古籍出版社, 2000년, p.506. "朕將興文敎, 崇儒術."

393 옥돌 박.

서 황제를 알현하라는 조서를 내린 적이 있다. 그중에서도 강남의 임제종 선사인 옥림통수를 중용하였다. 또 순치황제가 참선을 좋아해서 승려들과 공안 화두를 참구했다고 한다.

순치황제의 아들 강희황제[聖祖]는 비록 선종에 대해서 잘 알지는 못했지만 선승들과 왕래가 있었다. 또 그는 일찍이 명대 임제종의 선승인 비은통용(費隱通容: 1593-1661)이 저술한『오등전서(五燈全書)』의 서(序)를 썼다. 그러나 청대의 황제 가운데 선종에 대해서 비교적 잘 아는 황제는 옹정제(雍正帝)이다. 그는 일찍이 말하기를 "짐이 소년 시절에 내전을 열독하는 것을 좋아했지만 오직 사모(동경)한 것은 불사일 뿐이다. 모든 공안에 대해서 전반적으로 해로(解路)로써 깊이 탐구해 보았지만 마음으로 선종을 경시했다. 이른바 여래 정교는 반드시 이와 같지 않을 것이다."[394]라고 했다.

청대의 사료서인『동화록(東華錄)』에서 그는 스스로 "정미롭게 이학(理學)의 근원을 탐구하고 성종(性宗)의 이치를 철저하게 연구를 했다."[395]라고 하면서 또 말하기를 "한가로울 때 승려들과 더불어 내전을 담론하였다[閑暇之時, 與僧人談論內典]."고 했다.

이같이 그의 선종에 대한 태도는 선종은 여래 정교가 아니라고 여겼으며 선종의 송고공안(頌古公案)에 대해서 업신여기는 태도를 취했

394　『御選語錄』권2,『卍新續藏 』권68, p.0696a16. "朕少年時, 喜閱內典, 惟慕有爲佛事. 於諸公案, 總以解路推求, 心輕禪宗. 謂如來正敎, 不應如是."
395　『東華錄』"精究理學之源, 究徹性宗之旨."(이 책은 청초의 중요한 역사 사료이다.)

다. 그는 20여 년 동안 선종의 전적에 관해서도 연구를 하였는데 그의 결론은 "설사 어록을 방치할지언정 다시는 재차 20년을 열람하지 않을 것이다."라고 하면서 "짐이 열독한『지월록(指月錄)』『정법안장(正法眼藏)』,『선종정맥(禪宗正脈)』,『교외별전(敎外別傳)』등의 책은 고덕들의 기연어구(機緣語句)를 가린 것일 뿐 모두 다 복잡하고 (이치에) 어긋난다."[396]라고 했다. 그는『어제간마변이록(禦製揀魔辯異錄)』에서 선을 바라보는 관점을 분명히 하였는데 즉 한월법장(1573-1635) 계통의 선어를 매우 싫어했고 밀운원오(密雲圓悟: 1566-1642) 계통의 법어는 칭찬하였다. 이 외에도 그는『어선어록(禦選語錄)』에서 그가 이해한 관점에서 역대 선사들의 어록과 저작을 선택해서 평론했다.

　선종은 명나라 말엽까지도 계속해서 흥성하는 분위기였으며 청나라 초에도 그러한 분위기는 지속적으로 이어졌다. 특히 사대부 가운데 상당 부분의 사람들이 여러 가지의 이유로 인해서 총림으로 눈을 돌리거나 혹은 현실에서 도피해서 스스로 유유자적했다. 이러한 풍조는 민간에도 많은 영향을 주었다. 그러나 이때의 선종은 새로운 교리체계와 사상체계를 창조하지는 못했고 다만 선적(禪籍) 정리와 예술 방면에 약간의 창작이 있기는 하였다. 예를 들면 선적 방면에서 적지 않은 승려들이 선종에 관한 등사(燈史)를 저작했고 선화 방면에서 보

396　『禦選語錄』권18,『卍新續藏』권68, p.696b15. "縱而棄置語錄. 不復再覽者二十年.", "朕 閱指月錄. 正法眼藏. 禪宗正脈. 敎外別傳諸書. 所選古德機緣語句. 皆錯雜不倫."

하(普荷)³⁹⁷ · 점강(漸江)³⁹⁸ · 팔대산인(八大山人)³⁹⁹ · 곤잔(髡殘)⁴⁰⁰ · 석도(石濤)⁴⁰¹ 등을 꼽을 수 있다. 이들이 그린 선화는 최고의 경지에 이르렀으며 이 가운데서도 점강 · 팔대산인 · 곤잔 · 석도는 선화 방면에서 청초의 4승[清初四僧]이라고 칭하기도 한다.

청초의 선종은 비교적 넓은 지역에서 유행하고 있었다. 명나라 말엽 본래 강남 위주로 발달하고 있었으며 대략적으로 종파는 임제종 계통의 천동계(天童系)와 반산계(磐⁴⁰²山系), 조동종 계통의 수창계(壽昌系)와 운문계(雲門系)가 유행하고 있었다. 오래지 않아서 광동성과 복건성의 선종은 강서(江西)와 절강(浙江) 지역의 유행 추세를 뛰어넘었

---

397 보하(普荷: 1593-1673)의 속성은 당(唐) 씨이고 자는 대래(大來)이다. 명나라가 망하고 출가해서 승려가 되었다. 법명은 통하(通荷)인데 후에 보하로 개명했으며 운남성 계족산에 은거했다. 동기창(董其昌)과 가깝게 지냈다.

398 점강(漸江: 1610-1664)의 속성은 강(江) 씨이고 자는 육기(六奇)이며 법명은 홍인(弘仁)이다. 자호는 절강학인(漸江學人) 혹은 절강승이고 또 호는 무지(無智), 매화고납(梅花古衲)이다. 신안화파를 창시한 인물이며 영수이기도 하다. 황산파(黃山派)에 속한다.

399 주탑(朱耷: 1626-1705)은 명말 청초의 화가이다. 중국화의 일대종사라고 칭송받는 인물이다. 그는 처(妻)가 죽고 나서 출가를 했다. 법명은 운거(雪個)이고 호는 팔대산인(八大山人) · 개산(個山) · 인악(人屋) · 도랑(道朗) · 인암(刃庵) 등이 있다.

400 곤잔(髡殘: 1612-1673)은 청나라 때 화가이자 승려이다. 속성은 유(劉) 씨이고 법명은 곤잔이다. 자는 개구(介丘)이고 호는 석계(石溪) · 백독(白禿) · 석도인(石道人) · 석계도인(石溪道人) · 잔도인(殘道者) 등이 있다. 석도(石濤)와 함께 이석(二石)이라고 한다. 또 팔대산인 홍인(弘仁) 석도와 함께 청초사화승(清初四畫僧)이라고 칭한다.

401 석도(石濤: 1642-1708)는 청초의 화가이자 승려이다. 법명은 원지(元濟: 原濟)이다. 속성은 주(朱) 씨이며 남명(南明)의 원종황제(元宗皇帝) · 주형가(朱亨嘉)의 아들이다. 별호가 많다. 예를 들면 대조자(大滌子) · 청상노인(清湘老人) · 고과화상(苦瓜和尚) · 할존자(瞎尊者) 등이 있다. 홍인(弘仁) · 곤잔(髡殘) · 주탑(朱耷)과 함께 청초사승[清初四僧]이라고 칭한다.

402 너럭바위 반.

다. 북경의 선종은 완만하게 발전하였으며 그 원인은 북경에는 각종 종파의 사원이 집중되어 있었고 청나라 황실은 라마교를 신봉하면서 중국[漢族] 사원은 대부분 개인 위주의 경영을 하다 보니 발전 속도는 라마교와 비교가 되지 않았다. 당시 동북지방의 선종은 거의 영향력이 없었으며 어떤 선승들은 동북지역의 신도들이 특별한 요청을 하면 전법을 했다.

이 외에도 사천성·협서성 등의 지역에서도 약간의 선승들이 전법활동을 하였으며 발견된 비문에 보면 임제종과 조동종이 균등하게 활동하고 있었다. 특히 파촉(巴蜀: 중경)과 서남지역(운남 귀주)[403]은 파산명해(破山明海: 임제종) 계통의 지파(支派)가 가장 많이 발달했다.

명말 임제종과 조동종의 분포를 살펴보면 대략적으로 다음과 같다. 임제종의 천동밀운(天童密雲)계에 한월법장(漢月法藏: 1573-1635)·비운통용(1593-1661)·목진도서(木陳道忞: 1596-1674)·파산명해(破山明海: 1579-1666) 등[404] 네 지파가 가장 번성하였다. 이 가운데 파산명해는 사천성 일대에서 임제종의 지파로 이름을 떨쳤다.

이 외에도 각 지파의 법을 이은 제자들이 각처에서 활발하게 활동했다. 반산천은(磐山天隱) 계통은 약암통문(箬庵通問)과 옥림통수(玉林通琇)가[405] 유명하다.

---

403 금전(黔: 귀주滇: 운남).

404 中國佛敎協會 編輯, 『中國佛敎』第1集, 知識出版社, p.125.

405 中國佛敎協會 編輯, 『中國佛敎』第1集, 知識出版社, p.125.

조동종은 수창계(壽昌系)와 운문계(雲門系) 두 지파가 비교적 중흥했다. 중원 땅에 청나라가 입각하고 나서 수창계는 무명혜경(無明慧經)의 법제자인 박산무이(博山無異)·영각원현(永覺元賢)·회대원경(晦台元鏡)[406] 등이 각각 명성을 떨쳤다. 이 가운데 박산무이는 강서에서 크게 이름을 떨쳤으며 그는 우리나라에도 알려진 『참선경어(參禪警語)』를 지은 한 선사이다. 그의 문하 제자들이 영남(嶺南)과 강북(江北)에서 선법을 전했다. 운문계는 담연원징(湛然圓澄) 이후 그 세력이 매우 흥성했으므로 당시 이 지역에서 활약했던 임제종의 천동계와 고하(高下) 및 상하(上下)를 비교할 수 없는 상태였다.[407] 이 담연원징의 문하에 몇몇 뛰어난 선사들이 선법을 펼쳤으며 청초까지 대종장으로 이름을 떨쳤다.

명대 이후 선종의 각 파 선승들은 경쟁적으로 등록 세보(世譜)를 지었다. 이러한 풍토는 청대에도 이어져서 더욱더 유행했다. 청대에 찬술된 『전등록』과 승사(僧史)는 적지 않은 저작이 남아 있다. 청나라 초에 선종의 풍토는 대부분 선사가 개당 설법하거나 혹은 어떤 선사가 입적하면 그 문하의 문도들이 그에 관한 행장 및 흩어진 어록을 수집하고 집록해서 출판을 하였다.

한편 청대의 옹정제가 선종에 개입하고 개조한 후 청대의 선종은

---

406 中國佛教協會 編輯, 『中國佛教』第1集, 知識出版社, p. 125.

407 中國佛教協會 編輯, 『中國佛教』第1集, 知識出版社, p. 126.

명나라 말엽부터 간화 공안에 대해서 제멋대로 하던 선풍을 강습(講習)이라는 풍조로 전환하였다. 그 후 청대의 사상에 대한 전제(專制)에 따라서 선종의 운명은 더욱 쇠퇴해 갔으며 청 말에 이르러서 선종은 이미 사회에 어떠한 영향력도 없었고 영향력을 행사할 만한 걸출한 인물도 없었다. 더욱이 기타 종파 간에 서로 합류하면서 선사들 대부분 참회기도 등으로 생계를 유지하는 신세가 되었다. 사회에서 불교에 관심 있는 사람들은 대부분 거사가 많았고 게다가 그들은 적지 않은 불교에 관련된 책을 저술했다. 그들은 교리에 관해서 깊은 연구를 하였는데 선종에 관한 것만이 아니고 각 종파의 교리를 선택해서 연구를 진행했다. 이러한 현상이 또한 선종을 몰락하게 하는 하나의 원인이 되었다.

총체적으로 볼 때 선종이 청대에 이르러서 쇠락한 것은 역사의 변천 과정에서 만들어진 자연스러운 결과물인지도 모른다. 즉 "천하가 나누어진 지 오래되면 반드시 합하게 되고 합한 것이 오래되면 반드시 나누어지기 마련이다[天下分久必合 合久必分]."라고 했듯이 세월의 부침 속에서 선종의 흥망성쇠도 피할 수 없는 과정을 겪었다고 하겠다. 때문에 중국선종의 형성은 인도불교가 중국에 전해져서 중국인들의 눈높이에 맞게 그들이 소화한 불교의 진수를 실제 상황과 현실에 맞게 수립된 종파라고 할 수 있다.

비록 청대의 선종이 시절과 함께 침체를 맞으면서 몰락을 가져왔지만 선종의 몰락은 외부의 요인으로 인해서 무너진 것은 아니다. 선종의 본래 임무는 활발발하고 생명력이 넘치는 자세로 자성을 개발하고 임운소요 자연무위의 생활을 영위하는 것을 근본 목적으로 그 명맥을 유지해 왔다. 그러나 시간이 지나면서 선종은 이러한 생명력을 잃어 갔고 시대를 아우르는 새로운 수행법도, 새로운 사상적 내용도 창조하지 못하면서 다시는 재기할 수 없는 상태에 이르게 되었다.

물론 각 시대의 정치적 상황으로 인해서 때론 선종의 역할이 왜곡되기도 했다. 그러나 청대에 이르러서 근본적으로 시대를 초월하는 새로운 안목을 발휘하지 못한 채, 도리어 시대에 순응하게 되면서 심지어는 자기의 본래 색깔조차 구분하지 못하는 지경에 빠지게 되었다. 몇몇 걸출한 선사들께서 선종의 재흥을 꿈꾸어 보았지만 청말의 어수선한 시대적 상황 속에서 종자는 있지만 부화하지 못한 종자로 남게 되었다. 다시 말해서 청말의 선종은 결국에 각종 종파와 융합을 거치면서 본연의 자태를 거의 잃어버리고 말았다.

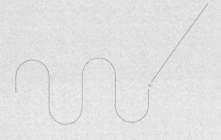

VIII
기타

1
삼교 및
한유와 선종

유교와 불교는 중국 역사 이래로
서로 조화를 이루면서 발전해 왔다

중국 사상사에서 유불도는 상호 조화를 이루면서 유구한 역사와 함께했다. 불교는 인도의 석가모니 부처님을 기원으로 하며, 유교는 공자를 효시로 하고, 도교는 노자와 장자를 기원으로 한다.

중국의 한나라 초에 한때 도교가 유행한 적이 있었는데 한나라 이후 도교는 사실 장도릉(張道陵)이 창건했다고 한다. 유가는 일반적으로 종교라고 하지 않는다. 물론 한나라 때 동중서(董仲舒)라는 유학자가 유교를 종교화하려는 시도가 있었지만 성공하지 못했다. 위진 남북조 시대 이래로 이 세 가지를 삼가(三家) 혹은 삼교(三敎)라고 부른다.

초창기의 도교 이론은 비교적 옅으며 처음에는 실재로 이론체계 및 수행체계도 수립된 것이 없었다. 외래에서 유입된 불교를 만나면 서부터 이론 방면(사실은 경제 방면)에서 모순적인 대립을 했을 뿐만 아니라 처처에 서로 대립각을 세웠다. 사실 도교는 복식(服食) 연단(煉丹: 단약) 방술(方術) 이외에 이론 방면에서 불교와 상대가 될 수가 없었다. 도교는 목숨을 걸고 불교를 반대하면서 다른 한편에서는 몰래 불교의 이론 사상 등을 표절했다.

도교의『태평경(太平經)』『노자화호경(老子化胡經)』등은 모두 이러한 과정을 통해서 만들어 낸 표절 작품들이다. 전설에 의하면 이 책들은 서진도사(道士) 왕부(王浮)가 위조했다고 전해진다. 도교는 노자의 탄생과 이적 등 모두 석가의 탄생설화를 베낀 것이며 도교의 계율 등도 불교를 모방한 것이다.[408] 또 도교는 천태종의 제2조인 남악혜사(南嶽 惠思: 515-577)의『발원문(誓願文)』을 표절했다.[409]

남조 시기 갈홍(葛洪: 284-364) 도홍경(陶弘景: 456-536) 등은 도가의 대표적 인물이다. 갈홍의 저서로『포박자(抱樸子)』가 있고 이 책에서 현(玄)이라는 개념을 제시해서 천지만물의 근원으로 삼았다. 그는 온 힘을 다해서 복식, 연단, 방술, 신선 등을 제창했다. 도홍경의 저술로『진고(眞誥)』가 있다. 또 그는 아주 유명한 연단가(煉丹家)이자 정객(政客)이었

---

408 季羨林 지음,『佛敎十五題』, 中華書國, 2007. p.171.
409 季羨林 지음,『佛敎十五題』, 中華書國, 2007. p.173.

으며 호를 산중재상(山中宰相)이라고 했다.[410]

갈홍과 도홍경은 모두 신선과 불로장생을 선양했던 사람들이다. 이러한 자세는 통치자를 현혹하기도 했다. 때문에 이들이 주장했던 사상은 기본적으로 불교와는 전혀 다른 물과 불 같은 관계였다. 현존하는 도교의 방대한 도장(道藏)의 내용도 긴 시간을 통해서 불교를 모방한 작품들이다.

반면에 불교는 탄탄한 이론적인 체계를 바탕으로 실천수행을 강조하면서 동시에 실천수행을 통한 검증된 체험의 세계를 설하고 있다. 또 불교는 공환(空幻), 환유(幻有)를 주장해서 해탈 열반을 추구하면서 생사윤회를 벗어나기를 강조하고 무생(無生) 즉 무자성(無自性)을 주장한다. 불교의 이러한 사상에 대해서 도교는 격렬한 반대와 논쟁을 하였다. 이러한 내용은 양승유(梁僧裕)가 지은 『홍명집(弘明集)』과 당도선(唐道宣)이 지은 『광홍명집(廣弘明集)』에 수록되어 있다.[411]

불교가 최초로 중국에 전해질 때 유교와는 모순이 없었다. 후한 모융(牟融)이 지은 『이혹론(理惑論)』은 유교와 도교를 인용해서 불교를 설명하고 있다. 삼국 시대에 강승회(康僧會)는 불교도로서 유교와 도교를 주동적으로 조화롭게 논했다. 위진 남북조 시대에도 유교와 불교는 서로 영향을 주면서 역사와 함께 공존해 왔다. 동진 시대의 손작

---

410   季羨林 지음, 『佛敎十五題』, 中華書國, 2007. p.172.

411   季羨林 지음, 『佛敎十五題』, 中華書國, 2007. p.172.

(孫綽)은 일찍이 『논어주기(論語注記)』를 지은 사람으로 지도림[支遁]을 가까이하면서 『유도론(喩道論)』을 지었다. 여기서 그는 유교와 불교는 근본적으로 한집안이라고 하면서 "주공이 곧 불타이고 불타가 곧 주공이다. 대개 내외의 이름이 될 뿐이라고 했다."[412]라고 했다. 이때 유가(儒家)의 선비들 중 많은 사람들이 불교로 귀의했으며 불교도 역시 유교를 배척하지 않았다. 이른바 여산십팔고현(廬山十八高賢) 중 뢰차종(雷次宗), 종병(宗炳) 등은 모두 유교의 선비로서 정토를 수행했다. 여산의 혜원선사 역시 유가를 깊이 연구했다.

남북조에서 수당에 이르기까지 많은 출가자가 유학자 집안의 출신들이었음을 감안할 때 유교와 불교는 서로 매우 밀접한 관계를 유지하고 있었다고 할 수 있다. 물론 당나라 때 한유 등은 예외라고 할 수 있지만 유교는 도교처럼 극단적인 대립이 없었고 다만 개인적으로 반대한 정도였다. 그러나 불교는 유교를 가장 하위에 두는 판교[413]를 하였다.

당나라에 접어들면서 유생들이 비교적 불교를 많이 반대하였는데 그 이론이 그리 깊고 체계적인 것은 아니었다. 위에서도 잠깐 언급했듯이 한유를 꼽을 수 있는데 그 역시 불교에 대해서 그리 깊은 식견을 가지고 비판한 것은 아니었다.

---

412 周孔卽佛, 佛卽周空, 蓋內外 名之耳.

413 화엄판교 예) 1. 인천교 2. 소승교 3. 대승법상교 4. 대승파상교 5. 일승현성교 이외에 가장 하위는 도교와 유교를 가리켰다.

예를 들어 그가 지은 『원도(原道)』를 보면 더욱 극명해진다. 그는 유학자의 입장에서 유교 전통을 통해서 중국 전통문화를 보호하려 했으며 이른바 도통(道統)이라는 이론을 수립해서 유가의 덕목인 '격물(格物), 치지(致知), 성의(誠意), 정심(正心), 수신(修身), 제가(齊家), 치국(治國), 평천하(平天下)'를 가지고 유가를 보호하려 했다. 그는 불교의 면세, 부역 혜택 등에 대한 불만과 승려들이 노동하지 않고 무위도식한다고 여기면서 불교를 맹렬하게 비판했다. 한유는 훼불할 것을 제창했을 뿐만 아니라 승려들을 환속하게 하고 사원을 개조해서 일반 백성이 주하게 하여야 한다고 주장했다. 유종원(柳宗元)도 한유와 함께 복고운동을 했지만 그는 말하기를 "본인은 어려서부터 불교에 호감이 있으며 이미 30년이 지났다고." 했으며 부모님의 49재를 지냈다.

한유(韓愈: 768-824)의 자는 퇴지(退之)이다. 등주(鄧州) 인이며 세칭 한창려(韓昌黎)라고도 한다. 그는 불교사에 등장하는 태전선사와 홍연의 일화 속의 주인공이다.[414] 당대의 유명한 철학가, 문학가, 교육가이면서 당송팔대 문장가 중 한 사람으로서 문성(文聖)이라고 칭하기도 한다. 한유는 우리 불교사에서 지울 수 없는 기억을 남긴 인물이다. 그는 처음에는 불교를 배척하였지만 귀양처에서 태전선사와 만남으로 인해서 호불(好佛)로 바뀐 인물이다. 그의 도통학(道統學) 및 불교를 비

---

414 한유가 태전선사를 유혹하려고 홍련이라는 기생을 보내자 태전선사가 시로써 물리친 내용이다. "十年不下竺嶺峰, 觀色觀空卽色空, 如何一滴曹溪水, 肯墮紅蓮一葉中."

판한 사건은 송명이학 발전에 깊은 영향을 주었다.

한유는 천명(天命)을 신봉하면서 천(天)에는 의식이 있다고 여겼다 (한나라 때 동중서 역시 천명 사상을 숭상했다). 그래서 천(天)은 세인들에게 빈부귀천 길흉화복을 준다고 여겼다. 그는 천명(天命)의 존재는 인정하지만 다만 인간이 짓는 것 또한 의의(義意)가 없는 것은 아니라고 여겼다. 한유는 비록 천(天)에 의지가 있다고 여겼지만 다만 하늘의 의지가 선인(善人)은 화를 만나고 악인(惡人)은 복을 얻는다고 여겼다. 그러나 이러한 그의 관점은 전통적인 천명론인 '하늘은 사람의 원하는 바를 따른다.'[415]와는 상반되는 상선벌악(賞善罰惡) 설법이다. 이러한 그의 관점은 아마도 자신의 처지를 빗대어서 생각한 것일 가능성이 높다. 즉 옳은 일을 한다고 황제에게 상소를 올렸는데 결과는 자신이 귀양을 간 처지가 되고 말았기 때문일 것이다.

당나라 헌종(憲宗)년에 국가적인 행사로 부처님 사리를 봉안하는 성대한 불교 의식을 행하였다. 법문사의 부처님 손가락 사리[手指骨]를 모셔 궁중에서 공양하는 의식이었다. 이 의식은 불교 신자들에게는 대단히 고무적인 장면이었다. 그러나 한유는 이러한 불교 의식에 대해서 매우 못마땅하게 생각하여 「논불골표(論佛骨表)」라는 상소를 올리게 되었다. 그는 부처님 사리를 궁 안에 영접해서 법회를 봉안하는 것은 매우 어리석은 짓이라고 비판하면서 헌종에게 상소를 해서 옛

---

415 "天從人願."

적의 양무제를 빗대어서 말하기를 "불사를 해서 복을 구하면 더욱 화를 입는다."고 했다.

또 비평하기를 "불불족신(佛不足信)"이라고 하면서 불교는 본래 오랑캐의 것인데[佛本夷狄], "입으로 선왕의 법을 말하지 않고 몸은 선왕의 법복을 입지 않고 군신의 의와 부자의 정을 알지 못한다."[416]라고 하면서 "부처가 죽은 지 이미 오래되어서 말라서 썩어 버린 뼈다귀에 불과한데 어떻게 황제께서는 죽어서 오래된 뼈다귀를 친히 궁정에 맞아들이는지 신(臣)이 실로 부끄러울 뿐입니다."라고 하며 "지금부터 이 뼈를 없애고 영원히 근본을 끊고 천하에 의심을 끊게 해서 후대에 의혹을 끊어야 합니다."[417]라고 상소를 올려서 대담하게 황제를 훈시하였다.[418]

위에서 말한 것처럼 한유는 부처님의 사리를 모신다는 것은 너무도 황당한 것으로 사리를 불에 태워 영원히 그 화근을 없애야 한다고 상소를 올렸다가 헌종의 분노를 사서 즉시 처형하라는 황제의 어명이 떨어졌는데 배도(裴度), 최군(崔群) 등의 적극적인 보호로 극형은 면하고 조주자사(潮州刺史: 지금 광동성 작은 해안 도시)로 좌천되었다. 그런데 유배지에서 태전선사(大顚禪師)를 만나면서 말년에 도리어 선종에 심

---

416 『舊唐書』「韓愈傳」"口不道先王之法言. 身不服先王之法服. 不知君臣之義. 父子之情."

417 『舊唐書』「韓愈傳」"乞以此骨付之水火, 永絕根本, 斷天下之疑, 絕後代之惑."

418 『佛祖統紀』권54,『大正藏』권49, p.473c29. (불조통기에 보면 한유가 당헌종(唐憲宗)에게 부처님 지(指)사리를 궁전에 모셔와서 법회를 여는 것을 극력하게 반대하면서 올린 상소문이 자세하게 수록되어 있다.)

취하게 되었다.

한유가 황제의 노여움을 받고 조주에 유배되었을 때 어느 날 길에서 고승을 만났다. 모양새가 매우 흉악하게 생겼는데 특히 입 밖으로 삐져나온 두 개의 치아가 더욱더 보기가 흉한 형상이었다. 한유는 분명히 저 스님은 절대로 좋은 사람이 아닐 것이라고 단정하고 마음속으로 '저 입 밖으로 삐져나온 치아를 없애 버리면 좋겠다.'고 생각했다. 관아에 돌아오니 문지기가 빨간 주머니[紅包]를 하나 주면서 어떤 스님이 주고 갔다고 했다. 그가 그 빨간 주머니를 열어 보자 그 안에 두 개의 치아가 있었는데 조금 전에 본 그 스님의 치아와 똑같이 생긴 것이었다. 그는 생각했다. '내가 입 밖으로 소리 내어 말한 것도 아닌데 어떻게 알았단 말인가?' 그는 사람을 보내서 그 스님에 대해서 알아보게 하였다. 만나서 대화를 해 보니 그 유명한 조주 영산사(靈山寺)의 태전선사였다. 태전선사는 박학다식한 선승으로 유명했다. 한유는 외모를 보고 사람을 판단한 것을 부끄럽게 생각하고 선사에게 사과했다. 이후 두 사람은 깊은 교류를 하였으며 후래인들이 이들의 아름다운 우정을 기념하기 위해서 암자를 지었는데 이를 고치암(叩齒庵)이라고 한다.

2
송대의
운문종

운문종은 송대 임제종과 함께
선종의 쌍두마차 역할을 했다

북송 초 선종의 분포를 살펴보면 임제종·조동종·운문종이 대세를 이루고 있었다. 물론 이 가운데서 조동종이 약간 처지기도 했다. 특히 한국불교 수행을 대표하는 간화선을 주장했던 임제종의 대혜종고를 전후로 해서 조동종·운문종에서 걸출한 선사가 많이 배출되었던 시기이다. 그러나 한국에는 웬일인지 임제종의 선법만 전해졌고 그 외 운문종·조동종의 선사들과 선법에 대해서 크게 알려진 바가 없고 고려 때 잠깐 법안종이 유행했다.

송초 북방 지역의 불교계는 법상종과 화엄종, 율종이 가장 영향이 있었으며 승려들을 관리하는 최고의 기관인 좌우가승록(左右街僧錄)에서 책임자 승관을 가장 많이 배출한 종파도 위에서 언급한 3종파의 교학 계통의 고승들이었다.[419] 그러나 이러한 종파들은 이론 혹은 명상 개념이 번다하고 의리(義理)가 깊고 심오하였고 특히 율종은 세밀한 계율 규정 및 금계 등으로 인해서 당시 사대부들에게 그리 큰 영향을 미치지는 못했다.

이때 천태종과 선종은 강소성과 절강성 일대에서 신속하게 발전해가고 있었다. 선종은 자수자오(自修自悟)를 중시하면서 식심견성(識心見性)을 주장하는 것과 동시에 독특한 수행법을 제시해서 많은 사람의 이목을 집중시켰고 날이 갈수록 유가 사대부들의 주목과 환영을 받았다. 특히 당시의 황제와 조정의 정관계 대신들의 지지를 받았는데 몇몇 유명한 인사들을 살펴보면 다음과 같다.

황제로서는 진종(眞宗: 997-1022)과 인종(仁宗: 1022-1063)이 전후로 해서 선종을 지지하였고 사대부로서는 양억(楊億)[420]·이유(李維)[421]·조형(晁迥)[422] 등의 인물을 꼽을 수 있다.[423] 경성의 사대부 계층 인사들 가운데 많은 사람이 선종에 대해서 흥취와 관심을 가지면서 주위의 이목

---

419 양증문 지음, 『송원선종사』, 중국사회과학출판사, 2005년, p.105.

420 양억(楊億: 974-1020)의 자는 대년(大年)이며 지금의 복건성 포성(浦城縣)사람이고 북송 때의 문학가이다.

421 이유(李維)의 자는 중방(仲方)이고 송태종 옹희(雍熙) 2년에 진사가 되었고 송대의 시인이며 이항(李沆)의 동생이기도 하다.

422 조형(晁迥: 951-1034)의 자는 명달(明遠), 북송 때 관료이다. 송 태종 태평흥국(太宗 太平興國) 5년에 진사가 되었다.

423 양증문 지음, 『송원선종사』, 중국사회과학출판사, 2005년, p.105.

을 끌기 시작했으며 선종은 이러한 기회를 놓치지 않고 광범위하게 전파해 나갔다.

운문종은 오대 시기에 광동성 소주(韶州: 지금의 광동성 乳源縣)에 위치한 운문사의 운문문언(雲門文偃: 864-949)에 의해서 창립되었다. 운문문언이 소주(韶州) 운문산 광태선원(光泰禪院)에서 오랫동안 주했기 때문에 산의 이름을 따라서 운문종이라고 칭한다. 운문종의 종조(宗祖)가 되는 운문문언은 청원행사의 계통이다. 운문종은 오대에 발흥해서 송대에 번성하였으나 남송부터 쇠락하기 시작하였으며 원나라 초에 이르러서는 이미 그 법맥을 찾아볼 수 없게 되었다.

운문종은 오대십국 가운데 광동성 광주에 수도를 정했던 남한(南漢) 정부의 지지를 기반으로 매우 흥성했으며 대각선사(大覺禪寺)가 운문종의 종찰이다. 운문종의 창종 도량은 그로부터 남한 백용(南漢 白龍: 927)에 남한왕(南漢王)이 신칙으로 광태선원이라고 했다. 그 후 또 증진선사(證眞禪寺)로 고쳤으며 남한대보(南漢大寶: 963)에 이르러서 또다시 대각선사(大覺禪寺)로 고쳐서 지금까지 계속해서 사용하고 있다. 다만 이 사찰이 운문산 자락에 있어서 사람들이 습관적으로 운문사라고 부른다.

당시 운문문언의 문하에서 참선하는 자가 출가 제자뿐만 아니라 재가의 제자를 포함해서 천여 명이나 되었다고 전해진다.[424] 또 운문문언의 선법을 계승한 제자들도 많은데『경덕전등록(景德傳燈錄)』,『천

---

424   양증문 지음,『송원선종사』, 중국사회과학출판사, 2005년, p.86.

성광등록(天聖廣燈錄)』,『전법정종기(傳法正宗記)』등에서 법을 이은 제자들의 숫자를 적시하고 있는데 어록마다 조금씩 기록이 다르다.

오대로부터 북송 초의 태조(太祖), 태종(太宗) 때가 운문종의 발전사에 있어서 비교적 영향력이 컸던 시기이다. 북송의 운문종은 북송 초 운문의 제자인 2-3세를 거치면서 신속하게 전파하였고 운문 문하에 4-6세 시절에 대체로 송 인종(仁宗) 중엽에서 휘종(徽宗: 대략적으로 11세기 중엽에서 12세기 초) 초기까지 전대미문의 발전을 이어 가고 있었다. 송 휘종 이전에는 운문종과 임제종이 쌍두마차 역할을 하였으며 따라서 당시 선종 가운데서 가장 활발한 활동을 한 두 종파였다. 운문종은 영남의 북쪽을 향해서 점차로 확장해 갔다.

이때 많은 영향력 있는 선사들을 배출했다. 대체로 운문 문하의 3-4대의 제자들이 여기에 속한다. 이 가운데서 원통거눌(圓通居訥)과 거산요원(居山了元: 1032-1098)은 절강성과 강소성 일대에서 비교적 안정적인 기반을 가지고 전파했고 설두중현은 당시 명주(현재의 절강성 영파)의 설두산을 중심으로 선법을 전파했는데 영향력이 매우 컸고 그를 가리켜 운문 중흥자라고 부른다.

또 운문종의 걸출한 선사로서 불일계숭(佛日契嵩)을 들 수 있는데 그는 비단 운문종에서뿐만 아니라 중국불교사 및 선종사에서도 길이 남을 걸출한 선사이다. 그를 일대효승(一代孝僧)이라고 칭하는데 유불일치(佛儒一致)인 유석(儒釋)융합론을 주장했다. 특히 유학자들의 배불 관점을 통렬하게 비판하면서 불가와 유가의 같은 점과 다른 점을 낱낱이 드러내서 논리적 체계를 바탕으로 유학자들의 배불의 잘못된 점을 지적해서 책으로 저술했다.

이때 운문종의 유명한 선사로서 『오등회원』에서 보면 익주의 청성 향림원(靑城 香林院)의 향림징원(香林澄遠: 908-987), 양주(襄州)의 동산수초(洞山守初: 910-990), 정주(鼎州) 덕산의 원명연밀(圓明緣密), 수주 쌍천산(雙泉山)의 사관명교(師寬明敎),[425] 소주 백운산의 자상실성(子祥實性)선사 등이 있다.

이 외에도 운문 문하의 유명한 선승으로 4세인 불일계숭, 천의의회(天衣義懷), 원통거눌, 육왕회련(育王懷璉), 거산원료, 5세인 혜림종본(慧林宗本), 법운법수(法雲法秀), 6세인 법운선본(法雲善本), 법운유백(法雲惟白) 등이 있다. 이들 일부는 형세가 뛰어난 지역의 사찰에서 선법을 전파했고 혹은 황제의 명에 의해서 경성의 황가의 사원에서 주지를 맡았으며 당시의 중앙정부의 관료나 지방에서 군사의 요직을 맡고 있는 사대부들과도 긴밀한 관계를 유지하고 있었다. 그래서 중국의 불교학자인 양증문 교수는 이 시기를 운문종의 발전사에서 가장 흥성한 시기에 진입한 때라고 정의하고 있다. 이후 운문종은 점점 쇠퇴의 길로 접어들었다. 이후 운문종의 유명한 선사로는 7세인 설봉사혜(雪峰思慧), 설봉종연(雪峰宗演) 등이 있다.

425　『五燈會元』권15, 『卍新續藏第』권80, p.308c17.

이들 제자 가운데 비교적 흥성했던 제자는 원명연밀, 사관명교, 향림징원, 동산수초 등이며 그중에 상수 제자는 향림징원이다. 그는 학인을 제접할 때 완전하게 운문 가풍으로 인도하였으며 향림징원의 문하에 지문광조(智門光祚)가 있으며 지문광조의 문하에 전법 계승자가 많았는데 그 가운데 우리 귀에 익숙한 설두중현이 있다. 또 설두중현 → 연경(延慶)→ 자영(子榮)→ 남화(南華)→ 보연(寶緣) 등이 활약했던 시절을 운문종의 중흥 시기라고도 한다. 위에서 언급한 것처럼 운문종은 북송 시대 한때 크게 성황을 이루었지만 기타 종파와 서로 융합하면서 운문종의 색깔을 잃어버리기 시작했다고 한다.

운문종의 흥성은 대략 200여 년 동안 이어졌으며 매몰된 주요 원인으로 일반적으로 여러 이유가 존재하고 평가도 또한 엇갈리지만 그 가운데서도 "날카롭고 험준하고[機鋒險絕], 사려(의도)하는 것을 용납하지 않으며[不容擬議], 통할 길이 없으며[無路可通], 상근자가 아니면 오입(悟入)을 하기 어려운 연고"라고 했다.

운문문언의 선법 사상의 총체적인 관점은 화엄종의 '도(道)'가 '성(性)'에 두루하다고 하는 관점을 기본 골자로 하고 있다. 즉 이재사사(理在事事: 이가 사사에 두루하다)와 사사구이(事事具理: 사사에 이를 구비했다)이다. 즉 이사무애의 관점을 관철한 것이다."[426]라고 했다. 즉 『화엄경』의 불신충만어법계(佛身充滿於法界)를 바탕으로 한 법신설과 대동소이

---

426   두계원, 위도유 저작, 『중국선종통사』, p.373.

한 사상이다.

다음은 운문종의 종풍을 살펴보겠다. 본종의 종풍으로 운문송삼구어(雲門頌三句語)와 운문삼구(雲門三句), 운문팔요(雲門八要)가 전해지고 있다. 이 외에도 여러 가지가 있지만 지면상 생략하고 위의 세 가지만 소개하겠다.

먼저 운문송삼구어를 살펴보면 운문종의 종풍은 험준(陡峻)하며 간결하고 명쾌한[簡潔明快] 것으로, 의도(사려)하지 않는 방법으로 참선자의 집착을 파제(破除)해서 자심을 돌이켜보는 것이다[返觀自心]. 운문종은 임제종과 같이 봉할준열(棒喝峻烈: 봉할로 준열히 꾸짖다)과 같지 않고 또한 조동종과 같이 정영면밀(丁寧綿密, 주도면밀: 정밀하기를 부촉한다)한 것과도 같지 않다. 그러나 격렬언사(激烈言辭: 치열·맹렬·극렬한 언사)로 미망한 사람들을 위해서 정식망상(情識妄想: 중생의 번뇌 망상)을 소탕하게 하는 것이다.

『인천안목(人天眼目)』에서 운문종의 선법을 개괄하기를 "운문종지는 중류를 절단하고 의도를 용납하지 않으며 범성의 길이 없고 정해(情解)로는 통할 수 없으며…, 높이 우뚝 솟은 험준한 산과 같아서 사람들이 함께하기가 어렵다."[427]라고 평을 했다. 즉 운문종은 용준(聳峻: 높고 험준하다)하고 기용이 신속하고[機用迅疾] 의도를 용납하지 않는 특

　『人天眼目』권2,『大正藏』권48, p.313a23. "雲門宗旨, 絶斷衆流, 不容擬議, 凡聖無路, 情解不通…, 孤危聳峻. 人難湊泊." 湊泊: "湊拍" "凝合" "聚合."

성이 있다. 때문에 선림에서 왕왕 운문천자(雲門天子), 운문일곡(雲門一曲)이라고 운문 종풍을 표현한다.

운문곡(雲門曲)은 원래 화하고곡(華夏古曲: 중국 고대 곡)으로 곡조(曲調: 가락)가 매우 깊어서 부르기가 어려우며 듣는 자도 또한 받아들이기가 어려웠다. 그래서 선림에서 운문종의 종풍을 이해하기가 매우 어려웠다고 한다. 운문종의 학인들도 마치 천자의 신칙과 같아서 한번 만기(萬機: 국가 지도급의 정무)를 결정하면 다시 물을 수 없었으며 따라서 사람들에게 조금의 여지도 남기지 않았기 때문에 운문천(雲門天)[428]이라고 했다고 한다.

다음은 운문삼구(雲門三句)이다. 운문문언이 대중에게 "함개건곤, 목기수량, 불섭세연"[429]이라고 했는데 대중이 대답이 없자 스스로 자답하기를 한 번에 삼관을 뚫어야 한다[一鏃[430]破三關]."라고 하면서, 함

---

428 『佛學大詞典』, 전자판, "운문종풍을 가리킨다. 선종이 각 종풍을 비교할 때 일반적으로 운문종을 운문천자 임제종을 임제장군, 조동종을 조동사민(曹洞土民)이라고 비교해서 말한다. 즉 운문천자는 운문종에서 학인을 제접하는 방식이 마치 천자의 명령과 같다고 한다. 한 번에 만기(萬機)를 결정해서 다시 묻지도 다시 응답하지도 않는 것으로, 사람들로 하여금 조금의 여지도 남기지 않는 것을 말한다. 마치 황제의 한마디 말이 모든 것을 결정하듯이…. 임제장군(臨濟將軍)은 임제종풍으로 곧 호환위기(互換爲機)라고 한다. 대체로 임제종은 스승과 제자가 서로 이리저리 문답을 주고받을 때 매번 호환기봉(互換機鋒)해서 주인과 객이 바뀌는 것이 임운(任運) 자재하고 활발하되 엄준(嚴峻)하고 죽이고 살리고 빼앗는 것을 전개하는 것이 마치 장군이 삼군(三軍)을 호령하고 꾸짖는 것과 같다고 한다. 조동사민(曹洞土民)은 조동종풍으로 은비은실(隱秘殷實)하다고 한다. 학인을 제접할 때 마치 농부가 묵묵히 밭을 경작하는 것과 같다고 한다. "

429 『雲門匡真禪師廣錄』 권중, 『大正藏』 권47, p.563a23. "函蓋乾坤, 目機銖兩, 不涉世緣, 作麼生承當."

430 화살촉 족, 화살촉 촉, 호미 착.

개건곤(函蓋乾坤)은 "절대적인 진리는 천지지간에 두루 퍼져 있고 전체 우주를 덮었으며, 목기수량(目機銖兩)은 스승이 학인들의 번뇌 망상을 단제해서 언어문자를 초월해서 학인들의 내심을 돈오하게 하는 것이며, 불섭세연(不涉世緣)은 스승이 근기에 응해서 설법하는 것과 활발하고 걸림이 없는 교화제도를 시설하는 것을 말한다."고 했다.

이 운문문언의 삼구를 바탕으로 원명연밀(圓明緣密)이 다시 정리를 해서 '함개건곤(函蓋乾坤), 단제중류(裁斷衆流: 중류를 단제한다, 수파축랑(隨波逐浪: 물결을 따르고 물결을 쫓는다)'⁴³¹를 만들었다. 이것을 가리켜서 덕산삼구(德山三句)라고 한다.⁴³² 운문삼구를 사람들은 습관상 운문검(雲門劍), 취모검(吹毛劍)이라고 칭한다. 실제로 운문삼구는 하나의 유기적인 총체로서 내적으로 서로 연계되어 있으며 주된 것과 부차적인 것을 나누지 않는다. 운문삼구는 매 구마다 모두 동등한 의의(意義)의 중요함을 갖추고 있다.

다음은 운문팔요(雲門八要)이다. 운문종은 여덟 가지로 학인을 제접하는 특징이 있다. 이는 현(玄)·종(從)·진요(眞要)·탈(奪)·혹(或)·과(過)·상(喪)·출(出)이다. 현(玄)은 운문종의 종사가 운문종의 스님들을 교화하는 방식이 현묘(玄妙)하기 때문에 언어사량으로 측량해서 알 수

---

431 『雲門匡真禪師廣錄』 권하, 『大正藏』 권47, "函蓋乾坤: (乾坤並萬象. 地獄及天堂. 物物皆真現. 頭頭總不傷). 截斷眾流: (堆山積嶽來. 一一盡塵埃. 更擬論玄妙. 氷消瓦解摧). 隨波逐浪: (辯口利舌問. 高低總不虧. 還如應病藥. 診候在臨時)."
432 『佛光大辭典』, p. 5334.

있는 것이 아니다. 종(從)은 학인들을 근기와 역량에 맞게 교화하고 가르치는 것이다. 진요(眞要)는 불도(佛道)에 입각해서 종지(宗旨)를 드러내는 것이다. 탈(奪)은 학인을 응대할 때 조금의 의도적 예견도 용납하지 않는 것이다. 혹(或)은 운문종의 종사는 언어에 구속받지 않으며 자연스럽게 학인들을 교화하고 제도하는 것이다. 과(過)는 학인을 다루는 방식으로 매우 엄격하고 학인들이 전신(轉身: 몸을 돌려)으로 회피하는 것을 허락하지 않는다. 상(喪)은 학인들이 그릇된 견해를 벗어나게 하는 것으로, 하나는 자심본성(自心本性)을 철오할 수 없다는 견해를 벗어나게 하는 것이고, 다른 하나는 자기를 집착하는 견해를 벗어나게 하는 것이다. 출(出)은 자유롭게 학인을 제접하는 방식을 채택해서 학인들에게 계오(契悟)할 기회를 주는 것이다.[433]

433　『三山來禪師語錄』권7, 『嘉興藏』권29, p.718b25-718c17.

3
조동종의
기본선법

조동종의 선법은 화엄 사상을 바탕으로
수립된 단계적인 수행법이다

조동종도 역시 선종의 5가 종파 가운데 하나이며 동산양개(洞山良
價: 807-869)와 제자인 조산본적(曹山本寂: 840-901)이 창시했으며 조동종의
도량은 강서성 구강시(九江市) 영수현(永修縣) 운거산(雲居山)의 진여선사
이다.

조동종은 8-9세기에 번성을 누렸고 10-11세기 상반기는 침체기에
접어들었으며 11세기 중엽부터 13세기는 중흥하였고 13세기 이후 많
은 우여곡절을 거치면서 면면히 이어져 왔다. 비록 운문종이 오대에
발흥해서 남송 초부터 쇠락하기 시작해서 원대에는 법맥조차 찾아볼
수 없는 지경이 되었지만 조동종은 임제종과 함께 '조동반 임제천하'

이라는 명맥을 근대까지도 간헐적으로 유지하고 있다. 조동종의 법맥은 혜능→ 청원행사→ 석두희천→ 약산유엄→ 운암담성→ 동산양개→ 조산본적으로 이어진다.

남종선은 당나라 후기로 접어들면서 전국으로 신속하게 전파되었고 선종의 주류가 되었다. 당말 오대에 이르러서 선종의 오가 종파가 형성되었다. 이 가운데서 유전된 시간이 가장 길고 비교적 오래도록 영향을 준 종파는 임제종과 조동종으로, 송대 이후 양대 선맥으로 쌍벽을 이루었다. 임제종이 제시했던 선법으로는 사료간(四料簡; 揀), 삼구(三句), 삼현삼요(三玄三要) 등을 쓰는 것으로 정평이 나 있다. 그 방편은 일상생활에서 행주좌와 어묵동정을 일깨워 주는 방식에 치중되어 있으며 비교적 활발하고 생동감이 넘친다고 한다.

반면에 조동종은 오위설(五位說)을 제시해서 편정회호(偏正回互)를 쓰는 것으로 유명하다. 조동종의 시설 방편은 행해상응(行解相應: 행과 아는 것이 상응하는 것, 지행합일), 정경세작(精耕細作: 정성스럽고 꼼꼼하다)하며 차분하면서도 힘이 있고[穩健], 주도 면밀(綿密)할 뿐만 아니라 철학적인 변증 정신을 갖추었고 게다가 선종 및 유교와 도교 사상을 흡수해서 체현했다.

임제종과 조동종은 모두 이사(理事) 관계의 동이(同異)를 가지고 종풍(宗風)을 드러냈다. 하지만 근본적으로 이 두 파의 사상은 다르다. 작고한 중국불교 학자인 여징(呂澂) 선생은 남악회양 일파인 임제종의 선법 특색은 촉목시도(觸目是道)를 발휘한 사상이라고 정의하고 있다. 청원행사 계통의 조동종 일파는 즉사이진(卽事而眞)을 발휘했지만 다만 즉사이진을 바탕으로 편정회호(偏正回互)를 표현하고 있다. 때문에 조동종의 오위설은 바로 편정회호라고 할 수 있으며 임제종과 구별할 수 있는 조동종만의 독특한 가풍이라고 할 수 있다. 조동종 오위설의 근원인 회호(回互)는 곧 화엄 사상인 이사원융(理事圓融)을 핵심으로 하고 있으며 석두희천과 맞닿아 있는데 이유는 회호(回互)와 불회호(不回互)의 개념은 석두희천이 지은『참동계(參同契)』로부터 연유했기 때문이다. 당시 선종에서 홍주종과 석두종 역시 쌍벽을 이루었다.

오위(五位)설은 조동종 선법의 이론으로 동산양개와 조산본적이 기초를 다져서 수립한 것이다. 남송의 혜홍각범(惠洪覺範)이 지은『선림승보전(禪林僧寶傳)』, 지조(智昭)가 지은『인천안목(人天眼目)』, 청대의 성총(性統)이 편찬한『오가종지찬요(五家宗旨纂要)』와 일본의 조동종이 편찬한 동산양개와 조산본적의 어록들은 모두 오위설에 관해서 기록하고 있다. 전하는 바로는 동산양개는 스스로 자성을 철저하게 깨달은 후에 가만히 생각해 보니 혜능이 주장하는 돈오법문은 일반인에게 쉽게 도달할 수 있는 경계가 아니라고 여겼다. 그래서 그는 오위설을 시설했다고 한다. 그는 각기 근기가 다른 학인들을 상중하로 나누어서 응대했으며 후에 그의 제자인 조산본적은 오위설을 더욱 발전시켜서 그만의 독특한 면밀하고 완성된 조동오위설(曹洞五位說)을 수립했다. 이른바 조동오위는 정편(正偏)·공훈(功勳)·군신(君臣)·왕자(王子) 등 4종이 있다. 이 가운데서 정편오위(正偏五位)·공훈오위(功勳五位)는 모두 동산양개가 창조한 것이고 군신오위(君臣五位)·왕자오위(王子五位)는 조산본적이 창시한 것이다.

　오위설의 근본적 사상 종지는 조동종이 표방하는 진여[理]와 현상 세계[事]의 관계에 대한 문제를 시설한 방편 교설이다. 조동종은 삼라만상인 만물과 만물 간에는 일종의 회호(回互)와 불회호(不回互)의 관계가 존재한다고 보았다. 회호는 만물 간에 서로 융화하고 관통한다는 것이다. 비록 만물 간에 각기 다른 형상이 존재하지만 본질적으로 각각의 사물 간의 유기적인 관계를 바탕으로 상즉상입(相卽相入)한다는 것으로, 회호와 불회호의 관계는 곧 본질과 현상의 교섭 중첩과 융합을 가리킨다.

　이 논리의 초석은 "이 가운데 저것이 있고[此中有彼], 저것 가운데 이것이 있다[彼中有此]."라는 명제에서 기인된 것으로, 초기불교 연기론의 기본 정석과 같은 논리이다. 즉 회호는 서로가 서로를 교섭하기 때문에 본질의 측면에서 보면 차별이 존재하지 않는다는 논리이다. 불회호는 만물은 각자 자기의 위치가 있어서 서로 사물 간에 간섭하지 않는다는 것이다. 다시 말해서 회호, 불회호는 사물의 특수성과 보편성을 말해서 사물 간의 원융무애를 주장한 것이다. 즉 사물 간 보편성과 특수성의 관계·존재·발전 및 변화의 관점을 총망라한 것으로, 이 점은 일종의 이사(理事) 관계를 나타내는 사변적이고 변증법적인 논리로서 화엄 사상의 핵심을 잘 나타내고 있다고 할 수 있다. 물론 구체적인 측면은 별개의 문제이다. 때문에 조동종은 선종의 모든 종파 중에서도 철학적이고 사변적인 색채가 매우 농후한 종파라고 하며 송대이학의 철학적 사유방식에 많은 영향을 주었다고 한다.

정편오위(正偏五位)[434]는 정중편(正中偏)·편중정(偏中正)·정중래(正中來)·편중지(偏中至)·겸중도(兼中到)를 가리킨다. 이 중에서 정(正)은 곧 체(體)·공(空)·이(理)·심성(心性)·절대(絶對) 등으로 능(能)이고, 편(偏)은 용(用)·색(色)·사(事)·상대(相對) 등으로 소(所)를 말한다. 곧 이사(理事)가 서로서로 배합하고 또한 편정(偏正)이 회호(回互)를 한다는 것이다. 이 오위설의 구별법은 법의 덕용자재(德用自在)를 현시한 것으로서 깨달음의 경계를 다섯 단계로 고려해서 분류해 놓은 것이다.

공훈오위(功勳五位)는 향(向)·봉(奉)·공(功)·공공(共功)·공공(功功)[435] 등을 가리킨다. 향(向)은 중생이 본래 갖추고 있는 불성으로 성불할 수 있다는 것을 아는 것이고, 봉(奉)은 수행을 통해서 불성을 증명하는 것이고, 공(功)은 불성을 보는 것이고, 공공(共功)은 비록 이미 각

---

434 『瑞州洞山良价禪師語錄』『大正藏』권47, p. 525c01. "作五位君臣頌云. 正中偏. 三更初夜月明前. 莫怪相逢不相識. 隱隱猶懷舊日嫌. 偏中正. 失曉老婆逢古鏡. 分明覿面別無真. 休更迷頭猶認影. 正中來. 無中有路隔塵埃. 但能不觸當今諱. 也勝前朝斷舌才. 兼中至. 兩刃交鋒不須避. 好手猶如火裏蓮. 宛然自有沖天志. 兼中到. 不落有無誰敢和. 人人盡欲出常流. 折合還歸炭裏坐."

435 『人天眼目』권3,『大正藏』권48, p. 315c20. "向·奉·功·共功·功功."

위(覺位)에 도달했지만 오히려 중생을 위해서 작용하는 것이고, 공공(功功)은 더욱더 전의 단계를 초월해서 자유자재한 경계에 도달하는 것이다. 이 두 가지는 동산양개가 수립한 것이다.

군신오위(君臣五位)[436]는 군(君)·신(臣)·신향군(臣向君)·군시신(君視臣)·군신도합(君臣道合) 등이다. 즉 군→정위(正位), 신→편위(偏位), 신향군→편정오위(偏正五位)의 편중정(偏中正), 군시신→편정오위(偏正五位)의 정중편(正中偏), 군신도합→편정오위(偏正五位) 중의 편정겸(偏正兼)이다.

이 다섯 개의 관계 혹은 단계는 불교 사상을 각기 다른 측면 혹은 각기 다른 경계를 체계적으로 나타낸 것이다.

군(君)의 덕(德)은 지존(至尊)으로 중생의 근기를 초월한 것을 나타내며 만물은 본래 공하며 본래무일물 무자성이며 모든 분별과 차별 단계를 초월하는 것을 상징한다. 이것이 바로 정위(正位)이다.

신(臣)은 곧 군(君)의 명령을 받는 사람으로 군(君)의 성도(聖道)를 선양하는 것이다. 삼라만상의 개체인 제법현상에 대한 다양성 등을 상징한다. 이것이 바로 편위(偏位)이다. 군(君)은 보편적인 원칙을 가리키며 신(臣)은 구체적인 원칙을 가리킨다.

신향군(臣向君)은 곧 신(臣)은 진실하게 군(君)을 섬기는 것으로, 일체 계급을 차별한다. 이것이 바로 편중정(偏中正)이다. 일체차별의 현상

---

436 『五家宗旨纂要』권중, 『卍新續藏』권65, p. 267a09-p. 267b09.

[事相]의 편위(偏位)는 모두 무차별의 평등계의 정위(正位)로 돌아간다. 이것이 사(事)를 버리고 이(理)에 들어가는 것이다.

군시신(君視臣)은 곧 군(君)은 공평하고 사심이 없이 누구나 차별 없이 대해야 하며[一視同仁] 오직 신(臣)의 재능을 보고 임용해야 한다. 각기 적성에 맞는 곳에 배치되어야[各得其所] 능력을 발휘할 수 있다. 이것은 평등을 초월한 법성(法性)의 정위(正位)를 비유했으며 차별을 없앤 사상(事象: 각자 사물의 형상) 편위중(偏位中)에 들어가서 각각의 사상(事象)의 차별성을 성취하는 것이다. 곧 이(理)를 등지고 사(事)에 합하는 것으로 정중편(正中偏)을 가리킨다.

군신도합(君臣道合)은 곧 군신(君臣)이 하나가 되어서 군신 간에 서로 잘 배합하고[相得益彰: 두 사람의 능력과 작용을 잘 나타낸다], 혼연원융해서 자유자재해야 천하가 태평한 것이다. 이것은 바로 보편적인 원칙과 구체적인 원칙을 통합하고 구체적이면서 보편적 원칙을 이룬 것으로, 구체적인 것 가운데 보편이 적용되었으며 보편적인 가운데 구체적인 것이 적용된 것이다. 즉 구체(具體)에 즉한 보편(普遍)이며 보편에 즉한 구체로서 보편성과 특수성의 혼용, 전체와 부분의 혼용 등으로 즉 일즉다(一卽多), 다즉일(多卽一), 색공상융(色空相融), 이사불이(事理不二)의 경계이다. 이것이 바로 편정겸대(偏正兼帶: 편정을 겸했다)이다.

왕자오위(王子五位)는 곧 탄생(誕生)·조생(朝生)·말생(末生)·화생(化生)·내생(內生)이다.

탄생왕자는 심(心)을 본래 불(佛)·성(性)·이(理)에 비유한 것으로, 수증을 필요로 하지 않고 본래 스스로 원만히 이루어졌기[不假修證 本自 圓成] 때문에 내소(內紹)·적생(嫡生)이라고 칭한다.[437] 즉 왕위를 계승할 태자라는 것이다.

조생왕자는 수행인을 비유한 것으로, 본래 존귀한 것은 아니지만 유수유증(有修有證)을 통해서 본래 존귀한 데로 돌아오기 때문이다. 즉 재상에 비교할 수 있으며 외소재상(外紹宰相)이라고 칭하기도 한다. 제왕의 차자에 비교한다.[438]

말생왕자는 수행하는 과정을 비유한 것으로, 유수유증(有修有證)도 있고 진에 들어가되 진에 물들지 않고[入塵而不染塵], 해탈지(解脫智)를 얻는 자를 또한 조생(朝生) 중에 서생(庶生)이라고 한다. 군신위(君臣位)에 비교가 된다.[439]

화생왕자는 수행인이 만연(萬緣)을 다한 것에 비유한 것으로, 자기

---

[437] 『五家宗旨纂要』 권중, 『卍新續藏』 권65, p. 268a12. "誕生王子. 此喩心本是佛. 不假修持. 本自圓成. 無勞證悟. 然猶須知有向上一路. 如皇後所生之太子. 雖是天然尊貴. 名曰誕 生. 亦名內紹. 亦名王種. 亦名正位. 要知此位. 亦須轉卻. 若不轉. 即便墮在尊貴邊. 所 以道. 子轉身而就父. 爲甚父全不顧. 不見有誕生王子也. 父者. 向上虛位. 明本來原無位 次. 不落階級也."

[438] 『五家宗旨纂要』 권중, 『卍新續藏』 권65, p. 268a23. "朝生王子. 此喩修行人. 未得本來尊 貴. 須借修證. 如猶覺向於本覺. 葵傾藿奉. 運用聖智. 調和妄情. 善理真性. 而得圓成. 恰似世間開國元勛. 有大功勞. 一朝封以王位. 故亦稱王子. 此已在偏位中生出. 不同王 種. 亦是外紹宰相之類也. 既有誕生之王. 振紀宗綱. 必假外紹. 三人主掌門戶. 內外體 正. 道法方隆. 故以諸王子次之."

[439] 『五家宗旨纂要』 권중, 『卍新續藏』 권65, p. 268b10. "末生王子. 此喩修行人雖假功修. 終 無汙染. 猶如幻智. 隨流漂沒. 忽爾回光. 幻滅覺圓. 方信自心不從人得. 掃除都淨. 不掛 一絲. 入塵而不染塵. 得解脫智者. 亦朝生中之庶子. 羣臣位也."

의 공업(功業)을 이루고 널리 비지(悲智)를 운용하기 위해서 입진(入塵: 중생 속으로 돌아오다)하는 것이다. 즉 차위명공(借位明功)으로 장군위에 비교한다."[440]

내생왕자는 수행인이 자성을 오도해서 최고의 경계에 도달한 것에 비유한 것으로, 자기를 이미 교화해 마치고 본체에 회귀한 상태이다. 탄생과 동체로서 비록 아직은 어리지만 언젠가는 왕위를 계승할 수 있으므로 또한 소위(紹位) 내소(內紹)라고 이름한다.[441] 위의 두 가지는 조산본적이 수립했다. 다시 정리하면 다음과 같다.

1) 탄생(誕生): 정중편(正中偏)→ 내소(內紹)→ 군위(君位)→ 향(向)→ 흑백이 변하지 않을 때[黑白未變時].

2) 조생(朝生): 편중정(偏中正)→ 외소(外紹)→ 신위(臣位)→ 봉(奉)→ 로(露).

3) 말생(末生): 정중래(正中來)→ 은서(隱棲)→ 군시신(君視臣)→ 공(功)→ 유구무구(有句無句).

4) 화생(化生): 겸중지(兼中至)→ 신용(神用)→ 신향군(臣向君)→ 공공(共功)→

---

440 『五家宗旨纂要』권중, 『卍新續藏』권65, p. 268b18. "化生王子. 此喩修行人萬緣俱盡. 己之勛業已成. 郤又廣運悲智. 入塵垂手. 旁宣正化. 頭頭上顯. 物物上明. 猶如閫外威權. 設施不犯. 不惟安貼家邦. 亦乃把定世界. 此亦朝生庶子中之子. 將軍位也."

441 『五家宗旨纂要』권중, 『卍新續藏』권65, p. 268c02. "內生王子. 此喩修行人既已證修. 正化已畢. 復還本體. 不出深宮. 縱橫自在. 體用不彰. 理事俱泯. 常居尊貴位中. 與誕生同體. 此雖幼小. 亦可紹位. 亦名內紹. 乃誕生處之幼子也."

각불상촉(各不相觸).

5) 내생(內生): 겸중도(兼中到)→ 불출(不出)→ 군신합(君臣合)→ 공공(功功)→ 불당두(不當頭).

위의 내용으로 볼 때 조동종은 이사원융(理事圓融)·편정회호(偏正回互) 등의 근본종지를 체현하기 위해서 오위군신(五位君臣)·오위공훈(五位功勳)·군신오위(君臣五位)·오위왕자(五位王子) 등을 편정회호(偏正回互)로 일제히 포함해서 면밀하고도 완성된 논리적인 수행체계를 구축했으며 오위설을 통해서 각종 사물 간에 이사, 사사상즉원융(理事, 事事相卽圓融)의 관계를 밝혔다. 수행상에서는 이른바 군신도합(君臣道合)·편정회호에 이르고 "혼연히 내외가 없고 상하가 평등하게 화합하고 융합한다."[442]고 하는 것으로 조동종의 전체적인 수행세계를 설명하였다.

---

442 『撫州曹山元證禪師語錄』『大正藏』권47, p.527a05. "混然無內外. 和融上下平."

4

화엄 사상이 선종 및
제 종파에 미친 영향

──────────────── 『화엄경』의 사법계 사상은 제 종파 사상의
이론 수립에 중요한 기초가 되었다

화엄 사상에서 진여[理]는 나누거나 분할될 수 있는 것은 아니며 다만 완정(完整)된 진여본체가 바로 만법[事: 만물]이 체현(구체적 사물의 모양)된 것이라는 것이다. 이러한 만법을 또한 진여가 통섭하고 있다고 한다. 이러한 사상이 잘 표현된 선종의 게송으로 "청정법신이 널리 무변하고[法身淸淨廣無邊], 천강의 물에는 천강의 달이 있다[千江有水千江月]."라고 하는 것은 바로 화엄 사상이 잘 드러나 있다고 할 수 있으며 사법계 사상과도 상통한다고 하겠다.

법장(法藏)은 우리들의 현상세계를 이(理)와 사(事)를 가지고 설명하였는데 "사에 이가 두루하고 이가 사에 두루하다[卽事遍於理 理遍於事

也]"⁴⁴³라고 여겼다. 즉 제법의 현상이라는 것은 곧 이(본질)와 사(현상)의 상즉상입의 관계로서 중첩된 세계로 이해했다. 다시 말해서 이즉사(理卽事), 사즉리(事卽理)로 본질과 현상의 상즉관계로 천지만물이 형성되었다고 보았다. 이 가운데서 모든 작용의 근본은 이를 바탕으로 하고 있으며 이를 의지해서 천지만물(제법현상)이 파생되고 비록 사가 형상을 나타내어 작용은 하지만 이 사의 모든 것은 허환(虛幻)이며 자성이 없으며 독립적인 존재가 아니며 반드시 이를 의지해서 나타낼 수 있다고 하였다.

그는 동시에 체용상즉(體用相卽)을 근거한 원칙으로, 이도 또한 반드시 구체적인 사를 의지해야만 구체적인 사물을 나타내거나 작용을 할 수 있다고 여겼다. 또 이러한 상즉상입의 상태를 잘 설명한 것으로 중중무진법계연기(重重無盡法界緣起)를 들 수 있는데 이 중중무진법계를 설명할 때 현수법장이 측천무후에게 거울의 중앙에 금사자상을 놓고 거울 속에 겹쳐지는 금사자상을 통해서 중중무진법계를 설명했다는 고사는 유명하다.

그는 『화엄발보리심장(華嚴發菩提心章)』에서 이(理)·사(事) 관계를 좀 더 구체적으로 설명하기를 "사문(事門)에 이가 두루한 것은 능변(能遍)의 이를 이른다. 성(性)은 나눌 수 없다. 소변(所遍)의 사는 위를 나누는

---

443 『大方廣佛華嚴經隨疏演義鈔』 권36, 『大正藏』 권48, p.372c11. "即事遍於理, 理遍於事也."

차별이다. 하나하나의 사 가운데 이는 모두 전체에 두루했다. (하지만) 나누어서 두루한 것은 아니다. 왜냐하면 저 진리는 나눌 수 없는 연고이다. 이런 연고로 하나하나의 티끌 가운데 모두 다 무변의 진리를 섭했고 원만히 만족하지 않은 것이 없다."⁴⁴⁴라고 했다. 또 부연하기를 "이문(理門)에 사가 두루한 것은 능변(能遍)의 사를 이르며 이것은 분한(分限: 나누어진다)이 있다. 소변(所遍)의 이는 분한이 없다. 이 분한이 있는 사에 무한의 이가 없는 것이 전체적으로 같지만 분(分)이 같은 것이 아니다. 무슨 이유인가? 사에는 체(體)가 없고 도리어 이와 같은 연고이다. 이런 연고로 한 티끌도 무너지지 않고 법계에 두루한 것이다. 저 하나의 티끌, 일체법도 또한 그러하다. 이것을 생각해 보면 알 것이다."⁴⁴⁵라고 말을 맺고 있다.

위의 전체적인 내용은 곧 이(理)는 진여본체(眞如本體)로서 분할을 하거나 나누어질 수 있는 것은 아니라는 설명이다. 사물이 비록 분한(分限: 각자 독립체)이 있는 것 같지만 도리어 전체가 이를 벗어난 것은 아니며 일체사물 모두가 진여본체를 바탕으로 의지하거나 섭하고 있다는 것이다. 이것이 곧 이사무애(理事無礙)의 관계로서 서로가 서로를 장애

444 　『華嚴發菩提心章』『大正藏』권45, p.0652c29. "理遍於事門, 謂能遍之理, 性無分限, 所遍之事, 分位差別, 一一事中理皆全遍, 非是分遍. 何以故? 以彼眞理不可分故, 是故一一纖塵皆攝無邊眞理, 無不圓足."

445 　『華嚴發菩提心章』『大正藏』권45, p.0653a03. "事遍於理門. 謂能遍之事是有分限. 所遍之理要無分限. 此有分限之事. 於無分限之理全同. 非分同. 何以故? 以事無體. 還如理故. 是故一塵不壞而遍法界也. 如一塵. 一切法亦然. 思之."

하지도 또한 멀리하지도 않으면서 자연스럽게 각자의 모습을 체현하거나 작용한다는 것이다[月印千江].

이같이 사물의 현상을 바라보는 또 다른 시각으로 전체와 부분을 들어서 설명한 것이 바로 "일즉일체(一卽一切), 일체즉일(一切卽一), 일즉다(一卽多), 다즉일(多卽一)"이다. 즉 동일한 본체를 기본바탕으로 해서 다양하고 복잡한 각종 사물이 구체적으로 체현된 것을 설명한 것이다. 즉 부분[一]과 전체[一切]는 곧 일즉일체(一卽一切: 전체와 부분의 융화)가 되어 현상세계가 나열된다는 것이다. 동시에 천차만별의 사물들은 모두 하나의 본체에 귀결된다는 것으로, 일체즉일(一切卽一)을 말하고 있다. 이러한 의미는 법성게에 잘 나타나 있는데 즉 일미진중함시방(一微塵中含十方), 일체진중역여시(一切塵中亦如是), 무량원겁즉일념(無量遠劫卽一念), 일념즉시무량겁(一念卽是無量劫)[446] 등은 모두 같은 의미이다.

임제선은 홍주선의 전통을 계승하고 선양하였으며 심성(心性)의 기점으로 장자가 제시한 "천지와 내가 상호 공생하고 그래서 만물과 나는 하나가 된다[天地與我竝生, 而萬物與我爲一]."는 사상의 원칙을 근거로 평상심시도를 제창하면서 "가는 곳마다 다 진이다[立處皆眞]."[447]의 자오(自悟)를 주장해서 의식 주체의 자각을 강조했다. 임제의현은 "불법

446　『朝鮮佛教通史』하권,『大藏經補編』권31, p.804a02.

447　『肇論』p.152a28. "故經雲:「甚奇, 世尊! 不動眞際爲諸法立處」, 非離眞而立處, 立處卽眞也. 然則道遠乎哉? 觸事而眞! 聖遠乎哉? 體之卽神!"

에는 용공처가 없으며 다만 평상시에 일이 없는 것이다. 똥을 누고 오줌을 싸고 옷을 입고 밥을 먹고 졸음이 오면 곧 자는 것이다."[448]라고 하면서 불도는 "촉하는 것이 모두 불도이다."[449]라고 했으며 오직 "처처에 의심하지 않고[處處不疑] 수처작주 입처개진(隨處作主 立處皆眞)[450]하면 문득 깊지 않은 곳이 없고 해탈 아닌 것이 없다."[451]라고 했는데 이 의미는 있는 그대로가 바로 도의 자리로서 곧 사람과 도(道) 사이에 간격이 없고 자연히 서로 합하고[自然相合], 본래 서로 계합한다[本來相契]는 의미로서 임제의현은 게송에서 "마음은 만 가지 경계를 따라서 전하고 전하는 곳마다 진실로 그윽해서 류를 따라 성을 인식하면 기쁨도 슬픔도 없다."[452]라고 하는 것과 근본적으로 같은 맥락이다.

위에서 언급했듯이 임제종은 홍주종의 선법을 포괄적으로 계승했다고 했는데 임제가 말한 '불법무용공처(佛法無用功處), 지시평상무사(只是平常無事)'를 자세히 분석해 보면 마조도일선사가 '도불용수, 단막염오'[453]라고 했던 선구와도 일맥상통하는 부분이 있으며 화엄 사상인

---

448 『鎭州臨濟慧照禪師語錄』『大正藏』권47, p.498a16. "佛法無用功處. 祗是平常無事. 屙屎 · 送尿 · 著衣 · 喫飯 · 困來即臥…."

449 『鎭州臨濟慧照禪師語錄』『大正藏』권47, p.0497a22. "觸目皆是."

450 『鎭州臨濟慧照禪師語錄』『大正藏』권47, p.498a16. "爾且隨處作主. 立處皆眞."

451 『鎭州臨濟慧照禪師語錄』『大正藏』권47, p.0497a22. "無不甚深. 無不解脫."

452 『鎭州臨濟慧照禪師語錄』『大正藏』권47, p.500c27. "心隨萬境轉. 轉處實能幽. 隨流認得性. 無喜亦無憂."

453 『景德傳燈錄』권28, 『大正藏』권51, p.440a03. "道不用修, 但莫染汚."

법계에 두루한 법신설 혹은 진여본체로 대변되는 이(理)법계의 본질을 있는 그대로 깨달으면 된다는 관점과 같은 맥락이다.

조동종의 회호(回互)설은 모든 방면에서 활용되며 도(道)와 사람도 포함한다. 동산양개의 게송에 "도는 무심으로 사람을 합하고 사람은 무심으로 도에 합해야 한다. 이 가운데 뜻을 알고자 한다면 한 번은 늙고 한 번은 늙지 않는다."[454]라고 했다.

위의 구체적인 의미는 동산양개가 도라는 각도에서 사람을 보면 사람이 도에 오입(悟入)하기 때문에 "도는 무심으로 사람을 합한다."고 했는데 곧 도가 있지 않은 곳이 없어서 일체 처에 두루하며 동시에 사람과 자연에 합하지 않는 것이 없다는 것이다. "사람은 무심으로 도에 합해야 한다."는 것은 사람이 본래무사(本來無事)하고 환과 같이 허망하고 한편 각자 지은 바 업에 의해서 도와 멀어졌기 때문에 무심한 상태가 되었을 때 비로소 도와 서로 결합할 수 있다는 논지이다. "이 가운데 뜻을 알고자 한다면 한 번은 늙고 한 번은 늙지 않는다." 라고 하는 것은 곧 인(人)과 도(道)의 관계가 곧 회호(回互)의 관계로서 다만 사람이 도(道)를 모를 뿐이고 진여본체(眞如本體)는 영원하고 만물은 도리어 무상하다는 것이다.

이 부분을 구체적으로 설명한 것이 있는데 즉 『균주동산오본선사

---

454 『筠州洞山悟本禪師語錄』『大正藏』권47, p.510a19. "道無心合人. 人無心合道. 欲識箇中意. 一老一不老."

어록(筠州洞山悟本禪師語錄)』에 보면 "후에 어떤 승이 조산선사에게 '어떤 것이 일로(一老)입니까?'라고 묻자 조산선사가 이르되 '부축하지 않는 것이다.'라고 하자 또 '어떤 것이 일불로(一不老)입니까?'라고 하자 조산선사가 이르되 '고목이다.'[455]라고 했다. 즉 인간의 육신과 마음도 영원하지 않고 무상하다는 것을 강조하고 있는 대목이다. 혹자는 조동종의 선법은 임제종과 비교했을 때 비교적 복잡[葛藤][456]하다고 평하기도 한다.

이러한 조동종의 선법 사상은 도처에서 화엄 사상과 유사성이 있음을 발견할 수 있다. 즉 위에서도 언급하였듯이 『화엄경』의 법신설과 진여설을 그 예로 들 수 있는데 즉 "진여가 두루하지 않은 곳이 없고 불신이 두루하지 않은 곳이 없다."[457] 혹은 "불신이 일체 찰토에 충만하다."[458]라는 문구 등이다.

사료의 기록에 의하면 임제종과 조동종은 수행상에 있어서 모두 사빈주(四賓主)를 제시했다고 한다. 그러나 조동종의 사빈주와 임제종의 사빈주는 같지 않았다. 동산양개가 말하기를 "사빈주는 임제종과는 같지 않다. 주(主) 가운데 빈(賓)으로서, 체(體) 가운데 용(用)이다. 빈(賓) 가운데 주(主)는, 용(用) 가운데 체(體)이다. 빈(賓) 가운데 빈(賓)은,

---

455 『筠州洞山悟本禪師語錄』『大正藏』권47, p.510a19. "後僧問曹山. 如何是一老. 山雲. 不扶持. 雲如何是一不老. 山雲枯木."

456 "渠今正是我, 我今不是渠." 동산양개의 得法偈.

457 『大方廣佛華嚴經』권30,『大正藏』권10, p.162a16. "真如無所不在."

458 『大方廣佛華嚴經』권4,『大正藏』권9, p.414b05. "佛身充滿一切刹."

용(用) 가운데 용(用)으로 중복된 것이며 주(主) 가운데 주(主)는, 물(物)
과 아(我)를 둘 다 잊은 상태로서 사람과 법이 함께 없는 것으로, 정
(正)위와 편(偏)위를 섭하지 않은 것이다"459라고 했는데 다시 말해서
임제선은 사제[師徒: 스승과 제자] 관계상에서 빈(賓), 주(主)를 설했고 조
동종은 체(體), 용(用)의 관계에서 빈(賓), 주(主)를 말하며 이 체(體), 용
(用)은 조동종의 종지인 편정회호(偏正回互)를 초석으로 수립되었기 때
문에 서로가 서로를 방해하지도 여의지도 않는다는 것이다. 이러한
체용의 관계는 곧 화엄에서 말하는 이(理: 체), 사(事: 용)와 밀접한 관계
가 있다.

특히 선종 중에서도 조동종의 선법 사상인 편정회호의 이사관(理事
觀)은 송명이학의 본체론 철학에 대한 이론체계 수립에 선구자 역할
을 했으며 많은 영향을 주었다. 때문에 조동종의 오위설은 역사적으
로도 의의(意義)가 있다고 할 수 있다.

한편 조동종의 이러한 기본적인 사상적 모티브는 위진 남북조 시
대 승조의 "만물은 내가 만들지 않은 것이 없다. (그렇기 때문에) 만물이
자기를 이룬다는 것을 아는 자는 오직 성인뿐이다[而萬物無非我造 會萬物
以成己者 其唯聖人乎]."460라는 관점과 맞닿아 있다.

---

459 『人天眼目』권3, 『大正藏』권48, p. 320c06. "四賓主. 不同臨濟. 主中賓. 體中用也. 賓中
主. 用中體也. 賓中賓. 用中用. 頭上安頭也. 主中主. 物我雙忘. 人法俱泯. 不涉正偏位
也."
460 『肇論』p. 161a07. "而萬物無非我造. 會萬物以成己者. 其唯聖人乎."

석두회천이『참동계』를 지은 것도 승조의『조론』에서 이 대목을 읽다가 많은 영감을 통해서 선경을 체현했다고 전해진다. 사족으로 도교의『참동계』도 있다.

화엄 사상인 이사(理事)의 관점이 천태종에 준 영향으로, 무정불성(無情佛性)설이 그중의 하나이다. 화엄종의 이러한 관점은 후래 천태종의 형계담연(荊溪湛然)이 받아들면서 이 사상을 바탕으로 무정유성(無情有性)설을 수립해서 발전시켰다. 형계담연은 불성은 영원한 심성의 본질이며 세계 일체의 모든 사물은 다 불성의 구체적인 표현이라는 것이다. 즉 "일진일심(一塵一心)은 곧 일체제불의 심성을 낸다."[461]는 것이다. 또 그는 "만법은 진여이고 불변하는 연고이다. 진여는 만법이다. 연을 따르는 연고이다. 그대가 무정에 불성이 없다는 것을 믿는 것은, 어찌 만법에 진여가 없다는 것이 아니겠는가? 고로 만법의 명칭이 어찌 섬진(纖塵: 아주 미세한 티끌)에 막힐 것이며 진여의 체가 어찌 오직 피차간만이겠는가(너와 나에게만 있겠는가)?"[462]라고 했는데 이 뜻은 진여불성은 곧 세계의 본원이 되며 일체에 두루해서 두루하지 않은 곳이 없으므로 무정(無情)도 반드시 유정(有情)과 같이 불성이 존재한다는 논지이다. 담연은 현상(現象)의 존재는 다만 마음의 본질인 진여본체의 변현(變現)인 것이며 현상은 비록 다양하지만 최후에는 결국

---

461 『金剛錍』,『大正藏』권46, p.782b20. "一塵一心, 即一切生佛之心性."
462 『金剛錍』,『大正藏』권46, p.782b20. "萬法是真如. 由不變故. 真如是萬法, 由隨緣故. 子信無情無佛性者. 豈非萬法無真如耶? 故萬法之稱. 寧隔於纖塵. 真如之體. 何專於彼我."

마음의 본질인 진여불성만 존재한다는 것이다.

또 담연은『금강비』에서 원돈지관부사의(圓頓止觀不思議) 경계를 바탕으로 무정불성설의 도리를 논술했다. 또 천태종은 찰나심 가운데 삼천세간을 구족했다고 한다. 이 찰나일념심은 곧 법계에 두루하고 불성도 또한 일체의 의보(依報)와 정보(正報)에도 두루하다고 한다. 이같이 담연은『금강비』에서 반복적으로 설명하기를 진여와 불성은 일체이명(一體異名)이라고 하면서 "의보(依報)는 공업으로 짓는 것이고[共造], 정보(正報)는 별업으로 짓는 것으로[別造]463서 능조소조(能造所造)는 곧 오직 마음이다."464라고 했다. 때문에 무정이 불성을 구족하지 않았다고 할 수 없으며 그래서 삼천세간의 지옥을 포함한 내지 제불세계 일체의 의보 정보가 모두 일념심 가운데에 구족했으며 하나의 티끌에도 불성이 존재하는데 유독 무정에만 불성이 없다고 하는 것은 모순이라는 지적이다. 그러나 이러한 관점은『화엄경』에서 말하는 "일체불찰미진등이 저 부처님의 일모공 가운데 앉아 있다."465 등과 모두 동일한 관점이다.

---

463 『金剛錍』,『大正藏』권46, p.783a13. "依報共造正報別造."

464 『金剛錍』,『大正藏』권46, p.783a13. "能造所造就是唯心."

465 『金師子章雲間類解』,『大正藏』권45, p.665c19. "即交涉無礙門偈雲. 一切佛刹微塵等. 爾所佛坐一毛孔."
     『仁王護國般若波羅蜜多經』권하,『大正藏』권8, p.841a10. "無量大海入一毛孔, 無量須彌入芥子中; 一佛身入無量眾生身, 無量眾生身入一佛身."

5

전체 불교와 화엄 및 선종 사상이
송명이학에 미친 영향

주희의 성즉리, 왕양명의 심즉리는
불교 사유체계 방식을 답습했다

송명 시대는 선종이 범람하면서 유학자들이 잇따라서 불교의 핵심 이론 및 사상을 받아들이면서 특히 전통 유학의 형이상학적인 본체론의 구축에 대해서 많은 특색을 갖춘 이론 및 사유형태가 다량으로 나타나기 시작했다. 비교적 영향이 컸던 사상체계로서 장재(張載)의 기본론(氣本論), 정주(程朱)의 이본론(理本論), 육구연(陸九淵)·진헌장(陳獻章)·왕양명(王陽明) 등의 심본론(心本論) 등이 있다. 이 가운데서도 주희의 철학적인 이론체계가 가장 완벽하다고 하며 원대로부터 정주이학(程朱理學)은 관방의 기본적인 의식형태로 정의되면서 명대에 이르러서 점점 형식에 치우친 위선 및 교착상태로 정체되는 방향으로 흘러

갔고 안으로 풍부하게 비축했던 사상적 범람은 지속해서 발전해 가지 못하면서 점차로 내재되었던 생기를 잃어 갔다.

송대의 이학(理學)은 전체 불교 사상의 영향을 많이 받았는데 특히 화엄 사상 및 선종의 영향을 가장 많이 받았다. 이 점은 중국 사상사에서 이미 공론화된 관점이다. 이학이 화엄 사상의 영향을 직접 받은 것은 아니고 바로 선학을 통해서였다고 한다. 특히 선학의 각 파 가운데서 화엄 사상과 가장 근접해 있는 조동선이 그 예가 된다. 특히 그 가운데서 정주이학의 많은 학설적 관점은 조동선의 편정회호와 유사한 이론의 흔적이 많다.

정이(程頤)는 『정씨이전서(程氏易傳序)』에서 은미(隱微: 미묘)에 이르는 것은 이(理)이고 현저(顯著: 뚜렷하다)에 이르는 것은 상(象)이지만 (이것은) 체용일원(體用一源)으로 현저(顯著)한 사물과 미묘(微妙)한 사물 간의 관계는 불가분이다."⁴⁶⁶라고 했는데 여기서 미(微)는 곧 유은(幽隱), 미묘(微妙) 등의 뜻이고 현(顯), 명현(明顯)은 현저(顯著)의 뜻이다. 즉 정이는 미묘한 이(理)와 현저한 상(象)이 하나의 통일체로서 틈새가 없다는 것이다. 즉 무형의 이(理)는 물상(物象)을 통해서 그 의의(意義)와 공능을 현시(顯示: 뚜렷하게 나타내 보이는 것)했으며 유형지물(有形之物)은 무형의 이에 근본한다는 것이다. 정이의 이러한 사상적 논리체계를 자세히 분석해 보면 화엄 사상인 사법계의 이사(理事) 관계, 선종에서 미오(迷

---

466   『伊川易傳』, "至微者理也, 至著者象也. 體用一源, 顯微無間."

悟) · 범성(凡聖) · 진망(眞妄) · 본말(本末) · 동정(動靜) 등의 대립적 구조를 통한 불이(不二) 관계인 체용일체와 너무도 흡사하다.

한편 정이가 말하는 체용일원(體用一源)설은 바로 조동선의 편정회호학설의 핵심인 오위군신(五位君臣)설과 밀접한 관계가 있다고 한다. 즉 오위군신(五位君臣)설은 바로 체(본질: 理)와 용(用: 현상, 사물: 事)의 원융한 통일을 가리키며 군신도합(君臣道合)설의 이상 경계를 실현한 것이다. 곧 체용일원(體用一源)은 체용 관계의 통일을 말하며 곧 즉체즉용(卽體卽用)으로, 체(體)를 여읜 용(用)이 없으며 용도 또한 체를 여읠 수 없다는 것으로 즉 화엄에서 이사상즉(理事相卽)인 불가분의 상관관계와 같은 맥락의 논리이다.

주희가 제시한 체용일원 및 이일분수(理一分殊)는 일이(一理)와 만물의 관계에 대한 중요한 명제이다. 사상적 근원은 화엄 사상 및 선종에서 기인했다. 즉 이법계(理法界)와 사법계(事法界)를 설할 때 이(理)는 전변(全遍: 전체), 사(事)는 분변(分遍: 부분)이다. 이른바 이일분수(理一分殊)는 천지간에 하나의 이(理)가 있다고 설하면서 이 이(理)는 천지만물 간에 능히 체현(구체적으로 이루어진 형상 혹은 물체)할 수 있으며 곧 각각 개체인 하나하나의 사물 속에 자기만의 고유한 이(理)가 존재한다는 것이다.

주희는 이러한 관점을 태극(太極)설을 가지고 자세하게 밝히고 있다. 즉 가장 근본적인 이(理)는 다만 하나의 태극(太極)이며 태극은 하나의 완정된 총체이기 때문에 분할하거나 부분으로 나누어질 수 없다. 만물은 그저 태극이 분별한 총체의 체현일 뿐이다. 이른바 "각각의 사물에 하나의 태극이 있다[物物有一太極]."라는 학설이다. 즉 모든 사물의 존재의 근거는 태극을 근본으로 한다는 것이다.

송대의 유학과 불교 발전 및 형성 과정에 관한 역사적인 흐름과 배경을 좀 더 구체적으로 살펴보면 아래와 같다.

송명대에 유학의 기본적인 사상은 전후로 해서 형성된 장재(張載)의 기학(氣學), 정주이학(程朱理學: 이정과 주희)과 육왕심학(陸王心學: 육구연과 왕양명) 등 삼대 유파가 있다. 송명이학의 심성론 형성과 발전은 어떤 의미에서 볼 때 이학은 각 시기의 발전과 특징을 반영한 것이라고 할 수 있다. 게다가 북송 시대의 다양한 학술 활동 또는 조정에서 다량으로 배출한 유학자들도 한몫했다.[467]

불교 방면에서 오대 송초 때 법안종 선사인 영명연수의 삼교일치의 주장은 선구자적 안목으로 절대적인 역할을 했다. 그는 시대의 흐름을 반영하면서 동시에 불교계의 새로운 방향성을 제시하였는데 그

---

467 송나라 태종(939-997)은 중국의 역사에서 가장 문치를 잘 편 황제로 유명하다. 그는 재위 기간에 과거제도를 통해서 많은 문인들을 발탁하고 인재를 배출해서 그들로 하여금 사부(四部)書를 편찬·발간하게 했다. 사부(四部)書의 내용은 다음과 같다. (1)『太平御覽』내용은 백과사전이다. (2)『太平廣記』전문 서적류에 해당되는데 불교전집, 도교전집, 야사소설 등을 두루 수집한 내용이다. (3)『文苑英華』내용은 대부분 당나라 문헌들을 모아 놓은 것으로 소설 등의 작품으로 2천 개의 작품, 2천 명의 작가를 소개하고 있다. (4)『册府元龜』은 史學類로서 천 권이다. 이 책은 송태종 2년에 시작해서 그의 아들 진종(眞宗) 때 마쳤다. 이 책들은 중국역사에서 매우 귀중한 사료로서 지금도 많은 사람들에게 연구의 대상이 되고 있다.

것이 바로 선교일치·선정일치·삼교일치의 사상이다. 이후 사상계는 서로 앞을 다투어 삼교일치를 주장했다.

주희가 주장한 성즉리(性卽理)와 왕양명이 주장한 심즉리(心卽理)가 기본적으로 같지 않다. 곧 성즉리에서 이(理)는 어디에 있는가라고 묻는다면 곧 각자의 사물이 이(理)가 된다는 것이다. 다음으로 심즉리에서 이(理)는 어디에 있는가라고 묻는다면 사람의 심중에 있다고 한다.

성즉리는 심(心)을 도심(道心)과 인심(人心)으로 나누어서 심(心)이 이(理)의 교량과 동력의 역할을 한다고 하면서 심(心)과 성(性)을 분리했다. 심즉리는 심(心)과 이(理)를 일체(一體)로 보았고 심(心)이 곧 성(性)이며 동시에 심(心)은 곧 이(理)라고 여겼다. 이 두 가지를 완성해 가는 실천적인 방법 또한 같지 않다. 성즉리는 격물치지(格物致知), 궁물급리(窮物及理: 사물을 궁극해서 이치에 이르는 것)해서 사물에서 진리를 탐구해서 찾아야 한다고 강조했다. 반면에 심즉리는 사람의 본심(本心)을 나타내는 과정으로 곧 양지(良知)에 이르는 것을 말한다.

불교 논리와 선종 사상을 융합한 왕양명(王陽明)의 심학의 탄생은 시대적 요구에 의해서 형성되었다고 할 수 있다. 왕양명의 심학은 '심'에 대한 새로운 정의(定義)를 시작으로, 그는 '심'을 최고의 본체로 승격시켜서 심즉리를 주장했다. 그의 이러한 사고의 방향은 곧 심즉성, 성즉리이다. 즉 성(性)으로써 심(心)과 이(理)를 소통해서 심(心)을 지선(至善)의 성(性)으로 확정한 바탕에서 심(心)은 곧 이(理)의 본체성

(本體性)을 구비했다고 여기고 동시에 성(性)은 지각(知覺)하는 마음에 합일할 수 있으므로, 성(性)은 지각의 특성을 갖추었다고 했다. 이것이 곧 그가 주장하는 "양지(良知: 선천적으로 가지고 있는 지혜, 천도(天道)에서 부여해 준 지혜)"설이다. 이 양지설은 주희 철학에서 말하는 심리(心理)를 둘로 나누는 모순을 극복했을 뿐만 아니라 또 육학(陸學: 象山學派)의 이리위심(以理爲心: 이로써 심을 삼는다)이 완전하게 극복하지 못한 부분을 전면적으로 해결한 것이라고 한다.

혹자는 왕양명의 이러한 심본체(心本體)의 사상적 체계를 구축한 것은 육조대사의 본심론(本心論) 사상에서 영향을 받았다고 한다. 즉 혜능은 심(心)을 염정(淨染)으로 이분화하는 것을 반대했고 중생심과 불심(佛心)의 합일을 강조했는데 혜능은 중생의 본심에 불성이 있다는 착안에서 곧 중생즉불(衆生卽佛), 불즉중생(佛卽衆生)이라는 결론을 돌출해 냈다. 곧 "번뇌즉보리, 보리즉번뇌"와도 같은 맥락이다. 이러한 관점을 왕양명이 그대로 적용했다고 한다. 즉 유학에서는 성인을 이루고 불교에서는 성불을 이루는 도리를 사람들의 내심에 안치한 것 등이 같다고 하겠다. 또 왕양명은 하택종의 영지심체(靈知心體)론을 흡수해서 본인의 양지본체론(良知本體論)의 사상을 더욱더 풍부하게 만들었다고도 한다. 하택이 말하는 영지심체(靈知心體)는 일종의 신령스러운 영묘지혜(靈妙智慧)를 가리킨다. 이 영묘지혜는 수연(隨緣)하면서 생기(生起)하는 만법의 능력을 갖추었고 즉체즉용(卽體卽用)으로 체용일원

(體用一源)의 상태이다.

　왕양명의 양지본체론도 또한 체용일체를 말한다. 양지(良知)는 시비(是非)의 규범이 되면서 능히 시(是)를 알고 비(非)를 알 수 있는 능력을 말한다. 이같이 양지(良知)는 입법의 원칙, 행동의 원칙, 이성적·도덕적 법칙이 된다.

　한편 감성적 시비호악을 포함하기도 하며 이 감성은 도덕적 주체의 활동에 대한 자각성을 증가시킨다. 이 점은 주희의 외재적 강제성을 띤 이본체(理本體)론보다 훨씬 우수하다고 한다. 이렇듯 본체론의 전변은 필연적으로 닦아야 할 수양 과정과 이론도 다를 수밖에 없다. 수양의 공부론에 대해서 왕양명은 지행합일(知行合一)을 주장했는데 이 지행(知行)의 범주도 전인(前人)들과 같지 않다. 즉 지(知)는 다만 주관 형태의 지(知)를 가리키며 지(知)를 구하는 과정은 포함하지 않으며 행(行)은 궁행(躬行: 몸소 실천하는 것) 밖을 제한 것을 가리키면서 또한 심리행위를 가리킨다.

　그는 지(知)의 명료하고도 건실한 곳이 바로 행(行)이며 행(行)의 자세하고도 명확한 깨달음이 곧 지(知)라고 여겼다. 지(知)와 행(行)은 심(心)의 잠재로부터 체(體)에 이르러서 뜻[意]을 발하고 용(用)은 물(物: 만물 혹은 나와 경계 대상)에서 모두 합일하고 나가기도 하며 전후를 나누지 않는다고 한다. 그래서 지행합일(知行合一) 사상은 시종일관 그의 수양 형태를 관통하고 있다. 그는 전기(前期)에는 성의격물(誠意格物: 대학 가운데 8조 강령)[468]을 강조했다면 후기에는 독창적인 지양지(致良知: 양지에 이르는 것)를 주장했다.

지양지는 곧 모든 사람이 갖추고 있는 양지본체(良知本體)로서 누구라도 다 양지에 이를 수 있다는 것이다. 즉 모든 사람에게 적용해서 넓게 확장한 것이다. 또 이 "양지본체는 어떠한 결함도 막힘도 가림도 없으며 마침내 모든 사람이 절정에 도달할 수 있으므로, 문득 누구나 다 성인(聖人)이 될 수 있다는 주장이다. 사실 지양지설은 주희가 밖을 향해서 이(理)를 구하는 방향을 안으로 향하게 해서 안을 인해서 밖을 바르게[由內正外]하는 수양방법으로 개조한 것으로, 모든 사람 내지 어리석은 남녀, 빈부귀천에 이르기까지 성인이 될 수 있는 가능성을 부여해 주었다.

이 관점은 불교의 일체중생 개유불성과 매우 유사성이 있으며 또한 선종의 돈오설과도 사뭇 비슷하다고 여겨진다. 혜능은 전통불교의 삼학(계정혜)을 간소화해서 정혜불이(定慧不二)를 주장했다. 반야지혜로 자심 본체를 관조해서 본성이 곧 부처이다[本性卽佛]라는 관점으로 돈오설의 출발점으로 삼았다. 즉 복잡한 계급점차의 수행법을 거

---

468 유가의 기본적인 처세 방법으로, 『대학』의 8조 강령인 격물(格物), 치지(致知), 성의(誠意), 정심(正心), 수신(修身), 제가(齊家), 치국(治國), 평천하(平天下). 즉 사람들이 세간에 처해서 살다 보면 각종 유혹, 욕망과 대면하게 되는 것이 현실이다. 더욱이 비합리적인 것과 대면할 수도 있다. 그러나 너무 넘치는 욕망을 소유하게 되면 복잡다단한 많은 문제에 얽히게 된다. 이러한 상황과 맞닥뜨리지 않으려면 끊임없는 자기 관리가 있어야 한다. 그것을 유가는 8개의 항목으로 강령을 세워서 사람들에게 지켜 가도록 유도했다. 특히 도덕적인 규범을 엄중하게 요구했다.

치지 않고 바로 본성이 부처라는 직관적 수행법을 강조한 것이다.

혜능은 "본성시불성(本性是佛性: 본성이 불성이다), 이성무별불(離性無別佛: 성을 떠나서 다른 부처가 없다)"[469]이라고 하면서 "마땅히 알라. 어리석은 사람 혹은 지혜 있는 사람이라도 불성은 본래 차별이 없다. 다만 미오(迷悟)가 같지 않은 까닭에 지(智)가 있고 우(愚)가 있다."[470]고 했다. 그는 본성이야말로 불성이며 성불할 수 있는 근원의 자리라고 보았다. 때문에 미(迷)하면 중생이요, 오(悟)하면 부처라는 것이다. 즉 중생과 부처의 차별은 곧 미오지차(迷悟之差)에 있을 뿐이라는 것이다.

왕양명 역시 심외무물(心外無物: 마음 밖에 다른 경계가 없고), 심외무리(心外無理: 마음 밖에 理가 없다)를 강조해서 심학(心學) 사상을 강조했다. 그러기 위해서는 우주의 오묘한 이치를 요지해서 사물의 진상(眞相)에 도달해야 하며 따라서 자기의 심성양지(心性良知)를 지속적으로 반조하고 탐구해야 한다고 했다. 사실 그는 고루한 전통유학의 영역을 초월해서 불교 사상 및 선종의 사상을 융합해서 중국 유학의 새로운 심학을 창조했으며 후세 유학의 발전에도 지대한 영향을 미쳤다.

469　『六祖大師法寶壇經』권1,『大正藏』권48, p. 350a10. "本性是佛性, 離性無別佛."

470　『六祖大師法寶壇經』권1,『大正藏』권48, p. "當知愚人智人, 佛性本無差別, 只緣迷悟不同, 所以有智有愚."

선禪의 발자취를 따라서

초판 1쇄 발행 2022년 12월 27일

지은이 현견(炫見) 비구니
펴낸이 오세룡
편집 손미숙 박성화 여수령
기획 최은영 곽은영 김희재
디자인 김효선 고혜정 박소영
홍보·마케팅 이주하

펴낸곳 담앤북스
주소 서울특별시 종로구 새문안로3길 23 경희궁의아침 4단지 805호
전화 영업부_ 02)765-1251 편집부_ 02)765-1250 **전송** 02)764-1251
전자우편 damnbooks@hanmail.net

출판등록 제300-2011-115호
ISBN 979-11-6201-383-0 03220

정가 25,000원